国家卫生健康委员会"十三五"规划教材

全 国 高 等 学 校 教 材

供基础、临床、预防、口腔医学类专业用

U0644112

体育

Physical Education

第6版

主 编　裴海泓

副主编　程　鹏　孙　晓

人民卫生出版社

PEOPLE'S MEDICAL PUBLISHING HOUSE

图书在版编目（CIP）数据

体育/裴海泓主编. —6 版. —北京：人民卫生出版社,2018

全国高等学校五年制本科临床医学专业第九轮规划教材

ISBN 978-7-117-26674-1

Ⅰ.①体… Ⅱ.①裴… Ⅲ.①体育-高等学校-教材 Ⅳ.①G807.4

中国版本图书馆 CIP 数据核字(2018)第 167389 号

人卫智网	www.ipmph.com	医学教育、学术、考试、健康，购书智慧智能综合服务平台
人卫官网	www.pmph.com	人卫官方资讯发布平台

体 育

第 6 版

主　　编：裴海泓

出版发行：人民卫生出版社(中继线 010-59780011)

地　　址：北京市朝阳区潘家园南里 19 号

邮　　编：100021

E - mail：pmph @ pmph.com

购书热线：010-59787592　010-59787584　010-65264830

印　　刷：中农印务有限公司

经　　销：新华书店

开　　本：850×1168　1/16　印张：14　插页：8

字　　数：414 千字

版　　次：1998 年 8 月第 1 版　2018 年 8 月第 6 版
　　　　　2023 年 4 月第 6 版第 9 次印刷(总第 22 次印刷)

标准书号：ISBN 978-7-117-26674-1

定　　价：36.00 元

打击盗版举报电话:010-59787491　E-mail:WQ @ pmph.com

(凡属印装质量问题请与本社市场营销中心联系退换)

编　委

以姓氏笔画为序

王文成（大连医科大学）

王旭东（哈尔滨医科大学）

朱红伟（潍坊医学院）

刘俊杰（山东大学）

孙　晓（中国医科大学）

国　伟（贵州医科大学）

徐　欣（华中科技大学）

常　青（重庆医科大学）

程　鹏（锦州医科大学）

曾　霞（长沙医学院）

裴海泓（吉林大学）

学术秘书

李　静（吉林大学）

融合教材阅读使用说明

融合教材介绍:本套教材以融合教材形式出版,即融合纸书内容与数字服务的教材,每本教材均配有特色的数字内容,读者阅读纸书的同时可以通过扫描书中二维码阅读线上数字内容。

《体育》(第6版)融合教材配有以下数字资源:

视频   知识链接

❶ 扫描教材封底圆形图标中的二维码,打开激活平台。

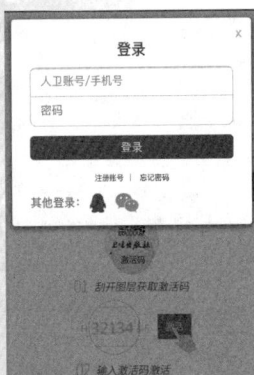

❷ 注册或使用已有人卫账号登录,输入刮开的激活码。

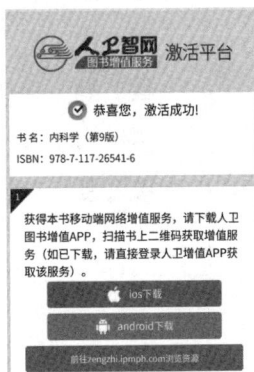

❸ 下载"人卫图书增值"APP,也可登录 zengzhi.ipmph.com 浏览。

❹ 使用 APP"扫码"功能,扫描教材中二维码可快速查看数字内容。

配套教材 (共计56种)

全套教材书目

读者信息反馈方式

欢迎登录"人卫 e 教"平台官网"medu.pmph.com",在首页注册登录后,即可通过输入书名、书号或主编姓名等关键字,查询我社已出版教材,并可对该教材进行读者反馈、图书纠错、撰写书评以及分享资源等。

序　言

党的十九大报告明确提出,实施健康中国战略。 没有合格医疗人才,就没有全民健康。 推进健康中国建设要把培养好医药卫生人才作为重要基础工程。 我们必须以习近平新时代中国特色社会主义思想为指引,按照十九大报告要求,把教育事业放在优先发展的位置,加快实现教育现代化,办好人民满意的医学教育,培养大批优秀的医药卫生人才。

着眼于面向 2030 年医学教育改革与健康中国建设,2017 年 7 月,教育部、国家卫生和计划生育委员会、国家中医药管理局联合召开了全国医学教育改革发展工作会议。 之后,国务院办公厅颁布了《国务院办公厅关于深化医教协同进一步推进医学教育改革与发展的意见》(国办发〔2017〕63 号)。 这次改革聚焦健康中国战略,突出问题导向,系统谋划发展,医教协同推进,以"服务需求、提高质量"为核心,确定了"两更加、一基本"的改革目标,即:到 2030 年,具有中国特色的标准化、规范化医学人才培养体系更加健全,医学教育改革与发展的政策环境更加完善,医学人才队伍基本满足健康中国建设需要,绘就了今后一个时期医学教育改革发展的宏伟蓝图,作出了具有全局性、战略性、引领性的重大改革部署。

教材是学校教育教学的基本依据,是解决培养什么样的人、如何培养人以及为谁培养人这一根本问题的重要载体,直接关系到党的教育方针的有效落实和教育目标的全面实现。 要培养高素质的优秀医药卫生人才,必须出版高质量、高水平的优秀精品教材。 一直以来,教育部高度重视医学教材编制工作,要求以教材建设为抓手,大力推动医学课程和教学方法改革。

改革开放四十年来,具有中国特色的全国高等学校五年制本科临床医学专业规划教材经历了九轮传承、创新和发展。 在教育部、国家卫生和计划生育委员会的共同推动下,以裘法祖、吴阶平、吴孟超、陈灏珠等院士为代表的我国几代著名院士、专家、医学家、教育家,以高度的责任感和敬业精神参与了本套教材的创建和每一轮教材的修订工作。 教材从无到有、从少到多、从多到精,不断丰富、完善与创新,逐步形成了课程门类齐全、学科系统优化、内容衔接合理、结构体系科学的立体化优秀精品教材格局,创建了中国特色医学教育教材建设模式,推动了我国高等医学本科教育的改革和发展,走出了一条适合中国医学教育和卫生健康事业发展实际的中国特色医药学教材建设发展道路。

在深化医教协同、进一步推进医学教育改革与发展的时代要求与背景下,我们启动了第九轮全国高等学校五年制本科临床医学专业规划教材的修订工作。 教材修订过程中,坚持以习近平新时代中国特色社会主义思想为指引,贯彻党的十九大精神,落实"优先发展教育事业""实施健康中国战略"及"落实立德树人根本任务,发展素质教育"的战略部署要求,更加突出医德教育与人文素质教育,将医德教育贯穿于医学教育全过程,同时强调"多临床、早临床、反复临床"的理念,强化临床实践教学,着力培养医德高尚、医术精湛的临床医生。

我们高兴地看到,这套教材在编写宗旨上,不忘医学教育人才培养的初心,坚持质量第一、立德树人;在编写内容上,牢牢把握医学教育改革发展新形势和新要求,坚持与时俱进、力求创新;在编写形式上,聚力"互联网+"医学教育的数字化创新发展,充分运用 AR、VR、人工智能等新技术,在传统纸质教材的基础上融合实操性更强的数字内容,推动传统课堂教学迈向数字教学与移动学习的新时代。 为进一步加强医学生临床实践能力培养,整套教材还配有相应的实践指导教材,内容丰富,图文并茂,具有较强的科学性和实践指导价值。

我们希望,这套教材的修订出版,能够进一步启发和指导高校不断深化医学教育改革,推进医教协同,为培养高质量医学人才、服务人民群众健康乃至推动健康中国建设作出积极贡献。

林蕙青

2018 年 2 月

全国高等学校五年制本科临床医学专业
第九轮 规划教材修订说明

　　全国高等学校五年制本科临床医学专业国家卫生健康委员会规划教材自 1978 年第一轮出版至今已有 40 年的历史。 几十年来，在教育部、国家卫生健康委员会的领导和支持下，以裘法祖、吴阶平、吴孟超、陈灏珠等院士为代表的我国几代德高望重、有丰富的临床和教学经验、有高度责任感和敬业精神的国内外著名院士、专家、医学家、教育家参与了本套教材的创建和每一轮教材的修订工作，使我国的五年制本科临床医学教材从无到有，从少到多，从多到精，不断丰富、完善与创新，形成了课程门类齐全、学科系统优化、内容衔接合理、结构体系科学的由规划教材、配套教材、网络增值服务、数字出版等组成的立体化教材格局。 这套教材为我国千百万医学生的培养和成才提供了根本保障，为我国培养了一代又一代高水平、高素质的合格医学人才，为推动我国医疗卫生事业的改革和发展做出了历史性巨大贡献，并通过教材的创新建设和高质量发展，推动了我国高等医学本科教育的改革和发展，促进了我国医药学相关学科或领域的教材建设和教育发展，走出了一条适合中国医药学教育和卫生事业发展实际的具有中国特色医药学教材建设和发展的道路，创建了中国特色医药学教育教材建设模式。 老一辈医学教育家和科学家们亲切地称这套教材是中国医学教育的"干细胞"教材。

　　本套第九轮教材修订启动之时，正是我国进一步深化医教协同之际，更是我国医疗卫生体制改革和医学教育改革全方位深入推进之时。 在全国医学教育改革发展工作会议上，李克强总理亲自批示"人才是卫生与健康事业的第一资源，医教协同推进医学教育改革发展，对于加强医学人才队伍建设、更好保障人民群众健康具有重要意义"，并着重强调，要办好人民满意的医学教育，加大改革创新力度，奋力推动建设健康中国。

　　教材建设是事关未来的战略工程、基础工程，教材体现国家意志。 人民卫生出版社紧紧抓住医学教育综合改革的历史发展机遇期，以全国高等学校五年制本科临床医学专业第九轮规划教材全面启动为契机，以规划教材创新建设，全面推进国家级规划教材建设工作，服务于医改和教改。第九轮教材的修订原则，是积极贯彻落实国务院办公厅关于深化医教协同、进一步推进医学教育改革与发展的意见，努力优化人才培养结构，坚持以需求为导向，构建发展以"5+3"模式为主体的临床医学人才培养体系；强化临床实践教学，切实落实好"早临床、多临床、反复临床"的要求，提高医学生的临床实践能力。

　　在全国医学教育综合改革精神鼓舞下和老一辈医学家奉献精神的感召下，全国一大批临床教学、科研、医疗第一线的中青年专家、学者、教授继承和发扬了老一辈的优秀传统，以严谨治学的科学态度和无私奉献的敬业精神，积极参与第九轮教材的修订和建设工作，紧密结合五年制临床医学专业培养目标、高等医学教育教学改革的需要和医药卫生行业人才的需求，借鉴国内外医学教育教学的经验和成果，不断创新编写思路和编写模式，不断完善表达形式和内容，不断提升编写水平和质量，已逐渐将每一部教材打造成了学科精品教材，使第九轮全套教材更加成熟、完善和科学，从而构建了适合以"5+3"为主体的医学教育综合改革需要、满足卓越临床医师培养需求的教材体系和优化、系统、科学、经典的五年制本科临床医学专业课程体系。

其修订和编写特点如下：

1．教材编写修订工作是在国家卫生健康委员会、教育部的领导和支持下，由全国高等医药教材建设研究学组规划，临床医学专业教材评审委员会审定，院士专家把关，全国各医学院校知名专家教授编写，人民卫生出版社高质量出版。

2．教材编写修订工作是根据教育部培养目标、国家卫生健康委员会行业要求、社会用人需求，在全国进行科学调研的基础上，借鉴国内外医学人才培养模式和教材建设经验，充分研究论证本专业人才素质要求、学科体系构成、课程体系设计和教材体系规划后，科学进行的。

3．在教材修订工作中，进一步贯彻党的十九大精神，将"落实立德树人根本任务，发展素质教育"的战略部署要求，贯穿教材编写全过程。全套教材在专业内容中渗透医学人文的温度与情怀，通过案例与病例融合基础与临床相关知识，通过总结和汲取前八轮教材的编写经验与成果，充分体现教材的科学性、权威性、代表性和适用性。

4．教材编写修订工作着力进行课程体系的优化改革和教材体系的建设创新——科学整合课程、淡化学科意识、实现整体优化、注重系统科学、保证点面结合。继续坚持"三基、五性、三特定"的教材编写原则，以确保教材质量。

5．为配合教学改革的需要，减轻学生负担，精炼文字压缩字数，注重提高内容质量。根据学科需要，继续沿用大 16 开国际开本、双色或彩色印刷，充分拓展侧边留白的笔记和展示功能，提升学生阅读的体验性与学习的便利性。

6．为满足教学资源的多样化，实现教材系列化、立体化建设，进一步丰富了理论教材中的数字资源内容与类型，创新在教材移动端融入 AR、VR、人工智能等新技术，为课堂学习带来身临其境的感受；每种教材均配有 2 套模拟试卷，线上实时答题与判卷，帮助学生复习和巩固重点知识。同时，根据实际需求进一步优化了实验指导与习题集类配套教材的品种，方便老师教学和学生自主学习。

第九轮教材共有 53 种，均为**国家卫生健康委员会"十三五"规划教材**。全套教材将于 2018 年 6 月出版发行，数字内容也将同步上线。教育部副部长林蕙青同志亲自为本套教材撰写序言，并对通过修订教材启发和指导高校不断深化医学教育改革、进一步推进医教协同，为培养高质量医学人才、服务人民群众健康乃至推动健康中国建设寄予厚望。希望全国广大院校在使用过程中能够多提供宝贵意见，反馈使用信息，以逐步修改和完善教材内容，提高教材质量，为第十轮教材的修订工作建言献策。

全国高等学校五年制本科临床医学专业第九轮规划教材
教材目录

序号	书名	版次	主编			副主编			
1.	医用高等数学	第7版	秦 侠	吕 丹		李 林	王桂杰	刘春扬	
2.	医学物理学	第9版	王 磊	冀 敏		李晓春	吴 杰		
3.	基础化学	第9版	李雪华	陈朝军		尚京川	刘 君	籍雪平	
4.	有机化学	第9版	陆 阳			罗美明	李柱来	李发胜	
5.	医学生物学	第9版	傅松滨			杨保胜	邱广蓉		
6.	系统解剖学	第9版	丁文龙	刘学政		孙晋浩	李洪鹏	欧阳宏伟	阿地力江·伊明
7.	局部解剖学	第9版	崔慧先	李瑞锡		张绍祥	钱亦华	张雅芳	张卫光
8.	组织学与胚胎学	第9版	李继承	曾园山		周 莉	周国民	邵淑娟	
9.	生物化学与分子生物学	第9版	周春燕	药立波		方定志	汤其群	高国全	吕社民
10.	生理学	第9版	王庭槐			罗自强	沈霖霖	管又飞	武宇明
11.	医学微生物学	第9版	李 凡	徐志凯		黄 敏	郭晓奎	彭宜红	
12.	人体寄生虫学	第9版	诸欣平	苏 川		吴忠道	李朝品	刘文琪	程彦斌
13.	医学免疫学	第7版	曹雪涛			姚 智	熊思东	司传平	于益芝
14.	病理学	第9版	步 宏	李一雷		来茂德	王娅兰	王国平	陶仪声
15.	病理生理学	第9版	王建枝	钱睿哲		吴立玲	孙连坤	李文斌	姜志胜
16.	药理学	第9版	杨宝峰	陈建国		臧伟进	魏敏杰		
17.	医学心理学	第7版	姚树桥	杨艳杰		潘 芳	汤艳清	张 宁	
18.	法医学	第7版	王保捷	侯一平		丛 斌	沈忆文	陈 腾	
19.	诊断学	第9版	万学红	卢雪峰		刘成玉	胡申江	杨 炯	周汉建
20.	医学影像学	第8版	徐 克	龚启勇	韩 萍	于春水	王 滨	文 戈	高剑波 王绍武
21.	内科学	第9版	葛均波	徐永健	王 辰	唐承薇	肖海鹏	王建安	曾小峰
22.	外科学	第9版	陈孝平	汪建平	赵继宗	秦新裕	刘玉村	张英泽	李宗芳
23.	妇产科学	第9版	谢 幸	孔北华	段 涛	林仲秋	狄 文	马 丁	曹云霞 漆洪波
24.	儿科学	第9版	王卫平	孙 锟	常立文	申昆玲	李 秋	杜立中	母得志
25.	神经病学	第8版	贾建平	陈生弟		崔丽英	王 伟	谢 鹏	罗本燕 楚 兰
26.	精神病学	第8版	郝 伟	陆 林		李 涛	刘金同	赵旭东	王高华
27.	传染病学	第9版	李兰娟	任 红		高志良	宁 琴	李用国	

序号	书名	版次	主编		副主编				
28.	眼科学	第9版	杨培增 范先群		孙兴怀	刘奕志	赵桂秋	原慧萍	
29.	耳鼻咽喉头颈外科学	第9版	孙 虹 张 罗		迟放鲁	刘 争	刘世喜	文卫平	
30.	口腔科学	第9版	张志愿		周学东	郭传瑸	程 斌		
31.	皮肤性病学	第9版	张学军 郑 捷		陆洪光	高兴华	何 黎	崔 勇	
32.	核医学	第9版	王荣福 安 锐		李亚明	李 林	田 梅	石洪成	
33.	流行病学	第9版	沈洪兵 齐秀英		叶冬青	许能锋	赵亚双		
34.	卫生学	第9版	朱启星		牛 侨	吴小南	张正东	姚应水	
35.	预防医学	第7版	傅 华		段广才	黄国伟	王培玉	洪 峰	
36.	中医学	第9版	陈金水		范 恒	徐 巍	金 红	李 锋	
37.	医学计算机应用	第6版	袁同山 阳小华		卜宪庚	张筠莉	时松和	娄 岩	
38.	体育	第6版	裴海泓		程 鹏	孙 晓			
39.	医学细胞生物学	第6版	陈誉华 陈志南		刘 佳	范礼斌	朱海英		
40.	医学遗传学	第7版	左 伋		顾鸣敏	张咸宁	韩 骅		
41.	临床药理学	第6版	李 俊		刘克辛	袁 洪	杜智敏	闫素英	
42.	医学统计学	第7版	李 康 贺 佳		杨土保	马 骏	王 彤		
43.	医学伦理学	第5版	王明旭 赵明杰		边 林	曹永福			
44.	临床流行病学与循证医学	第5版	刘续宝 孙业桓		时景璞	王小钦	徐佩茹		
45.	康复医学	第6版	黄晓琳 燕铁斌		王宁华	岳寿伟	吴 毅	敖丽娟	
46.	医学文献检索与论文写作	第5版	郭继军		马 路	张 帆	胡德华	韩玲革	
47.	卫生法	第5版	汪建荣		田 侃	王安富			
48.	医学导论	第5版	马建辉 闻德亮		曹德品	董 健	郭永松		
49.	全科医学概论	第5版	于晓松 路孝琴		胡传来	江孙芳	王永晨	王 敏	
50.	麻醉学	第4版	李文志 姚尚龙		郭曲练	邓小明	喻 田		
51.	急诊与灾难医学	第3版	沈 洪 刘中民		周荣斌	于凯江	何 庆		
52.	医患沟通	第2版	王锦帆 尹 梅		唐宏宇	陈卫昌	康德智	张瑞宏	
53.	肿瘤学概论	第2版	赫 捷		张清媛	李 薇	周云峰	王伟林	刘云鹏 赵新汉

第七届全国高等学校五年制本科临床医学专业教材评审委员会名单

顾　问

吴孟超　王德炳　刘德培　刘允怡

主 任 委 员

陈灏珠　钟南山　杨宝峰

副主任委员（以姓氏笔画为序）

王　辰　王卫平　丛　斌　冯友梅　李兰娟　步　宏

汪建平　张志愿　陈孝平　陈志南　陈国强　郑树森

郎景和　赵玉沛　赵继宗　柯　杨　桂永浩　曹雪涛

葛均波　赫　捷

委　　员（以姓氏笔画为序）

马存根　王　滨　王省良　文历阳　孔北华　邓小明

白　波　吕　帆　刘吉成　刘学政　李　凡　李玉林

吴在德　吴肇汉　何延政　余艳红　沈洪兵　陆再英

赵　杰　赵劲民　胡翊群　南登崑　药立波　柏树令

闻德亮　姜志胜　姚　智　曹云霞　崔慧先　曾因明

颜　虹

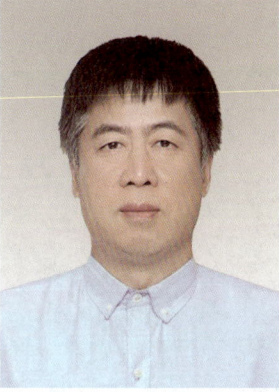

裴海泓

    男，吉林大学体育学院教授，硕士生导师，吉林大学中国青少年运动健康研究与指导中心执行主任，吉林省青少年体育俱乐部联合会副会长；吉林省家庭教育委员会理事；吉林大学青少年运动健康科研团队学术带头人。 吉林省足球协会理事；小刺猬娃娃足球发展联盟秘书长。 一直从事运动与健康及儿童运动与游戏方面的研究。 创建医学高等院校《体育》教材，担任第1版至第6版主编。 担任《体育与健康》主编，《体育五千年》副主编。

程 鹏

男，教授。 曾经担任中国体育科学学会学校体育分会第五届委员会委员；辽宁省高校体育教学指导委员会委员；锦州医科大学体育教研部主任。2012 年至 2017 年连续六年被省人社厅和省教育委员会聘为辽宁省高职、中专系列高级职称评审专家。 现担任锦州医科大学体育教研部大球教研室主任，主要致力于高校体育教学研究，发表论文多篇，主要代表作有：《北京奥运会对大中小学生体育观念和行为的影响研究》；主持、参与课题多项，主要参与：1. 全国教育科学"十五"规划教育部重点课题"2008 年北京奥运会与中国学校体育发展"；2. 科技部 2015 年课题"中国各民族体质人类学表型特征调查"；主持课题：2014 年辽宁省教育厅课题"运动康复专业悬吊训练技术资源引入与运行模式的研究与实践"。

孙 晓

男，硕士，教授，现任中国医科大学体育部主任。 中国高等教育学会医学教育专业委员会体育学组副理事长，辽宁省运动医学会常委，沈阳地区高校体育指导委员会副主任。

从事体育教学工作 30 余年，致力于体育教学和学生体质健康研究。 发表过多篇国家级论文，主持全国省、市课题 3 项。 主持全国教育科学"十五"规划重点课题《普通高校体育教学中的启发艺术及运用研究》；辽宁省教育厅课题《昼夜节律改变对小鼠垂体—肾上腺轴激素水平的影响研究》；国家十五学校体育卫生科研规划课题的子课题《辽宁省高等学校体育教学改革实验研究》。

　　根据全国高等学校临床医学专业教材评审委员会五年制临床医学专业第九轮卫生健康委员会规划教材主编人会议精神，我们编写了第6版《体育》教科书。

　　本版教材在继承前5版经典内容的基础上，以人类发展大的健康观为依托，以生物-心理-社会医学模式为指导，适应"5+3"为主体的人才培养体系，强调从整体水平来看运动与健康；把握基本理论、基本知识，掌握基本技能，学会运动方法。本版最大的变化是突出了医学院校的特征特点，增加了运动与医学的紧密度，运动是良医、运动是良方、运动是良药，让学生把运动的功能特点与未来工作的实际需求相吻合。同时，增加了奥林匹克运动文化的内容，插入了太极拳、八段锦的视频。保障辅助教学的需要和个人健身及专业发展的需要；同时，增加了太极拳理论等，旨在启发学生思考，增加阅读兴趣，培养创新意识等。

　　本书共十章，严格按照教科书特定的形式与内容编写。参加编写的人员均是活跃在高等医学院校的专家学者。在编写过程中，各位编委竭尽全力、一丝不苟，突出精品意识，强调基本知识要素。编者相信，本教材无论是对在读的医学本科生、研究生，还是对一般人群都是一本必不可少的参考书。

　　在本教材的编写过程中，自始至终得到了各编写人员所在单位领导的关心、支持，在此一并表示诚挚的感谢！

　　本教材第5版，在全国高等医学院校中广为使用，因此编者们更知责任重大，使命光荣。但难免有不妥甚至谬误之处，诚请各位读者在使用过程中提出自己宝贵的意见，使之日臻完善。

裴海泓

2018 年 5 月

目　录

第一章　运动与健康

学习要点：

大学体育是高等教育的一个重要的组成部分，也是我国现有学制中最后一个阶段的体育课程。通过本章节的学习，希望大家充分理解终身体育思想的理念和高等医学院校的体育教学模式，了解医学与体育的关系。以便在今后的工作中，在贯彻执行预防为主的医疗方针的道路上，能有所启迪，能拓展思路、能找寻手段。让大学体育的文化、精神和机制融化在大学学习的生活之中。

第一节　大 学 体 育

一、树立终身体育的思想

经过高考的洗礼，很多优秀的青年学子踏入大学校园，不论你是什么专业的学生，大学一、二年级都要上体育课，接受体育教育。很多学生都在思考一个问题，为什么上体育课，它的价值在哪里？让我们来了解以下几所名校的做法。

1. 伊顿公学　伊顿公学是英国一座古老的学府，由亨利六世于 1440 年创办。伊顿以"精英摇篮""绅士文化"闻名世界，也素以军事化的严格管理著称，被公认是英国最好的中学，是英国王室、政界经济界精英的培训之地，曾造就 20 位英国首相。

在伊顿，文化课学习当然很重要。但伊顿坚信，再好的文化教育都无法取代体育运动对人格塑造所产生的影响。

体育重视到什么地步：伊顿公学的教育管理者们，在设计课程的时候，差不多把一半的时间都安排给了体育课。

但在伊顿的教育者眼中，提高身体素质、培育一个健康的身体只是体育运动的一项益处。相比而言，他们更重视体育运动给孩子们带来的其他好处。这些好处包括：

（1）健康的生活习惯：进行日常体育运动是健康生活必不可少的一个组成部分，当然应该从学生时代就开始培养。

（2）外形和气质：作为绅士文化的一部分，一个人应当拥有良好的外形和气质。再好的衣服和配饰都不能取代人本身的形体美。文化学习能帮助学生改变一部分个人气质，却无法取代体育运动在这方面的核心作用。

（3）成熟、积极的心理：体育运动，尤其是竞技性体育，是帮助学生建立成熟、积极的心理所必不可少的方法。

（4）追求多元化的卓越，让每个学生都能发现自己的长处：在伊顿，每个学生都可以通过不断尝试和努力，找到适合自己的运动项目，并在该项目上名列前茅。

（5）团队协作：在伊顿公学所提倡的体育运动项目中，绝大多数都是团队项目，包括赛艇、曲棍球、野地足球、板球等。这是因为伊顿认为团队体育项目是教育和培养学生团队协作意识及能力的最佳途径。

（6）社会交往能力：一个体育社团往往是一个小社会，每个人都有自己的位置；而同时，整个团体又在共同为一个目标做出努力。这样的场景设置很符合现代社会的现实情况。伊顿认为，这样一个环境可以模拟学生未来步入社会后所面临的人际交往情景,从而帮助他们更好地适应社会。

据传,英国陆军元帅威灵顿公爵,曾经在滑铁卢战役胜利后说过这么一句话:

"滑铁卢战役取胜于伊顿公学的运动场"。

2. 西点军校　美国西点军校创立于1802年。200多年来,西点军校共培养了5万名左右学员,其中包括2名美国总统、2名五星上将、2名四星上将、4000多名将军。除此之外,西点军校还为美国的发展贡献了一大批杰出的政治家、企业家、工程学家、科学家、教育家和艺术家。一所著名的军事院校,却以"领导人才的基地、商界精英的摇篮"闻名于世。

西点军校的教育方针是强调从德、智、军、体四个方面培养符合时代要求、适应世界军事未来发展需要的"完整的人"——而体育在此间具有融合诸育的强大功能。

五星上将麦克阿瑟将军当选西点军校第30任校长时,刚带领美国军队从一战得胜归来,他将体育运动视为现代军官教育中一个必不可少的组成部分。一方面,体育运动对于军校学员的军事技术训练是不可缺少的基础;另一方面,其对于军人精神的培养,亦能产生极大的积极意义。

在这种思想的指导下,麦克阿瑟将体育提高到与文化教育、军事职业教育同等重要的地位。这主要包括三个组成部分。

(1) 体育课程:考虑到西点军校的学业原本就十分繁重,没有额外的时间可供体育课加入,麦克阿瑟就从战术训练课中抽出每周两个下午的时间划拨给体育课,确保了体育课的时间,使之占到了全部课程比例的15%。而对于学员,他更是硬性要求,每个学员每学年必须用6周时间进行各种球类和田径训练。在百年后的今天,这些规定不仅仍然沿用,更成为了西点军校教育体系中的基本共识和原则。

(2) 竞技性体育运动:麦克阿瑟非常重视校际比赛,组建了西点军校最初的11个校运动队(目前一共26个),包括足球、橄榄球、马球、篮球、田径、游泳等。他要求西点军校的学员必须成为某项运动的运动员——这一规定到现在更是极大地影响了西点军校的入学标准:凡入学者,均应在体育领域有过不俗的成绩。

(3) 体育测试和考试:每位西点军校的学员在从学院正式毕业前,都需要通过8门体育课程的考试。同时,为了让学员符合军队的标准,每位学员每年还要参加两次由美军组织的体能测试;此外,所有学员每年都必须通过室内障碍测试的考试,并确保达标。

作为美国乃至世界顶尖的军事院校,西点军校为何如此看重学生的体育教育呢?

首当其冲的原因,是体育可以让学员建立和维持健康的心身。

西点军校坚信:"体育锻炼不单纯是为了增强体质,更重要的在于它是一种培养军人精神素质的手段。运动场上紧张、激烈的拼搏同战场有许多相似之处。它需要对抗双方在极其紧张的情况下保持清醒的头脑,并能迅速地对各种复杂情况做出判断和反应。它能最大限度地培养学员坚忍不拔的毅力和自控能力,以及果断、勇敢,思维敏捷的气质和竞争意识。"

相比于其他教育,体育在培养学员的责任感、荣誉感、团队精神方面更直观、更有效。

西点军校以培养领导者为己任,在赢得比赛的过程中,他们有了决策、谋划、遵守规则、影响他人等各种领导力的实际体验。西点军校以培养打赢未来战争的指挥员为根本目标,而激烈的体育比赛是战争的最好模拟,运动场与战场只有一步之遥。所以,西点军校体育运动的指导思想是:"每个学员都是运动员,每个运动员都要奋力拼搏。"体育是其生命力、凝聚力和战斗力的源泉。

西点军校的教育者认为:"体育能最大限度地培养学员坚忍不拔的毅力和自控能力,以及果断、勇敢,思维敏捷的气质和竞争意识。"

体育,尤其是竞技体育,是凝聚人心、鼓舞士气、团结师生、建设一流学校的宝贵力量。在美国,大学、军校之间的校际比赛不仅仅是两个学校之间的事情,更是校友乃至现役军界的大事,甚至常常能吸引美国总统的光临。由此可见,高水平的体育运动也是维系西点学员和校友浓厚母校情结的重要纽带。

从投资回报角度来看,体育教育的产出远远大于投入。西点军校认为:体育教育的回报不仅仅只产生于体育本身,它还能为道德品质教育、科学文化教育和军事职业教育,创造理想的身心素质条件和丰富多样的教育资源。

3. 清华大学 "无体育、不清华",自 2014 年清华大学在新生军训时恢复"第一堂体育课"的传统后,2015 年 9 月开学季 3200 余名身穿迷彩服的大一新生齐聚综合体育馆,与学校全体体育教师面对面,在"第一堂体育课"上聆听几代清华人的体育故事,全面领略清华体育精神。

著名结构生物学家施一公与新生分享了自己在学生时代如何与体育运动结缘,并坚持锻炼的故事。他表示,体育不只属于运动员,而是属于每一个人,是一种健康向上的生活方式。正是多年体育锻炼的习惯,让他具有健康的体魄,在紧张的学术研究中能够保持旺盛的精力。一个人的健康成长,意味着德育、智力、体育等全面发展,在大学期间,除了学习知识、提高能力,也能够养成每天锻炼身体的好习惯,"运动其乐无穷,会使你们终身受益。"

清华大学建校以来始终重视体育,不仅要培养出全面发展的学生,更要引领中国高等教育的潮流,使体育教育成为高等教育的一个重要特色。目前,清华大学体育课实施的是"4+2+2"的课程体系,每年都要进行男生 3000m、女生 1500m 的长跑测试,此外,"阳光长跑"和体质测试也会占体育课成绩的一定比例。同时,学校有 36 个体育类的社团协会、由 42 个项目比赛组成的综合赛事"马约翰杯"、43 支清华体育代表队以及完善的体育场馆设施,为同学们参加有组织的课外锻炼和竞赛、提高身心健康提供了良好的平台。

2015 年 9 月新学期,清华大学规划大一学生恢复"强迫运动",即 16:30 以后不排课或少排课,留出时间给同学们进行课外锻炼。希望每个学生做到"211",即学会两个体育项目、加入一个体育协会、每学期至少参加一次体育竞赛,塑造强健的体魄、健全的人格。

还记得 2016 级新生入学后就先徒步 20 千米吗? 3000 名新生背上行囊,凌晨出发,日出到达! 这些学生刚刚经过"高考"的洗礼,也刚刚结束了 12 年的寒窗苦读。

在清华大学 2017 年全校教职工大会上,学校针对学生体质下降再次下了"狠手",出台两项措施:

(1) 从游泳入手,量化毕业体质要求:从 2017 级开始,清华大学学生必须通过入学后的游泳测试或游泳课的学习并达到要求,否则不能获得毕业证书(特殊情况除外),这就意味着从 2017 级学生开始,除特殊情况外,清华学子人人会游泳。

(2) 从排课入手,引导学生积极参与锻炼:大一新生 15:55~19:20 不排课,从大一开始培养清华学生的锻炼习惯。过去是每天下午"四点半强制锻炼",现在时间提前了半个小时;过去是下午四点半以后"不排课或少排课",现在的新规是"不排课!"。我们知道清华的体育是传统,但坚持传统,还要有所创新并不容易,尤其清华的体育又做到了从来不"温柔"!

"为祖国健康工作五十年"这句浓缩了清华体育精神的话语,已经响彻清华半个世纪,成为清华大学博大精深的文化理念中重视体育、崇尚体育的一个标志,更成为一项很有影响的办学特色。

有人说:这是一个"大数据时代";有人说:这是一个"创业时代";而我们想说:这是一个真正的"体育时代",而且不会过时。因为体育会赋予你"狭路相逢勇者胜,百舸争游我为先"的十二种最优秀品质。①能吃苦;②有目标;③重过程;④知礼仪;⑤懂传承;⑥善合作、有责任;⑦明善恶;⑧守规则;⑨有成就;⑩重感情;⑪不服输;⑫敢胜利。体育具有改变世界的力量,体育具有改变人生的能力;以体育之力增强身体素质,收获强健"体格";以体育之美感染处世为人,拥有健康"性格";以体育之魂塑造坚韧勇敢,成就完美"人格"。"健全人格,首在体育",这就是体育课的价值。

体育课对于青年学生来说,应该是迷人的、享受的,它是书本之外肆意挥洒的汗水,是放下负担释放压力的呐喊和尖叫,是尽情奔跑时让人忘记压抑与不快的多巴胺,也是收获胜利与友情的激动与荣耀,"生命在于运动"。因此,体育锻炼的思想和行为应该伴随每个人的终身。

(一) 终身体育思想的由来

早在 20 世纪 90 年代,有学者提出"终身体育"的思想,它是体育改革和发展中的一个新的概念,源于法国著名成人教育家保罗·郎格朗在 1965 年提出的终身教育。一般认为,终身体育是指人们在一生中所进行的身体锻炼和所受到的体育教育的总和。也就是从人的出生到生命终止,都要从适应环境与个人的需要,进行身体锻炼,以取得生存、生活、学习与工作的物质基础或条件。

实际上,从幼儿体育到研究生体育,我国的体育教育一直贯穿在学校学习的全过程,"增强体质、增进健康"是我国学校体育的长期目标;在 1996 年 6 月,国务院批准下发了《全民健身计划纲要》,这是中国体育发展史上的一个具有里程碑意义的重大事件,也是我国进入社会主义现代化新时期体育改革与社会发展相适应的必然产物。至此,从国家层面上我国已经完成了对国民的"终身体育"教育导向和行为。

（二）终身体育是青年大学生所肩负的历史使命所决定的

在 1997 年,我国对体育人口的基本标准作出了规定,是指每周参加体育活动不低于 3 次,每次不低于 30 分钟,进行自身体质与所参加体育项目相适应的中等或中等以上强度的人。这个标准与欧美一些发达国家的体育人口标准相一致。目前,我国体育人口在数量上还不及欧美发达国家,在结构构成上还以在校学生和武装力量等"当然体育人口"为主,在数量上还存在城乡、地区、职业分工等不平衡的现象。要改变这一现状的根本方法就应该是思想观念的改变,即我们不应该用"解决温饱的时代观点"享受小康社会的幸福,要在思想和行动上与发达国家的体育现状接轨。而能改变这一现状的责任,重担就在当今社会的青年大学生的肩上。

近年来,学生军训猝死、跑步猝死、体测猝死、篮球猝死,加之因为学习压力学生跳楼自杀等新闻屡见报端,引起了一定的社会恐慌。人们不禁要问:改革开放近 40 年,社会各项事业快速发展,为什么学校体育一直边缘化? 为什么学生的体质越来越差? 体育课,学生学到了什么?

与 1985 年相比,2010 年大学生肺活量下降了近 10%;大学女生 800m 跑、男生 1000m 跑的成绩分别下降了 10.3% 和 10.9%,小眼镜、小驼背、小胖墩越来越多,其中大学生近视率接近 90%。国家体育总局和北京体育大学联合编撰的《中国青少年体育发展报告(2015)》正式发布。《报告》称,800m、1000m 耐力测试,大学生整体成绩不如中学生,有大学生跑到一半发生晕厥等状况。这是因为当代大学生普遍缺乏对体育健康应有的认知,很多同学平时不锻炼,体质堪忧。有相当多的学生,不会加速跑、不会游泳、不会三步上篮、不会垫球、拉不了一个标准的引体向上、不会前滚翻、不会爬树、不会马步,甚至没有接触过铅球、跨栏、足球……

一些学校废止了多年来运动会上 3000m、5000m 跑的传统项目。就连再普通不过的男生 1000m、女生 800m 跑,如果不是《国家学生体质健康标准(2014 年修订)》强制规定为必测项目,恐怕运动场的跑道都会荒废了。为了规避风险和不影响文化学习,当下从小学、初中、高中到大学,我们的体育课,都是基于不出汗、不脏衣、不喘气、不摔跤、不擦皮、不受伤、不长跑和无强度、无对抗、无冲撞的"三无七不"的温柔体育课。试问:这样的体育课能够强身健体吗? 能够磨炼意志吗? 能够培养兴趣吗? 能够塑造人格吗?

"青年一代有理想,有本领、有担当,国家就有前途,民族就有希望"。国民体质是一个民族、一个国家兴旺发达的基础,因此,作为青年的当代大学生,为把中华民族的伟大复兴的中国梦变为现实,提高中华民族的身体素质,就要从我做起,积极锻炼身体,树立终身体育观念,营造良好体育氛围,形成良好体育环境,塑造良好运动形象,来感染身边的人参与到体育锻炼中来。

二、大学体育的时间与空间

走进大学课堂之前,从体育游戏到学习专项体育技能,学生已经接受了十余年的体育教育。但高等教育和基础教育在学习方法上最大的区别在于高等教育学生以自主学习为主,体育学科也不例外,即学生应该自我安排时间和空间,按自己的兴趣和爱好去进行体育锻炼。

（一）养成良好体育习惯受益终身

大学是人生最重要的受教育阶段,在这个阶段养成的习惯和接受的世界观将影响今后的人生,这其中就包括体育锻炼习惯的养成和终身体育思想的树立。因为有了好的体育习惯会使人有好的身体;培养了好的意志品质,又能形成好的人格,这些都会使自己终身受益。

大多数西方国家,尤其是美国,领导人都有体育上的一技之长。美国总统奥巴马从高中到大学期间一直参加各种篮球比赛;俄罗斯总统普京拥有柔道黑带,在任期间每次奥运会普京都亲自出席俄罗斯体育代表团的誓师大会;英国前首相泰德·西斯,是一名出色的帆船运动员,1969年,他驾驶着属于自己的帆船赢得著名的悉尼至霍巴特帆船赛冠军。事实上,国际上很多领导人,都是职业或业余体育运动员出身。

如何解释这种西方社会特有现象,即运动员出身的人,更容易从社会中脱颖而出? 清华大学著名经济学教授李稻葵分析说,运动员不仅具备异于常人的身体条件,更关键的是,具备成功者拥有的特殊心理素质。人类社会存在,竞争和合作就是永恒的主题。人与人之间有竞合,国家与国家之间也存在竞合,单靠一项是无法取胜。这就是体育精神,而运动员身上是两者兼备。

西方国家认为,有体育精神的孩子是值得栽培的未来领袖。与多做几道题相比,培养孩子公平竞争和团队合作的意识,塑造他们强大的信心与号召力,才是让他们受用一生的财富。反观中国,到现阶段我们的教育还是太关注学生的学习成绩,太注重奥数、钢琴等。在全球化时代下,只懂得奥数,不懂得与人博弈,似乎不太能适应时代变化。如果在学生成绩过得去的基础上,让他们学一点符合身体特长的技能,适当多参加一些体育比赛,这将能够最大限度地拓展他们的心智禀赋,学生会终身受益。

大学阶段是人体发育的最后阶段,应该为后大学时代打下健康的身体基础。新入学的大学生年龄在20岁左右,人体的骨骼、肌肉和神经系统等处于发育的最后阶段。进行积极的体育锻炼不仅能促进良好的身体发育,使人具有健康的体魄,还能塑造完美的形体,保持良好的个人形象,从而增强社交活动的自信心。而且,好的体育习惯一旦养成,就能为终生体育打下良好的基础,为毕业后参加工作或继续学习储备健康的身体财富。

(二) 高校的教学模式和体育环境为大学生体育发展提供了时间与空间保证

大学的自主学习为大学生自我体育学习提供了可能。高校对学生的课外学习没有特别的要求,留给学生更多的时间自我发展。如在图书馆,同学们可以学习运动保健、运动营养、运动健康和运动方法等相关的理论知识;在运动场,我们可以学习或练习新的技能。总之,在自我学习的时间里,学生应该提高自己的体育认知能力,包括体育欣赏能力和时世体育的品评能力等,这样才能提升自己的体育品味;经常关注体育赛事和新闻,提高体育兴趣。在大学时光里,至少应该掌握两种及以上的运动技能,为自己毕业后在不同的生活条件下提供尽可能多的运动锻炼机会。

大学有多种多样的体育社团,也属于体育参与的一种形式,为大学生提供了展示自我和运动发展的空间,体育的很多功能在体育社团中都得以体现。大学的体育社团属于具有相同运动项目爱好的同学聚在一起的"民间组织",具有参与的随意性和组织的灵活性特点。在社团活动中,你可以与高手切磋技艺,或一决高下,也可以向初学者传授技艺,充当人师;你可以施展你的组织能力,设计一场比赛,运筹帷幄;你可以施展你的社交才华,结识更多新的朋友,为自己的人生铺路。

三、高等医学院校体育

高等医学院校体育既有普通高校的共性,也有医学专业的特殊性。体育既是医学生的健身教育、健康教育,又是医学专业的业务教育组成部分。

(一) 教学目标与职业特点

作为普通高等院校,体育教学的指导思想、教学目标、教学内容、课程结构都必须符合《学校体育工作条例》《全国普通高等学校体育课程教学指导纲要》和《高等学校体育工作基本标准》的要求。全面贯彻党的教育方针,服务立德树人根本任务,将学校体育纳入学校全面实施素质教育的各项工作,认真执行国家教育发展规划、规章制度及各项要求。创新人才培养模式,使学生掌握科学锻炼的基础知识、基本技能和有效方法,学会至少两项终身受益的体育锻炼项目,养成良好锻炼习惯。体育教育的主要目标是增进学生健康素质,提高健康水平和劳动效率,延长工作年限,使之健康生活,延年益寿,而这也是医学的终极目标。

作为高等医学院校,体育教学必须体现自身的职业特点。高等医学院校的人才培养目标是培养适应现代社会所需要的医学复合型人才。要求高等医学人才必须具备治疗疾病的能力,还应具备自我强身健体的能力、指导他人预防疾病的能力和健康水平监督的能力。医疗体育在未来疾病的治疗和预防方面作用将会大大增强,作为未来的医务工作者,医学生应认识到体育和医学的互通关系,认识医疗体育在未来疾病的治疗和预防方面的重要作用。高等医学院校作为培养医学专门人才的载体,应确保医学生在校期间提高对体育教学的认识,启发、激励学生的自觉健身意识,系统学习医疗体育知识,合理掌握体育锻炼对于疾病预防和治疗方面的方法手段,为医学生就业方向拓展渠道。

(二)医学与体育的关系

医学与体育虽是两门独立学科,但在对人体恢复健康与促进健康方面有着千丝万缕的联系,它们研究的主体都是人。不同的是,医学主要研究人体疾病的预防和治疗的规律和方法,而体育是研究人体发展和健康素质发展的规律和方法。它们都是研究人的生命运动,同属于人体科学范围。医学与体育教育学有共同的学科基础和专业知识结构。体育教育学和医学这种相互关联、相辅相成的关系,决定了两者在发展过程中不断地相互结合,以利共发展,并不断派生出一些新学科——运动医学、医疗体育、健美美容医学、体育健康学等。我国传统医学早有以预防为主的优良传统,历来主张"圣人不治已病治未病",不仅将体育锻炼运用于健身防病上,而且作为一类医疗方法运用于治疗疾病方面,并取得了满意效果。东汉末年著名医学家华佗,他不仅是位医术高明的外科医学家,而且是位闻名遐迩的杰出的体育家。他为了广大劳苦大众解除病痛、增进健康,首创了医疗体育,在《华佗传》一书中记述了他用身体"倒悬"运动治疗感冒的事迹。他创立的"五禽戏"医疗保健操,至今还在广大民众中传学,他被世界公认为是"医疗体育鼻祖",他所创建的医疗体育足足比西方早 800 余年。

在现代,更有许多著名医学家,他们不仅是某个医学专科的专家,而且积极拓展自己业务领域,特别注重医学与健康学、体育学的结合,作出了独创性贡献。如日本著名医学专家 86 岁高龄的井上静雄,他将医学与体育学紧密结合,从事有氧运动研究几十年,近年来写出了《有氧运动与健康》,在世界范围反响巨大。他当选为"氧气健康学会会长"。

在现代社会,由于科学技术的高速发展,进一步改变了人们的生活方式,也改变了人们的健康观念和医学模式。医学模式由单一的生物模式,转变为生物-心理-社会三维模式,大量的现代文明病,也称生活方式病,已不是单一地用药物或手术就能治好的。因为心血管病、糖尿病、肥胖症与不良生活方式有关。因此,在现代社会,体育锻炼不仅是人们生活中不可缺少的组成部分,而且能预防和治疗现代文明病——用任何药物无法代替的重要手段。

在人类生产力高度发展、物质文明和精神文明相应提高的历史阶段,医学重点将必然由临床治疗研究,逐步转变为以研究预防为主。这是历史的必然。基于上述原因,为了培养新世纪合格医生,就应该努力学好体育,这不但是成为健壮医学生的需要,而且是成为新型医生,为祖国医疗事业作更大贡献的需要。

(三)建立"医体结合"的体育教学模式

党的十八大提出构建"以人为本的和谐社会",这里不仅仅包含对人们物质和精神生活需求的满足,更是对人民健康水平的关注。在大力发展医疗卫生事业的同时,也加大对公共体育事业的投入。随着我国社会经济的高速发展,人们的生活节奏和生活方式发生了很大的变化,很多人由于生活方式不当或生活压力过大,呈现出了亚健康的身体状态,容易引发神经衰弱等多种病症。对于很多老年人来说,由于体能和体质的降低,疏于锻炼,在饮食等方面的营养结构上也不够合理,身体素质在不断下降,也容易引发多种疾病。根据相关部门的研究发现,我国很多人都存在着亚健康的现象,高端人才"英年早逝"的事件等屡见不鲜,那么,如何减少和制止这种社会现象的发展,关注这些"有病"的正常人,真正做到以人为本,不仅要依靠社会的舆论关注和支持,还要靠专业的医疗和体育锻炼等健康手段来支持,而这二者合一的人才也正是医学生所独有的优势。

根据医学和体育学的相关研究表明,适当的体育运动有利于身体的健康,可以有效解决目前很多人面临的亚健康问题。科学地进行体育锻炼,可以提高运动器官的功能,也能够对整个身体起到积极的作用。适当的体育锻炼可以让人们放松身心,有效缓解工作压力和神经紧张等问题,对人们的心理有正向的引导作用。除此之外,也要注意饮食健康和营养搭配,为人们的体质、体能提供物质基础,使人们保持良好的身体状态。因此,为了让人们摆脱亚健康的困扰,提高生活质量和身体素质,要加强医学与体育学二者之间的结合,培养出更多的既有体育学专业知识、又具备医学素养的综合性人才,更好地为人们的身体健康服务。"医体结合"复合型人才培养不仅推动体育教育和医学教育的发展,而且还可以促进社会体育和社会医学的发展。在"医体结合"人才培养模式中,学生参与社会体育活动和社会医疗活动将会越来越多,这对全民健身运动的促进、预防疾病的发生有着非常重要的意义和深远的影响。因为"医体结合"教学模式的建立,对健康的促进是全方位的,是防治生活方式疾病的新载体,"医体结合"这种人才培养模式是建立在科学的理论基础之上的,并且也经过了实践的证明。通过这种培养模式,可以充分结合医学和体育学二者之间的优势,实现相互渗透、相互融合,共同为提高人们的身体健康服务。

总之,作为当代的医学生,不仅需要在大学阶段养成健康的生活方式和良好的体育运动习惯,有一个健康的身体,而且要培养终身体育意识,在"医体结合"教学模式培养下,做一名合格的运动与健康知识的传播者。

第二节　建立科学的运动观

首先应该树立"科学锻炼有益健康"的信念,自觉克服各种怕动、懒惰和对体育锻炼的麻痹或恐惧心理,而代之以自觉、愉悦和积极的心态,参加各种形式的体育锻炼活动。作为大学生应有主动参加体育锻炼的意识,充分认识到适量运动对身心健康的必要性。如果一个人以某些理由放弃体育锻炼,短期内可能并不会有什么明显的恶果,但是长期的代价必定是体质下降、疾病缠身、未老先衰。也有的同学即便参加体育活动,也是不情不愿的心理状态,这不仅达不到应有的锻炼效果,反而容易造成消极的心理和生理影响。

一个人从出生到成年要经历不同的生长发育阶段,学生的各年龄段生理和心理生长发育速度不均衡,不同性别、不同年龄的学生身体各部位增长速度也不均衡,在体育教学设计中首先要了解和认准这一规律,体育锻炼必须做到由简到繁、由易到难、由少到多,逐步地学习和掌握教学锻炼内容。运动量的安排由小到大、由有氧锻炼到无氧锻炼逐渐增加。运动量的不同,学生体内发生的变化也不同,运动量不断加大,机体的适应能力也逐渐提高,肌肉与内脏器官活动就更加协调,就能更好地达到锻炼效果。锻炼时要适量适度、循序渐进,根据环境和个人的身体条件,如季节、气候、场地和运动器材,以及自身的健康状况和运动水平等,科学安排锻炼项目,选择适当的锻炼方法和身体负荷等。各种锻炼项目都要逐步适应,不要一曝十寒,急于求成。很多人这样做往往适得其反,结果产生运动疲劳和损伤,以致很长时间不能进行锻炼。运动量应由小到大,不能一开始就竭尽全力,动作由易到难,由简到繁,密度也不要过于集中,使身体逐渐适应后,再逐步增加运动量。

一、循序渐进原则

循序渐进原则是指锻炼的内容、方法和运动负荷的安排,要由易到难,由简到繁,由已知到未知,逐步深化、不断提高。运动负荷应由小到大,逐步提高。开始从事体育锻炼或中断体育锻炼后恢复锻炼时,强度宜小,时间宜短,密度适宜。注意提高人体已经适应的运动负荷,使体能保持不断增强的趋势。一般应在逐步提高"量"的基础上,再逐渐增大运动强度,使之适应并感到胜任的愉快,然后作相应的调整。随时加强自我监督,密切注意身体功能的不良反应。

循序渐进原则强调要根据自己对运动的适应程度,逐渐增加运动负荷,以便使身体功能稳步提高。人体在从事体育锻炼过程中,身体功能的提高需要有一定的过程,因此,运动健身不要急于求成,而是要逐步提高,要确保运动中身体消耗的能量得到恢复,身体疲劳得到消除,身体功能完全恢复并达到超量恢复水平。循序渐进原则就是要求体育锻炼者在运动后经过足够恢复时间,使身体对运动负荷完全适应,在超量恢复阶段增加运动负荷,取得最佳锻炼效果。如果超负荷原则控制得不好,没有掌握循序渐进原则,运动负荷增加过快,则会引起身体对运动的不适应,使疲劳不断积累,结果造成过度疲劳,不仅不能取得预期效果,而且可能出现伤害事故。只有遵循循序渐进原则,才能使身体功能逐步提高。

二、专门性原则

体育锻炼中的专门性原则是指在运动过程中,采取的练习项目、强度、频率、时间、手段与方法等应与锻炼的目标或专项要求相一致。在练习中针对不同运动项目的需要或专项力量、耐力的需求程度而采取的练习手段和方法。在完成练习动作过程中,每块肌肉都有它各自的作用,但总有一块肌肉是起主要作用的。如果要最大限度地单独发展某一部位的肌肉,就要尽可能使主要用力肌肉与其他肌肉活动分开。专门性原则是体育锻炼必须遵循的准则。在制订锻炼的具体任务、选择与安排锻炼内容、确定和选用各种锻炼方法、组织各种形式的锻炼作业、编制锻炼计划,以及检查与评定锻炼效果等方面,都必须根据专项运动的特点和实际,灵活地贯彻锻炼原则。

如果你锻炼的主要目的是为了提高自己的有氧运动能力,那么你就可以选择慢跑、步行、自行车、有氧操以及远距离游泳等运动项目进行锻炼。锻炼的专门性原则同样也适用于肌肉的不同类型。例如,力量练习能增强肌肉的力量,但无法更大限度地提高肌肉的耐力水平,因此,力量练习对提高肌肉力量是专门性的。同样,耐力练习能提高肌肉的耐力水平,而不能改变肌肉的力量。在日常锻炼中,应根据锻炼的目标来选择适当的锻炼手段与方法,这样才能更好地帮助你实现锻炼目标。

三、恢复性原则

恢复性原则是体育运动的重要原则,它是指在长期的体育锻炼过程中,只有当人体得到适宜的恢复,才能保证获得理想的训练效果。在运动结束后,人体的各器官功能活动已处于一个很高的水平,必须经过一段时间之后才能逐渐恢复到运动前状态,这一阶段的变化过程称作恢复过程。人体的各器官功能并非是在运动结束后才开始恢复的,而是在机体运动过程中,随着能量物质分解后的再合成就开始了恢复。人体的消耗和恢复过程分为三个过程:①运动时的消耗阶段:这一阶段恢复过程也在进行,但消耗过程占优势,使能量物质减少,各器官、系统的工作能力下降;②运动后的恢复阶段:运动停止后,消耗过程减弱,恢复过程明显占优势,此时能量物质和各器官、系统的工作能力逐渐恢复到原来水平;③超量恢复阶段:在恢复到原来水平的基础上,在一段时间内出现超过原来水平的情况,此时参加运动比赛或锻炼考核效果最好。总的说来,在一定范围内运动负荷量越大、消耗过程越剧烈,超量恢复就越明显,但若运动负荷过大、锻炼后连续恢复不足,会使恢复过程延长,造成过度训练与过度疲劳,严重者会导致各种运动性伤病。在体育锻炼过程中运用恢复性原则应注意以下几点。

(一)恢复时间的安排

安排恢复时间时,不仅要考虑个体特征、疲劳程度和所涉及的人体功能系统等因素,同时要考虑到以下因素:①简单运动与复杂运动相比,前者的恢复速度较快;②锻炼程度越高,运动中发生疲劳则越晚;③运动越复杂,完成动作时协同肌群就越多,疲劳出现较晚。因此,在运动中可安排多项内容进行循环练习,推迟疲劳的发生。这是因为不同练习时参与的肌肉群不同,未参与的肌肉群可以得到休息和恢复,使运动者在运动中的运动能力保持更长时间。

(二)运动后的恢复

每次运动后都会产生疲劳及代谢产物的积累,锻炼后的恢复至少牵涉三方面的任务,补充运动中所消耗的能量物质、清除积累的代谢产物、修复运动中损伤的组织。

（三）过度疲劳的消除

过度疲劳是由于长期的疲劳堆积而得不到清除所致,其根源在于训练中忽略了训练与恢复的比率,受训者尚未从前面训练中得到充足恢复便继续进行大负荷训练,引起疲劳程度越来越深,形成过度疲劳。在周期性训练安排上,应在小周期、中周期、大周期中安排"减负荷期",以消除前面训练可能形成的疲劳堆积。

第三节　医学与体育

体育与医学之间的关系十分密切,医学是体育健身运动的理论基础,是体育教育者必须懂得的基本理论,体育运动同时也为医学目标的实现提供方法和手段。在人类维持生命的过程中,必须有体育活动和医学的介入。积极地处理好两者的发展方向和关系,对维持人体健康、提高生命质量和拥有美好的生命历程都有着极其重要的意义(图1-3-1)。

体育活动不仅是强身健体,更是一个放松自我的途径。而医学教育则担负着培养优秀的医生救死扶伤,为患者的身体健康保驾护航的重要责任。医务工作人员的健康水平既影响了个人的生活和工作,又会影响病患的救治工作,甚至会造成不可挽回的后果。医学教育在体育教育中是重要的理论基础,体育教学在医学教育中直接影响着未来医生的体质状态和健康水平,因此体育教学应着眼未来,结合医学教育和体育

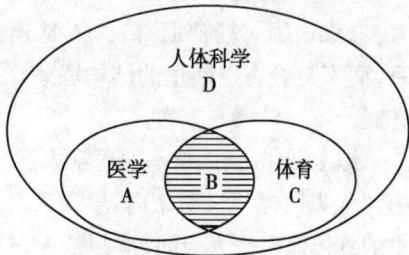

图1-3-1　医学与体育关系示意图
A. 维护健康、防治疾病;B. 整合部分:增强体质、发展健康素质;C. 锻炼意志、增进人际关系;D. 共同的学科理论基础

教学自身的特点大胆改革,更好地为培养新一代具有开拓精神、渊博知识和强健身体的人才服务。

一、古代社会医学与体育的关系

在中国,医学与体育有着非常古老的历史渊源。在古代,无论是华佗的"五禽戏"、马王堆出土文物中的"消肿舞",还是明末清初的"太极拳"以及导引术、气功等,都是把强身、祛病、治病有机地结合在了一起,为人类的健康作出了杰出的贡献。

我国古代劳动人民以及知识分子在自身的生活实际中,对健康的生活方式和饮食习惯、情绪调节、工作休息等进行了系统的总结,其总体上要求遵循三个原则:①遵循"顺应天时地利、练养结合"的原则;②坚持"防患于未然"的预防原则;③遵循"刚柔相济、动静结合"的活动原则。这些原则都是中华民族劳动人民智慧的结晶。

中国古代的健身观念主要是以养生为核心,一方面追求自然与生命的和谐;另一方面讲究养神为主、长生久视。中国古代的健身术经过上千年的发展,已经成为中华文化的重要组成部分,并具有鲜明的民族特色。宋代的健身术提倡"动易养生"的思想,苏轼的《教战守》中提到,农夫小民很少生病的原因是因为他们经常劳动,不畏困苦。所以,苏轼主张要经常劳动,提倡以气功和淡食相结合的健身方法。同时,在宋代还出现了一套练身体操——八段锦,其包括文武各八段,强调动静结合。中国古代的健身术强调应树立良好的预防思想,做到"防患于未然",且在健身过程中要做到"顺其自然,天人合一",保持人与自然环境的和谐统一。

古代中国的"天人合一",形成了中国的哲学思想体系,并由此构建了中华传统文化的主体。中国古代传统的医学与早期的运动自然也是在这个体系中产生和发展的。

在中国思想史上,"天人合一"是一个基本的信念。季羡林先生对其解释为:天,就是大自然;人,就是人类;合,就是互相理解,结成友谊。西方人总是企图以高度发展的科学技术征服自然掠夺自然,

而东方先哲却告诫我们，人类只是天地万物中的一个部分，人与自然是息息相通的一体。这种"天人合一"的思想无处不在。

标志着中国医学由经验医学上升为理论医学的新阶段的医学典籍——《黄帝内经》主张"天人合一"，其具体表现为"天人相应"学说。《黄帝内经》反复强调"人与天地相应，与四时相副，人参天地"（《灵枢·刺节真邪》）、"人与天地相参也"（《灵枢·岁露》《灵枢·经水》）、"与天地如一"（《素问·脉要精微论》）。认为作为独立于人的精神意识之外的客观存在的"天"与作为具有精神意识主体的"人"有着统一的本原、属性、结构和规律。因此，《黄帝内经》的天人合一观是《黄帝内经》天道观的目的所在。《黄帝内经》"天人相应"学说，可以从两方面来探讨：一是从大的生态环境，即天地（大宇宙）的本质与现象来看"天人合一"的内涵；一是从生命（小宇宙）的本质与现象来看"天人合一"的内涵。

《黄帝内经》天地人系统中的人与天相通的总原则是：同气相求，同类相应。顺则为利，逆则为害。《淮南子·精神训》曰："天地运而相通，万物总而为一"。"运而相通"指运动过程中的相通关系，而不是静态空间里的结构联系。"总而为一"指运动方式的同气相求，而不是物质结构的等量齐观。

综上所述，天人合一的医学内涵主要是指人作为"小宇宙"是如何与天地这个大宇宙相应的，其中，"人天同构"是《黄帝内经》天人合一观的最粗浅的层次，"人天同象与同类"则是中医取象比类思想的具体体现，"人天同数"则是人与天气运数理的相应。总之，这是将生命过程及其运动方式与自然规律进行类比，是以自然法则为基质，以人事法则为归宿的系统理论。中国古代对立统一的体育思想。

荀子作为儒家的代表人物之一，坚持唯物主义世界观，强调以动健身的体育思想。孟子和荀子的体育思想主要表现在形神兼具、以动养生、学以致用、技贵于精、公平竞赛、广招贤才几个方面。

老子的思想对中国古代武术的发展产生了深远的影响。从"熊经鸟伸"的动物模仿到"象形武术"的发展，《少林拳术秘诀》中的"养生"到"炼气"，这里都蕴涵了道家的"道法自然"的思想精华。

墨子是墨家的创始人。提出了"尚力"的体育思想。墨子尚力是强调人的主体能力。这里包含了人的体力和脑力。与此同时，墨家强调形与神、生命与运动的辩证关系，重视身体健康和身体锻炼。

由此可见，在中国古代的医学与体育之间存在着非常紧密的同源性和相异性特征。《周易》是中国文化源头的经典之一。对中国传统文化的影响是极其深刻的，在体育方面的影响也是非常深远的。从太极思想到太极拳、从周易八卦到八卦掌的产生、从中医五行学说理论到形意五行拳的产生，使我们清楚地看到阴阳对立统一规律在古代体育中的运用和影响，并在防病、治病、调心、养性方面起到了事半功倍的积极效果。即从心理健康、身体健康、身体康复到疾病的预防，形成一个完整的有机整体。并且内容上既有理论依托，又有实际动作。既可自身练习，又可传授指导别人。所以，在中国古代医学与体育有着目标一致，手段不同，相互借鉴，相互依托的医疗、运动体系。

古人对健康的研究基于人类对自身的认识和研究。古希腊哲学家亚里士多德就曾提出身体是形式或工具，灵活是身体的目的和动力的"身心二元论"观点。这种观点提示人们，对健康的考虑需要从身体和心理两个方面进行把握，即身心统一的观点。纵观中外哲人与医学家的思想可以看到，古人的健康观是一个整体的健康观，即将人体视为一个整体，人体与宇宙也是一个统一的整体。

中国古代的中医、气功、甚至印度的瑜伽术等是古人进行健康干预的主要手段，也是人们健身、强体、预防疾病的有效途径。而且这些都是从人体的整体入手进行调理、调动人体本来的免疫功能以抵御疾病；适度地发挥人体功能、器官的功能、功效以增强体质，拓展、挖掘、发展人类的各种潜能。

早在战国时期就有关于行气方法的详细记录，在《玉王·行气铭》中写道："行气，深则蓄，蓄则伸，伸则下，下则定，定则固，固则萌，萌则长，长则退，退则天，天机春在上，地机春在下。顺则生，逆则死。"阐释了深呼吸时行气的一个完整过程，讲的是一个深呼吸行气的过程，在进行吸气的时候，吸气较深则量多,而量多则可以向下伸,这样就可以使气固定于丹田,整个过程之后将气缓慢地呼出,有如草木要发芽,往上生长,与吸入时恰恰相反是向上退,退到极致。天机在上动,地机在下动,由此得生机勃发,如果反逆之则必死。这种由上而下,又由下而上行气,被叫做"小周天",是比较有功效的行气方法。这个方法在当时被雕刻在剑柄的玉上,由此可见其盛行及重要性。表明在战国时期,行气不仅是养生、强身健体的方法,同时也被广泛应用到军事训练、武术练习中。

从先秦时期的起源到隋唐时期的发展以及后世的发扬光大,无不体现了中国古代养生体育的博大精深。中国古代养生体育是中国医学宝库中的一个瑰宝,它的产生和发展与中国医学的产生和发展是基本一致的,由于中国古代哲学和自然科学的介入,中国传统养生理论不断充实和完善,具有鲜明的中华民族特色。

中国古代的健身术主要包括五禽戏、导引术、易筋经及八段锦等,这些健身术有着重要和深远的影响。五禽戏又称中国古代的医疗体操,共包括五种类型锻炼动作,其作用也各不相同。通常情况下,练习虎的动作能让人体的肌腱及骨骼功能增强,使人精力充沛;练习鹿的动作能够使人舒筋活络,增进行走能力;练习熊的姿势能增强人体脾胃功能,且能增强人的体能;练习鹤的姿势能够增强人体的呼吸功能及平衡能力。五禽戏的运动量非常大,不仅有助于保健,而且还有利于治疗疾病。可见,在两千年以前中国就有人知道仿效自然界的动物来达到舒筋活络的健身效果。在长沙马王堆出土的西汉帛画《导引图》就刻画有一些人模仿动物的姿态进行健身的画面。

古代中医、气功理论源于古代朴素哲学。中国著名的阴阳五行图(又叫双鱼图)生动地反映了中国古人对世界的理解,对矛盾统一、平衡、动静、和谐、变化、发展的认识与把握。这也是我们未来医学院校学生不断追求和拓展的方向。

二、现代社会医学与体育的关系

现代社会医学的发展,不仅在诊断水平、治疗手段上有了飞跃的发展,而且在医疗保健、防病方面也有了非常大的进步;同时在认识运动机制,保障运动安全,对运动中使用兴奋剂的非特异性检验方面都有非常令人瞩目的发展。现代医学与现代体育有着更加广泛更加深入地结合。1990年,世界卫生组织又将道德健康纳入到健康的概念中,新的健康概念包含了"身体健康、心理健康、社会适应良好和道德健康"四个方面的内容,即四维健康概念。与此同时,现代的医学研究也不断地揭示出环境、饮食、情绪、运动与人类健康的紧密关系。

体育是以促进健康、强身健体为目标;医学则是以维护健康、防治疾病为宗旨,医学和体育紧密联系、共同承载着促进人类健康的任务,"医体结合"势在必行。关于"医体结合"的含义,学术界目前尚无统一。它主要强调医学知识技能与体育知识技能的结合,侧重卫生医疗功能与体育健身功能的交叉,是一种优化体育保健与医疗康复手段,促进人类体质健康的新型模式。"医体结合"是现代体育和现代医学发展的重要特征,其主要内容通常包括利用医学和健康体质标准以及体育运动的健身、体疗功能,评估个体健康状况、进行康复医疗、健身美体和预防疾病等,其最大的特点在于它实现了医学、体育学和营养医学的有机融合,一定程度上满足人类对健康和运动的需求,进而推动人类保持健康的生活方式。

现今,国内外"医体结合"的发展已不仅仅局限于运动损伤的预防和治疗,而是更多地延伸到对运动者实现运动目标过程的监控、指导以及一些慢性病的预防和治疗上。随着全民健身上升为我国社会发展的国家战略,国民健康需要增强体质,树立保健预防为主,医学治疗为辅的全民健康原则,这就使得医学们在具备治疗疾病和增强自身体质能力的同时,还应承担起全民健康的医务监督职责,具备指导他人促进健康、预防疾病以及指导大众科学地运动、合理的营养饮食,建立健康良好的生活方式的能力。如何将"医体结合"知识贯穿于体育教育中,使体育与医学能互为补充、相互融合,发挥体育在医疗保健和健康促进中的重要作用,是高等医科院校运动与医学结合的双技能复合新型人才培养模式及体育教育改革的重要发展趋势亟待解决的新课题。

"医体结合"涵盖了运动医学、体育保健、健康评估、运动康复等方面内容,其主要是指在提升全民健康的前提下,把医学知识和体育知识、体育技术有效结合起来,提高人民群众对日常医学知识的掌握程度。运动医学是研究运动对各种年龄从事体育锻炼的男女身体功能、健康状况和心理状态等方面的作用和影响以及缺乏运动给身体造成的危害,为提高运动成绩,治疗、促进健康、预防和康复服务的医学。它的应用性和实践性较强,在体育教育、运动训练、竞赛、医疗保健和健康促进中发挥着重要的作用。主要包含以下几方面:①运动周期的医务监督,又称医疗保健。其包含了运动周期的体格检查,科学制定各运动项目的运动时间、运动负荷、频率等运动计划,以及卫生保健、竞赛服务等方面内容。目的是达到保护运动者在运动前后的身体健康和安全,增强体质、增进健康、提高运动能力或运动成绩等。②合理的运动营养调控,根据运动者的需求对其运动前后的营养作出调配,在数量上保证运动时的消耗。在质量上保证全面的营养配比,平衡膳食使运动者能保持适宜的体重和体脂。③运动创伤的防治,主要是研究创伤产生的机制和规律,针对运动者进行运动前的防护、运动后的体能康复以及对运动中的损伤和缺乏运动产生的骨与关节疾病的防治。④体疗康复,根据对患者机体的生理功能、体能状态、心理及潜在能力进行测评并诊断患者当前的身体功能状况后,制订运动康复治疗计划,运用运动处方减轻和消除机体的功能障碍,重建功能缺损,改善和提高人体各方面的功能,主要目的是对伤病及慢性病的预防、健康促进和康复。

在现代竞技体育中,追求体能发挥最大化,技术最优化,训练最佳化,现代医学为此提供的充分的保障和支撑作用。例如在运动员疲劳恢复、训练中比赛中运动员的合理营养搭配、运动外伤的预防与康复、运动过程中的兴奋剂的检测、身体锻炼的安全保障等方面发挥着重要作用。同时,在制定科学的运动处方,对非传染性疾病的运动康复和辅助治疗等方面,也都有非常积极的作用。

三、现代体育与医学的关系

现代体育不仅是现代人类的高雅的娱乐和欣赏,更是广大人群保持健康、战胜疾病、放松身心、良好的社交等不可替代的手段。体育运动带来的这种不可替代的作用越来越被更多的人接纳和采用。在近两年的政协会上,"体医融合"逐渐成为热点话题。所谓"体医融合",就是通过运动手段促进身体健康,在"医疗"的概念中加入了体育元素。

2016年10月中共中央、国务院印发了《"健康中国2030"规划纲要》,指出要加强体医融合和非医疗健康干预,推动形成体医结合的疾病管理与健康服务模式,发挥全民科学健身在健康促进、慢性病预防和康复等方面的积极作用。全民健身已上升为国家战略,是健康中国的有力支撑。以往人们关注自己是否有疾病,是定期到医院进行体检。随着全民健身活动的开展,人们健身意识增强,迫切需要定期了解自己的体质情况,进行慢性病的风险评估,寻求科学健身指导,预防疾病的发生。单纯的临床医学检查已经不能满足人们的需求,"体医融合"是健身指导的新模式。随着全民健身与全民健康的深度融合,医学院校的体育教学面临着新机遇与挑战。为了适应"体医融合"的社会需求,实现"健康中国2030",医学院校的体育教学培养模式也应进行相应改革。

2017年4月11日,体医融合促进与创新研究中心在国家体育总局体育科学研究所(以下简称体科所)成立。《"健康中国2030"规划纲要》绘制了健康中国建设国家战略的发展蓝图,明确了体育作为推进健康中国的重要内容,深化了对体育功能和作用的认识。为了落实《纲要》,主动适应人民健康需求,体科所成立了"体医融合促进与创新研究中心",加强体医融合和非医疗健康干预的研究与实践,促进全民健身与全民健康深度融合。中心的主要任务是围绕"健康中国"主题,开展体育与医学融合相关的政策、理论和技术的创新性研究,加强成果转化,进行模式示范,推动体育产业与健康产业对接。将汇聚国内外一流的体育科学专家和临床医学、公共卫生专家,通过共建平台、联合攻关等方式,合力推动体育和医学多维度、深层次的融合。通过加强体医融合推动非医疗健康干预方法、路径的研究与实践,促进全民健身与全民健康深度融合。将"体医融合"融入健康中国的内涵,就是服务于全体人民"健康身体、健康环境、健康经济、健康社会"在内的四位一体的大健康,就是服务于人的生命全历程、服务于人的健康全过程,构建体医融合这一新模式对于服务人的全面健康具有重要意义。体科所以建设健康中国为契机,深化改革,探索有利于体医融合的体制机制;找准定位、精准发力,推进全民健身与全民健康深度融合;实施系列工程,推进全民健身与全民健康深度融合;发挥运动促进健康的独特优势,实现从全民健身到全民健康的质的飞跃。

体医融合的目的是要解决体育界和医疗界各自都没有办法单独解决的三个问题:①运动的安全性:这包括血糖安全、心脏安全、伤病安全;②运动的有效性:运动之后能不能预防各种疾病,而这个有效性又分为近期效果和远期效果,如婴幼儿体育锻炼在一两年内看不到效果,但真正的效果可能维持一辈子;③运动的可持续性:没有效果的运动是没有必要持续的,而有效果的运动也需要通过快乐感的获得才能得以持续。

体医融合的核心思想是以解决健康问题、甚至以医疗问题为导向,组织人们进行科学锻炼;体医之间互相启发,互相引导,重新认识健康、认识疾病;同时还要特别注重发展健康运动技能,以区别传统的运动技能。另外,在融合的维度上包括技术融合、资源融合和话语权的融合。技术融合层面,竞技体育这些年的发展形成了一整套的科学备战体系,奥运会的冠军绝不是单纯靠意志品质就能拿到的,其背后需要大量的科学理论和技术的支撑。这些竞技体育的科技成果可以与临床技术这些年的发展融合起来;资源融合方面,大量的社会体育指导员、健身指导站也能克服医院场地短缺的问题;话语权方面体育医疗界需要共同来宣传体育锻炼对健康的重要性,医生的一句医嘱有时往往比其他人的建议要管用得多。

2007年,由美国运动医学会发起的"运动是良医"的全球行动至今已有39个国家加入。美国从1980年开始实施《健康公民计划》,把运动健康促进和健康教育作为"预防优先"的重要手段,强调通过运动矫正公民行为,塑造良好的生活方式,以便更好地应对未来的挑战。每一代健康公民计划都把运动健康促进放到了重要位置,注重通过体力活动实现健康促进和疾病预防,并对体力活动健康指导作出了明确规定。

从1980年实施国家健康战略开始,经过30多年的实践,美国构建了政府主导、协会组织和研究机构辅助、体育健身服务和医疗卫生服务联动的运动健康促进指导服务平台,通过发挥医疗卫生和体育健身的价值,实施"医体结合"(图1-3-2)。

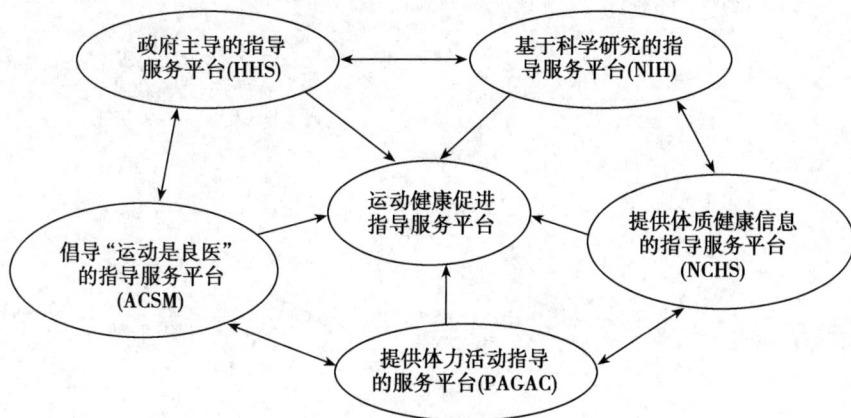

图1-3-2　美国运动健康促进指导服务平台

2016年8月,全国卫生与健康大会召开,习近平主席在会上提出了"把人们健康放在优先发展的战略地位",提出了大健康、大卫生理念。2016年10月,中共中央、国务院发布《"健康中国2030"规划纲要》,包括序言及总体战略、普及健康生活等。第六章"提高全民身体素质"中指出:广泛开展全民健身运动,普及科学健身知识与健身方法。加强体医融合和非医疗健康干预,建立运动处方库,推动形成体医结合的疾病管理与健康服务模式,发挥全民科学健身在健康促进、慢性病预防和康复等方面的积极作用。

健康中国建设是实现人力资本强国,实现小康社会的重要保障,是实现"两个百年"目标的必然要求。习近平主席提出"体育是提高人民健康水平的重要手段,也是实现中国梦的重要内容",表明全民健身是健康中国建设的重要内容,从时间发展的维度来看,我国全民健身的发展要早于健康中国理念的提出,但全民健身战略促进健康中国战略发展是永恒的主题。

（程　鹏）

第二章　奥林匹克运动

学习要点：

　　奥林匹克语出希腊南部一个平原的地名奥林匹亚。奥林匹克运动区别于一般的运动竞技，有着一种独特的扬弃战争、呼唤和平的文化功能。奥林匹克运动的兴起、发展和壮大是人类社会进步的缩影。奥林匹克大家庭成员本着"参与比取胜更重要"的理念，共同呵护着奥林匹克运动的不断成长。中国的奥林匹克运动快速发展，实现了举办奥运会的伟大梦想。"更快、更高、更强"不仅是在运动场上的不断进取，永不满足的追求和不畏艰险、敢于斗争的拼搏精神，同样也适用在平常的学习工作中。了解奥林匹克历史，学习奥林匹克知识，弘扬奥林匹克精神。

第一节　奥林匹克运动的起源

一、古希腊的文明之光

　　希腊位于欧洲东南部巴尔干半岛南端，包括附近许多岛屿（希腊群岛由 1500 多个岛屿组成），希腊人硬是凭着超凡的智慧和毅力，开辟出一个理想的生存空间，将荒山野岭改造成果木飘香的绿园；使暴虐无常的海域变成了纵横千里、贯通八方、仪态万千、美不胜收的平川。而且就是在这个空间，曾构成地中海世界的文化中心，结出了人类文明史上丰硕的果实。

　　早在古希腊文明兴起之前约 800 年，爱琴海地区就孕育了灿烂的克里特文明和迈锡尼文明。大约在公元前 1200 年，多利亚人的入侵毁灭了迈锡尼文明，希腊历史进入所谓的"黑暗时代"。因为对这一时期的了解主要来自《荷马史诗》，所以又称"荷马时代"。在荷马时代末期，铁器得到推广，取代了青铜器；海上贸易也重新发展，新的城邦国家纷纷建立。希腊人使用腓尼基字母创造了自己的文字，并于公元前 776 年召开了第一届奥林匹克运动会（图 2-1-1）。奥林匹克运动会的召开也标志着古

图 2-1-1　举行第一届奥林匹克运动会的大理石体育场

希腊文明进入了兴盛时期。

在此后的250年间，新的希腊城邦遍及包括小亚细亚和北非在内的地中海沿岸。在诸城邦中，势力最大的是斯巴达和雅典。对美的事物的热爱是希腊神话的灵魂。著名的金苹果之争，帕里斯在财富、智慧和美这三者中最终选择了美，这是典型的希腊式的选择。将美凌驾于财富与智慧之上，显露出了希腊人强烈的爱美意识。他们在日常生活，如竞技、造型艺术、戏剧等方面将这种唯美意识发展到了极致。希腊人比较重感觉，对肉体的崇拜更甚于对精神的关怀。以宙斯为首的奥林匹斯诸神并不是一些枯燥乏味的道德偶像，而是一大群相貌俊美，体魄健壮的有血有肉的神灵。诸神在精神或道德方面并没有超人之处，只是在肉体上比人更强壮、更健美，而且能够长生不死。这些极具感性色彩的神成为希腊人的生活理想。对人的自然形体之美的崇拜使希腊出现了特有的运动形式——裸体竞技。希腊人为了取悦宙斯每四年在伯罗奔尼撒半岛西部的奥林匹克附近举行一次竞技会，参赛的每个运动员均需裸体出场。人们丝毫不以裸体为耻，相反倒是以拥有一副矫健的体魄而感到无上的荣耀。这就使得奥林匹克竞技会成为力与美的展示，得胜归来的运动员被当成英雄加以崇拜。

古代奥运会在古希腊人的生活中占据了很重要的地位。来自希腊各地的参赛者参与角逐，目标就是获得奖赏：一个橄榄花圈和"英雄"般的返乡。除去胜利的光荣，奥林匹克价值本身赋予了奥运会特殊的意义：崇尚竞争，把身体、意志和精神平衡的结合于一体。古代奥运会虽然消亡了，但给人类社会留下了一笔宝贵的文化财富，古代奥运会创造的竞技运动组织模式与奥林匹克理想和精神，对现代体育产生了深远的影响。

二、雅典斯巴达独特的体育教育

早在公元前2000年时期西方文明的发源地希腊，体育已成为当时教育体系之中不可或缺的一部分。体育在希腊社会中的地位是举足轻重的，世界上没有一个国家能像古希腊那样崇尚体育。古希腊是西方体育的源头，在城邦制度的支撑下，古希腊体育取得了很高成就，尤以古代奥林匹克运动会、斯巴达体育和雅典体育以及古希腊哲人的体育思想为最。以雅典体育与斯巴达体育为例，在希腊雅典和斯巴达的体育教育制度之中，雅典人带有普遍特点的体育训练是立足于传统的锻炼技巧和增强体力的基础上，斯巴达人则着重以增强军人的体力、培养坚忍不拔和刻苦耐劳的精神为主体。雅典教育和斯巴达教育是古希腊城邦时代两种教育的代表。前者以其注重个性自由及身心和谐发展的教育思想和实践对西方教育的发展产生了重要影响；斯巴达教育则以其严格高效的军事体育教育制度和重视妇女教育的态度而受到了同时代和后世许多教育家的称道。古希腊的体育文化之所以能够蓬勃发展，与当时的社会现状是密切相关的。古希腊各城邦长期处在受战争威胁的环境中，这种环境要求所有公民要具有强健的身体和勇敢坚韧的意志。为避免在城邦战争中出现国家沦陷、公民变为奴隶的后果，每个公民都有强健体魄的责任。此外，寻找人在宇宙中的位置，寻找人高于奴隶、动物的生活方式，要求人们寻求强健和勇敢，而体育在身体和精神上恰好都能给予人这种训练。由此我们也发现了古希腊时代体育的一些特征：①具有鲜明的军事色彩：在短兵相接的冷兵器时代，要取得战争的胜利，除了智力，就是体力，必须依靠强壮有力的身体和灵巧娴熟的搏斗技能。因此各城邦首领认识到培养和锻炼强壮身体的必要性，进而倡导竞技运动。②具有严格的教育体制：古希腊的体育教育也包含军事因素，如雅典的教育体系中，希腊儿童13岁进入斗争学校，为期三年，主要是体育训练，锻炼强健的体魄，16～18岁进入青年人体育学校，开设的课程都与军事实践有关。而斯巴达城邦儿童从7岁就由国家抚养并从事体育、军事训练，过着军事生活。③具有浓厚的宗教氛围：古希腊人认为只有将人类最美好的超群的力量、强壮的身体、娴熟的技艺和勇敢的意志、真诚的道德祭献给诸神，才能表达自己的崇高敬意，实现自己的理想，祭祀活动由此而生。

古希腊在体育方面的成就有广泛而久远的影响,它的主要运动项目至今仍在全世界流传,奥林匹克的竞技形式也得以保留和发展,它的体育词汇已演变为各民族的体育词汇,它的体育思想对当今的体育理论仍在发挥作用。

三、古代奥林匹克运动会

（一）古代奥运会的起源

古希腊是一个神话王国,优美动人的神话故事和曲折离奇的民间传说,为古奥运会的起源蒙上一层神秘的面纱。有关古代奥运会起源的传说有很多,最主要的是以下两种:①古代奥林匹克运动会是为祭祀宙斯而定期举行的体育竞技活动;②传说与宙斯的儿子赫拉克勒斯有关。赫拉克勒斯因为力大无比获得了"大力神"的美称。他在伊利斯城邦完成了常人无法完成的任务,不到半天时间便扫干净了国王堆满牛粪的牛棚,但国王不想履行赠送300头牛的诺言,赫拉克勒斯一气之下赶走了国王。为了庆祝胜利,他在奥林匹亚举行了运动会。

关于古奥运会起源流传最广的故事则是佩洛普斯娶亲的故事。古希腊伊利斯国王为了给自己的女儿挑选一个文武双全的驸马,提出应选者必须和自己比赛战车。比赛中,先后有13个青年丧生于国王的长矛之下,而第14个青年正是宙斯的孙子和公主的心上人佩洛普斯。在爱情的鼓舞下,他勇敢地接受了国王的挑战,终于以智取胜。为了庆贺这一胜利,佩洛普斯与公主在奥林匹亚的宙斯庙前举行盛大的婚礼。婚礼上安排了战车、角斗等比赛项目,这就是最初的古奥运会,佩洛普斯成了古奥运会传说中的创始人。

实际上,奥运会的起源与古希腊的社会情况有着密切的关系。公元前9~公元前8世纪,希腊氏族社会逐步瓦解,城邦制的奴隶社会逐渐形成,建立了200多个城邦。城邦各自为政,无统一君主,城邦之间战争不断。为了应付战争,各城邦都积极训练士兵。战争需要士兵,士兵需要强壮身体,而体育是培养能征善战士兵的有力手段。战争促进了希腊体育运动的开展,古奥运会的比赛项目也带有明显的军事烙印。连续不断的战事使人民感到厌恶,普遍渴望能有一个赖以休养生息的和平环境。后来斯巴达王和伊利斯王签订了"神圣休战月"条约。于是,为准备兵源的军事训练和体育竞技,逐渐变为和平与友谊的运动会。

（二）古代奥运会历史

古代奥运会从公元前776年起,到公元394年止,经历了1168年,共举行了293届。按其起源、盛衰,大致分为三个时期:

1. 公元前776~公元前388年　公元前776年,伯罗奔尼撒的统治者伊菲图斯,努力使宗教与体育竞技合为一体。它不仅革新宗教仪式,还组织大规模的体育竞技活动,并决定每4年举行一次。时间定在闰年的夏至之后。所以公元前776年的古代奥林匹克运动会就正式载入史册,成为古代奥运会的第一届。当时仅有一个比赛项目,即距离为192.27m的场地跑。

这一时期各城邦之间虽有纷争,但希腊是一个独立的国家,政治、经济、文化都较发达,是运动会的黄金时期。特别是公元前490年,希腊雅典在马拉松河谷大败波斯军之后,民情奋发,国威大振,兴建了许多运动设施、庙宇等,参赛者遍及希腊各个城邦,奥运会盛极一时,成为希腊最盛大的节日。

2. 公元前388~公元前146年　这一时期古代奥运会开始衰落。由于斯巴达和雅典长期的伯罗奔尼撒战争(公元前431~公元前404年),希腊国力大减,马其顿逐渐吞并了希腊。马其顿君王菲利普还亲自参加了赛马。随后亚历山大大帝虽自己不喜爱体育活动,仍积极支持,并视奥运会为古希腊的最高体育活动,为其增添设施。不过,这一时期古代奥运会精神已大为减色,并开始出现职业运动员。

3. 公元前146~公元394年　古代奥运会由衰落走向毁灭。罗马帝国统治希腊后,起初虽仍举行运动会,但奥林匹亚已不是唯一竞赛地了。如公元前80年第175届奥运会,罗马统治者就把优秀竞技者召集在罗马比赛,而奥林匹亚只举行了少年赛。这时职业运动员已开始大量出现,奥运会成了职业选手的比赛,希腊人对之失去了兴趣。公元2世纪后,基督教统治了包括希腊在内的整个欧洲,倡导禁欲主义,主张灵肉分开,反对体育运动,使欧洲处于一个黑暗时代,奥运会也随之更趋衰落,直至名存实亡。公元393年罗马皇帝狄奥多西一世宣布基督教为国教,认为古代奥运会有违基督教教旨,是异教徒活动,翌年宣布废止古代奥运会。公元895年,拜占庭人与歌德人在阿尔菲斯河发生激战,使奥林匹亚各项设施毁失殆尽。公元426年狄奥多西二世烧毁了奥林匹亚建筑物的残余部分。公元522、511年接连发生的两次强烈地震,使奥林匹亚遭到了彻底毁灭。就这样延续了1000余年的古代奥运会不复存在,繁荣的奥林匹亚变成了一片废墟。

(三) 古代奥运会的特色

古代奥林匹克运动有三大特色:①古代奥运会是以祭神为主,内容丰富多彩,是形式多样的全希腊综合盛会。包括祭祀天神宙斯,朝拜、祝寿众神、诗人朗诵作品、演说家发表祝词、开展集市贸易等活动,体育竞技仅作为其中的一项内容。②古代奥运会是希腊各民族文化的一部分,它起到了团结各族人民,维护国家统一,减少和制止战争的积极作用,与政治有着极为密切的关系。③由古希腊的风俗习惯、艺术风格、地理环境和物质生产等因素决定,"赤身运动"是它的一大特色。比赛时,要求裸体的运动员全身涂上橄榄油,以使身体在阳光的照射下熠熠生辉,肌肉更富有弹性,更加显示出运动员健美的体态,使人们从中得到一种美的享受。

另外,古希腊奥运会的规则规定:禁止女子参加和参观比赛,违反者要受到极刑处置。原因包括:①古代奥运会的大部分比赛项目,在相当长的时间内,要求运动员赤身裸体进行比赛,妇女到场有伤风化;②古希腊的体育竞技,是宗教庆典内容之一,是不允许妇女出席的。据说,最初的古代奥运会参赛运动员是披着兽皮衣服进行比赛的。在一次比赛中,一个身披狮子皮的选手,不慎将狮子皮脱落到地上,他顿时变成赤身裸体,可他并未因此而影响自己的比赛。最后,他击败了对手,夺得了橄榄冠。在这次意外的"事故"中,人们发现裸体更能体现肌肉的健美,领略到了一种特殊的魅力,于是规定以后一律进行赤身比赛。

赤身运动是古希腊文化艺术的独到之处,具有悠久的历史。古希腊历史上所说的"力的时代"就是指这一时期。这在古希腊雕塑家、艺术家的作品中均有所反映,他们的作品刻画的都是赤身裸体的人物。当时,"肌肉发达,健壮有力"被人们公认为是美的象征。

第二节 现代奥林匹克运动

一、现代竞技运动的兴起

随着资本主义在欧洲兴起,由德国体操、瑞典体操和英国户外运动组成的竞技运动作为近现代战争必不可少的军事训练手段,在对外殖民的过程中起到了重要作用,因帮助欧洲完成资本原始积累,把整个世界纳入了资本主义市场经济体系而走上了历史前台,并借助于成为近现代教育有机组成部分的契机,开启了体育全球化进程,通过现代奥林匹克运动的兴起引领世界体育文化潮流。第二次世界大战以后,这些从欧洲兴起的竞技运动以其学校体育、职业运动、大众体育和奥林匹克运动的模式风靡全球,发展成为现代体育的主要内容。

近代欧洲文艺复兴时期意大利人文主义者最早提出了以培养上流社会精英为目标的资产阶级"绅士教育"理论。英国著名教育家洛克在1693年发表的《教育漫话》使这种身心和谐发展的"绅士教育"理念得到广泛肯定,"文雅的风度""勇敢的精神""健康的体魄"成为新兴资产阶级年轻绅士追求的目标,身心并重的绅士教育模式遂成为英国和后来欧洲各国贵族教育的主流和范本,这些贵族绅士将骑马、打猎、击剑、跳舞、网球等作为他们沙龙聚会时的必备修养和能力,显示上流的、成功的、有品位的绅士生活方式。欧洲贵族绅士所倡导的生活方式和精神追求对欧洲资本主义文化的兴起和发展起到了重要作用,在文化、生活方式、教育、体育等方面引领世界潮流,确立了近现代世界文明的基本方向和格调。

19世纪70年代~20世纪初第二次科技革命后,电力、钢铁工业和交通运输快速发展,资产阶级通过殖民掠夺完成了资本的原始积累,获取了巨大的物质财富,刺激了绅士们追求精神享受的欲望,他们将"户外运动"塑造成一种新的资产阶级生活方式的重要内容。以英国户外体育活动为代表的现代竞技运动逐渐取代了德国体操和瑞典体操,成为现代体育教育的主要内容,并随着世界其他地区被强行纳入资本主义市场体系带来的文化全球化而传播到世界各地,对世界其他民族的地域性传统体育文化形成巨大冲击。在这个过程中,英国绅士最先发起成立的运动俱乐部对现代竞技运动的形成和发展具有重要作用,成为以后体育组织的雏形。由于英国绅士热衷于赌博,这些运动俱乐部为防止比赛时因赌博和舞弊引发的骚乱,保证公平公正,开始制定双方所共同遵守的运动规则,规定了业余原则,制定了运动场地和器材的标准,使竞技运动走向规范化,并使欧洲和其他一些地区的民间竞技性传统体育通过制定规则得到创新发展,被纳入竞技比赛的轨道,完成了向现代竞技运动项目的转变。其中最重要的贡献是确立了现代竞技运动的公平原则和规则精神,就是公平竞争,遵守游戏规则、游戏原则,在尊重自己的时候又尊重他人,维系社会的共同契约。规则精神和公平竞争是现代社会的核心价值,也是现代竞技运动发展的前提条件,并最初在绅士运动俱乐部得到实施,从此,竞技比赛成为现代体育运动的主要方式。在竞技运动突破欧洲扩展到北美等地区后,在比赛中建立的"运动员—运动俱乐部—观众"的商业模式也被复制到足球、篮球等更多的运动项目上,构成了以后欧美各国运动俱乐部发展的范本,促进了国际体育组织的发展和现代职业运动的兴起。绅士们对运动时尚和品味的追求,不仅促使一些高端项目如高尔夫、台球、马术、击剑等运动项目日益流行,而且刺激了与"户外运动"相关的体育建筑、运动服装、运动装备等各种相关产业的兴起,形成了现代体育产业的雏形。因此,英国的绅士体育和运动俱乐部成为近现代职业运动、体育博彩业、体育产业的发源地,英国户外运动构成了近现代竞技运动的基础内容。随着学校体育、职业运动、大众体育的兴起和全球传播,在近现代体育科学的基础上,体育自然科学、体育人文社会科学、体育管理营销学也发展起来,近现代体育形成了完整的体系,并发展成为一种具有相对独立性的社会现象,促进了现代奥林匹克运动的诞生。

二、三大思想文化的兴起

所谓三大思想文化运动是指发生在公元14~16世纪的西方文艺复兴运动、16世纪的宗教改革和18世纪的启蒙运动,伴随着三大思想文化运动发展的是近代体育思想的形成和近代体育手段的实施。

中世纪的欧洲正处在天主教统治下的封建社会。天主教的基本思想是原罪说和赎罪说,它认为每个人因为其始祖亚当和夏娃偷吃禁果所以生而有罪,幸福只能寄托在灵魂获救之后的天国,"肉体是灵魂的监狱",一切物质利益和文化娱乐都是毫无价值的、愚蠢的和玷污灵魂的。为了拯救灵魂,就必须禁欲,并且惩罚肉体。这为体育活动套上了沉重的枷锁,使中世纪的欧洲体育除骑士训练外,全面凋敝。而要改变这一状况,就必须纠正由宗教世界观所形成的人的畸形心理,恢复人的正常理智。

为了扫清资本主义发展道路上的主要思想障碍,以资产阶级新文化取代封建主义旧文化,14~18世纪在欧洲思想文化领域里相继兴起了文艺复兴、宗教改革和启蒙运动。

文艺复兴的核心思想是人文主义,颂扬人的价值、尊严和力量,以人性反对神性,在复兴古典文化的基础上,宣扬一种新的世界观。为了提倡人文主义,新兴的资产阶级猛烈抨击基督教神学关于"肉体是灵魂的监狱"的说教,宣传古罗马诗人尤维纳利斯"健全的精神寓于健全的身体"的名言。强调人是一种自然存在，其身心两方面的需要都应当加以满足，宣传"灵肉和谐""身心并完"的身体观，重视身体和精神的统一，注重身体的均衡与协调发展。批判"禁欲主义"，反对在宗教的虚幻梦想中追求缥缈的来生，宣传现实的、健康的、幸福的生活观。

得益于人文主义的宗教改革运动，对封建制度的主要支柱——罗马教廷产生了巨大的冲击力，并进一步确认了人的地位和价值。宗教改革的代表人物马丁·路德提出了"因信得救说"，即无须借助教会的中介作用，只要自己立足于《圣经》的原旨，虔信上帝，便可获救。因信得救说宣扬人的得救不在于人的行为，而在于人的信仰。从这一前提出发，有信仰的人的行为无疑是合理的，是上帝允许的行为，其中也包括参加体育运动、娱乐活动。马丁·路德便是在这样的前提下提出人的行为准则的。他认为，人们进行禁食等训练，只是为了战胜不贞，但不可违反人的天性，如果人们感到这些苦修禁欲活动不能抑制自己的私欲或有伤自己的身体时，便应停止，根据健康的需要去吃喝、睡眠、闲散，不管与教会的律令或修道院的清规是否相悖，"保持身体健壮是每一个基督徒的天职之一"。

启蒙运动是18世纪资产阶级反封建、反神学较为彻底的思想斗争，其中以法国启蒙思想家卢梭对体育观念影响最大。卢梭提出"自然教育论"以培养身心两健的人。在他的政论体教育小说《爱弥儿》中，描写了如何将一个儿童培养成为自食其力、身强体壮、勇敢刚毅、心地善良、能独立思考的人。卢梭认为，强健的身体是一切事业的基础，是个人幸福的源泉，也是个人智慧的工具。因此，在一个人出生后，就应该顺应自然，通过合理的饮食、衣着、睡眠和游戏，实施正确的体育。在卢梭的教育思想中，对古希腊教育制度和古代奥运会的教育价值都作了充分的肯定，并用文学的形式对体育教育进行了理论构架，推动了人们对体育的理论研究和实践。

三大思想文化运动直接推动近代自然科学、文化艺术的发展，同时也产生了近代体育的萌芽。新兴的资产阶级以人文主义为武器，对教会所提倡的禁欲主义开展了猛烈的攻击。意大利人文主义者L. 瓦拉针对"肉体是灵魂的监狱"等谰言，提出"灵肉一致"的观点，强调肉体生活的价值并不亚于"灵魂得救"。这种注重现实生活、崇尚身体健康的观念，也反映在文艺复兴时代的艺术作品中，反映在艺术家L. 达·芬奇、米开朗琪罗、拉斐尔等人描绘人体的作品中，这为近代体育的产生创造了极为重要的条件。文艺复兴时代的人文主义者在发掘、整理、颂扬古代希腊、罗马文化的同时，对其教育、体育盛况极为憧憬。他们赞赏希腊（特别是雅典）体育之注重身心和谐发展，采用多样的运动手段和优美的技巧动作、崇尚健美的体型，赞扬运动训练的业余性质和奖励重荣誉而不重物质等。认为雅典教育与体育更符合"个性主义"或"人性"，更重视个人幸福与自由，因而值得效法。在"再生""复兴"古代文化的潮流中，一些人文主义教育家开始在自己的教育方案中列入体育的内容，其著名代表是意大利教育家维托里诺。1423年，曾任帕多瓦大学哲学教授的维托里诺应曼图亚侯爵冈查加之聘，担任侯爵之子的教师。他给自己设在郊外一所宫殿里的学校命名为"快乐之家"，又名"体操宫""学宫"。学校的墙壁上饰以儿童游戏的壁画。这所最早的新式学校十分注重体育。教师经常组织学生练习骑马、角力、击剑、射箭、游泳运动、赛跑和做各种游戏，有时还组织远足旅行。此外，对学生的营养、卫生等健康管理也从不忽视。维托里诺在教学实践中认识到，开展体育活动有利于提高学生的学习效率。

在文艺复兴时期，已出现利用自然科学（主要是医学）的新成果来研究古希腊体育的著作，如1569年意大利医生H. 美尔库里亚利斯所著《体操术》书中介绍了古希腊体育的目的、分类及古代体育的文献，说明了体操与竞技的差别，并分别论述了古希腊的运动项目（包括跑、跳、投掷、球戏及舞蹈等），阐明了各种运动的医学效果及重新采用这些运动的方法等。此书问世后，一直被医生及体育教师视为珍贵的参考资料。文艺复兴时代还有许多学者论述了体育的重要性，提出了实施体育的具体主张。意大利帕多瓦大学的伦理学教授P. 韦尔杰里奥在其《绅士的礼法和自由研究》一书中，强调了身体的锻炼与训练，认为应当根据个人的特点而恰当地选择运动。英国最著名的人文主义者、乌托邦社会主义的创始人 T. 莫尔提出普及义务教育,重视体育,而且采取了雅典的体育制度;以体操和军事练习的方法发展健美强壮的体格。德国宗教改革的代表人物、人文主义者马丁·路德认为,保持身体健壮是每一基督徒的天职之一,他对体操锻炼给予极高的评价。西班牙著名的人文主义者 J. L. 比维斯在《论教导》《论基督教教育》中,主张以教育的方式从事长程快走、跑步、跳跃以及掷铁饼等运动。法国人文主义教育家 F. 拉伯雷在其教育小说《伽刚丘和潘格罗尔》里,描写了主人公伽刚丘的体育锻炼项目有竞走、角力、跳高、游泳、投枪、射箭、体操、骑马等,表达了作者的体育主张。法国另一位杰出的人文主义教育家 M. 德蒙泰涅在其《散文集》中,对人的身心全面发展问题进行了论述,要求体育与智育配合进行,主张开展游泳、击剑等运动。产生于反对中世纪末期封建文化教育的过程中的体育新思潮,它是近代体育的先声,在体育史上具有划时代的意义。

三大思想文化运动提倡以"人道"代替"神道",极大地冲击了欧洲封建主义的精神支柱——中世纪的宗教哲学。自由、平等、博爱和个性解放等人文思想的传播,使传统的道德标准和美丑观念发生了根本的变化,人们开始重新审视体育的价值。这促进了近代体育运动的发展,也为现代奥林匹克运动的兴起奠定了基础。

三、夏季奥运会——游戏的盛会

15 世纪开始,教育家们开始提倡幸福和健康的生活方式。17 世纪,英国人约翰·洛克的"绅士教育"提出德、智、体,法国人让·雅克·卢梭建议透过游戏学习。公元 1776 年,英国考古学家在勘察中发现了古代奥运会遗址。1875—1881 年,德国库蒂乌斯人在奥林匹亚遗址发掘了出土文物,引起了全世界的兴趣。1858 年,希腊发布了《奥林匹克令》,并于 1859 年 10 月 1 日在雅典举办了第一届泛希腊奥林匹克运动会。

1889 年 7 月,在法国巴黎召开的国际田径代表大会上,后来被人尊称为"奥林匹克之父"的法国教育家皮埃尔·德·顾拜旦(图 2-2-1)首次公开了他恢复奥运会的设想。

1891 年 1 月,顾拜旦以法国田径协会联合会秘书长的身份,向全世界几乎每个体育组织和俱乐部发出邀请——参加于 1894 年 6 月 16 日在法国巴黎索邦神学院召开的国际体育运动代表大会,此次大会为第一届奥林匹克代表大会。来自 9 个国家 37 个体育组织的 78 名代表到会,当时,顾拜旦成为首任国际奥林匹克委员会秘书长。通过决议复兴奥运会,通过了第一部由顾拜旦倡议

图 2-2-1　皮埃尔·德·顾拜旦男爵

和制定的《奥林匹克宪章》。它涉及奥林匹克运动的基本宗旨、原则及其他有关事宜。6 月 23 日,大会通过了成立国际奥林匹克委员会(简称国际奥委会)的决议,而 6 月 23 日也就成了"国际奥林匹克日"(International Olympic Day)。顾拜旦起草国际奥委会章程,阐述了奥林匹克运动的哲学基础、教育和美学意义,奠定了奥林匹克运动的理论基础,使奥林匹克运动发展成为持久的体育与和平运动。这次大会标志着现代奥林匹克运动的诞生,大会决定在 1896 年召开首届现代奥运会,希腊的历史名城雅典获得主办权。1896—1996 年的 100 年中,夏季奥运会的竞赛项目有 9 个大项增加到 26 个大项(271 个小项)。

四、激情饱满高涨的冬季奥运会

冬季奥林匹克运动是在夏季奥林匹克运动发展和分离出来的。自 1896 年首届现代奥运会以来,在 1908 年和 1920 年两届夏季奥运会都设冰上项目(花样滑冰、冰球项目等)的比赛,直至 1924 年才

开始单独举行冬季奥运会。古代奥林匹克在经过 69 年的发展过程中寄托了古希腊人美好的理想和愿望,它曾经历了中世纪欧洲宗教势力的摧残而中止了千余年,但伴随着欧洲的文艺复兴,人类自我意识的觉醒,奥林匹克运动在工业文明的沃土上又焕发了新的生机,这是人类发展的历史上绝无仅有的文化现象,反映了现代人类社会对奥林匹克的认识、理解和期望。当代社会奥林匹克已经是一项持续性全球性的活动,从 1924 年现代冬季奥林匹克运动会到 2014 年的索契冬季奥运会,竞赛项目由 5 个大项(13 个小项)增加到 15 个大项(98 个小项)。

冬季奥运会从最开始只是作为夏季奥运会的附属产物,到现在逐渐成为了受到全世界人民喜爱的一项体育盛事。以前冰雪运动往往只在一些气候寒冷的国家受到喜爱,比如北半球的荷兰、挪威、瑞士等。但是随着冬季奥运会的推广,越来越多的国家认识到了冬季体育运动的乐趣,也有更多的运动员积极参与到冬奥会的比赛当中。通过冬季奥运会,人们对冰雪运动和冰雪旅游等产生了兴趣,即使在冬季奥运会没有举办的时候,世界各地的人们也开始投身于这些健身娱乐活动中,以陶冶情操,提高自身的身体素质。可以说,冬季奥运会使得运动健康的观念更加深入人心,也为人们日常的休闲娱乐提供了更多的选择。

现代科学技术的发达为冬季奥运会的开展提供了很多便利,从而保证了冬季奥运会的开展质量。众多人工的冰雪运动场地在世界范围内兴起,制冷冰场、人造雪等技术使得人们能够更加便捷地接触到冬季奥运会的比赛项目,从中感受冬奥会的精彩和魅力。

冬季奥运会不仅能够为人类社会带来生理方面的影响,更能从文化层面影响全球文化的发展与融合。运动员在参加冬季奥运会的过程中经常会保持交流,这种交流并不仅仅局限于体育赛事的竞争,也是思想文化的碰撞和交汇。通过冬季奥运会,全世界各国人民的友谊不断加深,国家与国家之间多了一个合作交流的对话渠道,有助于形成稳定和谐的世界局势,减少冲突暴力事件的发生。同时,冬季奥运会中大量的体育项目都包含了人们对于奥林匹克精神的追求。"友谊第一、比赛第二"的体育精神让人们懂得合作友善,采取正确的心态对待输赢。不同意识形态、政治体制的国家与地区都积极参与到这一运动盛事中来,体现了求同存异,平等尊重的国际交往原则。竞赛中各项规则的公平、合理、公开一直以来都是冬季奥运会秉承的原则,有利于增强各国人民的民族自信心、自豪感和凝聚力。正是因为这些思想精神上的价值使得冬季奥运会即使是在当今社会,仍然有较高的教育意义和文化意义。

冬季奥运会已经形成了独特的魅力,吸引着全世界的目光。冬奥会在举办规模上不断扩大,比赛项目、参与国家等都有了很大程度的增加,从而扩大了其全球影响力。2022 年的第 24 届冬季奥林匹克运动会将在我国北京市和张家口市举办,这是中国历史上第一次举办冬季奥运会。

第三节　奥林匹克组织

一、奥林匹克思想理念的变化

发端于 19 世纪末的现代奥林匹克运动,正在以前所未有的魅力影响着整个世界。回顾 100 多年来奥林匹克运动的发展历程,奥林匹克运动已经成为世界公认的最有影响力、凝聚力的世界性活动之一。五环标志已成为世界范围内识别度最高的标志之一。4 年 1 次的奥运盛会也成为世界上唯一一项能够在短短的两周时间内将全世界不同肤色种族、社会阶层、宗教信仰的人群聚集于一个城市,最大限度调动一个国家、一个城市社会力量的社会活动。在奥林匹克精神的指引下,世界正在构筑现代社会特有的文化愿景。

然而,迅速发展的奥林匹克运动,也逐渐开始显露出在融合与扩张过程中源自各个领域的负面影响。政治的干预、经济的主宰、战争的干扰,以及种族的歧视,致使现代奥林匹克运动经历了 100 多年的发展却始终在理想与现实的冲突中摇摆,在光荣和梦想中辉煌,在困惑和迷茫中徘徊。发展中潜藏的危机就像随时可能引爆的炸弹,裹挟着奥林匹克运动的发展。当世界跨入 21 世纪的大门,现代奥林匹克运动的发展已显得步履维艰,始终秉持的专一理念被繁杂的现实所缠绕,纯洁高尚的理想衍生出的却是充满荆棘和矛盾的现实。

奥林匹克思想理念的变化主要表现为三个方面。

(一)奥林匹克人文精神的缺失

奥林匹克精神就是相互了解、友谊、团结和公平竞争的精神,它表达了人们通过竞技运动对"真善美"的追求,促进对世界和平的向往与各民族间的互相理解、团结。然而,奥林匹克运动发展到今天,以追求最大经济利益为目的的商业化操作不可避免地与奥林匹克精神发生着冲突。1984年美国洛杉矶举办第 23 届奥运会,首次将商业运作的理念引入现代奥运会的承办当中,从此奠定了现代奥林匹克运动会的全新承办模式——商业模式。这一举动成为现代奥林匹克运动发展的重要转折。尤伯罗斯的"点石成金",仿佛拭去了"奥林匹克"这块金字招牌上的尘封,出售比赛的电视转播权和赞助商计划成为奥运会吸纳资金最重要的"法宝",保证了主办国可以凭借巨大的无形资产得到各个领域最知名企业的赞助,从而确保了比赛对各种硬件设施的需要。现代奥林匹克运动与商业的联姻为这项运动风靡全球起到了推波助澜的作用。作为回报,奥运会不得不在许多方面向市场作出让步,许多奥运会比赛项目的规则都朝着利于商业推广的方向进行修改;各种商业化导致运动员的身体和心理负荷过大,过度频繁的比赛使得运动员不得不缩短调整周期,有了伤病也只能通过药物来"迅速恢复"。

随着奥林匹克运动受关注度的不断提高,商业因素干预体育的现象也随之增多,最明显的表现就是电视对奥运会产生的巨大影响。如今,电视转播收入已成为奥运会的重要收入来源。为了满足电视转播的需要,许多收视率较高项目的正常比赛时间安排已经无法保证,赞助商成了奥运会的"无冕之王"。经济利益和商业因素使得奥运会的天平发生了偏移,体育本身的利益成为牺牲的对象。如果这种现象不能加以必要的控制,奥林匹克运动所追求的"公正、友谊、和平"的精神都有可能被现实的高度商业化所湮灭。

(二)泛滥的兴奋剂问题

体育运动为我们提供了展示人类所能达到各种能力极限的舞台。现代奥林匹克运动也正是建立在进取、拓展和成就梦想的基础上,把人类在体育运动中崇尚进取的愿望集中表述为"更快、更高、更强"。然而,在科学技术高速发展、训练水平和运动成绩突飞猛进的今天,想要继续挖掘身体和技术的潜力,对运动员和教练员来说都非常困难。但鉴于奥林匹克运动日渐宽泛的外延——政治、经济、民族的情结都要求运动员在奥林匹克盛会上升国旗、奏国歌,使用兴奋剂成为他们获取胜利的寄望和捷径。

兴奋剂问题仿佛从奥林匹克运动诞生就与之紧密相关。所谓兴奋剂是指运动员为了人为地或不正当地提高比赛成绩,将任何形式的药物或非正常量的生理物质,通过不正常的途径摄入人体内。据历史记载,早在公元前 3 世纪的古代奥林匹克运动会起,运动员就尝试饮用各种白兰地或葡萄酒的混合饮料,甚至用士的宁一类的生物碱与乙醇混合在一起服用以便获得附加的"力量",达到提高运动成绩、战胜对手的效果。到了近代,随着奥林匹克运动的复兴,兴奋剂问题更是愈发严重,成为制约这项世界性运动发展的重要问题。使运动员为名誉放弃了道德,为了金钱牺牲了健康,奥林匹克文化就这样在被践踏之后搁置一旁。

不断爆发的兴奋剂丑闻与奥林匹克精神背道而驰,如果人类无法控制兴奋剂这个恶魔,奥林匹克精神将被抛弃,奥林匹克运动将再次走向衰败。

(三)过度政治化带来的危机

奥林匹克运动与政治始终是处在一种复杂的互动关系之中的。《奥林匹克宪章》中有明确的规定："在奥林匹克区域内不准进行任何示威或政治的、宗教的或种族的宣传。"但回顾百年奥运历史，奥林匹克运动与政治始终难解难分地缠绕在一起。尽管《奥林匹克宪章》明确提出，奥运会是运动员之间的比赛，不是国家间的比赛。但实际上人们还是把它看作国家之间的比赛。在开幕式上，运动员按国别入场；比赛中为获胜者升国旗、奏国歌；并且在运动员比赛的服装上印制国徽等。这些都暗示了现代奥林匹克运动在创建之初就有着强烈的民族主义情结。尽管时至今日，奥运会上也从来没有正式的奖牌统计表，但电视、广播、报纸等新闻媒介往往在运动会前就开始预测各国的奖牌数。在比赛期间，又不断报道奖牌数，用各种方式宣传各国在奥运会中的表现。闭幕时，全世界关注的焦点也是奖牌得数较多的国家。这使得各国运动员产生一种为国家获得荣誉的自豪感和神圣感。正是这种舆论的导向，使得奥运会上运动员的表现与国家和民族的形象被自然地联系在了一起，奥运会的比赛场成为各国综合势力的竞技场。过度的政治化在增进各国交往的同时，也必然带来许多的负面影响。种族歧视便是其突出的表现之一。

在奥运会的竞赛场上，种族歧视现象也成为难以剔除的恶疾。种族歧视早在古代奥林匹克运动会时期就已有之。现代奥林匹克运动虽然在竭尽全力地宣扬奥林匹克精神，但也无法杜绝一部分自恃血统高贵的人种将奥运会的赛场当作炫耀种族优势、践踏种族平等的舞台，使得种族问题成为较长时期内无法根本杜绝的现象，这也成为现代奥运会自诞生就存在的缺陷。

今天，当奥林匹克运动走到历史发展的节点，构建涵盖科学与人文精神的奥林匹克主义已成为日益迫切的任务。国际奥委会主席雅克·罗格提出了"更干净、更人性、更团结"的奥林匹克新格言，这意味着奥林匹克运动本身已经开始正视自身存在的问题，并着手重新梳理和构建新的发展坐标。2008年中国"人文奥运"理念的提出也契合了这一发展的趋势。内涵更加丰富的奥林匹克主义将成为科学与人文主义在体育领域从冲突走向融合的体现，使科学与人文主义处于既相互独立，又相互依赖、相互促进的辩证状态，使科学的发展受到人文价值的制约，而人文主义又能真正为科学的发展、奥林匹克运动的繁荣进步指明方向。

二、奥林匹克运动组织与活动体系

奥林匹克运动的思想体系能够得到贯彻，各种活动能够付诸实施，是因为奥林匹克运动有一个结构完备、功能齐全的组织体系。它主要由国际奥委会、国际单项体育联合会和各个国家或地区的奥委会三部分组成。这三者通常被称为奥林匹克运动的三大支柱，它们与奥运会组委会等其他体育组织互相配合，相辅相成，保证着奥林匹克运动的正常运行。

（一）国际奥林匹克委员会

1. 国际奥委会的法律地位　国际奥委会是奥林匹克运动的最高权力机构。它是一个国际性的、非政府的、非营利的、无限期的组织，是奥林匹克运动的指导者、捍卫者和仲裁人。

国际奥委会具有法人地位，它的任务是按照《奥林匹克宪章》领导奥林匹克运动。它根据《奥林匹克宪章》所做出的决定是最终决定。

2. 国际奥委会的组织结构　国际奥委会的组织结构包括国际奥委会全体会议、执行委员会、总部和专门委员会。

3. 国际奥委会成员

（1）国际奥委会主席：主席是国际奥委会的法人代表，主持国际奥委会的全部活动。国际奥委会全会以无记名投票方式从其委员中选举主席1人，任期8年，只可连任一届，任期4年。

从1894年至今已有9任主席，他们是：希腊的维凯拉斯（1835—1908）、法国的顾拜旦（1863—1937）、比利时的巴耶·拉图尔（1876—1942）、瑞典的埃德斯特隆（1870—1964）、美国的布伦戴奇（1887—1975）、爱尔兰的基拉宁（1914—1999）、西班牙的萨马兰奇（1920—2010，图2-3-1）、比利时的

图 2-3-1 胡安·安东尼奥·萨马兰奇

罗格（1942—）和德国的巴赫（1953—）。

（2）国际奥委会委员：随着时代的发展，国际奥委会委员逐渐增多，从 1894 年的 15 名委员，到 1914 年的 49 名、1974 年的 78 名、1992 年的 94 名，自 1999 年限定为 115 名，分布于世界五大洲。

（二）国际单项体育联合会

国际单项体育联合会指的是在世界范围内管辖一项或几项运动项目，并接纳若干管辖这些项目的国家和地区级团体的非官方的国际性组织。大多数国际单项体育联合会仅管理一项体育项目（如国际篮球联合会、国际足球联合会），而有些国际单项体育联合会则管理几个运动项目，例如国际游泳联合会，它不仅管理游泳，还管理跳水、水球和花样游泳。

目前，得到国际奥委会承认的国际单项体育联合会共有 72 个，其中列入奥运会项目的有 35 个。

1. 国际单项体育联合会在奥林匹克运动中的作用　根据《奥林匹克宪章》的规定，国际单项体育联合会在奥林匹克运动中的主要任务是负责它所管辖的运动项目的技术和行政管理方面的工作。其具体作用是：制订并推行本运动项目的规则并保证该项目在全世界的开展；制定奥运会参赛标准；负责本项目的技术监督和指导。

2. 奥林匹克项目国际单项体育联合会的状况　到 2017 年，有 35 个国际单项体育联合会管辖的运动项目被列入了奥林匹克运动项目。其中，管辖夏季奥林匹克运动项目的国际单项体育联合会共有 28 个；管辖冬季奥林匹克运动项目的国际单项体育联合会共有 7 个。

（三）国家奥林匹克委员会

国家奥委会是按照《奥林匹克宪章》的规定建立起来，并得到国际奥委会承认的，负责在一个国家或地区开展奥林匹克运动的组织。国家奥委会是奥林匹克运动的基本功能单位。国际奥委会和国际单项体育联合会组织的各种奥林匹克活动，最终都要由国家奥委会来承担、执行和完成。

国家奥委会担负着依据《奥林匹克宪章》在各自国家或地区发展和维护奥林匹克运动的重大任务，其具体职能是：宣传奥林匹克主义的基本原则；保证《奥林匹克宪章》在本地得到遵守；促进运动技术水平提高以及群众体育的发展；培训体育管理人员，保证这些培训有助于传播奥林匹克主义的基本原则；维护体育道德；选定适于举办奥运会的城市，组织和领导各自代表团参加奥运会和国际奥委会赞助的地区、洲或世界性的综合运动会。

到 2017 年初，被国际奥委会承认的国家和地区奥委会已达 206 个，遍及全世界，它们在奥林匹克运动中起着重要作用。

国际奥林匹克委员会（IOC）、国际单项体育联合会（IFS）与国家奥林匹克委员会（NOCS）是奥林匹克组织体系的三大支柱，也是奥林匹克组织的基本成员。它们以《奥林匹克宪章》为指导，各司其职，密切配合，形成了既独立又统一的组织结构关系。在这种关系结构中，国际奥委会是指挥首脑，国际单项体育联合会进行技术辅助，国家奥委会是开展各种活动的基本单位，三者缺一不可。它们团结合作形成了互相配合又互相制约的合作关系。这种合作关系的特点是，在权力高度集中于国际奥委会的前提下，各司其职，协商互惠。奥林匹克运动就是在这三大支柱的协调合作中正常运行的。

三、奥林匹克发展历程

现代奥林匹克运动是在奥林匹克主义指导下，以体育运动和四年一度的奥林匹克运动会庆典为主要活动内容，促进人的生理、心理和社会道德全面发展，沟通各国人民之间的相互了解，在全世界普及奥林匹克主义,维护世界和平的国际社会运动。

奥林匹克运动包括以奥林匹克主义为核心的思想体系,以国际奥委会、国际单项体育联合会和各国奥委会为骨干的组织体系和以奥运会为周期的活动体系。

1894 年 6 月 23 日,顾拜旦与 12 个国家的 79 名代表决定成立国际奥委会,开创现代奥林匹克运动。而在 100 余年后的今天,奥运会已成为普天同庆的节日,奥林匹克运动也吸引了 200 多个国家和地区的积极参与。

奥林匹克的发展跌宕起伏,大致可分为以下 4 个发展过程:

1. 组织体系基本确立阶段（1894—1914 年） 遵循着一定的时间周期在世界各地举办大型综合性国际运动会,让体育运动服务于各国人民,服务于世界和平,这种做法在 19 世纪末遇到的困难是今天的人们难以想象的。当时快速发展的工业革命,在给社会带来巨大进步的同时,也将民族矛盾激化到前所未有的程度,其表现有:①在思想方面,由于各自小天地的长期束缚,人们还难以理解奥林匹克思想,对接受奥运会这种国际性的文化还缺乏必要的思想准备;②在体育方面,正在发育的现代竞技运动与体操运动尖锐对立,派别之争频频出现,举办世界性的大型综合运动会既无先例,也缺乏经验。尚不发达的交通、通讯条件远不能满足奥运会的需要。就奥林匹克运动本身而言,新生的国际奥委会本身还不成熟,除体操、滑冰和赛艇外,其他运动项目尚无国际组织,国家奥委会尚不存在。

早期奥运会很不完备,表现为以下几个方面:①奥运会项目设立不稳:每届奥运会项目都有所不同,主办者可临时增减项目。②运动场地缺乏统一标准:不仅跑道长度不同,而且场地的设计也不统一。如首届奥运会采用"U"形跑道,第 2 届奥运会使用草地赛场;最初的游泳比赛在天然水域内进行。③比赛缺乏必要的规范:管理混乱,标准不统一,资格不一致,执法不公正,比赛时间冗长等。④经费紧缺:造成奥运会不得不与商业博览会联合,成为博览会的陪衬。

1908 年伦敦奥运会是奥运发展史上的一个重要里程碑,出现了脍炙人口、强调参与的奥林匹克名言:"重要的不是取胜,而是参与"。英国是当时世界上竞技运动组织化程度最高的国家。主办这届奥运会的英国奥林匹克理事会由国际奥委会的英国委员和英国各单项体育协会的代表组成。这届奥运会各项比赛的技术性工作,从制定赛制、编排赛程,到选派裁判、组织比赛均由各单项体育协会负责,规范化程度大大提高。这为后来由各国际单项体育联合会管理奥运会技术工作奠定了基础。至此,奥林匹克"三大支柱"的组织结构已现雏形,从而确定了奥林匹克组织体系的基本框架。

第 5 届奥运会于 1912 年在斯德哥尔摩举行,其参赛成员国的数量比第 1 届翻了一番,运动员人数增长了 75 倍,现代奥林匹克运动巩固了自己的阵地。同时,奥林匹克五环标志和会旗于 1914 年经第 6 届奥林匹克大会批准而被正式采用(图 2-3-2)。

图 2-3-2 奥林匹克会旗

2. 运行机制逐步健全阶段（1914—1945 年） 1914—1918 年的第一次世界大战,使原定于 1916 年在柏林举办的第 7 届奥运会被迫取消。1939 年第二次世界大战爆发,导致 1940 年和 1944 年两届奥运会停办。奥林匹克运动抓住了两次大战之间相对和平的瞬间,经过 5 届夏季奥运会和 4 届冬季奥运会,初步确立了奥运会的基本框架和运行机制。

（1）由于冬季运动项目的加入和女子体育的发展,奥运会变得更为均衡和完整。1924 年冬季奥运会的出现,弥补了夏季奥运会的不足。1928 年,女子田径项目被正式列入奥运会,在位居奥运会竞技之首的田径项目中占据一席之地,是一个历史性的进步,项目重复问题在这一时期基本得到解决。体操摆脱了内容混杂的状态,形成了现代竞技体操的基本项目。同年,国际奥委会将奥运会的举办期限定为 16 天,并规定除集体项目外,每个项目一个

笔记

国家只能派 3 名运动员参赛。女子项目为体操、田径、游泳和击剑。对运动员参赛资格有了相对统一的界定,并对报名、比赛组织工作的许多具体问题作出了规定。

(2) 1920 年安特卫普奥运会首次使用 400 米跑道,4 年后这种跑道被确定为奥运会标准跑道。1924 年巴黎奥运会开始有了长 50 米的游泳池。奥运会场地设施在规范化的基础上,在 1932 年洛杉矶奥运会和 1936 年柏林奥运会期间得到进一步改善。柏林奥运会还出现了可容纳 11 万观众的大型体育场。奥运会的颁奖仪式有了明确的规定。专门接待运动员的奥运村在 1924 年巴黎奥运会进行尝试之后,于 1932 年洛杉矶奥运会上开始正式设立。

(3) 奥林匹克组织发展迅速,这一时期,国家奥委会成员数量从第一次世界大战前的 29 个增至 60 个,国际单项体育联合会达到 24 个。1926 年国际奥委会建立了由各国际单项体育联合会代表组成的技术委员会。奥林匹克运动终于形成了三大支柱互相配合的组织体系。

(4) 1920 年出现的奥林匹克格言"更快、更高、更强",是这一时期奥林匹克思想的重要进展,它与"重在参与"相辅相成,鼓励人们以积极进取的精神参与到奥林匹克运动中来。

(5) 奥运会与科学技术的相互结合也取得重要进展,许多先进技术得以运用。如 1932 年采用双镜头照相机进行终点摄影,第一次在奥运会上非正式使用电动计时和终点摄影仪,运动会场设置大屏幕记分牌,出现自动打印机网络等。从 1936 年柏林奥运会开始,组委会采用电影这一形式对奥运会进行完整的记录。首次奥运闭路电视转播也在此时开始。

(6) 这一时期出现了运动员业余与职业的身份界定问题,许多运动员因此而受到处罚,如著名芬兰长跑选手努尔米因接受补贴,被视为"职业运动员",无缘参加 1932 年的奥运会。此外,随着奥运会影响的扩大,一些政治势力试图将其作为政治工具的意图日益暴露,这在 1936 年由希特勒统治下的纳粹德国所举办的冬、夏两届奥运会中表现得尤为突出。

3. 动荡发展阶段(1945—1980 年)　第二次世界大战之后出现了复杂多变的国际局势,如两大阵营的对抗、冷战格局的形成、亚非拉民族解放运动的风起云涌等。世界的新格局既促进了奥林匹克运动的发展,也给它设置了重重障碍。

战后,奥林匹克运动出现了一系列新变化。奥运会规模扩大,项目剧增,参赛国家和运动员数量明显增多。同时,竞技运动的水平快速提高,出现了体操运动员科马内奇、田径运动员摩西、比蒙等一批超级明星和 8.90m 这样令人难以置信的跳远纪录。1960 年埃塞俄比亚的阿贝贝赤足获得马拉松比赛冠军,标志着发展中国家开始在奥运体坛显示力量。奥运会举办地也不再局限于欧洲和美洲。

1956 年和 1964 年分别在大洋洲澳大利亚的墨尔本和亚洲日本的东京举办了第 16 届和第 18 届奥运会。

1958 年在日本东京召开的国际奥委会第 55 次全会,正式确认在首届奥运会上演唱的《撒马拉斯颂歌》为固定的奥林匹克运动会会歌。这一时期最引人注目的一件大事,是 1979 年中华人民共和国恢复了本国在奥林匹克运动中的合法席位,这不仅为中国体育提供了一个广阔的国际舞台,也促进了中国体育和社会的发展。

奥林匹克运动的迅速发展也引发了一系列新的问题:①政治格局的变化对奥运会的影响。1952 年赫尔辛基奥运会以来,政治对奥运会的影响步入一个新的阶段。出于政治原因而对奥运会实行的抵制连续不断,规模越来越大。②竞技运动商业化和运动员职业化的进程开始加快。20 世纪 60 年代中期以来,奥运会作为一种文化商品的趋势已露端倪,国际奥委会的"业余"禁条屡被触动。奥运会比赛中欺骗行为有所抬头,违禁药品的滥用日益严重。③奥运会出现经济危机。随着奥运会的膨胀,举办奥运会所需要的人、财、物等各种资源的投入急剧增加,而旧有的筹资方式远不能满足举办奥运会的需要。1976 年蒙特利尔因举办奥运会而债台高筑。到 20 世纪 70 年代后期,愿意举办奥运会的城市只剩下洛杉矶一个。同时,国际奥委会的保守与僵化加剧了它与国际单项体育联合会和国家奥委会的矛盾,为了集聚各自的力量,国际单项体育联合会于 1967 年成立了国际单项体育联合会总会,各个国家的国家奥委会也于 1979 年成立了国家奥委会协会。

奥林匹克三大支柱的合作关系出现了危险的裂痕,它们共议大事、互相沟通的奥林匹克代表大会也于 1930 年起就处于休眠状态。在布伦戴奇任国际奥委会主席的 20 年间仅增加了 6 名国际奥委会委员,发展中国家的呼声被忽视。自 20 世纪 60 年代后期以来,国际奥委会内外交困,风雨飘摇,其全部资产到 1972 年只剩下 200 万美元。奥林匹克运动积蓄已久的各种矛盾发展到了非解决不可的程度。1972 年,爱尔兰人基拉宁接替布伦戴奇,出任国际奥委会第 6 任主席,拉开了改革的序幕。

基拉宁任职的 8 年是奥林匹克运动变封闭为开放的过渡阶段,国际奥委会开始重新审视奥林匹克运动与社会的关系。19 世纪形成的业余原则和奥林匹克运动可独立于政治之外的观点对人们思想所形成的禁锢开始松动。尽管这 8 年奥林匹克运动的改革进程是缓慢的,却为下以为继任者大刀阔斧的改革做了必要的准备。

4. **全新发展阶段(1980 年至今)**　1980 年西班牙人萨马兰奇出任国际奥委会主席。萨马兰奇审时度势,开始了全面的改革。这场改革的核心内容是变封闭为开放,使奥林匹克运动跟上社会前进的步伐。国际奥委会一反过去视商业化为洪水猛兽的陈腐观点,充分肯定它对体育运动的积极作用,大胆引进市场经济的机制,积极而有控制地对奥运会进行多种商业开发,给奥林匹克运动建立了一个坚实的经济基础。

1984 年洛杉矶奥运会的组委会对举办奥运会的经济运作机制进行了大胆改革,变沉重的包袱为可观的经济效益。国际奥委会敏锐地觉察到这一事件的重大意义,对洛杉矶的经验进行认真总结,设计出一整套规范而有效的经营奥运会的做法,如"奥林匹克计划"(TOP 计划)等,从而为奥林匹克运动提供了坚实的物质基础。1992 年国际奥委会已拥有资产 125 亿美元,1993—1996 年整个奥林匹克运动从商业开发中获得 20 多亿美元的总收入。

肯定商业化的积极意义的一个直接结果就是废除了参赛者业余身份的限制。20 世纪 80 年代的改革彻底取消了这一限制,宣布奥运会向世界上一切最优秀的运动员开放,这就保证了奥运会的比赛具有最高的竞争水平和观赏价值。

国际奥委会以现实主义的态度承认体育运动不可能独立于政治之外,这一思想解放,使国际奥委会不再在多变的国际政治局势中奉行被动的"鸵鸟政策",而是采取主动出击的姿态,同政府与非政府的组织建立广泛的联系,为奥林匹克运动和国际体育的利益,积极灵活地斡旋于国际的风云变幻中。商业化给奥林匹克运动奠定的经济基础,增强了国际奥委会政治上的独立性。

与此同时,国际奥委会对奥林匹克运动的组织制度也进行了一系列革新。改组了国际奥委会的内部机构,使之适应现代化管理的要求。萨马兰奇将自己的工作地点迁往洛桑,改革了国际奥委会总部的行政机构,使之有良好的办事效率,调整并充实了国际奥委会的专门委员会,使国际奥委会在处理各种专业性很强的问题时能够及时咨询各方面的专家。

国际奥委会有意识地在发展中国家吸收委员,并在 1981 年开始有了妇女委员,使国际奥委会的人员结构得到改善,妇女在奥林匹克事务管理决策层的地位得到认可。

奥林匹克运动在法治的道路上也迈进了一大步。首先,国际奥委会在 1981 年得到瑞士联邦的正式承认,成为具有法人资格的国际组织,从而结束了其长达 87 年的"法律真空"的身份。其次,独立的国际体育仲裁法庭于 1983 年建立,使国际体育中的冲突得到公正合理的处理。自 1981 年开始,一系列奥林匹克的相关组织相继问世,各方面的利益得到协调,奥林匹克运动三大支柱之间重新出现了同舟共济的局面。也是在这一时期,国际奥委会开始积极与各种官方与非官方国际组织等密切合作,并寻求各国政府体育部门对奥林匹克运动的支持。

国际奥委会与各国政府合作开展的反兴奋剂斗争等活动取得了很大成效。奥林匹克运动的内外环境得到根本改观。同时,国际奥委会开始积极主动地对大众体育、体育科学、文化教育等多种领域进行开拓,使奥林匹克运动日益成为一项持续的活动,而不仅仅是四年一度的奥运会。国际奥委会利用洛桑的奥林匹克博物馆开展各种文化教育活动,支持残疾人奥运会,开展以大众体育为内容的"奥林匹克日"活动,赞助世界大众体育大会、奥运会科学大会、国际奥委会世界科学大会,设立"国际奥委会主席体育科学奖"等。

如果说,20世纪80年代奥林匹克运动变封闭为开放,找到了自己在新的社会条件下进一步发展的途径,那么进入20世纪90年代后,它在保护生态环境方面又试图为人类社会提供一个人与大自然和谐相处的榜样。这一新的奋斗是以1993年落成的奥林匹克博物馆新馆和1994年利勒哈默尔冬奥会为标志开始的。国际奥委会对夏季奥运会建筑对城市生态环境和冬季奥运会对自然生态环境的影响提出要求,并强调奥运场馆的会后利用。

改革给奥林匹克运动带来勃勃生机的同时,也提出了许多新的问题与挑战。例如,如何控制商业化的副作用,保持奥运高尚的道德目标? 如何在各种政治力量斗争中保持奥林匹克运动的独立性? 如何控制奥运会规模,让更多的城市可以有机会举办奥运会? 如何更有效地进行全球的反兴奋剂斗争? 这些都还有赖于奥林匹克运动的改革的进一步深化。

进入21世纪,奥林匹克运动也进入新的发展阶段,当今人类社会的繁荣是各个国家合作交流的结果,所面临的巨大困难更需要大家共同去努力克服。

2001年7月,国际奥委会迎来了历史上第8位、也是21世纪第一位主席比利时人罗格。罗格在施政纲领时宣布,在未来的国际奥林匹克运动中,最需要解决的问题有两个:一是如何控制越来越庞大的奥运会;二是如何在全球范围内开展有效的反兴奋剂斗争。为此,国际奥委会与世界反兴奋剂机构(WADA)展开了密切的合作,呼吁各国政府参与到反兴奋剂的运动中来,成立了一个国际奥委会奥运会研究委员会,专门对如何有效地控制奥运会规模进行研究。

在国际奥委会主席罗格的倡议下,国际奥委会创立了专门为年满14~18岁青少年人设计的综合运动会——青年奥林匹克运动会(简称青奥会)。青奥会每4年举办一届,分为冬季青奥会和夏季青奥会,2010年首届夏季青奥会在新加坡举行,2012年首届冬季青奥会在奥地利因斯布鲁克举行,2014年我国南京承办了第二届夏季青奥会。青奥会整合了教育和文化内容,鼓励青年人以奥林匹克的价值观来生活,并成为奥林匹克主义的大使。

奥林匹克运动在20世纪已经为世界体育的发展和人类社会的进步作出了巨大贡献。在21世纪,尽管它还会遇到各种意想不到的困难和挫折,但是它会在困难和挫折中走出自己的发展之路,继续以其独特的方式,促进人类社会的和平、友谊和进步。

第四节　中国与奥林匹克

一、中国早期的奥林匹克运动

中国与奥林匹克运动的联系最早可以追溯到1894年。当时,中国清政府曾经接到了希腊王储和现代奥运会创始人皮埃尔·德·顾拜旦代表国际奥委会发出的邀请书。但由于昏庸的清政府不知"体育"为何物而未作答复。

1907年10月24日著名教育家中国奥委会第一任主席张伯苓先生在天津第5届学校联合运动会颁奖仪式上,以《1906年雅典庆祝奥林匹克复兴10周年运动会》为题发表了著名的演说。他指出,虽然许多欧洲国家获奖机会甚微,但仍然派出选手参加奥运会。他提出中国"应立即成立一个奥林匹克运动代表团"。

1908年伦敦奥运会后,天津一家报纸再次介绍了奥林匹克运动的历史,还提出要争取这一盛会在中国举行。天津体育界人士用幻灯展示了伦敦奥运会的盛况,举办了奥林匹克专题演讲会。

1913年开始举办的远东运动会(最初名为"远东奥林匹克运动会"),是奥林匹克运动在亚洲的先驱,中国是发起者之一。在远东运动会上中国运动员取得了较好的成绩,表现了良好的体育道德。

1915 年国际奥委会致电远东运动会组委会,承认了远东体协,并邀请中国参加下届奥运会和奥委会会议。

1922 年,我国的王正延当选为国际奥委会委员。

1928 年第 9 届奥运会上,我国派观察员宋如海参加,并进行了考察工作。

1931 年,当时的中华全国体育协进会被国际奥委会承认为"中国奥林匹克委员会"。中国正式参加奥运会的历史由此开始。

1932 年,第 10 届奥运会在美国洛杉矶举行。国民党政府决定,刘长春、于希渭作为运动员,宋君复为教练员,沈嗣良为领队,代表中国参加奥运会。在开幕式上,刘长春执旗前导,沈嗣良、宋君复以及中国留学生和美籍华人刘雪松、申国权、托平等 6 人组成了中国代表团。刘长春在 100m 和 200m 预赛中位于小组的第 5 名和第 6 名,未能取得决赛权,但他以我国第一位参加奥运会的选手而留名于中国奥运会史(图 2-4-1)。

1936 年,第 11 届奥运会在德国柏林举行。中国派出了 140 人组成的代表团,其中运动员 69 人,参加篮球、足球、游泳、田径、举重、拳击、自行车等 7 个项目的比赛。另外,还有 11 人的武术表演队和 34 人组成的体育考察团。

图 2-4-1　单刀赴会的刘长春

1945 年抗日战争胜利后,中国第一位国际奥委会委员王正延和体育家袁敦礼、董守义等人提出申办第 15 届奥运会,但最终付诸东流。

1948 年,第 14 届奥运会在英国伦敦举行。我国派出了 33 名男运动员参加了篮球、足球、田径、游泳和自行车等 5 个项目的比赛,但没人进入决赛。

二、中华人民共和国成立之后的奥林匹克运动

中华人民共和国成立之后,1952 年,第 15 届奥运会在芬兰的赫尔辛基举行。中国正式接受邀请较晚,只派出了 40 人的代表团,而且当代表团到达赫尔辛基时,比赛已接近尾声,只有吴传玉参加了百米仰泳比赛。

1954 年在雅典举行的国际奥委会第 50 届全会上,国际奥委会以 23 票赞成 21 票反对通过决议,接受中国奥委会,中华人民共和国在国际奥委会中的合法地位得到承认。

1955 年 6 月,当时的中国奥委会副主席和秘书长荣高棠在国际奥运会执委会与各国奥委会联席会议上,因为国际奥委会允许台湾在国际奥委会中拥有合法地位,正式向国际奥委会提出抗议。为了维护中国领土的统一和完整,中国奥委会于 1958 年 8 月 19 日宣布断绝与国际奥委会的关系,并从 1958 年 6 月至 8 月间,先后退出了 15 个国际单项体育组织。当时的中国国际奥委会委员董守义毅然辞去了国际奥委会委员的职务。

1956—1979 年,中国奥委会没有派代表参加奥运会。在以后的 20 余年里,中国都无法参加许多国际体育比赛。

作为"乒乓外交"的硕果,1972 年中国恢复了在联合国中的合法席位。同年,国际奥委会迎来了一位新主席——爱尔兰人基拉宁。国际奥委会意识到,要尽快恢复中华人民共和国最新国际奥委会的合法地位,就必须解决台湾问题。基拉宁和国际奥委会副主席萨马兰奇在 1977 年 9 月和 1978 年 4 月两次访问中国,对中国政府加深了了解。1979 年,中国奥委会向国际奥委会正式提出关于解决中国合法席位的建议。这一建议得到了包括国际奥委会主席基拉宁在内的大多数人的赞同。同年 11 月,国际奥委会以通讯表决方式让国际奥委会全体委员投票,结果以 62 票赞成,17 票反对,2 票弃权通过了国际奥委会执委会于 10 月 25 日在日本名古屋做出的有关恢复中华人民共和国在国际奥委会合法席位的决议。这一著名的名古屋决议指出:中国奥委会在参加奥运会时使用中华人民共和国的

国旗和国歌,同时允许台湾作为我国的一个地方性组织在国际体育组织中占有席位,以"中国台北奥林匹克委员会"出现。

从此,中国奥委会与国际奥委会建立了良好的、密切的合作关系。

1984 年,第 23 届奥运会在美国洛杉矶举行。中国有史以来第一次派出大型代表团参加这项体坛盛事。开赛第一天,射击选手许海峰在男子自选手枪慢射比赛中勇夺得冠军(图2-4-2),从而实现了中国在奥运会历史上零的突破。

而在 2002 年盐湖城冬奥会上,中国女选手杨扬又为中国队实现了在冬季奥运会上金牌零的突破。而回顾中国运动员参加奥运会的故事,细看他们的突破和取得的成绩,无疑是我国竞技体育的实力和水平的最好证明。

1993 年,北京申请举办 2000 年夏季奥林匹克运动会,但最终在最后一轮的投票中以 2 票之差败于澳大利亚悉尼。

2001 年 7 月 13 日,在莫斯科举行的国际奥委会第 112 次全会上,国际奥委会投票选定北京获得 2008 年奥运会主办权。随后,国际奥委会主席萨马兰奇先生在莫斯科宣布,北京成为 2008 年奥运会主办城市。

图2-4-2　许海峰为中国夺得第一枚奥运会金牌

第二十九届奥林匹克运动会,又称为北京奥运会,2008 年 8 月 8 日至 24 日在首都北京举行。此届奥运会是中国首次举办夏季奥运会,亦是继 1964 年东京奥运会和 1988 年汉城奥运会后,夏季奥运会第 3 次在亚洲国家举行。

从 1979 年恢复席位以来到 2017 年,中国体育健儿已经参加了 9 届夏季奥运会,获得了 227 枚金牌。中国还参加了 10 届冬季奥运会,一共赢得了 12 枚金牌。

中国体育健儿在奥运会赛场取得辉煌成绩的同时,有多名中国人先后当选了国际奥委会委员。1981 年中国的体育领导人何振梁当选为国际奥委会委员,并于 1989—1993 年担任国际奥委会副主席,并多次担任执委。1996 年当时的国际羽毛球联合会主席吕圣荣也以国际单项体育联合会主席的身份当选为中国第一位国际奥委会女委员。2000 年国家体育总局副局长于再清当选为国际奥委会委员;2010 年中国第一个冬奥会冠军杨扬在温哥华当选为国际奥委会委员;2012 年在国际奥委会第 124 次全会上,中国羽毛球名宿李玲蔚当选为国际奥委会委员;2016 年在国际奥委会第 129 次大会上,于再清再次当选了国际奥委会委员,于再清还是国际奥委会的 4 名副主席之一,他的任期到 2018 年。目前在国际奥委会中,中国有于再清、李玲蔚和杨扬以及来自中国香港的霍震霆和中国的吕圣荣 5 名国际奥委会委员,他们成为中国活跃在国际奥委会舞台上的中坚力量。

三、北京成功举办奥运会

在中国举办奥运会是中国人在相当长时期内的一个期望和梦想。北京举办 2008 年奥运会(图2-4-3),是中国在提高国际地位方面所耸立起的一座里程碑,是中华民族伟大复兴历程中一大盛事。

第 29 届夏季奥林匹克运动会(the 29th summer Olympic Games),又称 2008 年北京奥运会,2008 年 8 月 8 日晚上 8 时整在首都北京开幕。北京奥运会主办城市是北京,上海、天津、沈阳、秦皇岛、青岛为协办城市,香港承办马术项目。北京奥运会共有参赛国家及地区 204 个,参赛运动员 10 942 人,设 302 项(28 种)运动,共有 60 000 多名运动员、教练员和官员参加。

北京奥运会共创造 43 项新的世界纪录及 132 项新的奥运会纪录,共有 87 个国家和地区在赛事中取得奖牌,中国以 51 枚金牌居金牌榜首名,是奥运会历史上首个登上金牌榜首的亚洲国家。本届奥运先后诞生出两名"飞人"——美国选手菲尔普斯及牙买加选手博尔特,前者在"水立方"连夺八枚金牌,不但成为同一届奥运会中获得最多金牌的运动员,而且成为夏季奥运会获得金牌总数最多的运

图2-4-3　中国国家体育场——鸟巢

动员;后者在"鸟巢"八日内先后以破世界纪录成绩夺得男子100m、男子200m及男子4×100m接力三枚金牌,被誉为全世界跑得最快的人。

2008年北京奥运会圆了中国的百年梦想,使中国更加自信,更加开放,更加进步。北京奥运会后的中国,更加致力于和平的发展、开放的发展、合作的发展,致力于同世界各国人民一道,建设持久和平、共同繁荣的和谐世界。

（一）北京奥运会的三大理念：绿色奥运、科技奥运、人文奥运

1. 绿色奥运　用保护环境、保护资源、保护生态平衡的可持续发展思想筹办奥运会,广泛开展环境保护的宣传教育活动,促进北京和中国环保基础设施的建设和生态环境的改善,倡导绿色健康的生活方式和消费方式。

2. 科技奥运　紧密结合国内外科技最新进展,集成全国科技创新成果,举办一届高科技含量的体育盛会;提高北京科技创新能力,推进高新技术成果的产业化和在人民生活中的广泛应用,使北京奥运会成为展示新技术成果和创新实力的窗口。

3. 人文奥运　传播现代奥林匹克思想,展示中华民族的灿烂文化,展现北京历史文化名城风貌和市民的良好精神风貌,推动中外文化的交流,加深各国人民之间的了解与友谊;促进人与自然、个人与社会、人的精神与体魄之间的和谐发展;突出"以人为本"的思想,以运动员为中心,提供优质服务,努力建设使奥运会参与者满意的自然和人文环境。

（二）北京奥运会的口号："同一个世界、同一个梦想"

"同一个世界、同一个梦想",集中体现了奥林匹克精神的实质和普遍价值观——团结、友谊、进步、和谐、参与和梦想,表达了全世界在奥林匹克精神的感召下,追求人类美好未来的共同愿望。尽管人类肤色不同、语言不同、种族不同,但我们共同分享奥林匹克的魅力与欢乐,共同追求着人类和平的理想,我们同属一个世界,我们拥有同样的希望和梦想。

"同一个世界、同一个梦想",深刻反映了北京奥运会的核心理念,体现了作为"绿色奥运、科技奥运、人文奥运"三大理念的核心和灵魂的人文奥运所蕴含的和谐的价值观。建设和谐社会、实现和谐发展是我们的梦想和追求。"天人合一""和为贵"是中国人民自古以来对人与自然、人与人和谐关系的理想与追求。我们相信,和平进步、和谐发展、和睦相处、合作共赢、和美生活是全世界的共同理想。

"同一个世界、同一个梦想"（One World One Dream）,文简意深,既是中国的,也是世界的。口号表达了北京人民和中国人民与世界各国人民共有美好家园、同享文明成果、携手共创未来的崇高理想;表达了一个拥有五千年文明,正在大步走向现代化的伟大民族致力于和平发展、社会和谐、人民幸

福的坚定信念；表达了13亿中国人民为建立一个和平而更美好的世界做出贡献的心声。

英文口号"One World One Dream"句法结构具有鲜明特色。两个"One"形成优美的排比，"World"和"Dream"前后呼应，整句口号简洁、响亮，寓意深远，既易记上口，又便于传播。中文口号"同一个世界、同一个梦想"中将"One"用"同一"表达，使"全人类同属一个世界，全人类共同追求美好梦想"的主题更加突出。

（王文成）

第三章 大学生体育锻炼标准检测与评价

学习要点:

　　无论是自身锻炼,还是指导别人锻炼,或者是锻炼一个阶段,甚至在锻炼过程中,了解自己,了解被指导的锻炼者,掌握阶段性锻炼后身体的变化结果。这些都是非常重要的检测数据和锻炼状态的评估指标。国家规定的大学生体育锻炼标准,无论是对大学生本人,对国家都是非常重要的检测评价数据,也是间接地评价大学生健康程度的一个评价标准。

　　体质和健康是从不同方面、不同范畴来看待人体状况的两个相互联系的概念,健康要大于体质的范畴。《国家学生体质健康标准》和《国家体育锻炼标准》是测量学生体质健康状况和锻炼效果的评价标准,从身体形态、身体功能和身体素质等方面综合评定学生的体质健康水平,是国家对不同年龄段学生体质健康方面的基本要求,是学生体质健康的个体评价标准。健康的概念包括身体健康、心理健康和社会适应,这里指的是与学校体育密切相关的学生身体健康范畴。

第一节　形态测量与评价

一、测定的意义

　　身体形态测量主要根据人体的生长发育状况,根据人体解剖学的定义、标准说明人体的状态。身体形态测量的内容,根据"国际体力测定标准化委员会"(ICPER)和"国际生物学规划"(IPB)的测定方案。身体形态测量包括人体测量(体格测量)、体形测量、身体成分测量和身体姿势的测量等,来观察人的形态特征、变异和发展规律,对把握学生整体的体质状况、健康教育、姿态矫正、运动员选材,都有十分重要的意义。主要测量指标有身高、坐高、体重、胸围、肩宽、骨盆宽以及四肢围度和径长等,身高和体重为基本指标,其他指标根据需要和具体条件选用。

二、身高测量

　　身高是指人体站立时,支撑面至头顶正中线上最高点的最大垂直距离。它主要反映骨骼的发育状况,同时也反映人体纵向发育水平。影响身高的主要因素为遗传、种族、营养、适宜的体育运动等。据有关调查统计,男性身高遗传系数为66.08%,女性身高遗传系数为62.21%。

　　1. **测试目的**　测试身高与体重测试相配合,评定身体匀称度,评价生长发育及营养状况的水平。

　　2. **器材**　身高测量计。使用前应校对到0点,以钢尺测量基准板平面至立柱前面红色刻线的高度应为10.0cm,误差不得大于0.1cm。同时应检查立柱是否垂直、连接处是否紧密、有无晃动,以及零件有无松脱等情况,并及时加以纠正。

　　3. **测试方法**　受试者赤足,以立正姿势站在身高计的底板上(上肢自然下垂,足跟并拢,足尖分开约成60度角),足跟、骶骨部及两肩胛区与立柱相接触,躯干自然挺直,头部正直,耳屏上缘与眼眶下缘呈水平位,测试人员站在受试者右侧,将水平压板轻轻沿立柱下滑,轻压于受试者头顶。测试人员读数时双眼应与压板水平面等高,然后进行读数。记录员复述身高数字后进行记录。以厘米为单位,精确到小数点后一位。测试误差不得超过 0.5cm。

三、体重测量

体重是描述人体横向发育的指标,反映了人体骨骼、肌肉、皮下脂肪和内脏器官综合发育状况。体重与身高的比例,可以辅助说明营养状况,是反映人体围度、宽度、厚度以及发育状况的整体指标。体重受遗传影响,据有关调查,男性体重的遗传系数为 54.42%,女性体重的遗传系数为 52.10%。同时,体重还受地区、生活环境和营养等因素影响。

1. **测试目的**　测试体重,应与身高测试相配合,评定身体匀称度,评价生长发育的水平及营养状况。

2. **场地器材**　杠杆称或电子体重计。使用前需检查其准确度和灵敏度。准确度要求误差不超过 0.1%,即每 100kg 误差小于 0.1kg。检验方法是:以备用的 10kg、20kg、30kg 标准砝码分别进行称量,检查指标读数与标准砝码误差是否在允许范围。灵敏度的检验方法是:放置重量为 100g 的砝码,观察刻度尺变化,如果刻度抬高了 3mm 或游标向远移动 0.1kg 而刻度尺维持水平时,则达到了标准要求。

3. **测试方法**　测试时杠杆秤放在平坦的地面上,调整 0 点至刻度尺水平位。受试者赤足,男性受试者身着短裤,女性受试者身着短裤、短袖衫,站在秤台中央,测试人员放置适当的砝码并移动游标至刻度尺平衡,读数以千克为单位,精确到小数点后一位。测试误差不超过 0.1kg。

成人标准体重可参照:

$$男性标准体重(kg) = 身高(cm) - 105$$
$$女性标准体重(kg) = 身高(cm) - 100$$

此标准 ±10% 均属正常范围(表 3-1-1、表 3-1-2)。

表 3-1-1　男大学生身高标准体重(单位:kg)

身高段(cm)	营养不良	较低体重	正常体重	超重	肥胖
	7 分	9 分	15 分	9 分	7 分
160.0~160.9	<43.1	43.1~52.5	52.6~60.0	60.1~62.5	≥62.6
161.0~161.9	<43.8	43.8~53.3	53.4~60.8	60.9~63.3	≥63.4
162.0~162.9	<44.5	44.5~54.0	54.1~61.5	61.6~64.0	≥64.1
163.0~163.9	<45.3	45.3~54.8	54.9~62.5	62.6~65.0	≥65.1
164.0~164.9	<45.9	45.9~55.5	55.6~63.2	63.3~65.7	≥65.8
165.0~165.9	<46.5	46.5~56.3	56.4~64.0	64.1~66.5	≥66.8
166.0~166.9	<47.1	47.1~57.0	57.1~64.7	64.8~67.2	≥67.3
167.0~167.9	<48.0	48.0~57.8	57.9~65.6	65.7~68.2	≥68.3
168.0~168.9	<48.7	48.7~58.5	58.6~66.3	66.4~68.9	≥69.0
169.0~169.9	<49.3	49.3~59.2	59.3~67.0	67.1~69.6	≥69.7
170.0~170.9	<50.1	50.1~60.0	60.1~67.8	67.9~70.4	≥70.5
171.0~171.9	<50.7	50.7~60.0	60.7~68.8	68.9~71.2	≥71.3
172.0~172.9	<51.4	51.4~61.5	61.6~69.5	69.6~72.1	≥72.2
173.0~173.9	<52.1	52.1~62.2	62.3~70.3	70.4~73.0	≥73.1
174.0~174.9	<52.9	52.9~63.0	63.1~71.3	71.4~74.0	≥74.1
175.0~175.9	<53.7	53.7~63.8	63.9~72.2	72.3~75.0	≥75.1
176.0~176.9	<54.4	54.4~64.5	64.6~73.1	73.2~75.0	≥76.0
177.0~177.9	<55.2	55.2~65.2	65.3~73.9	74.0~76.8	≥76.9

身高段(cm)	营养不良	较低体重	正常体重	超重	肥胖
	7分	9分	15分	9分	7分
178.0~178.9	<55.7	55.7~66.0	66.1~74.9	75.0~77.8	≥77.9
179.0~179.9	<56.4	56.4~66.7	66.8~75.7	75.8~78.7	≥78.8
180.0~180.9	<57.1	57.1~67.4	67.5~76.4	76.5~79.4	≥79.5
181.0~181.9	<57.7	57.7~68.1	68.2~77.4	77.5~80.6	≥80.7
182.0~182.9	<58.5	58.5~68.9	69.0~78.5	78.6~81.7	≥81.8
183.0~183.9	<59.2	59.2~69.6	69.7~79.4	79.5~82.6	≥82.7
184.0~184.9	<60.0	60.0~70.4	70.5~80.3	80.4~83.6	≥83.7
185.0~185.9	<60.8	60.8~71.2	71.3~81.3	81.4~84.6	≥84.7
186.0~186.9	<61.5	61.5~72.0	72.1~82.2	82.3~85.6	≥85.7
187.0~187.9	<62.3	62.3~72.9	73.0~83.3	83.4~86.7	≥86.8
188.0~188.9	<63.0	63.0~73.7	73.8~84.2	84.3~87.7	≥87.8
189.0~189.9	<63.9	63.9~74.5	74.6~85.0	85.1~88.5	≥88.6
190.0~190.9	<64.6	64.6~75.4	75.5~86.2	86.3~89.8	≥89.9

表3-1-2　女大学生身高标准体重(单位:kg)

身高段(cm)	营养不良	较低体重	正常体重	超重	肥胖
	7分	9分	15分	9分	7分
150.0~150.9	<39.9	39.9~46.6	46.7~56.2	56.3~59.3	≥59.4
151.0~151.9	<40.3	40.3~47.1	47.2~56.7	56.8~59.8	≥59.9
152.0~152.9	<40.8	40.8~47.6	47.7~57.4	57.5~60.5	≥60.6
153.0~153.9	<41.4	41.4~48.2	48.3~57.9	58.0~61.1	≥61.2
154.0~154.9	<41.9	41.9~48.8	48.9~58.6	58.7~61.9	≥62.0
155.0~155.9	<42.3	42.3~49.1	49.2~59.1	59.2~62.4	≥62.2
156.0~156.9	<42.9	42.9~49.7	49.8~59.7	59.8~63.0	≥63.1
157.0~157.9	<43.5	43.5~50.3	50.4~60.4	60.5~63.6	≥63.7
158.0~158.9	<44.0	44.0~50.8	50.9~61.2	61.3~64.5	≥64.6
159.0~159.9	<44.5	44.5~51.4	51.5~61.7	61.8~65.1	≥65.2
160.0~160.9	<45.0	45.0~52.1	52.2~62.3	62.4~65.6	≥65.7
161.0~161.9	<45.4	45.4~52.5	52.6~62.8	62.9~66.2	≥66.3
162.0~162.9	<45.9	45.9~53.1	53.2~63.4	63.5~66.8	≥66.9
163.0~163.9	<46.4	46.4~53.6	53.7~63.9	64.0~67.3	≥67.4
164.0~164.9	<46.8	46.8~54.2	54.3~64.5	64.6~67.9	≥68.0
165.0~165.9	<47.4	47.4~54.8	54.9~65.0	65.1~68.3	≥68.4
166.0~166.9	<48.0	48.0~55.4	55.5~65.5	65.6~68.9	≥69.0
167.0~167.9	<48.5	48.5~56.0	56.1~66.2	66.3~69.5	≥69.6
168.0~168.9	<49.0	49.0~56.4	56.5~66.7	66.8~70.1	≥70.2
169.0~169.9	<49.4	49.4~56.8	56.9~67.3	67.4~70.7	≥70.8
170.0~170.9	<49.9	49.9~57.3	57.4~67.9	68.0~71.4	≥71.5
171.0~171.9	<50.2	50.2~57.8	57.9~68.5	68.6~72.1	≥72.2
172.0~172.9	<50.7	50.7~58.4	58.5~69.1	69.2~72.7	≥72.8
173.0~173.9	<51.0	51.0~58.8	58.9~69.6	69.7~73.1	≥73.2
174.0~174.9	<51.3	51.3~59.3	59.4~70.2	70.3~73.6	≥73.7
175.0~175.9	<51.9	51.9~59.9	60.0~70.8	70.9~74.4	≥74.5
176.0~176.9	<52.4	52.4~60.4	60.5~71.5	71.6~75.1	≥75.2
177.0~177.9	<52.8	52.8~61.0	61.1~72.1	72.2~75.7	≥75.8
178.0~178.9	<53.2	53.2~61.5	61.6~72.6	72.7~76.2	≥76.3
179.0~179.9	<53.6	53.6~62.0	62.1~73.2	73.3~76.7	≥76.8
180.0~180.9	<54.1	54.1~62.5	62.6~73.7	73.8~77.0	≥77.1

笔记

第二节　功能测定与评价

身体功能水平,即机体新陈代谢的功能以及各器官、系统的工作效能。身体功能测评的内容很多,包括安静脉搏、血压、肺活量、定量负荷测试等,其中肺活量是大学生体质健康测试的必测项目,因此本节只介绍肺活量的测定和评价方法。

一、测定的意义

肺活量是指受试者一次全力吸气后所呼出的最大气体量,测试人体呼吸的最大通气能力,是一种常用的反映呼吸系统功能的指标,它的大小反映了肺的容积和肺的扩张能力,是评价人体体质状况的一项常用功能指标。肺活量和身高、体重、胸围成正相关。

二、测定的指标与评价

1. **测试方法**　使用肺活量计测试。测试时,受试者站立,头部略向后仰,尽力深吸气,对准吹嘴尽力匀速深呼气,中途不要停顿,直至呼尽为止。测试两次,取最大值,记录以毫升为单位。

2. **注意事项**　呼气不可过猛,防止漏气;不得二次吸气;肺活量计的吹嘴应严格消毒,现使用一次性吹嘴。

3. **评价标准**　大学男、女生肺活量单项评分标准见表3-2-1。

表3-2-1　男、女大学生肺活量单项评分表(ml)

等级	得分	男生		女生	
		大一 大二	大三 大四	大一 大二	大三 大四
优秀	100	5040	5140	3400	3450
	95	4920	5020	3350	3400
	90	4800	4900	3300	3350
良好	85	4550	4650	3150	3200
	80	4300	4400	3000	3050
及格	78	4180	4280	2900	2950
	76	4060	4160	2800	2850
	74	3940	4040	2700	2750
	72	3820	3920	2600	2650
	70	3700	3800	2500	2550
	68	3580	3680	2400	2450
	66	3460	3560	2300	2350
	64	3340	3440	2200	2250
	62	3220	3320	2100	2150
	60	3100	3200	2000	2050
不及格	50	2940	3030	1960	2010
	40	2780	2860	1920	1970
	30	2620	2690	1880	1930
	20	2460	2520	1840	1890
	10	2300	2350	1800	1850

第三节　身体素质测定与评价

人体在运动、生产劳动、生理活动中所表现出来的力量、速度、耐力、灵敏度、平衡性和柔韧性等功能能力总称为身体素质,是人的体能状态的反映。50m 跑、1000m 跑(男)、800m 跑(女)、引体向上(男)、1 分钟仰卧起坐(女)、立定跳远、坐位体前屈是大学生体质健康测试要求大学各年级学生的必测项目。近年来,随着我国的经济水平日益提高,和谐社会的建设不断完善,国民生活水平愈加提升,体育教学工作更加完善,我国大学生的营养状况明显改善,身体发育水平一直都在提升,但是大学生身体素质下降的问题仍然存在,必须得到应有的重视。

一、测定的意义

身体素质不仅是掌握运动技术、提高运动成绩的基础,也是体质的重要组成部分。身体素质的好与差,是反映体质是否健康的标志之一,间接地反映出体质在某阶段时期的好坏,身体素质好能促进体质的健康。每年都进行的《国家学生体质健康标准》和《国家体育锻炼标准》测试,就是为了提高身体素质,增进体质健康,而进行的监督机制,科学指导大学开展体育活动。

二、速度测定

1. **测试方法**　速度素质是指以最短的时间间隔完成动作的能力,属于运动中的重要素质之一,包括反应速度、完成动作的速度、动作频率。50m 跑是测量听到信号后的反应与跑速。测试时,测试者二人一组,听到发令后跑出(起跑方式不定)。

2. **评价标准**　男、女大学生 50m 跑单项评分标准见表 3-3-1。

表 3-3-1　男、女大学生 50m 跑单项评分表(s)

等级	单项得分	男		女	
		大一大二	大三大四	大一大二	大三大四
优秀	100	6.7	6.6	7.5	7.4
	95	6.8	6.7	7.6	7.5
	90	6.9	6.8	7.7	7.6
良好	85	7.0	6.9	8.0	7.9
	80	7.1	7.0	8.3	8.2
及格	78	7.3	7.2	8.5	8.4
	76	7.5	7.4	8.7	8.6
	74	7.7	7.6	8.9	8.8
	72	7.9	7.8	9.1	9.0
	70	8.1	8.0	9.3	9.2
	68	8.3	8.2	9.5	9.4
	66	8.5	8.4	9.7	9.6
	64	8.7	8.6	9.9	9.8
	62	8.9	8.8	10.1	10.0
	60	9.1	9.0	10.3	10.2
不及格	50	9.3	9.2	10.5	10.4
	40	9.5	9.4	10.7	10.6
	30	9.7	9.6	10.9	10.8
	20	9.9	9.8	11.1	11.0
	10	10.1	10.0	11.3	11.2

三、力量测定

1. 测试方法　力量是肌肉紧张或收缩时所产生的,它是人体运动时的首要素质,也是发展其他素质的基础。根据肌肉收缩的形式,力量可分为静力性力量和动力性力量,静力性力量是静止状态下的用力形式,动力性力量则是运动状态下的用力形式。力量又可分为一般力量、速度力量(爆发力)、力量耐力。一般力量是速度力量和力量耐力的基础,发展一般力量能促进爆发力和力量耐力的提高,但是力量耐力和爆发力之间却互相产生消极的影响。测试力量素质可以用引体向上、曲臂悬垂、立定跳远、仰卧起坐等。

(1)引体向上测试方法:引体向上用于测量肩带及两臂的肌肉耐力。受试者双手正手握横杠,调整双手与肩同宽,呈直臂悬垂姿势;静止后,双臂同时用力上拉身体,至下颚超过横杠上缘为完成一次;每上引一次要让身体徐徐下降,回复至双臂伸直的悬垂姿势;反复进行,做至力竭为止,计正确完成动作的次数。

(2)仰卧起坐测试方法:仰卧起坐用于测量腹肌耐力。受试者全身仰卧于垫上,腿稍分开并插进脚部固定器里以固定下肢,双腿屈膝呈90°角左右,两手指交叉贴于脑后;坐起时以双肘触及双膝为完成一次。仰卧时两肩胛必须触垫;主机发出"开始测试"指令的同时开始计时,记录1分钟内完成次数。到1分钟时,主机会发出结束指令,计时计数同时结束。

(3)立定跳远测试方法:立定跳远是测试爆发力的项目。采用丈量尺在沙面与地面平齐的沙坑或土质松软的平坦地面上进行测试。起跳地面要平坦,不得有凹陷,起跳线至沙坑近端距离不得小于30cm。受试者两脚自然分开,站在起跳线后,屈膝摆臂,双脚原地同时起跳,尽量用力向前跳,双足落地。丈量起跳线后缘至最近着地点后缘之间的垂直距离。测试3次,记录最好成绩。以厘米为单位,保留1位小数。

2. 评价标准　男大学生引体向上单项评分标准见表3-3-2。女大学生1分钟仰卧起坐单项评分标准见表3-3-3。男、女大学生立定跳远单项评分标准见表3-3-4。

表3-3-2　男大学生引体向上单项评分表(次)

等级	单项得分	大一大二	大三大四
优秀	100	19	20
	95	18	19
	90	17	18
良好	85	16	17
	80	15	16
及格	78		
	76	14	15
	74		
	72	13	14
	70		
	68	12	13
	66		
	64	11	12
	62		
	60	10	11
不及格	50	9	10
	40	8	9
	30	7	8
	20	6	7
	10	5	6

表3-3-3　女大学生1min仰卧起坐单项评分表(次)

等级	单项得分	大一大二	大三大四
优秀	100	56	57
	95	54	55
	90	52	53
良好	85	49	50
	80	46	47
及格	78	44	45
	76	42	43
	74	40	41
	72	38	39
	70	36	37
	68	34	35
	66	32	33
	64	30	31
	62	28	29
	60	26	27
不及格	50	24	25
	40	22	23
	30	20	21
	20	18	19
	10	16	17

表 3-3-4 男、女大学生立定跳远单项评分表(cm)

等级	单项得分	男		女	
		大一 大二	大三 大四	大一 大二	大三 大四
优秀	100	273	275	207	208
	95	268	270	201	202
	90	263	265	195	196
良好	85	256	258	188	189
	80	248	250	181	182
及格	78	244	246	178	179
	76	240	242	175	176
	74	236	238	172	173
	72	232	234	169	170
	70	228	230	166	167
	68	224	226	163	164
	66	220	222	160	161
	64	216	218	157	158
	62	212	214	154	155
	60	208	210	151	152
不及格	50	203	205	146	147
	40	198	200	141	142
	30	193	195	136	137
	20	188	190	131	132
	10	183	185	126	127

四、柔韧测试

1. **测试方法** 坐位体前屈是测量人体在静止状态下的躯干、腰、髋等关节可能达到的活动幅度,主要反映这些关节、韧带和肌肉的伸展性和弹性,反映身体柔韧素质的发展水平。采用坐位体前屈测试仪与软垫进行测试。测试前,应将坐位体前屈测试仪与软垫放置在平坦的地面上。使用电子测试仪时,测试人员打开电源开关。将游标推到导轨的近侧端,当显示屏上显示出"-20.0cm"或以下数值时,表明该仪器进入工作状态。受试者面向仪器,坐在软垫上,两腿向前伸直;两足跟并拢,蹬在测试仪的挡板上,脚尖自然分开 10~15cm;双手并拢,掌心向下平伸,膝关节伸直,身体前屈,用双手中指指尖匀速推动游标平滑前行,直到不能推动为止。使用电子测试仪时,受试者按照要求推动游标,显示屏显示测试数值。

2. **评价标准** 男、女大学生坐位体前屈单项评分标准见表 3-3-5。

表 3-3-5 男、女大学生坐位体前屈单项评分表(cm)

等级	单项得分	男		女	
		大一 大二	大三 大四	大一 大二	大三 大四
优秀	100	24.9	25.1	25.8	26.3
	95	23.1	23.3	24.0	24.4
	90	21.3	21.5	22.2	22.4
良好	85	19.5	19.9	20.6	21.0
	80	17.7	18.2	19.0	19.5
及格	78	16.3	16.8	17.7	18.2
	76	14.9	15.4	16.4	16.9
	74	13.5	14.0	15.1	15.6
	72	12.1	12.6	13.8	14.3
	70	10.7	11.2	12.5	13.0
	68	9.3	9.8	11.2	11.7

续表

等级	单项得分	男		女	
		大一大二	大三大四	大一大二	大三大四
	66	7.9	8.4	9.9	10.4
	64	6.5	7.0	8.6	9.1
	62	5.1	5.6	7.3	7.8
	60	3.7	4.2	6.0	6.5
不及格	50	2.7	3.2	5.2	5.7
	40	1.7	2.2	4.4	4.9
	30	0.7	1.2	3.6	4.1
	20	−0.3	0.2	2.8	3.3
	10	−1.3	−0.8	2.0	2.5

五、耐力测定

1. **测试目的** 测试学生耐力素质的发展水平,特别是心血管呼吸系统的功能及肌肉耐力。男子为 1000m 跑,女子为 800m 跑。

2. **场地器材** 400m 标准田径场跑道,发令旗一面,口哨一个,智能型 800m、1000m 测试仪,备用手计时秒表若干块。

3. **测试方法** 受试者至少两人一组进行,必须佩戴号码布,站立式起跑。当听到"跑"的口令后开始起跑。计时员看到旗动开表计时,当受试者的躯干部抵达终点线垂直平面后沿的时候停表。以分、秒为单位记录测试成绩,不计小数。遇小数则进 1,如 3 分 51 秒 23 按照 3 分 52 秒计取。

4. **注意事项**

(1) 受试者不得穿皮鞋、塑料凉鞋、钉鞋参加测试。

(2) 测试人员应告知受试者在跑完后应做好放松和整理活动,不要立刻坐下,以免发生意外。

5. **评价标准** 男大学生 1000m 跑单项评分标准见表 3-3-6。女大学生 800m 跑单项评分标准见表 3-3-7。

表 3-3-6 男大学生 1000m 跑单项评分表(min·s)

等级	单项得分	大一大二	大三大四
优秀	100	3'17"	3'15"
	95	3'22"	3'20"
	90	3'27"	3'25"
良好	85	3'34"	3'32"
	80	3'42"	3'40"
及格	78	3'47"	3'45"
	76	3'52"	3'50"
	74	3'57"	3'55"
	72	4'02"	4'00"
	70	4'07"	4'05"
	68	4'12"	4'10"
	66	4'17"	4'15"
	64	4'22"	4'20"
	62	4'27"	4'25"
	60	4'32"	4'30"
不及格	50	4'52"	4'50"
	40	5'12"	5'10"
	30	5'32"	5'30"
	20	5'52"	5'50"
	10	6'12"	6'10"

表 3-3-7 女大学生 800m 跑单项评分表(min·s)

等级	单项得分	大一大二	大三大四
优秀	100	3'18"	3'16"
	95	3'24"	3'22"
	90	3'30"	3'28"
良好	85	3'37"	3'35"
	80	3'44"	3'42"
及格	78	3'49"	3'47"
	76	3'54"	3'52"
	74	3'59"	3'57"
	72	4'04"	4'02"
	70	4'09"	4'07"
	68	4'14"	4'12"
	66	4'19"	4'17"
	64	4'24"	4'22"
	62	4'29"	4'27"
	60	4'34"	4'32"
不及格	50	4'44"	4'42"
	40	4'54"	4'52"
	30	5'04"	5'02"
	20	5'14"	5'12"
	10	5'24"	5'22"

第四节   身体成分的测定与评价

一、测定的意义

身体成分的测量,可以准确地评价人体的胖瘦程度。同样体重的人,由于身体肌肉、脂肪的含量不同,肥胖程度是不同的。体重的大小并不能真正反映一个人是否肥胖。身体脂肪所占的百分比,是评价一个人是否真正肥胖的主要依据。身体成分的测定结果,将成为确定是否需要减肥的依据。

二、测定的指标与评价

(一) 体脂率 (BFR)

体脂率是评价身体成分的主要指标,测试体脂百分比需要有专用的仪器设备,测定技术也比较复杂。体脂率是指人体内脂肪重量在人体总体重中所占的比例,又称体脂百分数或体脂百分比,它反映人体内脂肪含量的多少。计算公式为:体脂率=脂肪重/体重×100%

1. 测量方法   体脂率的测定方法有很多种,目前主要有水下称重法、皮褶厚度测量法、生物电阻抗法、红外线感应法、X 射线吸光测定法以及 MRI/CT 扫描法等。在健康体质的测定中,切实可行的测定方法有皮褶厚度测量法、生物电阻抗法。

通常认为,正常成年人的体脂率分别是男性为 12%～23%、女性为 16%～27%。体脂率应保持在正常范围,若体脂过高,体重超过正常值 20% 以上就视为肥胖;若体脂率过低,达到体脂含量的安全下限,即男性低于 5%、女性低于 15%,则可引起功能失调。

(1) 皮褶厚度测量法:皮褶厚度测量法是通过对身体某些部位的皮褶厚度进行测量,将所测结果代入公式,再计算体脂率的一种方法。主要测量部位有两个:肱三头肌、肩胛下角。测量时需要用皮褶厚度计。

肱三头肌测量方法:上肢自然下垂,于肩峰与尺骨鹰嘴突连线中点处,与上肢长袖平行,垂直捏起皮下脂肪,用皮褶厚度计测量其厚度。

肩胛下角测量方法:在肩胛下角下方 1cm 处,外斜 45 度角捏起皮下脂肪,用皮褶厚度计测量其厚度。

详细的测量要求,可参考仪器使用说明。

体脂率的计算公式为:体脂率=(4.57÷D−4.142)×100%,其中 D 代表身体密度,计算公式见表 3-4-1。

表 3-4-1   身体密度计算公式

年龄/岁	男性	女性
9～11 岁	D=1.0879−0.0015X	D=1.079−0.00142X
12～14 岁	D=1.0868−0.00133X	D=1.0888−0.00153X
15～18 岁	D=1.0977−0.00146X	D=1.0931−0.00160X
成人	D=1.0913−0.00116X	D=1.0897−0.00133X

注:X=上臂部皮褶厚度(mm)+肩胛下角皮褶厚度(mm)

如果测量方法正确,皮褶厚度测量法测得的体脂率结果,与水下称重法测得结果之间有较高的相关性(r=0.70～0.90)。皮褶厚度测量法所需仪器、测试方法虽简单,但是需要有良好技巧才可准确度量。皮褶厚度测量法不适合过胖的人士,因皮下脂肪太厚,有可能降低准确度,因此,在适用人群上也会有一定限制。

(2) 生物电阻抗法:生物电阻抗法是一种简单、安全、无创性的测量身体成分的方法。其测量原理是将微量电流通入人体内,通过测量电流阻抗的情况来推算身体内各种组织的含量。体内的水分大部分存在于肌肉中,因此,体内去脂组织是良导电体,而脂肪组织的导电性能则较差。因此,根据电阻抗情况就可以计算出体内总的水分含量,从而可以计算出去脂体重和脂肪的百分比。

随着科技的发展,近年来一些大医院以及研究院、所均采用生物电阻抗法来测量身体成分。其操作简便,被测者只需赤脚站在仪器上,手握电极,仪器就会自动打印出多项指标,如体脂率、体重、肥胖程度等。目前,国内常用的生物电阻抗法身体成分仪,主要是 TANITA、InBody 系列仪器。

2. 评价标准　不同测试方法、不同测试仪器的测试结果,具体的评价标准会有一定差异。根据国内外的资料,理想体脂率的标准很不一致,理想体脂百分比范围很大,男性为 12% ~ 23%、女性为 16% ~ 27%。但对于确定肥胖的标准,意见基本相同,男性为 25%、女性为 30%。在确定运动处方锻炼目标时,可以此为依据。体脂率评价的参考标准见表 3-4-2。

表 3-4-2　体脂率评价标准

评定	男	女
体脂很低	7.0 ~ 9.9	14.0 ~ 16.9
低体脂	10.0 ~ 12.9	17.0 ~ 19.9
一般,正常体脂	13.0 ~ 16.9	20.0 ~ 23.9
高于正常体脂	17.0 ~ 19.9	24.0 ~ 26.9
体脂很高	20.0 ~ 24.9	27.0 ~ 29.9
肥胖	≥25	≥30

(二) 身体质量指数 (BMI)

身体质量指数是以相对于身高的体重,来衡量体重是否超重的常用指标。在一般情况下,与体脂率有一定关系,但并不能真正反映人体内的脂肪含量占体重的百分数。在没有条件测量体脂率的情况下,身体质量指数可作为评价是否肥胖的参考。计算公式为:$BMI = 体重(kg)/身高^2(m^2)$。

身体质量指数在亚洲与欧美的标准并不相同,欧美身体质量指数在 25 ~ 30 为超重,超过 30 为肥胖;亚洲地区 BMI 在 23 ~ 25 视为超重,BMI 超过 25 为肥胖。亚太地区身体质量指数的评价标准见表 3-4-3。

(三) 身体成分分析

可使用人体成分分析仪,以生物电阻抗(直接节段性多频生物电阻抗,BIA)为测量方法,使用方便、可靠、安全,能够无创伤准确测量人体细胞内外水分、肌肉量、脂肪含量、骨矿物质含量等,同时可得到受试者的去脂体重、骨骼肌含量,然后得出肌肉控制量,能全面地评价受试者的营养状况。人体健康需要体脂率在合理的范围之内,这种适宜的状态即为理想身体成分状态。人体理想身体成分状态有年龄和性别的差异。

表 3-4-3　亚太地区身体质量指数评价标准

BMI	评价
30 ~ 70	严重肥胖
25 ~ 30	肥胖
23 ~ 25	超重
18.5 ~ 23	健康
10 ~ 18.5	体重不足

体内脂肪储存的数量,特别是储存脂肪堆积的部位,是影响人体健康的重要因素。总脂肪量相同的肥胖者,若脂肪堆积在腰腹部,即腹部皮下脂肪、网膜和系膜脂肪以及腹膜后脂肪,其患心血管疾病、高脂血症、高血压、2 型糖尿病和脑卒中的危险性高于脂肪堆积在臀部和大腿部的肥胖者。

体脂过少也会危害身体健康,如因长期节食、营养不良、厌食症及其他疾病造成体脂过少时,身体会出现代谢紊乱、身体功能失调(如闭经),严重者可导致死亡。这些疾病除体脂过少外,去脂体重指数 FFMI 也减少,体适能下降。

第五节　健 康 评 估

健康是伴随人类发展的永恒的主题,随着人类社会的快速发展,人类的健康问题越来越受到关注。体质是健康的前提和基础。失去了良好的体质,健康就是无源之水,无本之木。健康是良好体质的归宿和最终目标。我们通过多种手段增强体质,最终是为了增进健康,享受生活。体质是健康的主要外在表现,生物属性和社会属性和谐统一的内在健康在很多情况下,是通过良好的体质表现出来的。体质与健康呈现出一定的相关性,但两者并非线性关系。体质的状况在一定程度上能反映出健康水平,如果一个人有良好的体质,就表示他有良好健康的物质基础,或者说他可能会有较高的健康水平,因为较高的健康水平是建立在良好的体质基础上的,但有良好的体质却未必就健康,健康与体质并不成正相关。

一、自测健康

自测健康是个体对其健康状况的主观评价和期望,是目前国际上比较通用的健康测量方法之一。1947 年,世界卫生组织(WHO)提出健康不仅仅是没有疾病和虚弱,而且是生理、心理和社会上的完好状态,个体的健康应该是生理健康、心理健康和社会健康的总和。通过自测健康评定量表(SRHMS)进行自我健康评估。由自测生理健康、心理健康和社会健康三个评定子量表组成,用于 14 岁以上各类人群(尤其是普通人群)的健康测量;它从定量化的角度,较为直观、全面、准确地反映了个体的健康状况,且易于管理和操作。自测健康评定量表见表 3-5-1。

表 3-5-1　自测健康评定量表(SRHMS)
(Self-rated Health Measurement Scale Version 1.0)

自测健康是指您本人对自己健康状况的主观评价,自测健康评定是目前国际上比较流行的健康测量方法之一。世界卫生组织(WHO)将健康定义为:健康不仅仅是没有疾病和虚弱,而且是生理、心理和社会三个方面完好状态。本量表让您从生理、心理和社会适应能力三个方面对自己的健康状况进行定量化测量,以便能够及时、全面、准确地了解自身的健康信息,为自己的健康保护提供帮助!

填表要求:本量表由 48 个问题组成,问的都是您过去 4 周内的有关情况。每个问题下面有一个划分为 10 个刻度的标尺,请逐条在您认为适当的位置以"×"号在标尺上作出标记。(请注意每个标尺上只能划上一个"×"号)

例如:您的睡眠怎么样?

非常差 0-----1-----2-----3-----4-----5-×-----6-----7-----8-----9-----10 非常好

0 表示睡眠非常差;10 表示睡眠非常好;在 0～10,越靠近 0 表示睡眠越差,越靠近 10 表明睡眠越好;图例标出的本答案 5.3("×"的位置),表示睡眠一般。

1. 您的视力怎么样? 　非常差 0-----1-----2-----3-----4-----5-----6-----7-----8-----9-----10 非常好
2. 您的听力怎么样? 　非常差 0-----1-----2-----3-----4-----5-----6-----7-----8-----9-----10 非常好
3. 您的食欲怎么样? 　非常差 0-----1-----2-----3-----4-----5-----6-----7-----8-----9-----10 非常好
4. 您的胃肠部经常不适(如腹胀、拉肚子、便秘等)吗? 　一直有 0-----1-----2-----3-----4-----5-----6-----7-----8-----9-----10 从来没有
5. 您容易感到累吗? 　非常容易 0-----1-----2-----3-----4-----5-----6-----7-----8-----9-----10 非常不容易
6. 您的睡眠怎么样? 　非常差 0-----1-----2-----3-----4-----5-----6-----7-----8-----9-----10 非常好
7. 您的身体有不同程度的疼痛吗? 　非常疼痛 0-----1-----2-----3-----4-----5-----6-----7-----8-----9-----10 根本不疼痛
8. 您自己穿衣服有困难吗? 　根本不能 0-----1-----2-----3-----4-----5-----6-----7-----8-----9-----10 无任何困难

9. 您自己梳理有困难吗? 　　根本不能 0-----1-----2-----3-----4-----5-----6-----7-----8-----9-----10 无任何困难
10. 您承担日常的家务劳动有困难吗? 　　根本不能 0-----1-----2-----3-----4-----5-----6-----7-----8-----9-----10 无任何困难
11. 您能独自上街购买一般物品吗? 　　根本不能 0-----1-----2-----3-----4-----5-----6-----7-----8-----9-----10 无任何困难
12. 您自己吃饭有困难吗? 　　根本不能 0-----1-----2-----3-----4-----5-----6-----7-----8-----9-----10 无任何困难
13. 您弯腰、屈膝有困难吗? 　　根本不能 0-----1-----2-----3-----4-----5-----6-----7-----8-----9-----10 无任何困难
14. 您上下楼梯(至少一层楼梯)有困难吗? 　　根本不能 0-----1-----2-----3-----4-----5-----6-----7-----8-----9-----10 无任何困难
15. 您步行半里路有困难吗? 　　根本不能 0-----1-----2-----3-----4-----5-----6-----7-----8-----9-----10 无任何困难
16. 您步行三里路有困难吗? 　　根本不能 0-----1-----2-----3-----4-----5-----6-----7-----8-----9-----10 无任何困难
17. 您参加能量消耗较大的活动(如剧烈的体育锻炼、田间体力劳动、搬重物移动等)有困难吗? 　　根本不能 0-----1-----2-----3-----4-----5-----6-----7-----8-----9-----10 无任何困难
18. 与您的同龄人相比,从总体上说,您认为自己的身体健康状况如何? 　　非常差 0-----1-----2-----3-----4-----5-----6-----7-----8-----9-----10 非常好
19. 您对未来乐观吗? 　　非常不乐观 0-----1-----2-----3-----4-----5-----6-----7-----8-----9-----10 非常乐观
20. 您对目前的生活状况满意吗? 　　非常不满意 0-----1-----2-----3-----4-----5-----6-----7-----8-----9-----10 非常满意
21. 您对自己有信心吗? 　　根本没信心 0-----1-----2-----3-----4-----5-----6-----7-----8-----9-----10 非常有信心
22. 您对自己的日常生活环境感到安全吗? 　　根本不安全 0-----1-----2-----3-----4-----5-----6-----7-----8-----9-----10 非常安全
23. 您有幸福的感觉吗? 　　从来没有 0-----1-----2-----3-----4-----5-----6-----7-----8-----9-----10 一直有
24. 您感到精神紧张吗? 　　非常紧张 0-----1-----2-----3-----4-----5-----6-----7-----8-----9-----10 根本不紧张
25. 您感到心情不好、情绪低落吗? 　　一直有 0-----1-----2-----3-----4-----5-----6-----7-----8-----9-----10 从来没有
26. 您会毫无理由地感到害怕吗? 　　一直有 0-----1-----2-----3-----4-----5-----6-----7-----8-----9-----10 从来没有
27. 您对做过的事情经反复确认才放心吗? 　　一直有 0-----1-----2-----3-----4-----5-----6-----7-----8-----9-----10 从来没有
28. 与别人在一起时,您也感到孤独吗? 　　一直有 0-----1-----2-----3-----4-----5-----6-----7-----8-----9-----10 从来没有

29. 您感到坐立不安、心神不定吗？ 　　一直有 0-----1-----2-----3-----4-----5-----6-----7-----8-----9-----10 从来没有	
30. 您感到空虚无聊或活着没有什么意义吗？ 　　一直有 0-----1-----2-----3-----4-----5-----6-----7-----8-----9-----10 从来没有	
31. 您的记忆力怎么样？ 　　非常差 0-----1-----2-----3-----4-----5-----6-----7-----8-----9-----10 非常好	
32. 您容易集中精力去做一件事吗？ 　　非常不容易 0-----1-----2-----3-----4-----5-----6-----7-----8-----9-----10 非常容易	
33. 您思考问题或处理问题的能力怎么样？ 　　非常差 0-----1-----2-----3-----4-----5-----6-----7-----8-----9-----10 非常好	
34. 从总体上来，您认为自己的心理健康状况如何？ 　　非常差 0-----1-----2-----3-----4-----5-----6-----7-----8-----9-----10 非常好	
35. 对于在生活、学习和工作中发生在自己身上的不愉快事情，您能够妥善地处理好吗？ 　　完全不能 0-----1-----2-----3-----4-----5-----6-----7-----8-----9-----10 完全可以	
36. 您能够较快的适应新的生活、学习和工作环境吗？ 　　完全不能 0-----1-----2-----3-----4-----5-----6-----7-----8-----9-----10 完全可以	
37. 您如何评价自己在工作、学习和生活中担当的角色？ 　　非常不称职 0-----1-----2-----3-----4-----5-----6-----7-----8-----9-----10 非常称职	
38. 您的家庭生活和睦吗？ 　　非常不和睦 0-----1-----2-----3-----4-----5-----6-----7-----8-----9-----10 非常和睦	
39. 与您关系密切的同事、同学、邻居、亲戚或伙伴多吗？ 　　根本没有 0-----1-----2-----3-----4-----5-----6-----7-----8-----9-----10 非常多(10 个以上)	
40. 您有可以与您分享快乐和忧伤的朋友吗？ 　　根本没有 0-----1-----2-----3-----4-----5-----6-----7-----8-----9-----10 非常多(10 个以上)	
41. 您与您的朋友或亲戚在一起谈论问题吗？ 　　从来不谈 0-----1-----2-----3-----4-----5-----6-----7-----8-----9-----10 经常交谈	
42. 您与亲朋好友经常保持联系(如互相探望、电话问候、通信等)吗？ 　　从不联系 0-----1-----2-----3-----4-----5-----6-----7-----8-----9-----10 一直联系	
43. 您经常参加一些社会、集体活动(如党团、工会、学生会、宗教、朋友聚会、体育比赛、文娱等)吗？ 　　从不参加 0-----1-----2-----3-----4-----5-----6-----7-----8-----9-----10 一直参加	
44. 在您需要帮助的时候，您在很大程度能够依靠家庭吗？ 　　根本不能 0-----1-----2-----3-----4-----5-----6-----7-----8-----9-----10 完全可以	
45. 在您需要帮助的时候，您在很大程度能够依靠朋友吗？ 　　根本不能 0-----1-----2-----3-----4-----5-----6-----7-----8-----9-----10 完全可以	
46. 在您遇到困难时，您主动去寻求他人的帮助吗？ 　　从不主动 0-----1-----2-----3-----4-----5-----6-----7-----8-----9-----10 非常主动	
47. 与您的同龄人相比，从总体上来，您认为您的社会功能(如人际关系、社会交往等)如何？ 　　非常差 0-----1-----2-----3-----4-----5-----6-----7-----8-----9-----10 非常好	
48. 与您的同龄人相比，从总体上来说，您认为您的健康状况如何？ 　　非常差 0-----1-----2-----3-----4-----5-----6-----7-----8-----9-----10 非常好	

自测健康评定量表由 10 个维度、48 个条目组成,涉及个体健康的生理、心理和社会三个方面,其中 1~18 条目组成自测生理健康评定子量表,19~34 条目组成自测心理健康评定子量表,35~47 条目组成自测社会健康评定子量表。自测健康评定量表的构成见表 3-5-2。

表 3-5-2　自测健康评定量表维度及其条目分布

维度	条目数	条目在自测健康评定量表中的分布
身体症状与器官功能	7	1,2,3,4,5,6,7
日常生活功能	5	8,9,10,11,12
身体活动功能	5	13,14,15,16,17
正向情绪	5	19,20,21,22,23
心理症状与负向情绪	7	24,25,26,27,28,29,30
认知功能	3	31,32,33
角色活动与社会适应	4	35,36,37,38
社会资源与社会接触	5	39,40,41,42,43
社会支持	3	44,45,46
健康总体自测	4	18,34,47,48

自测健康评定量表的 48 个条目评分采用模拟线性方式,各个条目原始分的回答是在一条有两个极端点的 10cm 线上划上标记(如划上"×"号)。48 个条目中正向评分的条目有 37 条,反向评分的条目有 11 条。因为有反向评分的条目,需要对 48 个条目的原始分进行重新评分,正向评分条目的重新评分与原始分相同,反向评分条目的重新评分等于 10 减去原始分。自测健康评定量表的 10 个维度包括不同的条目,评分方法概括地说有三点:①有 11 个反向评分条目;②有 37 个正向评分条目;③健康总体自测维度即维度 10 中的 4 个条目不参与子量表分和量表总分的计算,将以分类变量的形式进行独立分析,如效标关联效度研究等。维度分、子量表分、量表总分是基于 48 个条目的重新评分计算。每个条目的理论最高值是 10,最小值为 0;自测生理健康、自测心理健康、自测社会健康三个评定子量表分和自测健康评定量表总分的理论最高值分别为 170、150、120、440;理论最小值均为 0。

二、心理健康的自我评估

通过症状自评量表(SCL-90)对大学生进行心理健康评估,症状自评量表见表 3-5-3。

表 3-5-3　症状自评量表(SCL-90)

请您根据自身情况回答下列问题,选择答案 1~5,采取 1~5 分的评分标准。总分即为 90 个项目的得分总和。总分 160 分为临床界限,超过 160 分说明测试人可能存在着某种心理障碍。在符合您实际情况的选项下打√。

问题	无	轻度	中度	相当重	严重
1. 头痛					
2. 神经过敏,心中不踏实					
3. 头脑中有不必要的想法或字句盘旋					
4. 头晕和昏倒					
5. 对异性的兴趣减退					
6. 对旁人责备求全					
7. 感到别人能控制您的思想					
8. 责怪别人制造麻烦					
9. 忘记性大					
10. 担心自己的衣饰整齐及仪态的端正					

续表

问题	无	轻度	中度	相当重	严重
11. 容易烦恼和激动					
12. 胸痛					
13. 害怕空旷的场所或街道					
14. 感到自己的精力下降,活动减慢					
15. 想结束自己的生命					
16. 听到旁人听不到的声音					
17. 发抖					
18. 感到大多数人都不可信任					
19. 胃口不好					
20. 容易哭泣					
21. 同异性相处时感到害羞不自在					
22. 感到受骗、中了圈套或有人想抓住您					
23. 无缘无故地突然感到害怕					
24. 自己不能控制地发脾气					
25. 怕单独出门					
26. 经常责怪自己					
27. 腰痛					
28. 感到难以完成任务					
29. 感到孤独					
30. 感到苦闷					
31. 过分担忧					
32. 对事物不感兴趣					
33. 感到害怕					
34. 您的感情容易受到伤害					
35. 旁人能知道您的私下想法					
36. 感到别人不理解您不同情您					
37. 感到人们对您不友好,不喜欢您					
38. 做事必须做得很慢以保证做得正确					
39. 心跳得很厉害					
40. 恶心或胃部不舒服					
41. 感到比不上他人					
42. 肌肉酸痛					
43. 感到有人在监视您谈论您					
44. 难以入睡					
45. 做事必须反复检查					
46. 难以作出决定					
47. 怕乘电车、公共汽车、地铁或火车					
48. 呼吸有困难					
49. 一阵阵发冷或发热					
50. 因为感到害怕而避开某些东西、场合或活动					
51. 脑子变空了					
52. 身体发麻或刺痛					
53. 喉咙有梗塞感					
54. 感到没有前途没有希望					

续表

问题	无	轻度	中度	相当重	严重
55. 不能集中注意					
56. 感到身体的某一部分软弱无力					
57. 感到紧张或容易紧张					
58. 感到手或脚发重					
59. 想到死亡的事					
60. 吃得太多					
61. 当别人看着您或谈论您时感到不自在					
62. 有一些不属于您自己的想法					
63. 有想打人或伤害他人的冲动					
64. 醒得太早					
65. 必须反复洗手、点数目或触摸某些东西					
66. 睡得不稳不深					
67. 有想摔坏或破坏东西的冲动					
68. 有一些别人没有的想法或念头					
69. 感到对别人神经过敏					
70. 在商店或电影院等人多的地方感到不自在					
71. 感到任何事情都很困难					
72. 一阵阵恐惧或惊恐					
73. 感到在公共场合吃东西很不舒服					
74. 经常与人争论					
75. 单独一人时神经很紧张					
76. 别人对您的成绩没有作出恰当的评价					
77. 即使和别人在一起也感到孤单					
78. 感到坐立不安心神不定					
79. 感到自己没有什么价值					
80. 感到熟悉的东西变成陌生或不像是真的					
81. 大叫或摔东西					
82. 害怕会在公共场合昏倒					
83. 感到别人想占您的便宜					
84. 为一些有关"性"的想法而很苦恼					
85. 您认为应该因为自己的过错而受到惩罚					
86. 感到要赶快把事情做完					
87. 感到自己的身体有严重问题					
88. 从未感到和其他人很亲近					
89. 感到自己有罪					
90. 感到自己的脑子有毛病					

在大学生体育教学实践中发现,身体素质较好的学生与身体素质较差的学生在心理健康水平方面存在统计学差异。究其原因,可能是身体素质较差的学生先天身体形态和功能的原因,加之后天缺乏体育锻炼,面对大学紧张的学习生活时常常感到压力过大,精神过分紧张,主观上感觉身体不适,进而出现不安感、孤独感和急躁感等人格不完善和心理不成熟的特点,影响其心理健康。因此,在体育教学中,要正确运用运动生理学、体育心理学理论,遵循运动技能形成规律,结合人体运动过程中心理活动的变化规律去组织教学,时刻注意激发学生良好的学习动机,促进个性健康发展,培养学生顽强的意志品质,就一定能取得良好的心理学效果。

三、健康饮食自我评估

对大学生健康饮食的评估可以从饮食内容、早餐、饮酒等方面进行。其中,饮食内容:大米、面粉最佳每天 3~5 份,水果和蔬菜最佳每天 2~4 份,奶制品最佳每天 2~3 份,加糖食物(软饮料、甜食、果糖)每周少于 5 次。在最近 30 天内饮酒的次数:偶尔饮酒 1~2 次,中度饮酒 3~9 次,重度饮酒至少 10 次。健康饮食评价见表 3-5-4。

表 3-5-4 健康饮食评价表

回答下列问题,在答案 1~5 下打√。

问 题	1	2	3	4	5
1. 通常每周吃水果和蔬菜次数	每周少于 3 次	每周 3~6 次	每天 1 次	每天 2~3 次	每天至少 4 次
2. 通常每周吃米、面粉制品次数	每周少于 3 次	每周 3~6 次	每天 1 次	每天 2~3 次	每天至少 4 次
3. 通常每周吃奶制品次数	每周少于 3 次	每周 3~6 次	每天 1 次	每天 2~3 次	每天至少 4 次
4. 通常每周吃加糖食物次数	每周少于 3 次	每周 3~6 次	每天 1 次	每天 2~3 次	每天至少 4 次
5. 通常每月吃早餐次数	0 次	1~4 次	5~9 次	10~19 次	至少 20 次
6. 通常每月饮酒次数	至少 10 次	6~9 次	3~5 次	1~2 次	0 次

以上检测,选择 1 计 0 分,选择 2 计 1 分,选择 3 计 2 分,选择 4 计 3 分,选择 5 计 4 分,把得分加起来计总分。结果分析:20~24 分,说明饮食非常合适,几乎不必作什么改进;12~20 分,说明饮食尚可,但某些方面需作改进;0~12 分,说明饮食不合适,需作相当大的改进。

(孙 晓)

第四章　运　动　处　方

学习要点：

运动处方与普通的体育锻炼计划和一般的体育治疗方法不同，它以医学为理论基础，严格按照临床医学、运动医学、康复医学、体育保健学、运动学等学科的基本知识、基本原理及有关要求进行。运动处方具有很好的科学性、高效性；运动处方的制定，还具有很强的个别针对性，其是根据锻炼者身体评估结果制定的。运动处方还有很明确的远期目标和近期目标，体现了系统性、自我监测和医务监督，及时进行微调的能力。因为主要是针对"患者"，所以是医学院校学生应该掌握的一项系统知识。

运动处方的雏形，我们可以追溯到 2500 多年前，在古希腊埃拉多斯山崖上刻着三句名言："You want to be healthy? You'll run! You want to be clever? You'll run! You want to be beautiful? You'll run！"你想变得强壮，那就跑步吧；你想变得聪明，跑步吧；你想变得健美，跑步吧。我们也知道公元前 300 年，古希腊伟大思想家亚里士多德就提出了"生命在于运动"的名言。这些名言深刻寓意了运动对身体、对心理、对形态所起的重要作用。距今 2000 多年前的我国西汉马王堆三号汉墓出土的、现存湖南博物馆的《导引图》是最早的健身图谱。《吕氏春秋》中提到的"流水不腐，户枢不蠹"，这也是运动处方的一个具体概念。还有相传原始时代洪水泛滥，气候阴湿，民众气血不通，筋骨瑟缩，部落领袖阴康氏教人舞蹈，使关节活动，血脉畅通。这种舞蹈具有消肿作用，亦称为消肿舞。总之，运动与健康，运动与治疗疾病预防疾病的关系与方法，在人类社会中已经有了非常久远的历史。

第一节　运动处方的概述

现代运动处方最早是由美国生理学家卡波维奇在 20 世纪 50 年代提出的。20 世纪 60 年代以来，随着康复医学的发展及对冠心病等疾病的康复训练的开展，运动处方开始受到重视。1969 年世界卫生组织（WHO）开始使用运动处方术语，从而在国际上得到认可。运动处方的完整概念是：康复医师或体疗师，对从事体育锻炼者或患者，根据医学检查资料（包括运动试验和体力测验），按其健康、体力以及心血管功能状况，用处方的形式规定运动种类、运动强度、运动时间及运动频率，提出运动中的注意事项。运动处方是指导人们有目的、有计划和科学地锻炼的一种方法。

一、运动处方在健身、康复、治疗、预防中的作用

运动处方的产生源于实践的需要。在竞技体育中，旨在提高运动成绩的运动训练，由教练员为不同的运动员制订的个别有针对性的训练计划；旨在使运动员掌握、纠正、改善一定运动技术、技能，提高身体素质而进行的运动、营养、恢复甚至心理等诸多方面的有个性化区别的方法。学校体育教师根据学生实际情况，按照教学计划、教学大纲制订教案。教育健康机构根据不同时期出现的流行性疾病，提出的"不要到人多的场合，避免吃生冷食物，加强体育锻炼……"，亦可称为运动处方。

康复医学的形成和发展，促进了运动处方运用领域的扩大，更多的疾病预防、术后康复，都运用运动疗法，需要针对不同个体情况，不同目标，制订运动处方。

随着对运动的不断探索和认识，人们发现，运动处方在康复治疗中的作用是：科学地指导康复锻

炼者进行锻炼,以便更有效地达到预防功能障碍的形成、减轻功能障碍的程度、尽快恢复正常的功能。实践证明,按照运动处方进行康复锻炼,可以使康复的效果比没有处方指导的"自由活动"明显提高。近年来,通过运动结合心理治疗,无论对缓解压力、调节心情、改善睡眠……都有着非常积极有效的作用。人们对运动在早期儿童抑郁和孤独症中的作用也有非常积极的探索和研究。

随着生活水平的提高,"城市生活病"(伴随着不良生活方式引起的疾病)增多,并且有老年病年轻化的趋势。科学、合理、有效的运动处方,应运而生。它在以提高国民体质、增进健康、预防慢性疾病的健身活动中能正确指导健身者科学地进行锻炼,以较短的时间、较轻的体力负荷,取得较大的锻炼效果,有非常大的需求空间和探索空间。

二、运动处方的分类

随着运动的普及发展,运动处方应用范围也不断扩大,运动处方应用的领域也不断增多,导致运动处方的分类也增多(表4-1-1)。根据对象类别运动可分为三大类:预防健身类运动处方、竞技运动处方和康复治疗性运动处方。另外,针对运动健身类运动处方,根据具体需要,又可分为:增强全身耐力处方;速度耐力处方;增加力量处方;增加大肌肉力量处方;增加小肌肉力量处方;柔韧性运动处方;……

表4-1-1　按应用的对象和目的进行分类

分　类	主要使用对象	目　的	内容举例
健身运动处方	一般健身锻炼者	以提高健康体适能,促进健康,预防疾病为目的	有氧适能运动处方;肌适能运动处方;减肥运动处方等
竞技运动处方	运动员	以提高专业运动成绩为目的	发展爆发力运动处方;发展灵敏协调性运动处方等
康复运动处方	疾病患者或功能康复者等	以辅助治疗和康复为目的	糖尿病运动处方;小腿功能康复运动处方等

人类应用运动处方治疗疾病已有3000多年的历史。200多年来,西方国家对于心肌梗死患者是静养好还是运动好,一直争议不休,反复多次,直到20世纪40年代运动疗法才占了上风。Goldwater应用有限制的定量运动,使60%~70%的心肌梗死患者的运动疗法发展成为运动处方的形式。其后,德国、美国及日本一些运动医学专家,对运动处方进行了许多理论研究和应用推广工作。

前西德Holliman研究所从1954年起,对运动处方的理论和实践进行了大量研究工作,成绩卓越,制定出健康人的、中老年人的、运动员的以及高血压、心肌梗死、糖尿病、肥胖症患者的种种运动处方,并对市民进行了运动处方的指导和咨询工作。

美国库珀用了4年时间进行健身与健康关系的研究,于1968年发表了《有氧代谢运动》《12分钟跑体能测验》及《有氧运动得分制》等专著。其中影响最大的是《有氧代谢运动》,已被译成25种文字,发行1200余万册,为世界许多国家所采用。

日本体育科技中心,对运动处方的研究成果贡献巨大,该中心1970年成立后,第二年就在猪饲道夫教授倡导下,成立了运动处方研究委员会,以9名教授为核心在日本各地组成20多个研究小组,其目的是为了增加体弱的中老年人的心肺功能和全身耐力水平。他们先用三年时间研究基础理论,后用2年时间研究实践应用,到1975年制定出适用于各年龄组的运动处方方案,并出版了《日本健身运动处方》,以指导广大群众和学生进行科学锻炼。此外,日本文部省借修改保健体育指导要领的机会,从1982年度开始,在高等学校讲授"运动处方"知识,扩大了运动处方的普及面,这对增进学生的健康有重要意义。

中国对运动处方研究推广和应用起步较晚。10余年来,我国翻译出版了日本及美国的运动处方专著;应用运动处方治疗冠心病、肥胖症、糖尿病等资料已有不少临床报道,在医学院校的运动医学与康复教学中,运动处方已列为基本内容;在向广大群众宣传普及运动处方知识、指导群众进行科学锻炼方面,做了大量的工作,如哈尔滨医科大学第一附属医院运动医学科,于1980年开发了"运动处方咨询门诊",并编印了运动处方资料小册子,深受欢迎和好评。

(一) 根据对象不同而分类的运动处方

1. 康复治疗性运动处方　康复治疗性运动处方的对象,是经过临床治疗达到基本痊愈,但遗留有不同程度身体功能下降或功能障碍的患者,如运动创伤后的功能恢复,其中也包括心理障碍的去除,力量、能力由小到大,由慢到快的适应。还有冠心病、脑卒中患者、手术后患者,以及病情已经控制的慢性病患者,如高血压、高脂血症、糖尿病、肥胖症患者等。这类运动处方的目的是,通过运动疗法帮助患者提高身体功能,缓解症状,减轻或消除功能障碍,恢复肢体功能,尽量提高患者的生活自理和工作能力。

2. 早期儿童发育有障碍、心理有缺失的运动处方　孩子在学前阶段,由于心理发育不完善,以及环境、不当的要求等因素造成孩子早期心理、行为有障碍,用积极的运动处方、游戏处方以及其他的干预手段是非常有效的。

3. 特殊人群的运动处方　由于社会需要,会造成一些临时性有轻微心理障碍人群,例如,中考生和高考生。针对这些人群用积极的运动处方、休闲的运动方式和有趣味的手段方法,都能够缓解压力,消除紧张,也能够不同程度地提高智力水准,改善学习成绩。

康复治疗性运动处方主要用于综合医院的康复科、康复医疗机构,也用于社区康复工作中。康复治疗性运动处方主要由康复医师、康复治疗师(士)来制订,在社区中工作的高级健身指导员也会参与这方面的工作。

(二) 根据运动处方功能分类

1. 增加耐力运动处方　耐力(区别于肌肉力量耐力)运动处方以提高心肺功能为主要目标。在机体能完全承受的强度和时间下,渐进地提升适应性,促进心血管功能改善,促进代谢水平提升,肌肉力量增长。耐力训练早期用于发展身体的耐力素质,提高运动员的训练水平。20世纪70年代以后,耐力运动处方在急性心肌梗死患者被抢救成功以后,或心脏搭桥术后的康复锻炼中,发挥了明显的作用,按照运动处方进行系统地锻炼,可以缩短患者住院时间,更快地恢复工作能力,故被称为心脏康复运动处方。耐力训练是一个缓慢长期的过程,是一个需要睡眠、饮食、生活习惯紧密配合的项目。目前除用于急性心肌梗死患者的康复之外,在国外已经广泛用于心血管系统慢性疾病(如冠心病、高血压)、代谢性疾病(糖尿病、肥胖症)、长期卧床引起心肺功能下降等疾病的预防、治疗和康复。耐力运动处方更广泛地被用于科学地指导健身,以提高锻炼者的耐力素质、维持合理的身体成分、消除亚健康状态的症状,预防冠心病、高血压、高脂血症、糖尿病等疾病的发生都有积极显著的作用。

2. 力量运动处方　力量运动处方的主要作用是提高肌肉的力量耐力。在康复医学中,通过运动疗法,即患者主动的肌力锻炼,使"失用性"萎缩的肌肉力量得到提高,肌肉横断面和体积加大,达到改善肢体运动功能的作用。力量运动处方可用于外伤、疾病导致肢体长期制动、长期卧床等引起的失用性肌萎缩的康复,身体发生畸形的矫正等。

在全民健身运动中,力量运动处方用于指导健身者科学地进行增强肌力的训练,以达到提高力量素质,减缓中年以后肌肉萎缩的速度,预防骨质疏松等作用。

力量运动处方的出现晚于全身耐力运动处方,是在20世纪80年代以后逐步完善起来的。

3. 柔韧性运动处方　发展柔韧素质,提升身体的柔韧性,是竞技运动与身体康复非常重要的素质。柔韧性运动处方的作用是靠提高肌肉的拉力,展示身体的柔软性素质。在康复医学中用"关节活动幅度"(range of motion, ROM)来衡量柔韧性的好坏。康复医学中,通过各种主动、被动运动等,使因伤病而受累关节活动幅度尽量保持、增加或恢复到正常的范围,同样能起到改善肢体运动功能、提高身体的适应性和敏捷性的作用。

全民健身运动中,柔韧性运动处方用于指导健身者采用科学的手段和方法,提高身体的柔韧性素质,预防随年龄增长肌肉力量的下降而导致关节活动幅度的下降。

全身耐力运动处方、力量运动处方、柔韧性运动处方对保持良好的健康体状态,保持身体的灵活性、敏捷性都可起到良好的作用。

第二节　运动处方的实施原则

健身运动是在一定环境条件下,完成有目的的肌肉运动,消耗了能量,改变了内环境,引发了内脏器官生理功能的改变。可见运动对机体是一种应激原(刺激产生反应)。但如同用药一样,适量的运动可加强体力,提高机体的防病能力,预防和治疗疾病,反之也可产生不良影响。为此,在制定运动处方时,应注意遵循以下几项基本原则。

一、个体化原则

全面了解处方对象的体质和健康状况,可以通过口头询问、医学检查、体质测定等途径来进行了解。需要了解的内容有身体发育、疾病史、目前伤病情况、近期检查结果、身体素质等详细内容。根据个人不同健康状况和功能状态及客观条件,选择适合自己的处方内容和运动负荷。做到从实际出发,对症下药,因人而异。

二、以全身为基础原则

运动处方的制定,尽管有需要改进的局部环节,但是,要以改善整个身体状态为基础。因为人是一个有机的整体,整体功能的改善,与每个环节都有密切的联系。耐力的关键在于氧,氧是人体消化食物产生热能所不可缺少的物质。一般来说,体力好即指全身耐力强,但它也是同全身所有器官系统的健康分不开的。力量素质、柔韧素质、动作姿势等都与耐力有不同程度的关联。因此,运动处方锻炼项目的安排,应以提高整个机体功能为目标,再有重点地提高心肺等生理功能,力量、柔韧、协调、节奏感、放松等。

三、有效运动强度原则

运动处方的制定与实施,必须要注意实施运动强度的有效性,运动强度是直接给不同的身体部位实施干预、刺激的程度,直接关系到处方的有效性。运动强度过大,起不到改善、增强、适应的效果;运动量过小,也不会达到预定的目标。所以,根据每个人的功能能力不同,把握好运动强度,是实施运动处方的关键环节。为了提高全身耐力水平,必须达到改善心血管和呼吸功能的有效强度,这就是靶心率(THR)范围。超过上限可能出现危险,低于下限则会影响健身效果,这个运动强度称安全界限。

四、运动的特异性原则

运动的特异性原则,主要针对竞技运动较多。运动时身体的生理适应,根据运动种类和方法有所不同,称为运动效果的特异性。比如,增加足球场上的冲撞能力和抗冲撞能力,既要提高力量素质训练,又要提高速度素质训练,同时,还要加强平衡能力和协调能力的训练。运用运动处方健身,应明确自己的锻炼目的,知道用什么方法和手段训练身体的哪一部分,只有按科学的锻炼程序,才能产生有益的生理变化。

五、及时调整原则

及时调整的原则,是体育中最常见的原则,每项内容,针对不同的人适应程度,变化速度都是不同的,再好的运动处方,也不一定适合所有的人,一个安全有效的处方应该是结合自己制定的,但是,在执行过程中,每个人都要根据自己的状况进行微调。一般情况下,开始的"坡度"一定要小,让身体有一个充分的适应过程,只有充分地适应了,后面提升的高度、幅度才会越大。一般通过 8 周锻炼就能收到效果,如心脏功能能力提高,靶心率亦应提高,若再按原处方规定的运动强度锻炼,则效果不大。这时,必须履行及时调整的原则进行适当的调整。

第三节 运动处方的主要内容

一个完整的运动处方应包括锻炼目标、锻炼内容、运动量和注意事项等主要内容。其辅助配合内容包括特殊的饮食结构、良好生活习惯、适度的心理干预、必要的自我反馈。

一、锻炼目标

制订运动处方之前,首先应当明确锻炼的目标,或称"近期目标"。

耐力处方的锻炼目标,可能是提高心肺功能、减肥、降血脂,或防治冠心病、高血压、糖尿病等。

力量和柔韧性处方的目标,应当具体到将要进行锻炼的部位,如加大某关节的活动幅度、增强某肌群的力量等。力量处方中还需要确定增强何种力量,如动力性力量还是静力性力量,向心力量还是离心力量,以便采用不同的练习法。在康复锻炼运动处方中,首先需要考虑康复锻炼的最终目标,或称"远目标"。如达到可使用轮椅进行活动、使用拐行走、恢复正常步态、恢复正常生活能力和劳动能力、恢复参加运动训练及比赛等。在近期目标中,应规定当前康复锻炼的具体目标,如提高某个或某些关节的活动幅度,增强某块肌肉某组肌群的力量,需要增强何种肌肉力量等。

二、锻炼内容

锻炼内容即锻炼时应采用的手段和方法。为提高全身耐力,多选择有氧训练;肢体功能的锻炼,可采用力量练习、柔韧性练习、医疗体操和功能练习、水中运动等;偏瘫、截瘫和脑瘫患者需使用按神经发育原则采用的治疗方法,并且常常需要采用肢体伤残代偿功能训练、生物反馈训练等。

三、运动量

一般的运动量,是指完成动作的时间、次数的总量。运动量的大小,取决于多种因素。以持续运动为主的耐力处方,与力量处方、柔韧性处方的运动负荷有所区别。运动负荷的大小决定因素,综合起来有以下几个方面:

（一）运动强度（intensity）

运动强度是单位时间内完成动作的运动量。而运动量是运动强度和运动时间的乘积。在有氧运动中,运动强度取决于走或跑的速度、蹬车的功率、爬山时的坡度等。在力量和柔韧性练习中,运动强度取决于给予助力或阻力的负荷重量。运动强度制订得是否恰当,关系到锻炼的效果及锻炼者的安全。应按照个人特点,规定锻炼时应达到的有效强度和安全界限。

$$运动强度 = 运动量/运动时间$$
$$运动量 = 运动强度 \times 运动时间$$

在运动处方中,运动强度的选择是最主要的,如果设定出错误,即使所选择的运动种类适宜,也会使运动处方发生质的变化,这是非常危险的。在运动处方中,运动强度的选择是最主要的,如果设定出错误,即使所选择的运动种类适宜,也会使运动处方发生质的变化,这是非常危险的。

（二）持续时间（duration）

耐力处方中,主要采取"持续训练法",应规定有氧运动应当持续的时间。力量处方和柔韧性处方中,则需要规定完成每个动作所需要的时间。

（三）重复次数（repetitions，reps）、完成组数（sets）及间隔时间（rest interval）

力量处方和柔韧性处方中,应规定每个练习需重复的次数(次/组)、一共完成几组以及次与次、组与组之间间隔的时间。不同的锻炼方案将收到不同的锻炼效果。

（四）运动频率（frequency）

指每日及每周锻炼的次数。一般每日只需锻炼 1 次,每周锻炼 3 ~ 4 次,即隔日锻炼 1 次。有足够的休息时间,可使机体得到"超量恢复",收到更好的锻炼效果。

四、注意事项

为保证安全,可按健身者的个人特点,提出相应的注意事项。

(1) 提出禁忌的运动项目和某些易发生危险的动作。

(2) 提出运动中自我观察指标及出现指标异常时停止运动的标准。

(3) 每次锻炼前后都要做好充分的准备活动和整理活动。

(4) 靶心率(target heart rate,THR):THR 是运动中获得最佳效果并能确保安全的运动心率,通常把心率作为指标设定的运动强度称为心率强度,以心率强度设定的心率数称为"靶心率"或"目标的心率"(THR)。

计算有氧运动的靶心率(THR)可用下列方法:

$$靶心率(THR) = (最大心率 - 安静时心率) \times (0.6 - 0.8) + 安静时心率$$

对于一般儿童、中老年人应采用最低运动心率:

$$靶心率(THR) = 0.5 \times (最大心率 - 安静时心率) + 安静时心率$$

第四节　运动处方的实施

一、运动处方的程序

1. **了解锻炼者基本情况**　包括姓名、性别、职业、疾病史、过去及现在身体锻炼状况。此外,还应了解锻炼者的食欲、睡眠和常用药物名称等。

2. **健康检查**　健康检查是对锻炼者健康程度的判断,是制定运动处方的重要依据之一。可采用直接的医学检查,也可以直接索取近期的身体检查证明。

3. **运动负荷制定**　是对锻炼者身体功能对运动的承受能力的检测和评定。一般进行安静和运动状态下生理功能的检测,主要测定心跳频率、最大摄氧量等功能指标。

4. **体力测定**　主要是对锻炼者身体素质的检测,内容包括身体力量、速度、耐力、灵敏、柔韧等。为便于评价,可将测试指标与较大样本的同项指标对比,确定该项素质的优劣程度。

5. **制定运动处方**　根据以上调查、测定的结果和身体锻炼的原则、规律,为锻炼者提供包括锻炼内容、强度、时间等在内的锻炼方案。

6. **实施锻炼方案**　按运动处方的要求锻炼一个阶段后,应再次进行健康检查、运动负荷测定和体力测定,这样一方面可以评价运动处方锻炼效果,另一方面也可根据身体的变化,修改和调整新的运动处方,使处方具有针对性和实效性。

总之,制定运动处方需按一定的程序:①汇总每个参加者的个人资料;②对每个人进行医学检查以便全面地了解参加者的身体状况;③进行一定负荷的试验和体力测定,为制定运动处方中的运动强度提供依据;④根据上述情况,按着运动处方的格式制定运动处方,有针对性地指导锻炼(图 4-4-1)。

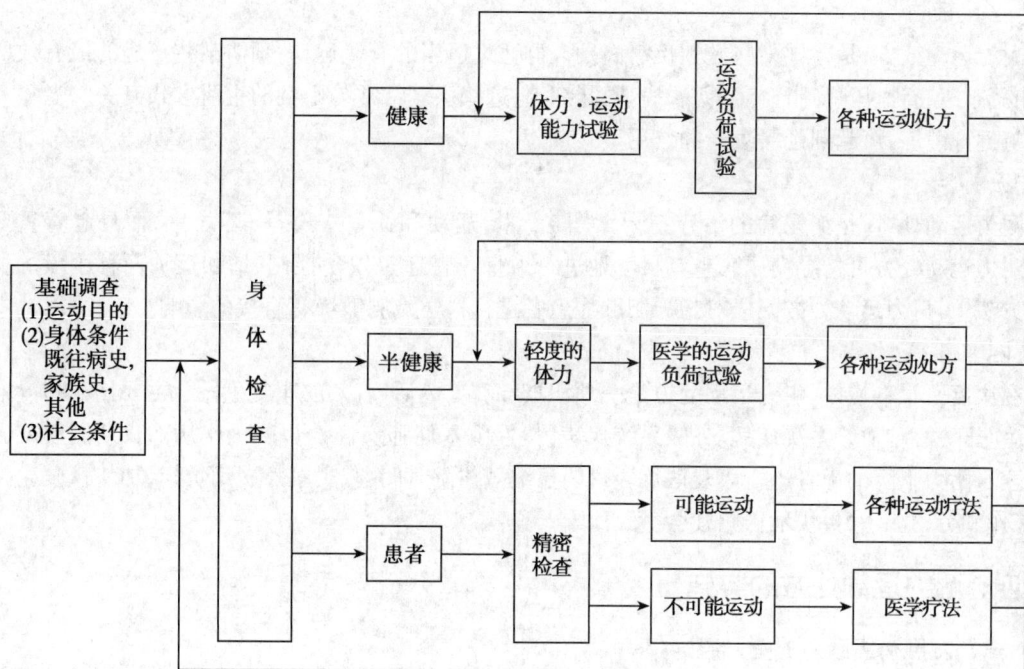

图 4-4-1　运动处方程序图解

二、耐力素质

耐力是指人体长时间进行肌肉工作（或对抗疲劳）的能力，是人体健康素质的一项重要指标。耐力素质也是我国青少年体质达标测试中的一项必测项目，由于长时间"应试教育"的影响，我国学生耐力素质长时间一直呈持续下降的趋势。耐力有不同的分类方法。制定"耐力运动处方"的目的是为了提高锻炼者的心肺耐力素质。心肺耐力主要指有氧耐力，即人体长时间进行有氧工作的能力，在康复医学中又称为全身耐力。心肺耐力与人体的健康关系最为密切，也是其他身体素质的基础。

心肺耐力水平主要与机体的呼吸系统和心血管系统功能有关，反映了人体心肺功能的适应能力，是人体健康水平或体质强弱的重要标志。心肺耐力素质水平较低，心血管系统疾病的发病危险性就会显著增加；提高心肺耐力，则可以提高人们的生活质量，提高劳动、运动能力，降低由于不良生活方式所导致的心脑血管系统疾病、代谢性疾病等的发病率。

三、耐力运动处方的应用

耐力运动处方的应用范围，可以概括为 4 个方面：健身、预防、治疗、康复。

（一）健身

耐力运动处方可用于指导心肺耐力素质的锻炼，可为不同年龄和性别、不同身体健康状况，以及不同体适能水平的人提供科学的健身指导，使锻炼者可以更有效地提高心肺耐力素质。

1995 年 6 月，我国公布了《全民健身计划纲要》，提出 2010 年全民健身的奋斗目标是："努力实现体育与国民经济和社会事业的协调发展，全面提高中华民族的体质与健康水平，基本建成具有中国特色的全民健身体系。"其中第二十三条对体育科研单位及体育院校提出："要以群众体育和全民健身的科学研究为重点，……，加快科技成果向群众体育健身实践的转化。"2000 年 12 月 15 日公布的《2001—2010 年体育改革与发展纲要》中进一步提出："加强群众体育科研工作，重点抓好国民体质监测，积极开展科学健身方法和手段的研究。"运动处方正是科学健身方法和手段的研究成果，在全民健身中将起到科学指导健身的作用。

（二）预防

耐力运动处方,是指导某些慢性疾病高发人群通过适当的有氧运动,预防某些疾病的最有效的方法,如冠心病、高血压、高脂血症、糖尿病、肥胖症等,这些疾病常常与不良的生活方式有关。老年人进行有氧健身锻炼,可起到延缓衰老的作用。

（三）治疗

耐力运动处方,是糖尿病的治疗三要素"胰岛素、运动和饮食三驾马车"之一,而且起着重要作用。耐力运动处方可指导糖尿病患者科学地进行锻炼。在通过饮食控制、增加运动两种手段的科学减肥方法中,耐力运动处方同样对指导肥胖症患者进行科学减肥锻炼有直接的影响。

（四）康复

在康复医学领域内,耐力运动处方是一项积极、简单、灵活、有效的康复手段。主要用于指导冠心病、高血压等心脑血管系统疾病、呼吸系统疾病(慢性阻塞性肺疾病),以及因伤病而长期制动或卧床导致全身耐力下降的患者进行康复锻炼。可明显缩短住院时间,减少医疗费用负担,加快恢复生活自理、工作和劳动能力,更快地回归社会。

四、耐力运动处方的实施

（一）发展有氧耐力的指导原则

美国运动医学会1998年推荐用于发展和保持健康成年人有氧体适能运动处方的指导原则。

1. **运动强度** 运动强度因人而异,对于初级水平者,运动强度在40%～49%的心率储备或55%～64%的最大心率时,就可以获得增强有氧适能的效果;对于大多数人而言,运动强度应在60%～80%的心率储备或60%～70%的最大心率;对体适能水平高者,运动强度接近85%的心率储备,可以明显提高最大摄氧量。

2. **运动频率** 每周3～5天。

3. **运动持续时间** 一般是1天内持续20～45分钟运动。如采用间断的有氧运动每次最少10分钟,累积30分钟,也能达到健身运动的效果。运动持续时间取决于运动强度,因此,低强度运动每次必须30分钟以上,体适能水平高者在高强度运动时,至少持续20分钟或更长。

4. **运动方式** 最好的运动方式是运动者所喜欢的并能长期、有规律坚持的有氧运动。

（二）提高耐力运动处方示例

锻炼者:女大学生,有一定运动基础,但是属于初级水平。

运动目的:发展有氧能力。

运动强度:运动的平均心率130～150次/分。

运动频度:每周3次。

运动练习:

（1）准备活动(5分钟):①慢跑1～2分钟;②柔韧练习:拉伸徒手操(身体各部位的拉伸)或把杆练习(压肩、压腿、踢腿、涮腰等运动);③跳步练习:并步跳、小跨跳或跑跳步组合。

（2）基本部分(30分钟):①走50m和慢跑100m交替5组;②快走50m和匀速跑100m交替5组;③快走100m和跑200m交替5组;④走200m和跑800m各1次。

（3）整理活动(5分钟):做全身肌肉拉伸放松练习。

注意事项:要注意循序渐进。初期,耐力项目练习,一定注意中间的间隔,让身体在负荷不大的情况下,给予恢复的时间,然后再给予负荷,再恢复。到机体完全动员起来后,实施一个相对距离较长、运动强度不大的运动量。给机体一个刺激。刺激的强度是以第二天能正常恢复为最佳。每个人的情况不同,但是基本的道理是一个:循序渐进。

五、发展肌肉力量的运动处方

（一）发展力量练习的指导原则

美国运动医学会（ACSM）1998 年建议将抗阻练习纳入完整体适能计划。抗阻练习的目标是增加和保持肌力、肌肉耐力、去脂体重（瘦体重）及骨质密度。并对健康成人的肌力练习提出以下指导原则。

1. **运动形式** 静力性（等长）练习和动力性（等张或等动）练习都可以发展肌肉力量和耐力。但对大多数健康成年人来讲，建议采用动力性练习。每次练习至少完成 8~10 种改善主要肌群的练习（主要肌群指的是臂部、肩带、胸、腹、背、髋和腿等部位的肌肉）。

2. **运动强度** 一组练习至少重复 8~12 次（用于年龄小于 50~60 岁的人）和重复 10~15 次（用于 50~60 岁或年龄更大的人）。每次运动最少 1 组，一般建议 3 组。运动强度控制可参考表 4-4-1。

表 4-4-1　用于肌肉体适能训练的抗阻负荷强度[*]

	强度					
	很轻	轻	中等	重	很重	最大
最大随意用力（%）	<30	30~49	50~69	70~84	≥85	100

注：[*] 该相对强度是根据 8~12 次重复（用于年龄低于 50~60 岁的人）和 10~15 次重复（用于 50~60 岁或年龄更大的人）确定

3. **运动频率** 每周 2~3 次。

4. **训练指南** 较轻松地开始练习，最初使用的抗阻负荷要较轻，组数也要较少；在练习过程中，应交替地练习主要肌群；在一次练习课中，各组练习之间应留有足够的休息时间；发展不同肌力，在运动强度、组数、组间间隔、运动频率有所差异，要做到合理组合（表 4-4-2）。

表 4-4-2　各种肌力训练的指导原则

肌力训练的目标	运动强度	组数	组间休息时间	频率（次/周）
健康体适能	8~12 次最大重复	3	2min	2~3
最大肌力	1~6 次最大重复	3~6	3min	2~3
肌耐力	10~30 次最大重复	3~6	2min	3~6
健美	8~20 次最大重复	3~8	0~1min	4~12

注：1. 如果采用不同的肌群部位轮流训练，组间的休息时间可以缩短；
　2. 如果采用身体部位分开训练，每周训练次数可以增加

（二）增强肌力运动处方示例

锻炼者：男，18 岁学生。

运动目的：提高力量素质。

运动强度：平均心率 120~140 次/分。

运动频率：每周 3 次。

运动练习：

（1）准备部分（5~10 分钟）：做徒手操，拉伸韧带，活动各关节。

（2）基本部分（30 分钟）：立卧撑 20 次×3 组；单足跳（10~15）m×2 组（左右腿各 2 组）；仰卧起坐 20 次×4 组；俯卧两头起 30 次×4 组；引体向上或双杠双臂屈伸（3~5）次×（2~4）组。

（3）整理活动（5 分钟）：做拉伸操、慢跑等。

注意事项：认真做好充分的准备活动；练习时动作要准确到位；结束前应做放松练习，重视伸展活动。

六、发展柔韧适能的运动处方

（一）发展柔韧性的指导原则

1. **运动类型** 采用静力性练习和本体感受神经肌肉促进法（PNF 练习）。

2. **运动强度** 柔韧性练习的强度或伸展程度应该做到感觉有轻微的不舒适时就要停止下来。所有的伸展练习应在疼痛阈值范围内缓缓进行，当达到该点时，被伸展的肌肉部位应该尽量放松，完成伸展后再慢慢的回复到起始姿势。在伸展运动时，若有过度疼痛的感觉，是负荷太大，可能会造成伤害。

3. **运动重复次数** 一般建议每个伸展动作重复 4 ~ 5 次，每次在最后位置停留 10 ~ 30 秒。

4. **运动持续时间** 静力性练习 10 ~ 30 秒；PNF 练习 10 ~ 30 秒的辅助伸展后，6 秒收缩。

5. **运动频率** 刚开始练习最好每周 5 ~ 6 次，持续 8 周后，每周 2 ~ 3 次。

（二）提高柔韧适能运动处方示例

锻炼者：男、女学生。

运动频率：每周 3 ~ 5 次。

运动强度：主要反映在用力大小和负重大小上，但以练习者的主观感受为主。如：感觉轻微酸痛时，保持强度和幅度；感觉胀时，可再坚持 5 ~ 10 秒；感觉麻痛时，应停止练习。

运动练习：

（1）准备活动（5 ~ 10 分钟）：慢跑，徒手操。

（2）基本部分（30 分钟）：①肩带柔韧练习：压肩、背向拉肩、二人侧体拉肩，肩绕环、肩的内收和外展各 6 个 8 拍。②腿部柔韧练习：正侧压腿、弓箭步压、屈腿拉小腿各 8 个 8 拍；纵叉与横叉各 5 ~ 10 次，难度根据个人情况而定。③髋关节柔韧练习：左右转髋、踢摆腿、跨栏坐、顶髋各 10 次。④腰部柔韧练习：站立体前屈 10 ~ 20 次，俯卧伸背 10 ~ 20 次，转体腰环绕 10 ~ 20 次。

（3）整理活动（5 分钟）：慢跑放松。

第五节　慢性疾病的运动处方

一、冠心病运动处方原则

冠状动脉粥样硬化性心脏病简称冠心病，临床上可表现为心绞痛、心肌梗死及心源性猝死等，在临床上是需要绝对静养的病例。但是，冠心病的康复可分为两个时期：住院期（急性期）和出院后康复期。出院后康复期，又可划分为慢性期和病情基本稳定后的稳定期。冠心病患者如果早期按照运动处方锻炼，控制饮食，可改善心血管功能，加快心脏功能的恢复，并可预防和减少并发症，提高患者对生活的信心，缩短住院时间，节省医疗费用，使更多的患者重返回工作岗位。运动处方早期在心脏康复中取得明显效果，最近从绝对禁止运动，慢慢才被人们所接受。

（一）冠心病运动处方的适应证

住院期冠心病患者的康复，需要在医生密切监督指导下，按照专门的程序进行。下面介绍的冠心病运动处方原则，适用于出院后康复期患者的康复，重点是稳定期患者的康复锻炼。

（二）冠心病慢性期运动处方

1. **出院前低水平运动试验（GXT）** 预计可以出院的患者，在出院之前，可进行低水平 GXT 测试。测试一定要在有经验的心脏专科医生直接参与和严密的监护下进行，掌握终止试验标准应更保守一些。低水平运动试验的运动终点为：在不出现异常症状的前提下，运动中最高心率在 130 ~ 140 次/分，或比安静时增加 20 次/分左右；收缩压低于 160mmHg，或比安静时增加 20 ~ 40mmHg。测试方案可采用 Naughton 跑台测试方案，也可采用中日友好医院康复科室设计的心脏病康复（IDR）试验方案（表 4-5-1）。

表 4-5-1 心脏病康复测试方案

级别	速度 (mph)	v (km/h⁻)	坡度 (%)	持续时间 (min)	强度
1	1.2	1.9	0	2	1.9
2	1.5	2.4	0	2	2.1
3	2.0	3.2	0	2	2.5
4	2.5	4.0	0	2	2.9
5	2.5	4.0	2	2	3.6
6	2.5	4.0	4	2	4.3
7	2.5	4.0	6	2	5.0
8	2.5	4.0	8	2	5.7
9	2.5	4.0	10	2	6.4
10	2.5	4.0	12	2	7.0
11	2.5	4.0	14	2	7.7
12	2.5	4.0	16	2	8.4
13	2.5	4.0	18	2	9.1
14	2.5	4.0	20	2	9.8

注:MET:梅脱,也称代谢当量

低水平负荷试验的作用是确定患者是否可以出院、为出院患者制定运动处方,以及发现患者是否有需要进一步诊断或进行其他治疗的情况。此外,低水平负荷试验还能减少患者对活动引起心肌梗死复发或猝死的恐惧心理。

2. 慢性期运动处方原则 通过低水平 GXT 测试,患者的心脏功能(F.C.)达到 3~5METs,"或可以按正常节奏连续行走 200m 或上下 1~2 层楼而无症状和体征者",可以允许出院。

慢性期运动处方原则,可根据 F.C. 测试结果,确定运动强度(E.C.)% MET、E.C. 的范围和 THR,主观疲劳感觉(RPE)一般在 11~13。活动内容中除如何锻炼外,应当对生活自理和家务劳动的内容也加以指导(表4-5-2)。

表 4-5-2 日常生活活动 MET 值

活动内容	MET	备注	活动内容	MET	备注
睡眠	0.9		清洗餐具	2.3	站立位
静卧	0.9		打扫房间	2.5	扫地、倒垃圾
看电视	0.9	卧位	大扫除	3.5	
静坐	1.0		擦窗户	4.5	
坐车	1.0	小轿车	拖地板	4.5	
看电视	1.0	坐位	洗车	4.5	
听音乐	1.0	坐位	清理车库	4.5	
使用坐便	1.0		打气	2.5	站立位
写字	1.0	坐靠背椅	换灯泡	2.5	站立位
谈话	1.0	坐靠背椅	关窗、锁门	3.0	准备外出
打电话	1.0	坐靠背椅	洗漱、化妆	2.5	站立位
阅读	1.0	坐靠背椅	洗浴	2.0	坐位
站立	1.2	排队	沐浴	4.0	站立位
谈话	2.0	站立位	穿脱衣服	2.5	站立位
烹饪	2.5	站立位	准备就寝	2.5	站立位
进食	1.5	坐位	缝纫	1.5	
进食	2.0	站立位	洗衣服	2.0	站立位
收拾餐具	2.3	站立位	整理衣物	2.3	站立位
采购	2.5	不需购物车	哄孩子玩	2.5	坐位
采购食品	3.5	需购物车	哄孩子玩	5.0	站立
提物上楼	8.0		哄孩子玩	5.0	走、跑
开小轿车	2.0		护理儿童	3.5	坐位、穿衣
坐飞机	2.0		护理儿童	3.5	站立位
骑摩托车	2.5				

慢性期的康复锻炼,开始阶段应当到康复门诊,在康复专业人员的监护下(运动中心电图、心率、血压监测),按照运动处方进行。随着心脏功能能力的提高,可逐渐减少在门诊锻炼的次数,患者在家中按照运动处方,自我监测 THR 进行锻炼。

(三) 冠心病稳定期运动处方

经过按照慢性期的运动处方进行锻炼,冠心病患者进入稳定期。F. C. 达到 6METs 或更高,进行中等强度的活动危险性已经不大。这一阶段的康复锻炼可按照医生的运动处方,以自己锻炼为主。由于不必每次锻炼都用心电监测,锻炼的内容可更加多样化,除周期性有氧运动以外,可以增加一些负荷强度适当的其他活动项目(见表4-5-2),但不可超过规定的靶心率。

F. C. 达到 8 ~ 10METs,为基本恢复正常。这个阶段的运动处方原则,与健身处方基本相同。但一定要强调康复患者严格执行处方的要求,并定期复查,及时调整运动处方。锻炼时一旦感觉不适(如胸闷、心前区痛等),应立即停止运动,及时就医。

(四) 冠心病康复的柔韧性和力量练习处方

冠心病患者发病或手术后需卧床休息,为了保持关节的活动幅度,可做一些上、下肢的伸展练习,而搭桥手术后的患者只能进行下肢的伸展练习。ACSM 的指导书提出:无并发症的心肌梗死和心脏搭桥手术后,甚至在 24 ~ 48 小时后即可开始做伸展练习,每天 1 组,每个练习重复 10 ~ 15 次。

心脏康复的传统观念是进行有氧运动锻炼,近年来提倡适当采用力量练习。力量练习可提高心脏病患者的肌肉力量,降低冠心病的危险因素、增强老年人的独立生活能力。进入冠心病的稳定期以后,方可进行力量练习。冠心病力量处方的原则,有别于传统力量训练处方(每组 8 ~ 12 次,3 组),可采用循环训练法。练习内容包括:卧推、颈后推、伸肘、屈肘、背伸、仰卧起坐、伸屈膝、提踵等主要大肌肉群练习,每周 2 ~ 3 次;采用低阻力,每组重复 10 ~ 15 次;冠心病患者每种练习做一组即可。练习时要注意心率不要超过 THR 范围,RPE 在 11 ~ 14(尚且轻松 ~ 有些吃力),注意观察血压的变化,避免上升过高。举起重物的速度要慢,放下重物的速度也要慢。转换练习时,有短时间休息。出现症状时,要立即停止。

二、高血压

在美国大约有 7600 万人患有高血压,高血压被定义为安静时动脉收缩压(SBP)和(或)舒张压(DBP)达到或超过 140mmHg 和(或)90mmHg,或需要服用降压药,或被医生或其他专业健康人士至少两次告知存在血压升高的情况。高血压会增加心血管疾病(CVD)、脑卒中、心力衰竭、外周动脉疾病(PAD)和慢性肾脏疾病等的风险。血压低至 115/75mmHg 时,与正常人相比发生缺血性心脏病和脑卒中的危险性更高。SBP 每增加 20mmHg,DBP 每增加 10mmHg,CVD 的风险就会加倍。90% 的高血压病例病因不明(即原发性高血压)。在剩下的 5% ~ 10% 的病例中,高血压继发于多种已知疾病,包括:慢性肾脏疾病、主动脉缩窄、库欣综合征。

推荐的生活方式改变的内容包括戒烟、控制体重、降低钠摄入、减少乙醇摄入,采用适宜的饮食,参加可以减轻体重的习惯性体力活动。许多有效的药物可用于高血压治疗,大部分患者可能需要至少两种药物才能达到血压控制的目标水平。

1. **运动测试** 在测试前,根据高血压患者的血压水平、其他 CVD 危险因素、靶器官的损害情况,或临床 CVD 的情况,推荐的运动测试包括以下几点:

(1) 未达到有效控制的高血压患者(安静 SBP≥140mmHg 和(或)DBP≥90mmHg)进行运动前,应先咨询医师。如果没有咨询医师,则应该以小到中等强度(<40% ~ 60% VO₂max)开始进行运动。

(2) 属于高危人群的高血压患者在进行运动测试前应先进行医学评估。评估的内容根据要进行的运动强度和参加测试个体的临床情况不同而不同。

(3) 属于高危人群或有器官损害(如左心室肥大,视网膜病变)的高血压患者在参加中等强度(40% ~ 60% VO₂max)到较大等强度(≥60% VO₂max)的运动时,应该进行有医务监督的症状限制性运动测试（SLET）。

（4）安静时 SBP>200mmHg 和（或）DBP>110mmHg 是运动测试的禁忌证。

（5）如果运动测试是为了非诊断性目的,患者可以在推荐的时间段服用药物。如果测试只是为了制定运动处方,患者可以跟往常一样服用抗高血压药物。但是,当测试是出于诊断性目的时,在医生许可下,患者应该在测试前停药。

（6）服用 β 受体阻断剂的患者会有运动中心率反应变弱、最大运动能力下降的反应。服用利尿剂的患者会出现低钾血症、心律不齐或潜在的假阳性测试结果。

（7）运动测试时,如果出现 SBP>250mmHg 和（或）DBP>115mmHg 时,应该终止测试。

2. 运动处方 有氧运动可以使高血压患者安静血压降低 5~7mmHg。运动还可降低次大强度运动中的血压。有氧运动是应该强调的运动方式类型,但中等强度的抗阻运动也可以获得这些效果。柔韧性练习应该在全面热身后和放松阶段进行。对高血压患者推荐以下的运动处方:

高血压患者的运动处方（FITT）推荐
有氧运动和抗阻运动
频率:一周几乎每天都应进行有氧运动,每周进行 2~3 天的抗阻运动。
强度:中等强度的有氧运动（即:40%~60% 的 VO_2max 或心率储备（HRR）,主观疲劳感觉 11~13）,以 60%~80% 最大重复次数（1-RM）强度进行抗阻运动。
时间:每天持续 30~60 分钟的持续性或间歇性有氧运动。如果选择间歇运动,每次至少 10 分钟,累计每天 30~60 分钟。抗阻运动应该至少有 1 组,每组 8~12 次重复。
方式:有氧运动是重点,如步行、慢跑、骑车和游泳。抗阻运动可使用器械或自由负重,作为有氧运动的补充。这些训练计划应该由 8~10 种涉及全身主要肌肉群的不同训练动作组成。
进度:健康成年人的运动处方原则也适用于高血压患者,但应根据高血压患者的血压控制情况、抗高血压药物治疗情况、药物副作用、有无器官损害和（或）其他并发症对运动处方进行相应调整。任何运动处方中的运动进度都应是循序渐进的,尤其是高血压患者更应注意这一点。

3. 注意事项 严重或血压未得到有效控制的高血压患者（即安静时 SBP≥180mmHg 和（或）DBP ≥110mmHg）,只有在他们的医生进行了评估并开出降压药之后,才能在他们的治疗计划中加入运动训练。

明确诊断 CVD 的患者,如缺血性心脏病、心力衰竭或脑卒中,最好在康复中心有医务监督的情况下开始进行较大强度的运动。

如果患者安静时 SBP>200mmHg 和或 DBP>110mmHg,则不能进行运动。要谨慎地将运动中血压维持在 SBP≤220mmHg 和（或）DBP≤105mmHg 范围内。

β-受体阻断剂和利尿剂可能对体温调节功能有负面影响,β-受体阻断剂还可能会导致特定易感个体出现低血糖（尤其是注射胰岛素和服用促胰岛素分泌剂的糖尿病患者）。在这种情况下,要告知患者热环境不耐受和低血糖的症状和体征,并采取预防措施避免这些情况。

β-受体阻断剂,尤其是非选择性的,可降低患者无心肌缺血情况下次最大强度和最大强度的运动能力。

降压药,如 β-受体阻断剂、钙通道阻断剂,以及血管扩张剂会引起运动后的血压突然降低。在这些情况下要延长整理活动阶段并密切监控恢复过程。

许多高血压患者都有超重或肥胖的问题。针对这些人的运动处方应该强调增加能量消耗和减少能量摄入来使体重下降。

大部分老年人患有高血压,老年人和年轻人一样,运动可引起血压下降,并且下降幅度与年轻人相似。

有氧运动的降压效果是短暂的,这种生理反应称为运动后低血压。为了增强患者运动的依从性,要告知患者运动的短时降压效果。尽管证据有限,但已经有证据表明,关于运动的急性降压效果的教育可以改善患者对运动的依从性。

对于运动中有心肌缺血表现的患者,运动中靶心率应该设定在心肌缺血的阈值以下(≤10 次/分)。

抗阻运动中要避免发力时的憋气(Valsalva 动作)。

重点提示:推荐给高血压的运动测试应根据患者的血压水平、CVD 危险因素、器官损害、或临床 CVD 情况对运动强度进行相应调整。对严重或未得到有效控制的高血压患者(即安静时 SBP≥180mmHg 和(或)DBP≥110mmHg),只有在他们的医生进行评估并开出降压药之后,才能在他们的治疗计划中加入运动训练。高血压患者不需要进行较大强度(≥60% VO$_2$max)的有氧运动,中等强度的有氧运动(即40% ~60% 的 VO$_2$max)就可以使高血压患者获得最佳的益处风险比。

三、糖尿病

糖尿病是由于胰岛素分泌减少或功能减弱引起的以空腹血糖水平升高(高血糖)为特征的一组代谢性疾病。持续升高的血糖水平使患者有不同程度的微血管疾病及神经系统危险(末梢神经和自主神经)。目前,7% 的美国人患有糖尿病,并且每年新增病例 150 万。基于病因,糖尿病有 4 种分型:1 型、2 型、妊娠期糖尿病(妊娠期被诊断出来)和其他特殊起源的糖尿病(如遗传缺陷和药物导致)。然而,绝大多数是 2 型糖尿病患者(占总糖尿病患病人数的90%),1 型占总患病人数的5% ~10%。

1 型糖尿病是因分泌胰岛素的胰岛 β 细胞自身免疫损伤所致,其中一些病例是先天性的。胰岛素绝对缺乏和酮症酸中毒高发是 1 型糖尿病的基本特点。2 型糖尿病是由于骨骼肌、脂肪组织和肝脏胰岛素抵抗伴随胰岛素分泌缺陷所致。2 型糖尿病的基本特征是身体脂肪在躯干部位堆积过多(腹部肥胖或中心性肥胖)。胰岛素抵抗和中心性肥胖通常会发展为糖尿病前期。

糖尿病和糖尿病前期的诊断标准见表4-5-3。糖尿病前期是以碳水化合物餐后血糖升高(葡萄糖耐量受损,IGT)和(或)空腹血糖升高(空腹血糖受损,IFG)(表4-5-3)为特点的代谢状态。随着时间的推移,当胰岛 β 细胞胰岛素的高分泌状态减退无法抑制血糖升高时,糖尿病前期个体就有很高的风险发展为糖尿病。这也提升了对那些介于 1 型糖尿病和 2 型糖尿病之间的糖尿病患者的认识,特别是胰岛素分泌减少或缺乏,但是又没有出现针对产生胰岛素的 β 细胞抗体的患者。

表4-5-3　糖尿病前期及糖尿病诊断标准

正常	糖尿病前期	糖尿病
空腹血糖<100mg/dl (5.55mmol/L)	IFG:空腹血糖 100mg/dl(5.55mmol/L) ~125mg/dl(6.94mmol/L)	有症状伴随随机血糖≥200mg/dl(11.10mmol/L)
	IGF:OGTT2h 血糖 140mg/dl(7.77mmol/L) ~199mg/dl(11.04mmol/L)	空腹血糖≥126mg/dl (6.99mmol/L)
		OGTT2h 血糖≥200mg/dl (11.10mmol/L)

注:IFG:空腹血糖受损(至少空腹 8h);IGT:糖耐量受损;OGTT:口服糖耐量试验

糖尿病管理的基本目标是通过饮食、运动来控制血糖,在一些病例中还应使用药物,如胰岛素或口服降糖药控制血糖。控制血糖的强化治疗,能减少 1 型、2 型成年糖尿病患者发生并发症的风险。

糖化血红蛋白(Hb A1c)可以反映过去 2~3 个月平均血糖水平,糖尿病患者的基本控制目标是 Hb A1c<7%。Hb A1c 可作为一个附加的血液化学指标,为糖尿病患者提供长期血糖控制的信息。尽管美国糖尿病协会(ADA)和世界卫生组织(WHO)将 Hb A1c<6.5% 作为糖尿病的诊断标准,但是大多数诊断仍基于空腹血糖升高。

1. **运动测试**　糖尿病人群运动测试的特殊要求如下:

(1)对于没有心血管疾病症状和低风险(10 年内患心血管疾病风险<10%)的糖尿病或糖尿病前期个体开始进行中低强度运动(相当于明显增加心跳和呼吸的运动,如步行)之前不需要进行运动

测试。

（2）未来 10 年发生心脏疾病的危险≥10% 的糖尿病患者或是想要开始较大强度运动项目（≥60% 最大摄氧量,能够明显加快心率和呼吸）的糖尿病患者,应该在医务监督下进行有心电监护的递增运动负荷试验（GXT）。

对运动中阴性或非特异性心电图（ECG）改变,或者休息时无或非特异性 ST 和 T 波改变的个体,可以继续进行运动测试。一项无症状性心肌缺血（DIAD）的糖尿病患者的实验研究,对 1123 例 2 型糖尿病和无症状冠心病（CAD）患者进行腺苷酸负荷心肌放射性核素灌流显像筛查,之后跟踪 4~8 年,发现罕有心血管事件发生者。所以更大强度运动测试的成本效益和诊断价值依旧是个问题。

糖尿病患者的无症状心肌缺血常常未被发现,因此健康管理人士对患者应该每年进行心血管疾病风险评估。

2. **运动处方** 2 型糖尿病患者和糖尿病前期人群规律运动的好处包括改善糖耐量、提高胰岛素敏感性和降低糖化血红蛋白值。对于 1 型糖尿病患者和使用胰岛素的 2 型糖尿病患者提高规律运动可以降低胰岛素需要量。1 型、2 型糖尿病患者运动的额外好处是,有改善 CVD 的危险因素（血脂、血压、体重和功能能力）和身心状态的作用。参加有规律的运动也可以防止那些有高危险的人群（如糖尿病前期）发展成 2 型糖尿病。

推荐给普通成年人的运动处方适用于糖尿病患者。参与运动获得益处对于 1 型和 2 型糖尿病患者来说是很重要的。运动带来的心血管健康及相关益处对于两种类型的糖尿病患者来说都是一个重要的影响。对于 2 型糖尿病患者和糖尿病前期人群而言,运动可以提高胰岛素敏感性,增加细胞摄取血糖的能力,从而达到控制血糖的效果。对于 1 型糖尿病患者来说,增加的胰岛素敏感性虽然对于胰腺的功能影响不大,但是降低了外源性胰岛素的需求。健康降体重和维持合理体重对于 2 型糖尿病患者和糖尿病前期人群是很重要的,同样的 1 型糖尿病患者中也存在超重和脂肪过多,运动可以起到较好的作用。

糖尿病人群的 FITT 推荐
有氧运动、抗阻运动和柔韧性练习
下面是根据 FITT 推荐给糖尿病人群的有氧运动处方。
频率:每周 3~7 天。
强度:40%~60% VO₂max,相当于主观疲劳感觉（RPE）的 11~13（6~20 程度范围）。要达到好的血糖控制效果可能需要更高的运动强度（≥60% VO₂max）,因此,参与规律运动的人群可考虑把运动强度提高到此水平。
持续时间:2 型糖尿病患者应该参加每周累计至少 150 分钟的中等或较大强度运动。有氧运动每次至少 10 分钟并贯穿整周。观察性研究发现在所有人群中每周 150 分钟的中等强度运动与发病率和死亡率降低相关。每周累计 300 分钟或更多的中等到较大强度运动会获得更多益处。
方式:强调动员大肌肉群、有节奏的、持续性运动,还应该考虑个人兴趣和运动目标。
进度:由于能量消耗最大化是最优先选择的目标,运动的时间（连续时间或累计时间）应逐渐增加。随着人体体适能水平的提高,需要提高体力活动强度和对抗厌倦情绪。

鼓励没有禁忌证、视网膜病变和近期激光治疗的糖尿病患者和糖尿病前期人群进行抗阻训练。给普通健康人群推荐的训练方案同样适用于糖尿病患者。对于具有禁忌证的人群需要对运动处方进行相应调整。

有证据显示有氧运动和抗阻训练二者相结合对于控制血糖的效果优于单一运动方式。这种增加的益处是来自于整体能量消耗的增多,还是来自于有氧运动和抗阻训练二者结合的运动方式特异性,还未可知。

另外,每周不应超过连续两天的不活动状态。如果以提高心血管功能为主要目标,就要逐渐达到较大强度运动。另一方面,如果像大多数 2 型糖尿病患者一样,以维持减体重为目标,要强调使用更大量的中等强度运动以达到能量消耗(EE)≥2000kcal/w(每周超过 7 小时),包括日常运动在内。

3. 注意事项　低血糖是参加运动的糖尿病患者面临的最严重的问题,它是使用胰岛素或口服促进胰岛素分泌的降糖药(如磺脲类)的糖尿病患者最常关心的问题。血糖水平<3.89mmol/L 即定义为低血糖,这是相对的。运动会发生急性血糖下降,即使在高血糖阶段,也会导致患者出现症状反应。相反,血糖的快速下降也可能不出现明显的症状。低血糖症的常见症状包括颤抖、虚弱、异常出汗、神经质、焦虑、口和手发麻、饥饿。神经性低血糖症状包括头痛、视力障碍、反应迟钝、迷惑、遗忘、突然发作和昏迷。更重要的是,低血糖可能会在运动后 12 小时才出现。

运动前和运动后要进行谨慎的血糖监测,尤其是刚开始和修订运动计划时。

运动时要考虑患者是否注射胰岛素和口服降糖药这两个因素。对于注射胰岛素的患者,改变胰岛素注射时间,降低胰岛素剂量,和(或)增加碳水化合物摄取量都是预防运动中和运动后低血糖的有效措施。

体力活动和口服降糖药物的潜在交互作用还缺乏有效研究,尚不清楚。磺脲、胰高血糖素样肽激动剂和其他可以增强胰岛素分泌的化合物很可能会增加低血糖症的风险,原因在于胰岛素和肌肉收缩使血糖摄取增加。几项关于双胍类(如二甲双胍)和噻嗪类药物的研究证明交互作用是复杂的,基于药物或运动的个体差异可能无法预测。在口服药物时开始规律运动,必须额外进行血糖监测来评估药物剂量是否需要改变。

为了预防运动诱发的低血糖,运动前应根据血糖水平和运动强度调整碳水化合物的摄入量或药物剂量。

使用胰岛素泵的 1 型糖尿病患者,随运动时间和运动强度的变化其运动中的胰岛给药减少或停止。持续到运动后 12 小时均减少胰岛素给药率可以避免低血糖。

持续的血糖监测可以用来测定多天的血糖,评价运动即刻和持续效果。持续的血糖监测可以提供足够的信息用来调整胰岛素剂量、口服药物类型和碳水化合物摄入量。

结伴运动或在医务监督下进行运动,可以减少低血糖相关问题的危险。

由于 1 型糖尿病患者不能控制血糖,高血糖伴有或不伴有酮症是一个应注意的问题。高血糖症的相关症状是多尿、疲劳、虚弱、口渴感增加和丙酮呼吸。有高血糖症的患者如果感觉良好,并且尿酮体和血酮体阴性,可以进行运动,但是应避免大强度运动。

多尿引起的脱水是高血糖症的常见问题,它可能导致体温调节紊乱。因此,当伴有高血糖症的患者中暑危险性增加时应进行治疗,并应更频繁地监测中暑相关症状和体征。

糖尿病伴有视网膜病变的患者的视网膜脱离和玻璃体积血的危险与较大强度运动相关,但避免急速升高血压的活动可以将危险降到最低。所以有非增生型和增生型糖尿病性视网膜病变的患者,应该避免较大强度有氧运动和抗阻训练。

在运动中,自主神经病变可能引起慢性不适应(即血压反应迟钝),摄氧量变化削弱和无汗症(即水分丢失)。在这种情况下,需要考虑以下方面的问题:

(1)由于患者不能识别低血糖症的体征和症状,应注意监测低血糖反应。另外,由于不能识别心绞痛,应注意监测无症状性心肌缺血的症状和体征,如不规则的呼吸困难或背部疼痛等。

(2)注意监测运动前后的血压,以控制较大强度运动引起的高血压和低血压反应。

(3)当不便监测运动中的血压和心率时,可以运用主观疲劳感觉分级来监控运动强度。

(4)考虑到糖尿病患者在热环境和冷环境中体温调节机制可能受损,要确保有专门措施来应对中暑和寒冷性疾病。

(5)对于伴有外周神经病变的糖尿病患者应采取正确的足部防护措施,预防足部溃疡。要采取特殊预防措施来防止脚上长水疱。脚要保持干燥,使用硅胶或空气夹层鞋垫,或者穿涤纶、混纺的袜子。

(6)对有肾脏病变的患者,虽然运动后蛋白质排出量急剧增加,但没有证据证明较大强度运动会增加肾脏病变的严重程度。虽然对糖尿病肾脏病变患者的运动强度目前没有限制,但为了慎重起见,应推荐那些可耐受的运动项目,主要是可耐受的中等强度的运动项目。

重点提示:糖尿病患者和糖尿病前期人群进行规律运动可以获得的益处包括提高糖耐受能力和增加胰岛素敏感性。规律运动可以降低 1 型糖尿病患者的胰岛素需求。健康人群的有氧运动处方一般原则适用于糖尿病患者。糖尿病伴有视网膜病变或近期接受过激光手术的患者应避免抗阻训练。低血糖症是参加运动的糖尿病患者面临的最严重的问题,它是使用胰岛素或口服促进胰岛素分泌降糖药的糖尿病患者最关心的问题。

四、超重和肥胖

超重和肥胖以体重增加为特征,通常用体重指数(BMI)来定义这些状态。近期统计结果,约 68% 的成年人超重(BMI≥25kg/m^2),32% 为肥胖(BMI≥30kg/m^2)。年轻人的肥胖也日益受到关注,以不同性别和年龄的 BMI 大于等于第 95 百分位数为定义,约有 14% ~18% 的儿童和青少年超重。超重和肥胖与很多慢性疾病有关,包括高血压、冠心病、糖尿病、各种恶性肿瘤和多种骨骼肌肉疾病。据估计,肥胖相关问题的支出占全美医疗总支出的 7% ,每年直接或间接的支出超过 1139 亿美元。

体重的管理依赖于能量平衡,受能量摄入与能量消耗的影响。一个超重或肥胖个体要减重,其能量消耗必须超过能量摄入。体重减少 5% ~10% 会提供明显健康益处,通过维持体重下降和坚持规律的运动均可获得这些益处。维持体重下降是一种挑战,因为在停止干预后 1 年内,体重会反弹增加最初减掉的重量的 33% ~50% 。

通过运动和其他活动增加能量消耗的生活方式干预降低体重,可以减少初始体重的 9% ~10% 。但是,与减少能量摄入相比,运动在减体重方面似乎影响较小。运动的减重效果在能量摄入小于基础代谢时下降。因此,应把适当减少能量摄入和足够强度的运动结合起来,这对超重和肥胖人群最大限度的减重是很必要的。而且,运动可以防止体重反弹,但是还缺乏设计严谨的随机对照试验进行有监督的运动,并有明确运动的能量消耗和能量平衡的测试,因此不能提供足够的证据证明运动防止体重反弹的量效关系。基于科学数据和临床实践指南,ACSM 针对超重及肥胖症患者的运动测试和训练给出如下的推荐。

1. **运动测试** 其他并发症(例如血脂异常、高血压、高胰岛素血症和高血糖等)的出现,会增加超重和肥胖症患者运动的风险,因此在测试前的医学检查和测试中的医务监督都是需要的。

应该考虑治疗并发症所使用药物的时间与运动测试的关系。

如果有肌肉骨骼损伤或者使用矫形器具的情况,则应调整运动测试方案,可能会用到上肢或下肢功率车。

超重和肥胖人群是潜在的低运动能力人群,因此需要采用低起始负荷(2 ~3METs),每级以较小负荷(0.5~1.0METs)递增的方案。

考虑到便于健康管理人士、运动专家或患者进行测试管理,可以使用功率车(有超大座椅的)来代替跑台。

出于安全和标准化的目的,运动设备必须满足超重和肥胖人群特殊体重的要求。

超重和肥胖的成年人一般很难达到最大运动测试要求的标准,所以常规使用的终止测试标准也不适合这些人。

为了准确地测量血压,对超重和肥胖人群应特别注意袖带的大小是否合适。

2. **运动处方**

3. **注意事项** 体重的保持。

阻止体重反弹需要的运动量大小还缺乏研究来证明,但有文献认为防止体重反弹所需的运动为保持健康所推荐的每周 150 分钟,或者在每周大多数日子中进行 30 分钟中等强度运动量。

超重和肥胖人群的推荐
有氧运动、抗阻运动和柔韧性练习
频率:至少每周 5 次,使能量消耗最大化。
强度:推荐中等强度至较大强度运动。起始运动训练强度应该保持在中等强度(即 40% ~60% VO₂max/HRR),强调延长运动时间及增加运动频率,最后增加到较大运动强度(≥60% VO₂max/HRR)运动,这样效果更佳。
时间:每天 30 分钟,每周共 150 分钟,逐渐增加至每天 60 分钟每周 300 分钟的中等强度。增加更多的较大强度运动可以获得额外益处,但是参与者应该能够并愿意参加较大强度运动,因为可能会造成更多的损伤。每次至少 10 分钟的间歇运动也是一种有效的运动方式,对于运动初期可能效果更明显。
方式:主要是有大肌肉群参与的有氧运动,辅以抗阻运动和柔韧性练习。

以下事项需特别注意:

(1)超重或肥胖人群可能会受益于逐渐增加运动时间直至每周大于 250 分钟,因为这种体力活动能够较好地长期保持体重。对某些人来说,为了提高或保持降体重的效果,每日训练时间逐渐增至 60~90 分钟是必要的。

(2)应该保证足够的体力活动,每周应运动 5~7 天。

(3)为了长期控制体重,应该保证至少每天 30 分钟的中等至较大强度运动,逐渐增加至每周大于 250 分钟。

(4)超重或肥胖的成年人可以通过累计若干段、每段至少 10 分钟的体力活动达到这种运动量,或以其他形式的中等强度运动和生活中的体力活动来实现。另外,这些策略可以增强运动的适应性和持续性。

(5)辅助的抗阻运动引起的能量限制不能阻止去脂体重和安静代谢率的下降。但是,抗阻运动能加强超重和肥胖人群的肌肉力量和身体功能。而且,此人群参加抗阻运动能增强身体健康益处,如减少心血管疾病、糖尿病和其他慢性疾病的危险因素。

4. 推荐的减重计划 目标是在 3~6 个月内至少减轻体重的 5%~10%。

在减重的最初阶段,要为健康管理专业人士、营养师、运动专家、患有肥胖症或超重的人群提供机会进行信息交流。

改变饮食目标和运动习惯,能保持这两个行为的改变就会获得显著的、长期的减重效果。每日减少 500~1000kcal(1kcal=4186J)能量摄入,直至达到体重减少的目标。能量摄入的减少应与减少每日脂肪摄入量至每日总能量摄入的 30% 以下相结合。

超重和肥胖人群每周的体力活动量应逐渐增加至少 150 分钟的中等强度体力活动,以最大限度获得健康体适能益处。

逐渐增加至较大量的体力活动(例如每周大于 250 分钟,以促进长期控制体重)。将抗阻运动作为有氧运动的辅助方法,适量地减少能量摄入,以减轻体重。结合行为干预策略促进人们对设计的行为改变的适应和保持。

5. 减肥手术 降体重手术适用于 BMI≥40kg/m² 或 BMI≥30kg/m²、但伴有并发症的人群。广义的治疗包含了手术和手术后运动,但是,还缺乏系统研究。运动可以帮助患者在手术后达到和保持能量平衡。一项由美国国立卫生研究院资助的多中心实验(减肥手术的长期纵向评价,LABS)已经开始,一旦结果发表,将提供关于运动与减肥手术最全面的数据。严重肥胖的个体没有进行大运动量的运动,而且像普通人群一样,其运动量与体重呈负相关。达到每周至少 150 分钟的运动量可以促进术后 6 个月至 1 年内的减重。一旦患者术后经医师证明可以进行运动,应遵循健康成人运动处方原则进行循序渐进的运动。由于关节负荷大和运动能力低下,患者在运动起始阶段可选择间歇性运动或非承重性运动。然后,主要进行持续性运动和承重性运动,如步行。手术后运动的目的是防止体重反弹,ACSM 推荐每周进行至少 250 分钟的中等到较大强度运动。

重点提示:体重管理在于能量摄入与能量消耗的多少,或称"能量平衡"。为了达到降体重的效果,每日应减少 500~1000kcal 能量摄入,每周的体力活动量应逐渐增加为至少 150 分钟的中等强度体力活动,以最大限度获得健康体适能的益处。逐渐增加至较大量的体力活动(例如每周大于 250 分钟),以促进长期控制体重。

五、特殊环境中的运动处方

1. **热环境中的运动**　注意对抗脱水、运动性中暑。肌肉收缩产生的代谢热通过活动肌肉到达血液带到身体的核心部位,随后体温升高引起皮肤血流增加和汗液分泌增多等散热反应,汗液蒸发将热散发到环境中。因此,心血管系统在体温调节中发挥着非常重要的作用。通过出汗完成皮肤和环境之间的热交换,通过周围环境温度、湿度、空气流动、天空和地面的辐射、衣着等相关的生物物理特性完成干燥环境的热交换。然而,当机体代谢时的产热量超过散热量时,就会产生高热(即体内温度的升高)。汗液如果只是从身体或衣服上滴下来,对降温不会有什么帮助。如果分泌的汗液从身体上滴下来而不是蒸发掉,机体就会提高排汗率以完成蒸发降温的需求。汗液的丢失相差很大,主要取决于体力活动的量和强度,以及周围的环境条件。其他的因素也可以改变出汗率、最终液体的需求。例如,热习服会导致更高、更持久的排汗率,而有氧耐力训练对提高排汗率的反应有适度的影响。

在运动引起的热应激中,脱水会增加生理负担,如核心温度、心率、自我感觉等。对特定的运动任务而言,身体水分缺乏越多,生理负担越大。在温、热环境中运动,脱水会增加核心体温。脱水与核心温度上升的关系通常是脱水达体重的 1% 时体温升高 $0.1~0.2℃(0.2~0.4℉)$。脱水引起过多的蓄热与热丢失成反比例关系。因此,在运动中体内缺水,排汗率(即蒸发散热)的下降和皮肤血流量(即干燥散热)的降低会导致更多的热储存。

(1)脱水:脱水(即体液丢失达到体重的 3%~5% 时)不会降低肌肉的力量或无氧能力。在温暖、炎热的环境中脱水达体重的 2% 时,就会降低有氧运动能力。当脱水程度增加,有氧运动能力会成比例地下降。严重的水缺乏(即大多数个体>2% 的体重)和运动能力降低很可能与环境温度、运动任务和个体独特的生物学特性(如对脱水的耐受性)相关。如果不考虑全身高热或环境温度,急性脱水会降低机体的耐力表现。耐力(即达到力竭的时间)在热环境中比在温暖或寒冷环境中更易下降。

排汗率因人而异,因此对个体而言,在相同的条件下完成相同的任务所需液体是不同的。通过测量运动前后的体重确定排汗率,提供补液指南。活动的个体每丢失 1 磅体重,应该补充至少 1 品脱的液体。食物有助于刺激口渴感引起液体平衡的恢复。在长时间的运动过程中,适当补充食物有利于补液,同时对钠离子和其他电解质的交换代谢起着重要作用。在实际应用中,将晨起体重、尿液浓度的测试和口渴感相结合可以提供一种简单、低成本的方法以确定机体处于脱水状态还是水合状态。如果尿液颜色清淡,表明机体处于充足的水合状态,若尿液颜色呈深黄或褐色越重,则提示机体的脱水状态越严重。尿液的颜色可以提供一种简单、低成本的方法区分脱水和水合状态。表 4-5-4 提供了在运动或体力活动前、中、后的补水建议。

表 4-5-4　运动前、中、后补水建议

	补　水	注　解
运动前	运动前至少 4h 饮水 5~7ml/kg(0.08~0.11oz/lb)(如一位 154lb 的个体饮水 12~17oz)	如果没有尿液或尿液颜色较深,应在运动前 2h 再饮水 3~5ml/kg(0.05~0.08oz/lb)钠盐饮料或含盐零食可以有助于保留水分
运动中	在运动中通过体重变化的监测来估计汗液的丢失补充的液体中应包含钠的浓度 20~30mol/L、钾的浓度 2~5mEq/L、含 5%~10% 的碳水化合物	预防>2% 的体重丢失根据个体排汗速度、环境和运动持续时间来确定补水量和速度
运动后	正常食物和饮料的补充有助于水合状态的恢复。如果需要快速恢复,体重每丢失 1kg 需要饮水 1.5L(23oz/lb)	目标是充分补液、补充体内丢失的电解质钠的摄入量通过刺激口渴感和液体潴留有助于恢复

过度饮用低渗液体是引起运动性低钠血症的主要机制。低钠血症是一种比正常血钠离子浓度低的状态(通常<135mol/L),伴随着认知状态的改变。低钠血症经常发生在长时间的体力活动后以及在汗液过度丢失(由体重获得)时仅仅补充低渗性液体(水)。预防低钠血症要避免补水量超过排汗量,并在参加数小时持续性或接近持续性出汗的运动中补充含盐饮料或食物。

(2)运动性中暑:中暑的范围从肌肉痉挛到威胁生命的高热,具体表现见表4-5-5。脱水可以是中暑的直接因素(如热痉挛和热衰竭)或间接因素(如热射病)。

表4-5-5　热环境中发生中暑时症状和体征的比较

疾病	典型症状和体征	精神状态	体温升高
运动性热射病	定向障碍、头晕、非理性行为、冷漠、头痛、恶心、呕吐、过渡换气,皮肤潮湿	明显(定向障碍、反应迟缓)	明显(>40.0℃)
运动性热衰竭	血压下降、心率和呼吸频率增快、皮肤潮湿苍白、头痛、无力、头晕、肌力下降、寒战、恶心、呕吐、腹泻	很少或无,焦虑	无到中等(37~40℃)
热晕厥	心跳、呼吸减慢、皮肤苍白、在晕厥前会感觉虚弱、视野缩小、眩晕、恶心等	短暂性晕厥发作	很少或无
运动性热痉挛	无力、痉挛,可以形成虚弱性痉挛	无	中等(37~40℃)

1)热痉挛是指肌肉的疼痛或痉挛,常常发生于与紧张性活动有关的腹部、上肢和下肢。肌肉疲劳、水分丢失、显著性汗液钠的丢失都是引起热痉挛的因素。休息、长时间的拉伸、饮食中氯化钠的摄入(如将1/8~1/4茶匙的食盐或1~2片食盐片加入300~500ml液体、肉汤或咸的零食中)、静脉注射生理盐水等都是治疗热痉挛的有效方法。

2)热晕厥是由于周围血管尤其是下肢静脉血液回流受阻引起短暂性循环衰竭。通常发生在身体状态差、静坐少动、对环境适应性差的个体。长时间的站立、突然停止剧烈运动、延长运动、直立运动可引起最大限度的皮肤血管扩张,导致血压下降和脑部供氧不足。热晕厥的症状可从轻微的头晕到意识丧失。一旦个体转为坐位或平躺后症状很快就可以恢复,但若要完全恢复安静时心率和血压则需要几个小时。

3)热衰竭是严重中暑的常见类型。在热环境中进行运动或体力活动时,当身体不能维持稳定的心输出量水平以保证调节温度的皮肤血流量和运动代谢需求时的血流量,就会发生热衰竭,以明显疲劳、进行性乏力、无严重高热为特征。对神志清醒、能吞咽、无消化道丢失液体(如呕吐、腹泻)的个体而言,口服液体是体液补充的首选方法。静脉注射液体有利于不能口服液体或重度脱水个体的恢复。

4)运动性热射病是由高热引起,以体温升高为特征(>40℃或>104℉)。明显的中枢神经系统紊乱、多器官系统功能衰竭导致谵妄、抽搐或昏迷。当周围环境中湿球温度指数(WBGT)超过28℃(82℉)时,高强度、长时间的运动是发生热射病的最危险因素。它是一种威胁生命的医疗紧急情况,需要采取冷水和冰水浸泡治疗的方法使整个身体的温度迅速、有效地降低。体力不足、脂肪过量、服装不合适、佩戴护具、热环境不适应、疾病、药物等因素也会增加发生热射病的危险。

(3)运动处方:可以应用美国国家职业安全健康研究所(NIOSH)制定的标准来规定引起热损伤增加的WBGT水平,但是如果实施预防措施时仍可进行运动。这些预防措施包含了运动过程中必要的休息。

运动处方中规定有靶心率(THR)的个体在温暖或炎热环境中运动时与较冷环境相比,能以较低的绝对负荷强度达到靶心率的要求。例如,在炎热潮湿的天气,降低跑速就可以完成THR。在热环境中降低运动负荷以维持相同的THR将有助于减少在环境适应下发生中暑的危险性。当热适应形成,逐渐增加的运动强度会达到靶心率(THR)。为安全起见在热环境中开始运动的时间持续10~15分钟,以后可以逐渐增加。

（4）制订个性化的计划：具有充足的休息、营养、水分、热适应的儿童和成年人可以降低发生运动性中暑的危险。为减少高温、脱水带来的影响，在制订个性化的计划时应充分考虑热环境下的因素：

1）环境监测：用 WBGT 指数决定适宜的活动。

在极端环境中应调整活动，保证能够获取足够的液体，提供较长时间的休息，以便散热，缩短或推迟比赛时间。选择与中午相比气温较低的时间运动（清晨或傍晚）。儿童和老年人要根据一天的气温和湿度调整自己的运动计划（表4-5-6）。

表4-5-6 儿童活动的调整建议

温度（℉）	建　　议
<75.0	可以进行所有的活动，但要警惕长时间运动中出现的热相关疾病的症状和体征
75.0~78.6	延长在阴凉处的休息时间，每15分钟饮水1次
79.0~84.0	不适应的个体和高危险分级的个体停止活动限制其他的活动（禁止长距离的比赛，减少其他活动的时间）
>85.0	取消所有的体育活动

应考虑对热环境的适应状态、体适能、营养、睡眠不足、运动参加者的年龄、运动强度、持续时间、一天中运动的时段、液体的供应，以及比赛场地表面的热反射（如草坪与沥青）等。在两次运动之间恢复和补充体液的时间至少要有3小时，最好是6小时。

2）热环境的适应：这种适应包括降低直肠温度、心率（HR）、主观疲劳感觉（RPE）；增加运动耐受时间、出汗率，减少汗中排盐量。热习服包括：①改善热量从体内核心区域到外界环境的传递；②改善心血管功能；③更有效地排汗；④改善运动能力和热耐受性。春末夏初时，在热环境中静坐少动可以逐渐形成季节性气候适应，而通过10~14天在热环境中有计划的中等强度运动来适应更热的环境温度可促进这一过程。

3）服装：具有高排汗功能的服装有助于蒸发散热。运动员应该尽量减少衣物和装备（尤其是头盔），尽可能地使热量散发，降低发生高热的危险，特别是在热适应的开始几天中尤为重要。

4）教育：对参加锻炼者、私人教练、教练、社区紧急应变小组成员进行培训可以降低热相关疾病的发生率，提高认识（见表4-5-5）和治疗水平。上述培训计划应该强调认识热耐受不良的相关症状/体征、补液、饮食、休息和热适应等的重要性（见表4-5-5）。使参加运动的人学会有关脱水的知识、评估水合状态、掌握补水方法（见表4-5-4）等，以帮助人们保持良好的水合状态。

（5）组织规划：当健身者在炎热/潮湿的环境下运动时，体适能机构和组织的职员应该制订出一个标准化的热应激管理计划，此计划应包含下列注意事项：

1）对有风险的参加者进行检查和监督。

2）对环境进行评估（如 WBGT 指数），确定调整或取消运动的标准。

3）热适应程序。

4）能很方便地获取饮品和卫生间设施。

5）有效但不是最大限度地摄取液体：①根据汗液丢失量决定液体摄入量；②限定体重的变化在总体重的2%以内。

6）了解热射病、热衰竭、热痉挛、热晕厥的常见症状和体征（见表4-5-5）。

7）实施具体的应急程序。

在热环境中，通过对成年人询问下列问题评估在热环境中运动的准备动作，对任何一个问题回答"否"时，应该采取相关措施（表4-5-7）。

重点提示：运动中肌肉收缩产生的热量会使体温升高，中暑的范围从肌肉热痉挛到威胁生命的高热。另外，脱水同热衰竭的发生密切相关，也是热射病的危险因素之一。汗液丢失因人而异，同时也与运动强度和环境条件有关，因此补液的需求也是因人而异的。通过监测环境、调整在湿热环境中的运动计划、穿着合适的衣服、了解中暑的症状和体征等方法来降低脱水和高热的风险。

表4-5-7   评估在热环境中运动准备工作的问题

1. 我已经制订了一个计划来避免脱水和高热吗?
2. 在10～14d内,我对逐渐增加的运动时间和强度已经适应了吗?
3. 在一天中较冷的时间段(清晨)我限制做剧烈运动了吗?
4. 在闷热/潮湿的天气,我避免做长时间的准备活动了吗?
5. 在户外训练时,我知道在哪里取水或者身上、背包里带瓶装水了吗?
6. 我是否知道自己的出汗率,应该喝多少水来补充体重的丢失?
7. 今天早晨的体重变化是在平均体重的1%之内吗?
8. 24h内的尿量正常吗?
9. 尿液颜色是浅黄色还是黄色?
10. 在炎热和潮湿的天气中,我是否降低了自己的运动目标、运动强度、距离和(或)工作、比赛的持续时间?
11. 我是否穿着宽松、透气、轻便的服装?
12. 我是否了解热衰竭、运动性中暑、热晕厥、热痉挛的症状和体征?
13. 我是否与同伴一起运动、能够对他/她的身体表现作出反应?
14. 在日常饮食中我是否摄入足够的食盐?
15. 如果我睡眠不足、患有传染性疾病、发热、腹泻、呕吐、碳水化合物耗竭、服用某些药物、乙醇、滥用药物,我是否避免或减少在热环境中运动?

2. 寒冷环境中的运动   要注意预防冻伤。人们会在寒冷天气环境(如低温、强风、低太阳辐射,以及淋雨/水)中进行运动,在大多数情况下,寒冷天气都不是进行健身活动的障碍。许多因素(包括环境、服装、身体成分、健康状况、营养状态、年龄和运动强度等)相互作用决定了在寒冷环境中运动较之在温暖环境中做同样的运动,是否会产生更多的生理应激或运动损伤风险。一般情况下,在寒冷环境中运动是不会增加冻伤风险的。但是,在另一些特殊情况(如浸泡、下雨、有风的低环境温度)下,整个身体和局部热平衡在运动-冷应激中不能维持,会导致体温过低、冻伤、运动能力和表现下降。此外,运动-冷应激可以增加高危人群发病率和病死率的危险,如患有缺血性心脏病和哮喘的人群。冷空气的吸入也可以使上述人群症状加重。当散热超过产热时就会发生体温过低,引起体热量的下降。环境、个体特征、服装都会影响低体温的发生,某些特殊的因素可以增加发生体温过低的危险,包括浸泡、淋雨、湿衣服、低体脂、年龄偏大(如≥60岁)和低血糖。

当组织温度降到0℃(32℉)时,就会发生冻伤。最容易发生冻伤的部位是皮肤暴露部位(如鼻子、耳朵、面颊、暴露在外的手腕)、手、足。用裸露的皮肤去触摸冰冷的物体可以引起冻伤的发生,尤其是高传导性的金属或石头可以迅速散热。引起冻伤的主要冷应激因素有空气温度、风速、湿度。风通过促进对流散热和降低服装隔热性来加速散热,风寒温度指数表(WCT)是将风速和空气温度结合在一起评估环境的制冷能力。WCT提供了具体的正确应用方法,仅针对走速为1.3m/s(3mph)的个体暴露在外的皮肤发生冻伤的危险进行评估。

(1)关于风和WCT重要信息的注意事项:风不会使暴露在外的物体变得比环境温度更冷。天气预报中报告的风速没有把人为因素带来的风考虑进去(如跑步、滑雪)。WCT显示了暴露的面部皮肤发生冻伤和预计发生冻伤时间的相对危险性。选择面部皮肤的原因是因为身体的这个部位是具有代表性的不受保护的区域。如果气温在0℃(32℉)以上时,是不会发生冻伤的。湿的皮肤暴露在风中温度下降更快。如果皮肤潮湿又暴露在风中,WCT表中所应用的环境温度应该比实际环境温度低10℃。环境温度超过-15℃(5℉)时,冻伤的危险性<5%,但是当WCT降低到-27℃(-8℉)以下时,应该确保增加运动安全监督措施。在上述条件下,暴露的皮肤可以在30分钟以内发生冻伤。

（2）服装的注意事项：防寒服通过衣料和两层衣料之间的夹层空气起隔热作用来减少散热,从而对抗体温过低和冻伤。典型的防寒服包括三层:①内层:如薄的涤纶或聚丙烯纤维;②中间层:如羊毛绒或羊毛,起着内层隔热的作用;③外层:在遮挡风雨的同时有透气的作用。

关于服装穿着的推荐意见应包括下列事项:①调整服装的隔热层,尽量减少出汗;②利用服装的通风口减少汗液的积累;③除非有雨或有风,一般不要穿衣服的外层;④当运动强度增加时,要减少服装的隔热层;⑤在一个运动队中不要使用单一的服装标准;⑥在冰雪天气中要穿着合适的鞋子,以减小滑倒或跌倒的风险。

（3）运动处方:在进行有氧运动时,整个身体和面部温度降低会诱发心绞痛的发作。运动一冷应激的类型和强度会改变心脏病患者的发病危险性。上半身活动或代谢增强的活动均会增加其危险性。

铲雪能使心率增加到97% HRmax,收缩压（SBP）增加至200mmHg。

在水中或柔软的雪中行走可以增加能量需求和心肌氧的需求量,所以患有冠状动脉粥样硬化性心脏病的患者不得不减慢步行的速度。

在低于25℃（77℉）的水中游泳对患有心脏病的患者是一个威胁,因为他们不能识别心绞痛的症状从而使自己陷入很大的危险中。

重点提示:大多数情况下,寒冷天气不是进行运动健身的障碍。然而,运动一冷应激可以增加高危人群发病和死亡的风险,如患有缺血性心脏病和哮喘的人群。当环境温度高于-15℃时,冻伤的危险性<5%,但当WCT下降到-27℃以下时,应该增加确保运动安全的监督措施。根据天气预报选择合适的服装,明确在这种环境下运动有可能带来的危害,可以充分降低冻伤的风险。

3. 高原环境中的运动　要注意预防高原病。随着海拔高度攀升而渐进降低的大气压使得吸入空气中的氧分压降低,即使有增加通气量和心输出量（Q）的代偿反应,也常导致动脉氧含量下降。心输出量的增加常常通过提高心率（HR）来完成。对大多数人来说,1500m 或以上的海拔高度已经显示出一定的影响。本节中,低海拔所指的位置是低于1500m,高海拔所指的位置是在3500～5500m,超高海拔所指的位置是5500m 以上。

随着海拔升高至1500m 以上时,身体活动能力就会降低。一般来说,身体活动能力随着高度、体力活动持续时间、肌肉量的增加而明显减退,但是随着高原适应而减轻。对身体活动能力最常见的高原影响是任务完成时间的延长,或休息频率的增多。高原暴露1周以上,高原适应就会发生。完成一项任务的时间减少,但是相对于海平面仍保持较长的时间。在高原暴露初期和1周的高原适应后,为完成不同持续时长的任务,运动时间增加的估算百分数与不同海拔的关系可参见表 4-5-8。

表 4-5-8　高原地区随海拔高度的增加完成体力活动时间的估计

高度	活动时间<2min		活动时间 2~5min		活动时间 10~30min		活动时间>3h	
	起始	>1wk	起始	>1wk	起始	>1wk	起始	>1wk
中等	0	0	2~7	0~2	4~11	1~3	7~18	3~10
高	0~2	0	12~18	5~9	20~45	9~20	40~65	20~45
非常高	2	0	50	25	90	60	200	90

（1）高原病:迅速上升至高或更高海拔时,就会增加个体患高原病的易感性。主要的高原病有急性高山病（AMS）、高原性脑水肿（HACE）、高原性肺水肿（HAPE）。此外,许多个体在高海拔地区出现咽痛、支气管炎,这些可以导致在高海拔高度的功能损害和严重的阵发性咳嗽。有既往史、在早期高原暴露中有长时间体力消耗和脱水的人高原病的易感性会增加。

1）AMS:是高原病中最常见的一种类型。症状包括头痛、恶心、疲劳、食欲下降、睡眠障碍,严重的病例可出现平衡障碍,手、脚和面部的轻微肿胀。AMS 通常发生在高原暴露的前 24 小时内。它的发生率和严重程度与上升的速度、高度成正比。据估计,不适应的个体直接快速上升到中等海拔高度时,AMS 的发病率是 0 ~ 20% ;直接快速上升到高海拔高度时,AMS 的发病率是 20% ~ 40% ;到非常高海拔高度时,AMS 的发病率是 50% ~ 80% 。对于绝大多数人来说,海拔不再上升并限制体力活动时,AMS 症状达到极点后的 24 ~ 48 小时内会进入恢复期。

2)HACE:是一种不常见但有可能致命的疾病。在超过 12 000ft(3658m)的海拔高度,其发病率低于 2% 。HACE 是严重的 AMS 没能得到处理并进一步恶化,最常发生在有 AMS 症状却又继续升高海拔高度的人身上。

3)HAPE:是第二种不常见但有潜在致命可能的疾病。在超过 12 000ft(3658m)的海拔高度,其发病率低于 10% 。在 12 000ft(3658m)海拔高度上下波动的个体和在高原暴露早期用力运动的个体会增加 HAPE 的易感性。肺部的水泡音和啰音的出现提示发生 HAPE 的可能性增大。发生 HAPE 时会有口唇和指甲发绀现象。

(2)高原病的预防和治疗:高原适应是对所有高原病的最好应对措施。最低限度持续进行运动/体力活动、保持足够的水和食物摄入将降低发生高原病的可能,并且能促进恢复。与高原相关的疾病出现中等或严重的症状和体征时,首选的治疗方法是下降到低海拔地区。能够下降海拔 1000 ~ 3000ft(305 ~ 914m),并且停留一夜对预防和恢复所有的高原病都是非常有效的。

预防性或治疗性使用乙酰唑胺(如醋氮酰胺)可以明显地预防或减轻 AMS。头痛可以服用阿司匹林、对乙酰氨基酚、布洛芬、吲哚美辛(消炎痛)、萘普生等治疗。吸氧或高压氧舱治疗一般可以减轻下列症状,如头痛、疲劳、睡眠障碍。氯丙嗪可以用于减轻恶心、呕吐。如果上述治疗方法都无法提供或无效,可以选用地塞米松(皮质类固醇,hexadrol),乙酰唑胺(醋氮酰胺)也是有帮助的。

对诊断为 HACE 或 HAPE 的治疗包括降低海拔高度、氧疗和(或)高压氧袋治疗,使用地塞米松和乙酰唑胺也有帮助。

(3)海拔快速上升:很多滑雪或徒步旅行、没有适应过程的人会选择直接进入高海拔地区,在快速进入海拔约为 14 000ft(4300m)地区的几个小时内,就会产生 AMS 的症状,体力和认知力就会达到最低值,这个状况持续在最初的几天当中。在此期间主动体力活动不能过多,应停止耐力性运动训练或大大减小运动强度以避免 AMS 的恶化。在高原适应,AMS 症状有所减轻后可以根据个人意愿恢复正常体力活动和运动训练。像在海平面训练那样,用心率监控在高原上的运动强度是简单、安全、客观的途径。例如,像在平原上那样,可以用年龄推算最大心率的公式"220-年龄"并乘以一定海拔时所期望的运动强度百分数来进行监测,在每周的训练量和每次的持续时间能保持的情况下,就是一个相似的训练刺激方式。应该注意,在同样的主观疲劳感觉的情况下,在高原进行慢跑或赛跑的速度都会比平原要低并且与高原适应无关。

(4)高原适应:随着高原适应的产生,个体可以针对某一海拔高度改善其身体和认知的表现。高原适应可以使个体适应高原环境,完成最大限度的身体和认知表现,并降低发生高原病的可能性。高原适应由在中等或高海拔地区持续或重复暴露形成时间依赖性的生理适应和高原病易感性的降低组成。此外,在攀升到一个更高的目标海拔高度之前,可以通过持续在某一目标高度居住而获得高原适应,至少可以通过在中等海拔生活获得部分高原适应,术语是分阶段适应。分阶段升高海拔的目的是逐渐促进高原适应的发展,防止快速攀升到高海拔的不良结果(例如高原病),用低氧面罩或在低氧房(即常压低氧)生活来呼吸低浓度氧以引起功能性高原适应的效果都没有直接暴露在自然高原环境中的效果好(即低压低氧)。

对于从低海拔地区上升到高海拔的个体,在所有分阶段升高海拔的方案中,第一阶段都应该在中等海拔地区居住 3 天或更长时间。在此海拔高度上,个体的身体活动能力将略有下降,高原病的发生率也比较低。在任一海拔高度上,几乎所有的适应性反应都是在 7 ~ 12 天内获得的。在中等海拔高度 3 ~ 7 天的短时间居住会降低在较高海拔高度高原病的易感性。6 ~ 12 天的居住是提高身体工作能力所要求的。高原适应反应的大小随着进入较高海拔阶段或者在某一指定阶段高度上时间的延长而有所提高。最后的上升阶段应该尽可能地接近目标海拔高度。

高原运动训练一般的分阶段指南如下:对于每天都在 3950ft(1200m)以上高原居住的个体,后续能快速上升的海拔高度等于该个体在原来海拔高度身体适应的天数乘以 1000ft(305m)。例如,如果某人按照分阶段原则在 6000ft(1829m)停留 5 天,身体能力会得到改善,他上到海拔 12 000ft(3637m)的高原发生高原病的可能性就很低。这种指导方针可应用到海拔 14 000ft(4267m)的高原。

(5)个体高原适应状况的评估:高原适应的最佳指标是没有发生高原病、身体活动能力有所改善、动脉血氧饱和度(SaO_2)逐渐升高。通过 AMS 症状(如头痛、恶心、疲劳、食欲减退、睡眠障碍)和体征(如平衡障碍,手、脚和面部的轻微肿胀)的严重程度来评价 AMS 是否存在及其严重性。在海拔高度上升的第 3 ~ 4 天没有发生 AMS 或只有轻微的症状,说明是正常的适应性反应。高原适应的第 1 ~ 2 周次大强度身体活动能力得到改善。在特定海拔高度下,随着适应的出现,长时间运动和工作的能力也得到改善。对高海拔产生适应性变化的早期表现是尿量增加,通常出现在特定海拔高度的最初几天。随着海拔高度的上升,尿量会继续增加。

通过无创脉搏血氧仪测量的动脉血氧饱和度(SaO_2)是一个非常好的反映适应性的指标。脉搏血氧仪应该在安静状态下操作。从特定海拔高度的第一天 SaO_2 的最低点开始,一直到稳态之前的 3 ~ 7 天 SaO_2 将逐渐升高。例如,刚暴露于 14 000ft(4300m)的海拔高度时,安静时的 SaO_2 为 81%,1 周之后可以达到 88%。

(6)运动处方:到达高原的最初几大,个体应该减少体力活动以降低发生高原病的可能性。这个时期之后,运动处方中有具体靶心率的个体应该在高原也保持相同的运动心率。这种方法可降低发生高原病和过度生理疲劳的危险。例如,在高原,通过降低速度、距离或阻力来达到与平原相同的 THR,一旦形成高原适应后,逐渐增加运动强度以达到 THR。

(7)制订个性化的计划:产生高原适应的成人和儿童,需要有充足的休息、营养、液体补充以降低发生高原病的危险性,提高身体活动能力。为了进一步降低高原的影响,应该考虑到下列因素:

1)监测环境:高原地区通常与温度、湿度、风力、太阳辐射等更多日常极限现象相联系。对于"热环境"和"冷环境"应遵循相应的指南。

2)调整:在高原的活动应考虑到高原适应状况、体适能、营养、睡眠质量与时间、年龄、运动持续时间与强度,以及液体的供应等方面。为了方便休息和恢复,应该延长和(或)增加休息间隔时间并缩短活动时间。高原对较长持续时间活动的影响大于对较短持续时间的影响。

3)制订一个高原适应计划并监测进展。

4)服装:个体的服装和装备要能在一个比较大的温度和风力范围内提供保护。

5)教育:对参加者、私人教练、教练、社区紧急应变小组的教育可以降低高原相关疾病的发病率、加强对高原病的认识和治疗。

(8)组织计划:当人们在高原进行运动时,体适能机构和组织应该制订一个标准化的管理计划,此计划应包括以下程序:

1)对有风险的参加运动者进行检查和监督。

2)利用高原适应过程降低发生高原病的危险,提高身体活动能力。

3)设计运动方案和活动时,应考虑多山地形的危险性。

4)警惕高原病的发生,密切关注是否出现相关的症状和体征。

5)完善针对高原病急救医疗救护的组织程序。

6）队医要提前准备好供氧设备和药物以预防和治疗高原病。

重点提示：当海拔升高至 3950ft（1200m）以上时，身体活动能力就会降低。一般来说，海拔越高、活动的持续时间越长、参与活动的肌肉群越多，身体活动能力降低就越明显。到达高原的最初几天，个体应该减少体力活动以降低发生高原病的可能性。这个时期之后，运动处方中有具体靶心率的个体应该在高原也保持相同的运动心率。

（裴海泓）

第五章　传统体育与养生

学习要点：

中国的传统养生是自然科学和社会科学的交叉产物。其自然科学属性，主要体现在养生学以人为研究中心，着重研究机体的运动、变化和发展的规律或本质，探究预防疾病防止衰老的方法；其社会科学属性，则体现在养生学研究的对象——生活在特定社会中的人，不同的社会环境不可避免地给人产生不同的影响，所以，在研究过程中需要从社会学的角度对相关的问题进行考察研究。

第一节　传统养生概述

中国的养生之道，历史悠久，风格独特，内容博大精深，愈来愈受到国内外学术界的关注。在其漫长的历史发展过程中，形成了众多流派，在历代哲学、文学、史学和医学等各种文化典籍和民众积累的经验中，都可以找到传统养生思想、理论和实践方法。

一、中国传统养生

1. **先秦时期**　马王堆汉墓出土了《导引图》。"导引"一词，目前文献最早能追溯到先秦典籍《庄子·刻意篇》："吹呴呼吸，吐故纳新，熊经鸟申（伸），为寿而已矣。此导引之士，养形之人，彭祖寿考者之所好也。"这里不仅表明导引的主要内容是"导气令和、引体令柔"，还说明在先秦时期已出现了专事导引的术士和致力养形的习练者。

"导引"一词出现以后，古人把许多健身养生方法都归入导引。《抱朴子·别旨》中记载："夫导引不在于立名、象物、粉绘、表形、著图，但无名状也，或伸屈，或俯仰，或行卧，或倚立，或踟蹰，或徐步，或吟，或息，皆导引也。"唐朝释慧琳在《一切经音义》中，把自我按摩也包括在导引之内："凡人自摩自捏，伸缩手足，除劳去烦，名为导引。"导引所包括的健身方法在古代是相当宽泛的，它所包含的内容虽各有不同，但都可以把它看做是一种自我调节身体气血运行、祛病健身的养生方法。《导引图》所描绘的动作大致可归为以下几类：

（1）《导引图》仿生导引的动作有：沐猴-引炅中、鹞背、鹤（唳）、龙登、俛蹶、猿呼、堂狼、熊经、龟恨（咽）、（鸟）信（伸）、鹳等。

（2）在我国古代，"引"有治病之意：《导引图》中的很多动作名称以"引"字开头，说明其以治病为目的。这样的动作包括：引腰痛、引膝痛、引目痛、引胠积、引背痛、引温病、引头风、引痹痛、引腹中、引项、引聋、引烦等。

（3）《导引图》中可以明显辨析的行气动作有：仰呼、沐猴、龙息、胎息、燕息等。

（4）《导引图》中有关壮力的动作有：踢脚、挽弓、折阴、俛蹶、堂狼、以杖通阴阳、龟恨、捩肩等。

（5）可以归类于按摩术的《导引图》动作有：捶背、引胠积、坐引八维、引痹痛等。

从陶唐氏、阴康氏时代的"作舞以宣导"，到庄子所说的"吹呴呼吸""熊经鸟申（伸）"导引养形之人，以及马王堆三号汉墓出土的帛画《导引图》，我们可以看出我国养生术发展的轨迹，到了秦、汉时代已有了较为完备的导引锻炼方法。既有伸屈俯仰的引体，又有或吟或息的导气，还有存想的行气及肢体的按摩。此后出现的易筋经、五禽戏、六字诀、八段锦等功法都能在《导引图》中找到印迹，在一定意义上可以把它们看做是《导引图》继承和发展的代表,与《导引图》有一定渊源关系。

《导引图》的绘制已有2000多年的历史,它的内涵和外延随着历史而发展,至今仍在不断丰富和扩大。今天,发掘和研究这一古老而仍然具有旺盛生命力的健身方法,不仅可以丰富养生史和体育史的内容,而且对当今的养生理论与实践,也具有重要的现实意义。

从历史的文献记载,养生学的始萌至少可以追溯到殷商时代。在甲骨文中可以发现有关个人卫生和环境卫生的文字记录。到了西周,人们对四季不同气候与疾病的关系也已有了认识,提出调理饮食要与四季相适应。

春秋战国时期,随着文化的发展,养生在学术上出现"百家争鸣"的局面。老子、庄子以为欲望太过能致疾损寿,主张清静养神。老子提出:"人法地,地法天,天法道,道法自然"和"淡然无为,以此将为不死药"的顺其自然,知足常乐思想。孔子则认为饮食起居与寿夭有直接关系,曰:"人有三死,而非其命也,已取之也,夫寝处不适,饮食不节,劳逸过度者,疾共杀之。"更值得注意的是,战国末期思想家荀况首次提出"制天命而用之",认识到人之生死寿夭非"天命"注定,这对养生学的发展有积极意义。

2. **汉唐时期** 从秦汉至隋唐时期,传统养生得到了明显的发展。特别是魏晋至唐统一中国300余年间,中国进入了一个战争频繁、社会动乱、政权更迭的历史时期,此时人们过着灾祸连绵的痛苦生活,在巨大的精神创伤刺激下,健康大大受到损害,使当时人的寿限十分短促。为了摆脱这种状况,讲求养生之术成为某种时尚。在意识修养方面,主张清虚无为,顺应自然。在方法上,重视导引吐纳,甚而服食。这阶段虽糟粕与精华相杂,但毕竟把古代相传的一些养生方面的理论与实践较为全面地继承下来。有学者提出,这一时期集养生学之大成。唐代养生家,药学家孙思邈指出:"人与劳其形,百病不能成""形与神俱,尽其天年,度百年而去"。

3. **宋元时期** 宋元时期涌现的养生学家主要有陈直、邹铉、王圭等金元四大家,撰著了《养老奉亲书》《保生要录》《摄生消息论》《泰定养生主论》等养生专著,并继承发展了《黄帝内经》的养生思想,使传统养生学日臻完美。

4. **明清时期** 保养精、气、神为首务,寿夭与先天、后天有关等观点已为明清养生学家所推崇,并且涌现了深入浅出、通俗易懂的养生读物。在养生学术理论方面,明代李时珍的《本草纲目》对丰富发展饮食调养的论述,也有着无法估量的作用。

5. **近代** 自1840年鸦片战争到中华人民共和国成立的百年历史中,由于清政府的腐败,帝国主义的入侵,使养生学也濒于夭折。这一时期养生著作寥寥无几,其中主要的养生书籍是任廷芬的《延寿新书》、胡宣明的《摄生论》及一些气功著作等。

6. **现代** 中华人民共和国成立后,社会安定,人民生活水平得到改善,中国养生学也同样获得了新生。尤其是改革开放后,人民的物质生活水平、精神需求层次都不断提高,健康与长寿已经成为举世瞩目的重要问题。因此,以中国古代哲学和中医理论认识的基础传统养生学,融合了日益发展的现代科学技术,日益显示其重要的价值和优势,也更为人们所欢迎。

二、中国传统养生理论基础

科学发展史告诉人们,任何一门学科的发展都离不开哲学。中国传统养生学说的形成与发展也受到中国古代哲学思想的影响与制约,尤其是"元气论""阴阳学说""五行学说"等哲学思想和概念,一直启发和影响着传统养生理论的形成。相反,传统养生理论和实践的发展,也同样影响和丰富了中国古代哲学思想,两者有着密不可分的关系。

(一)元气论

"元"在古代哲学中是指本原。元气论,又称气一元论,是中国传统文化中占主导地位的自然观,体现着古代的唯物论和辩证法。早在先秦文献中,"气"就已作为哲学范畴出现了,认为"气"是构成宇宙的最基本物质。庄子在《知北游》中指出:"人之生,气之聚也。聚则为生,散则为死。故曰:通天下一气耳。"《冠子秦录》以"元气"相称,说:"天地成于元气。"

（二）阴阳学说

古代人们在生产劳动的社会实践过程中,观察到自然界有天地、日月、昼夜、寒暑、明暗、死生、牝牡、雌雄以及人类本身有男女等现象,逐步形成了阴阳这样两个哲学范畴。阳代表积极、进取、刚强等阳性特性和具有这些特性的事物;阴代表消极、柔软等阴性特性和具有这些特性的事物。古代朴素的唯物主义哲学家认为:世界是在阴、阳这两种"天地之气"的运动推移下发生、发展着。我国古代的阴阳观念最早出现在《周易》一书中。《周易》中的卦辞、爻辞中,虽然没有阴阳这个名词,但是构成八卦基础的两个主要的卦——乾卦和坤卦,即为天地、阴阳的象征。乾为天,属阳;坤为地,属阴,它表示天地孕育生长着万物。后来人们的这些认识被用到医学和养生学中来,说明人们的生理现象。人体内部也有阴阳对立的二方面,这种对立是相对的,可分的,互相转化的,互相制约的。比如:在中医学中就将人体的气血归属于一对阴阳的物质。气属阳,血属阴,二者关系密切,互根互用,可用"气为血帅,血为气母"一语来概括。气血任何一方病变,都会影响另一方的正常,只有气血调和,才是健康无病的人。最重要的是,人体阴阳双方的制约关系,使阴阳双方平衡,从而保证人体的健康。因此,从养生方面看,要不得病或少得病,就必须"法于阴阳""春夏养阳,秋冬养阴"。在任何时候都要注意保持体内的阴阳平衡和重视人与自然环境的阴阳协调。

（三）五行学说

"五行"指水、火、木、金、土五种物质。我国古代朴素唯物主义哲学认为:世界就是由这五种物质构成的,"五行"在我国古代文献中最早见于《尚书·洪范》。《洪范》九畴的第一项就是:"五行,一曰水,二曰火,三曰木,四曰金,五曰土。水曰润下,火曰炎上,木曰曲直,金曰从革,土曰稼穑。润下作咸,炎上作苦,曲直作酸,从革作辛,稼穑作甘。"《洪范》列举构成世界的五种物质,并且对这五种物质的性质和作用作了说明。

五行观念是在当时社会生产力发展和科学技术进步的基础上形成的。五行思想在春秋以前是有进步意义的。它对我国古代天文、历数、医学的发展曾经发生过重大的影响。五行相生相克的说法,在我国古代科学发展中起积极作用。它把握了宇宙万物和人体持续不断的变化和转化规律,被当代国外学者释为"五行动力模型",具有动静平衡的"负平衡调节法则"等内容。

五行学说认识到人的生命活动不是内在脏器的孤立活动,也不是与外在环境毫不相关,而是人体中的各种脏器,相互间具有相生相克的联系控制关系,与周围事物有关,特别是自然四时节气的变化,也同样存在着滋生、制约的联系。它为中医学理论体系的形成奠定了理论基础,创立了"天人相应"的人体内外环境统一的整体观念。因此,五行学说也为中国传统养生理论奠定了理论基础。

我国养生学的发展经历了先秦、汉唐、宋元、明清等几千年,形成了许多学说流派。其主要流派有:

1. **精神养生学派**　该学派是以安静调养人体的精神思维活动作为主要途径来保养生命、益寿延年的学派。精神思想倡始于老子、庄子,他们提出"归真返朴""清静无为"的理论,并编制了导引、吐纳等一整套方法,对后世影响较大。继老庄之后,首次提出精神保养可以防病,并主张依据四时之气的特点来调养神气,这为该学派奠定了理论基础。该学派认为神是生命活动的主宰。静神可以抗衰延年,因为神主持生命,人的思想、智、志、意、魂等均由神所主,主张神气清静意守,不宜躁动妄耗。强调要少私寡欲抑目静耳,调摄神志,顺应四时,常练静功,以保持神气清静,促进健康。

2. **动形养生学派**　该学派主张以运动形体来保养生命。《吕氏春秋·尽数篇》强调精气神与形体的统一,是生命的根本。如《吕氏春秋·尽数篇》:"故精神安乎形,而年寿得长也"。吕不韦主张动,认为:"流水不腐,户枢不蠹,动也,形气亦然。形不动则精不流,精不流则气郁,郁处头则为肿,为风;处目则为蔑,为盲;处鼻则为鼽,为窒;处腹则为涨,为疛;处足则为痿,为蹶"。东汉末年名医华佗主张养生要有积极的体育锻炼,他对弟子吴普说:"人体欲得劳动,但不当使极耳,动摇则谷气消,血脉流通,病不得生。譬如户枢,终不朽也。"同时还根据古代导引法,创造出《五禽戏》的医疗体操。"年且百多犹有壮容"的养生家孙思邈主张适度活动。《医学入门》一书中说:"终日屹屹端众,最是生死,人徒知久行久立之伤人,而不知久卧久坐尤伤人也"。明代张景岳在《治形论》中提出"形是神和生命的物质基础",养生者应先养形。从而形成了传统养生文化中的动形养生学派。

3. **调气养生学派**　该派的宗旨是以调气(调养真气)作为主要途径来保养身体,达到延年益寿的目的。该学派认为,气是生命的动力,充溢全身,无处不到,具有抗邪防病的功效。刘和间在《原道论》中,强调气是生命的基本物质,他认为:"故人受天地之气,以化生性命也,是知形者之舍也,气者生之元也"。指出常用的调息、导引、内视、咽津等,其理即在于调气、定气、守气、交气,起灌五脏和阴阳的作用。气贵在运行不息,升降有常。升降出入是气在人体运动中的主要形式,其气机是否正常直接关系到人的盛衰寿夭。调节气机升降维持其正常功能,则可以达到强身健体、延年益寿的目的。调节元气的方法包括慎起居、顺四时、戒过劳、防安逸、调饮食、和五味、和七情、省言语、习吐纳等方面。

4. **固精养生学派**　该学派是主张通过固摄阴精,使之充盈内守,以摄肾精为主要途径,从而达到益寿延年的目的。先秦时养生学家管仲首先提出固精思想,他在《管子·内业篇》说:"精也者,气之精者也""精存自生,其外安荣,内脏以为泉源"。他还提出存精的具体方法:"爱欲静之,遇乱正之,勿引勿摧,福自归",即节欲存精的思想,为该学派奠定了理论基础。同时认为,精是构成人体及促进生长发育的基础,阴精贵在充盈固秘,则人体得养,精力旺盛,强健长寿。肾精难成易失,依赖脏腑之精的充养才能旺盛不衰。固精的前提和关键是收心和正心。因而主张节情欲,以防阴精妄耗,倡导晚婚。《寿世保元》一书中说:"弱男则节色,宜待壮而婚""男子破阳太早,则伤其精气,女子破阴太早,则伤其血脉"。

5. **合度养生学派**　该学派是主张通过合度去泰的方法,达到延年益寿的目的,战国后期思想家、养生家韩非提出:"谨修所事,待命于天,毋失其要,乃为圣人"。这就是说,谨慎从事本职工作,静待天命归,不要超过额定限度。反之要失去限度,任其纵横,最终必然会损伤身体乃至性命。所以养生必须"去泰",也就是舍弃某种安泰的享受。美味佳肴,吃起来很顺口,但往往于身体不利。修饰妆容,大可取悦于人,可又要损耗精力。"故而去泰,身乃无害"。合度,即是合乎尺度,度可释为计量标准,合度也可以说是适中不走极端。孔子在《孔子家语》中说:"若夫智士仁人将身有节,动静以义,喜怒以时,无害其性,虽得寿焉,不亦宜夫"。孔子主张动静结合,要有节度。清代名医董凯钧十分重视调摄之术,主张切忌极端的"动"或"静",贵在静中寓动、动中寓静、动静结合、尺度适度。这些科学辩证的养生保健观,对今人启示很大。对探讨养生学说有一定参考价值。

三、传统养生特点与基本原则

(一)传统养生特点

养生学十分重视"养生莫若养性"。所谓"养性"主要是指道德修养,如理想、情操精神生活。除去私欲杂念,保持乐观情绪、开朗性格、高尚涵养,是养生防病的要素。

1. **形神兼养,首重养神**　形,指形体,包括人体的脏腑、皮肉、筋骨、脉络以及充盈其间的精血。神,指人体的精神思维活动,包括神、魂、意、志、虑、智等。养生学认为,只有形神健全,才是健康无病的人,才有可能长寿。

中国古代哲学理论认为,世间一切物质都可归属于阴阳这两大范畴,人的生命活动也不例外,不管是"形",还是"神",都有其不同的阴阳属性。因此,传统医学家们认为:人体阴阳的任何一方只要出现不平衡——偏盛偏衰,均会导致人体生理功能的紊乱,引起疾病。

2. **掌握适度,重视调节**　世间一切事物都有个适度问题,超过一定的"度",就会走向反面,所谓物极必反。传统养生法也遵循适度的规律进行调摄。《黄帝内经》云:"喜则气和志达,营卫通利",说明喜悦能使人神气和调,志意畅达,心身健康。但喜悦过度,则暴喜伤阳,喜怒过多,神不归室。人的饮食也是如此,人体生命活动需要摄入一定的食物营养予以维持,但摄入过量或过偏,均可导致疾病的发生。如高热、高脂、高蛋白等食物摄入过量会引发胆囊炎、心血管系统等疾病,所以,在养生调摄的过程中必须掌握适度,掌握平衡达到养生防病的目的。

3. **顺应自然,天人合一**　顺应自然进行养生,包括两重含义:①顺乎自然界的阴阳变化以保养调摄,所谓法于阴阳,和于阴阳(《素问·上古天真论》)。②顺乎自然之理,即认识和掌握人与自然界二者的自然规律,按其规律养生,才有益于健康。如《素问·四气调神大论》说:"阴阳四时者,万物之终始也,死生之本也,逆之则灾害生,从之则苛疾不起。"《素问·生气通天论》说:"春伤于风,邪气流连,乃为洞泄;夏伤于暑,秋为阂疟;秋伤于湿,上逆而咳,发为痿厥;冬伤于寒,春必病温。四时之气,更伤五脏。"如违反这一规律进行养生,就会发生"逆春气则少阳不生,肝气内变;逆夏气则太阳不长,心气内洞;逆秋气则太阴不收,肺气焦满;逆冬气则少阴不藏,肾气独沉"的病变。按顺应自然规律进行养生,是其重要原则。

4. **注重先天因素,强调后天调摄**　明代张景岳说:"先天强厚者多寿,先天薄弱者多夭,后天培养者寿者更寿,后天所削者夭者更夭,两天俱行其全者,耆艾无疑也"(《景岳全书·传忠录·先天后天论》)。说明从养生角度考虑,先天遗传因素与后天保养都是非常重要的。

5. **根据年龄,注重分阶段养生**　人体在不同的年龄阶段,生理、心理表现出的机制变化不同,因此养生学家王圭将人生分为:婚孕、婴、幼、童、壮、衰老6个阶段。要求人们在不同年龄阶段,遵循不同的养生原则。

（二）传统养生原则

1. **保养精神原则**　"精"有广义与狭义两种,广义的精指构成人体和维持生命活动的精微物质,包括精、血、津液在内;狭义的精指肾精,是促进人体生长、发育和生殖功能的基本物质。精充盈,生命力强,抵御外邪的能力亦强。"神"指精神意识、思维情感、知觉运动等。"神"是一切生命活动的主宰,是生命存亡的根本。《黄帝内经》曰:"得神者昌,失神者亡也"。神的生成是以先天之精为基础,后天之精不断培育,"精"与"神"之间是相互滋生、相互影响的。因此,历代养生家们非常重视保养精神。明代著名医家张景岳在《类经》中说:"欲不可纵,纵则精竭;精不可竭,竭则真散。益精能生气,气能生神。营卫一身,莫大乎此。善养生者,必保其精,精盈则气盛,气盛则神全,神全则身健,身健则病少。"所以保精养神是养生中的首要原则。

2. **顺应四时原则**　《黄帝内经》曰:"和于阴阳,调于四时""夫百病者,夕以旦慧昼安,多加夜甚。朝则人气始衰,邪气始生,故加;夜半人气入脏,邪气独居于身,故甚也。"说明人体中的阳气随着晨、午、黄昏、夜半不同时辰变化,有着"生、长、收、藏"的不同规律,病邪也会引起"慧、安、加、甚"的不同反应。同样,随着春、夏、秋、冬一年四季不同的气候变化,万物形成了生长、繁荣、收获、潜藏的活动规律,而人体也会因此发生变化,所以"圣人春夏养阳,秋冬养阴,以从其根,故与万物沉浮生长之门。逆其根,则伐基本,坏其真矣。"这是四时调摄的宗旨,也是顺应四时养生的原则。

3. **动静结合原则**　动以养形,静以养神,是传统养生的主要特点。庄子《刻意》:"吹呴呼吸,吐故纳新,熊经鸟伸,为寿而已矣。"华佗在创五禽戏时的理论依据是:"流水不腐,以其逝故也,户枢不蠹,以其运故也。"《吕氏春秋·尽数》曰:"流水不腐,户枢不蠹,动也。形气亦然,形不动则精不流,精不流则气郁"。说明动以养形的原理,不仅有助于肢体健壮,还有助于气血营卫的流畅,这对健康是有益的。

静以养神,《黄帝内经》认为:"静则神藏,躁则消亡"(《素问·痹论》),"清静则肉腠闭拒,虽有大风苛毒,勿之能害"(《素问·生气通天论》),"清静则生化治,动则苛疾起"(《素问·至真要大论》)。说明清静养神能使人体功能正常,抗病力增强。然而,清静养神并非绝对静神不用,而是要求把注意力集中到一点上,以驱散烦恼,排除杂念,专心致志,钻研学问,创造发明,以致饥饱不知,寒暖不感,呼之莫应的静神境界。随着养生的实践与总结,人们逐渐由"动养"与"静养"的不同养生主张,转变为动静结合的新的养生观。如《庄子》所谓"水之性,不杂则清,莫动则平,郁闭而不流,亦不能清,天德之象也",故曰:"纯粹而不杂,静一而不变,淡而无为,动而以天行,此养神之道也"。初步揭示了"动静兼养"更有利于健康长寿的道理。因此,在养生中应重视动静结合的基本原则。

4. 因人而异原则　由于每个人的先天条件和后天环境不同,使人在体质和性格等方面存在较大的差异,加上性别、年龄、从事职业的不同,在养生时更需要重视因人而异的原则。比如,按中医学的辨证观点,人的体质可以分为阴虚型、阳虚型两种类型。因此在养生调摄时,必须根据不同人的实际情况制订调摄方案。对于阴虚型患者,应少食辣椒、大蒜、羊肉,而阳虚型患者则应忌食生冷以及寒性的食品。对于不同年龄阶段的养生要求差异更大。

(1)小儿期:是生长发育的旺盛阶段。各脏腑在物质需求与生理功能上都是幼稚而不成熟的,因此养育指导应注意合理喂养,品种要丰富,品味偏清淡,不吃零食,不偏食。衣着以轻软衣料为宜,大小尺寸以能活动自如为标准。睡眠要充足,从小养成良好的卫生习惯,注意保护视力、牙齿,注意耳鼻卫生,接受预防接种,定期进行健康检查。

(2)青春期:是骨骼生长高峰期。为使骨骼能正常生长发育,要注意培养正确姿势。另外,注意保护皮肤、头发、口腔,女青年还要注意保护乳房,改善早餐营养。

(3)青壮年期:主要掌握劳逸适度,作好自我调理,学会自我照顾。

(4)更年期:能自我稳定情绪,保持愉快、豁达、乐观的情绪。如有异常应及时去医院检查,以便早期发现或排除病患。饮食要粗细搭配,适当参加体育活动,克服消极的自我暗示。

(5)老年期:由于机体功能减退,为减轻肾脏负荷和血管阻力,应少食盐。应多素少荤,食醋有益,并在饮食中选用含钙量高的食品,如乳类、豆制品,以保持体内钙代谢平衡,防止骨质疏松。居住房间应以安静为宜,家庭气氛要和谐,使心情保持舒畅。适当开展社交活动和参加运动锻炼,以扫除暮气,增加朝气,经常进行健康检查,对各种疾病进行积极治疗、预防。因此在养生中必须贯彻因人而异的原则。

第二节　传统体育与养生方法

养生保健方法是中华民族数千年来在生产劳动、生活和与疾病作斗争中强身健体的经验总结,是我国优秀传统文化宝库中的瑰宝。几千年来,它对预防疾病,强身益智,延年益寿,强盛民族起了重要作用。养生保健方法是依靠人体自身的能力,通过调养精神和形体,起到改善人体功能的作用,既能养生又能治病,动作简便,安全可靠,易被人们接受。

一、太极拳

太极拳是中华民族宝贵的文化遗产,流传至今仍然有强大的生命力。太极拳是我国古代劳动人民在社会实践中创造并不断丰富和发展起来的,是中华民族的文化瑰宝,它像是盛开在民族武术百花园中的一朵奇葩,闪耀着夺目的光彩,太极拳的一个重要特点,就是自始至终包含了丰富的哲学思想。

太极拳最初是在宗教神学的体系下萌芽发生的。宋代周敦颐在《太极图说》中讲到"无极而太极",他将道教《无极图》改为《太极图》,他认为,"太极"不但产生阴阳二气和五行产生天地万物,而且是动静之源。《太极图》表明,对立物既矛盾又统一,还互相转化,大头对小头,小头对大头,大到极点时会转化为小,小到极点时会转化为大,阴会转化为阳,阳会转化为阴,阴中有阳,阳中有阴,阴阳相济,否极泰来,对立统一,变在其中。南宋著名思想家杨万里(1127—1206年)对"太极"作了唯物主义的解释。他认为,"太极"就是"元气",元气未分为太极,太极既分则为阴阳,太极是原始物质,不是绝对精神,不是超物质的"至神"。太极拳又叫十三势,十三势系指"五行八卦"合为十三,"五行"是金、木、水、火、土;"八卦"是乾、坤、坎、离、巽、震、兑、艮。"五行"比喻太极拳的五种步法(即前进、后退、左顾、右盼、中定);"八卦"比喻太极拳的八种手法(即掤、捋、挤、按、采、挒、肘、靠)。五种步法和八种手法充满了对立统一的变化关系和千变万化的矛盾运动。在《尚书·洪范篇》中曾提到"五行"这一名称,当时有对世界万物由"五行"即五种物质元素构成的朴素唯物主义思想。"八卦"出自《周易》一书,原是周人问吉凶的卜筮之书,据《易传·系辞》解释说"八卦"作者"仰则观象于天,俯则观法于地"

"近取诸身,远取诸物"而作"八卦"。《易经》关于阴阳的观念,是从观察天象地理的变化,或人类禽兽的不同中概括出来的。"八卦"代表八种物质,作为构成世界万物的最基本的材料,这八种物质是:乾为天、坤为地、震为雷、离为火、巽为风、兑为泽、坎为水、艮为山。这八种物质相互对立,相互依存。《易传》说:"乾,健也。坤,顺也。震,动也。巽,入也。坎,陷也。离,丽也。艮,止也。兑,说(悦)也。""雷以动之,风以散之,雨以润之,日以烜之,艮以止之,兑以说之,乾以君之,坤以藏之"。这些对立,而又相互依存的物质,是客观实有的具体事物,而不是虚无,是有形有象、看得见、摸得到的物质,而不是无形无象,看不见摸不着的精神,是客观自然界运动变化的规律和自然社会的原理,而不是先天就有的东西。这是较早从宗教迷信观念和唯心主义哲学的束缚中挣脱、产生出来的唯物主义哲学思想。太极拳从古代唯物主义哲学中汲取了丰富的营养。

17 世纪的朴素唯物论和辩证法思想家夫之(1619—1692 年)说:"静者静动,非不动也""静即含动,动不舍静"。辩证唯物主义认为,永恒的、绝对的物质运动中包含着各种各样的相对静止状态,肯定运动是物质存在的形式,同时也不否认物质世界中有某种静止状态,静止不是绝对的,而是相对的,它只是物质运动的特殊形式。太极拳中"静中触动动犹静""视动犹静""虽动犹静",正确地阐述了动与静对立统一的关系。太极拳中所指的静是指全身一动无处不在运动,同时也有相对的静止状态。所谓静都是相对于某种特定的情况而言,因而是有条件的,静止不是绝对不动,实际上它不过是指个别的具体的特殊的物质运动形式和过程,静止在任何情形下都不是永恒的,静止只能是暂时的相对的,而运动都是永恒的绝对的。绝对运动和相对静止的辩证统一,构成了物质世界的真实过程。在太极拳"左蹬脚"中,支撑脚较相对的蹬脚就是静,反之,蹬出脚较相对的支撑脚就是动。太极拳犹如春蚕吐丝绵绵不断,像行云流水相连无间,动作徐缓,似乎在动,似乎又静,静还要思想入静,但静又不是思想空无一物,思维呆滞,而要求思想集中,要用意念,用意来指挥动作,在静中又动。

太极拳的拳式据不完全统计约有十几种,如十八式、二十四式、四十八式等,其中二十四式太极拳是按照由简到繁、由易到难的原则编排的,结构内容便于学习和掌握。二十四式太极拳共分八组,包括起势、收势等二十四个姿势动作。

练习者可连续演练,也可选择单式练习。

1. **起势**　要点:两肩下沉,两肘松垂,手指自然微屈。屈膝松腰,臀部不可凸出,身体重心落于两腿中间。两臂下落和身体下蹲的动作要协调一致。

2. **左右野马分鬃**　要点:上体不可前俯后仰,胸部必须宽松舒展。两臂分开时要保持弧形。身体转动时要以腰为轴。弓步动作与分手的速度要均匀一致。

3. **白鹤亮翅**　要点:完成姿势胸部不要挺出,两臂都要保持半圆形,左膝要微屈。身体重心后移和右手上提、左手下按要协调一致。

4. **左右搂膝拗步**　要点:前手推出时,身体不可前俯后仰,要松腰松胯。推掌时要沉肩垂肘,坐腕舒掌,同时松腰、弓腿上下协调一致。搂膝拗步成弓步时,两脚跟的横向距离保持约30cm。

5. **手挥琵琶**　要点:身体要平衡自然,沉肩垂肘,胸部放松。左手上起时不要向上挑,要由左向上、向前,微带弧形。右脚跟进时,脚掌先着地,再全脚踏实。身体重心向后移和左手上起、右手回收要协调一致(图 5-2-1)。

6. **左右倒卷肱**　要点:前推的手不要伸直,后撤手也不可直向回抽,随转体仍走弧线。前推时,要转腰松胯,两手的速度要一致。避免僵硬。退步时,脚掌先着地,再慢慢全脚踏实,同时,前脚随转体以脚掌为轴扭正。退左脚略向左后斜,退右脚略向右后斜,避免使两脚落在一条直线上。后退时,眼神随转体动作先向左或右看,然后再转看前手。最后退右脚时,脚尖外撇的角度略大些,便于接做"左揽雀尾"的动作。

7. **左揽雀尾**　要点:向前按时,两手须走曲线,腕部高与肩平,两肘微屈。

8. **右揽雀尾**　要点:均与"左揽雀尾"相同,只是左右相反。

图5-2-1　简化太极拳（1~5式）

9. 单鞭　要点：上体保持正直，松腰。完成式时，右肘稍下垂，左肘与左膝上下相对，两肩下沉。左手向外翻掌前推时，要随转体边翻边推出，不要翻掌太快或最后突然翻掌。全部过渡动作，上下要协调一致。如面向南起势，单鞭的方向（左脚尖）应向东偏北约15度（图5-2-2）。

10. 云手　要点：身体转动要以腰脊为轴，松腰、松胯，不可忽高忽低。两臂随腰的转动而运转，

要灵活,速度要缓慢均匀。下肢移动时,身体重心要稳定,两脚掌先着地再踏实,脚尖向前。眼的视线随左右而移动。第三个"云手"右脚最后着地时,脚尖微向里扣,便于接"鞭"动作。

11. **单鞭**　要点:与前"单鞭"相同。

12. **高探马**　要点:上体自然正直,双肩要下沉,右肘微下垂。跟步移换重心时,身体不要有起伏。

13. **右蹬脚**　要点:身体要稳定,不可前俯后仰。两手分开时,腕部与肩平齐。蹬脚时,左腿微屈,右脚尖回勾,劲使在脚跟。分手和蹬脚必须协调一致。右臂和右腿上下相对。如面向南起势,蹬脚方向应为正东偏南(约30°)。

14. **双峰贯耳**　要点:完成式时,头颈正直,松腰松胯,两拳松握,沉肩垂肘,两臂均保持弧形。双峰贯耳的弓步和身体方向与右蹬脚方向相同。弓步的两脚跟横向距离同"揽雀尾"式。

15. **转身**　左蹬脚要点:与右蹬脚式相同,只是左右相反。左蹬脚方向与右蹬脚成180°(即正西偏北,约30°)。

16. **左下势独立**　要点:上体要正直,独立的腿要微屈;右腿提起时脚尖自然下垂。(图5-2-3)

图5-2-3　简化太极拳(10~16式)

17. **右下势独立**　要点:右脚尖触地后必须稍微提起,然后再向下仆腿。其他均与"左下势独立"相同,只是左右相反。

18. **左、右穿梭**　要点:身体要先向右转,再向左转。完成姿势,面向正西。上体不可太前倾。避免低头和臀部外凸。左腿要微屈。

19. **海底针**　要点:插掌时,上体不可太前倾,不可低头、凸臀。

20. **闪通臂**　要点:完成姿势上体自然正直,松腰、松胯;左臂不要完全伸直,背部肌肉要伸展开。推掌、举掌和弓腿动作要协调一致。弓步时,两脚跟横向距离同"揽雀尾"式(不超过10cm)。

21. **转身搬拦捶**　要点:右拳不要握得太紧。右拳回收时,前臂要慢慢内旋划弧,然后再外旋停于右腰旁,拳心向上。向前打拳时,右肩随拳略向前引伸,沉肩垂肘,右臂要微屈。弓步时,两脚横向距离同"揽雀尾"式。

22. **如封似闭**　要点:身体后坐时,避免后仰,臀部不可凸出。两臂随身体回收时,肩、肘部略向外松开,不要直着抽回。两手推出宽度不要超过两肩。

23. **十字手**　要点:两手分开和合抱时,上体不要前俯。身体自然正直,头微向上顶,下颌向后收。两臂环抱时须圆满舒适,沉肩垂肘。

24. 收势　要点:两手左右分开下落时,要注意全身放松,同时气也徐徐下沉(呼气略加长)。呼吸平稳后,把左脚收到右脚旁,再走动休息。(图5-2-4)

图5-2-4　简化太极拳(17～24式)

学 练 提 示

1. 意识引导动作　人体的任何动作(除反射性动作外),包括各种体育锻炼的动作,都需经过意识的指挥。练习太极拳的全部过程,也要求用意识(即指想象力)引导动作,把注意力贯注到动作之中去。如做太极拳"起势",两臂徐徐前举的动作,从形象上看与体操中"两臂前平举"的动作相仿,但在太极拳的练法上,不是随便地把两臂抬起来,而是按着要求想着两臂前平举的动作,随后再慢慢地把两臂抬起来;又如做两手前平举的动作,随后慢慢地把两臂抬起来;又如做两手向前按出的动作,首先就要有向前推按的想象。意欲沉气,就要有把气沉到腹腔深处的想象。意不停,动作亦随之不停,就好像用一条线把各个动作贯串起来一样。总之,练习太极拳从"起势"到"收势",所有动作都要注意用意识去支配。即有些练拳人所说的"神为主帅、身为驱使""意动身随"就是这个意思。为了掌握这个要领,必须注意以下两点:

第一,安静。练拳时从准备姿势开始,首先就要从心理上安静下来,不再思考别的问题,然后按动作的要求检查,头是否正直,躯干和臂是否放松了,呼吸是否自然通畅。当全部合乎要求时再做以后的动作。这是练拳前最要紧的准备功夫。这种安静的心情,应贯彻到练拳的全部动作中去。

练拳时,无论动作简单或复杂、姿势高或低,心理上始终要保持安静状态,这样才能保持意识集中,精神贯注到每个细小的动作之中,否则就会造成手脚错乱、快慢无序或做错了动作的现象。打太极拳要求"以静御动,虽动犹静""动中求静"。如能做到这些,即不会引起精神过分紧张而感疲劳。

第二,要集中注意力。在心理安静的前提下,要把注意力放在引导运输和考虑要领上,专心致志地练拳。不要一面打拳,一面东张西望或思考别的事情。初学太极拳的人,很容易忘掉这个"用意"

的要求。经久练习，就可意动身随，手到劲发，想象力自然地与肢体的活动密切配合。

2. 注意放松，不用拙力　这里所讲的放松，不是全身的松懈疲惫，而是在身体自然活动或站立情况下，使某些可能放松的肌肉和关节做到最大限度的放松；动作时避免使用拙力和僵劲。在练习中，要求人体的脊柱按自然的形态直立起来，使头、躯干、四肢等部分进行舒松自然的活动。

太极拳姿势要求上体正直安舒，不要前俯后仰或左右偏斜。所有的力，是维护姿势正确与稳定的自然的力，有的称它为规矩的力，也有称它为"劲"。两臂该圆的，必须做到圆满；腿该屈的，必须屈到所要求的程度。除按照要求所用的力量之外，其他部位肌肉要尽量放松。初学时比较难掌握"力"的界限，所以首先应注意放松，使身体各个关节都能舒展开，避免紧张，力求灵活。然后由"松"再慢慢地使力量集中起来，达到式式连贯、处处圆活、不僵不拘、周身协调的要求。

3. 上下相随，周身协调　太极拳是一种身体全面锻炼的运动项目。有人说，打太极拳时，全身"一动无不动"；又说，练拳时全身"由脚至腿至腰总须完整一气"，这些都是形容"上下相随，周身协调"。

初学太极拳的人，虽然在理论上知道许多动作要以腰部为轴，由躯干带动四肢来进行活动，但因为意念与肢体动作还不能密切配合，想做到周身协调是有困难的。所以，最好先通过单式练习（如单练"起势""云手"等），以求得躯干与四肢动作的协调，同时也要练习步法（如站虚步、弓步以及移动重心、变换步法等），以锻炼下肢的支撑力量和熟练掌握步法要领。然后再通过全部动作的连贯练习，使步法的进退转换与躯干的旋转、手法的变化相互配合，逐渐地达到全身既协调又完整，从而使身体各个部位都得到均衡的锻炼与发展。

4. 虚实分清，重心稳定　初步了解了太极拳的姿势、动作要领后，就要进一步注意动作的虚实和身体重心问题。因为一个姿势与另一个姿势的连接、位置和方向的改变，处处都贯穿着步法的变化和重心转移的活动。在锻炼中也要注意身法和手法的运用，由虚到实，或由实到虚，即要分明，又要连贯不停，做到势断意不断，一气呵成。如果虚实变化不清，进退变化则不灵，就容易发生动作迟滞、重心不稳和左右歪斜的毛病。

过去有人说："迈步如猫行，运劲如抽丝"，就是形容太极拳应当注意脚步轻灵和动作均匀。要做到这一点，首先应注意虚实变换得当，使肢体各部分在运动中没有不稳定的现象。假如不能维持身体的平衡稳定，那就根本谈不到动作的轻灵、均匀。

太极拳的动作，无论怎样复杂，首先要把自己安排得舒适，这是太极拳"中正安舒"的基本要求。凡是旋转的动作，应先把身体稳住再提腿换步；进退的动作，先落脚步而后再慢慢地改变重心。同时，躯体做到了沉肩、松腰、松胯以及手法上的虚实，也会帮助重心的稳定。这样练习日久，动作无论快慢，都不会产生左右摇摆、上重下轻和稳定不住的毛病。

5. 呼吸自然　练太极拳要求呼吸自然，不要因为运动而引起呼吸急促。人们无论做任何体育活动，机体需要的氧都要超过不运动的时候。在练习太极拳时，由于动作轻松柔和，身体始终保持着缓和协调，所以用增加呼吸深度就可以满足体内对氧的需要，对正常的呼吸影响并不太大。

初学太极拳的人，首先要注意保持自然呼吸，这就是说，在做动作时，练习者应按照自己的习惯和当时需要进行呼吸，该呼就呼，该吸就吸，动作和呼吸不要互相约束。

动作熟练之后，可根据个人锻炼体会的程度，毫不勉强地随着速度的快慢和动作幅度的大小，按照起吸落呼、开吸合呼的要求，使呼吸与动作自然配合。例如：做"起势"两臂慢慢前平举时要吸气，而身体下蹲、两臂下落时则要呼气。这种呼吸方式是根据胸廓张缩膈肌活动的变化，在符合动作要求与生理需要的基础上进行的。这样能提高氧的供给量和加强膈肌的活动。但是，在做一般起落开合不明显的动作时，或在以不同的速度练习、不同体质的人练习时，动作与呼吸的配合不能机械勉强，要求一律。否则违反了生理自然规律，不仅不能得到好处，反而可能造成呼吸的不顺畅和动作的不协调。

以上要领不是彼此分离，而是相互联系的。如果心理不能"安静"，就不能意识集中和精神贯注，也就难以使意识与动作结合进行,更达不到连贯和圆活的要求。如果虚实与重心掌握不好,上体过分紧张,也不可能做到动作协调、完整一体,从而呼吸也就谈不上自然了。

二、八段锦

八段锦是我国民间广泛流传的具有保健作用的动功功法。共有八节动作组成,简便易学,每节都与人体内脏相关联,因此历来深受人们喜爱,被比作精美的"锦"(丝织品),故名为八段锦。

1. 双手托天理三焦(图5-2-5)

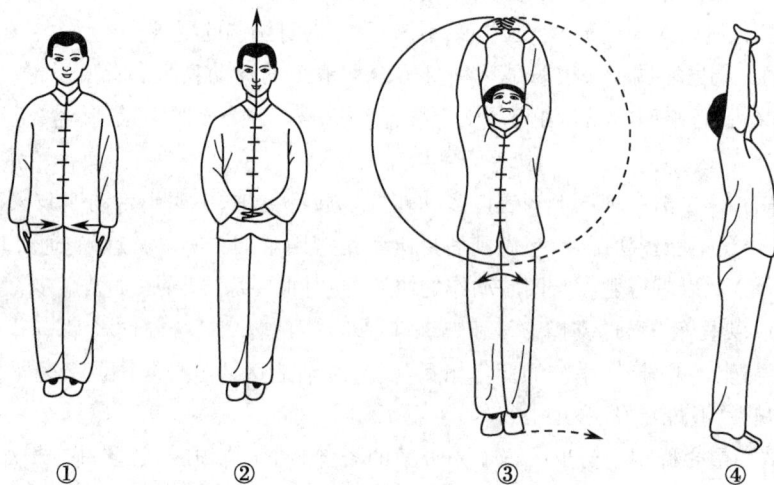

① ② ③ ④

图5-2-5 双手托天理三焦

(1)两脚并拢,自然直立;肩臂松垂,两手轻贴在大腿外侧;头项正直,用意轻轻上顶,下颌微内收,舌尖轻抵上颚,用鼻自然呼吸;眼向前平视;精神集中,意守丹田2~3分钟。(见图5-2-5①)。

(2)两臂微屈,两手从体侧移向腹前丹田处,十指交叉互握,掌心朝上(见图5-2-5②)。

(3)随着吸气,两掌沿身体中线徐徐上举,至头顶时,臂内旋,翻掌向上,肘关节伸直,如托天状;同时,两腿伸直,脚跟上提;头朝后仰,眼视手背(图5-2-5③、图5-2-5④正、侧)。

(4)随着呼气,两臂向体侧左右分开,徐徐弧形下落,两掌至腹前时,十指交叉互握,掌心朝上;同时,脚跟轻轻着地;眼随左手下落,最后向前平视,恢复图5-2-5①式。

要点:两手上托,掌根用力上顶,腰背充分伸展。脚跟上提时,两膝用力伸直内夹,可以加强身体平衡。眼神一次随左手,一次顾及右手,交替轮换。

功理和作用:三焦有主持诸气,总管人体气化的功能。两手上托承天,充分拔长机体,最主要是拉长胸腹部,使胸腔和腹腔容积增大,而头部后仰,更加扩张了胸部。此时吸气,具有升举气机,疏理三焦的作用;呼气时,两手分开从体侧徐徐落下,有利于气机的下降。一升一降,气机运动平衡。

2. 左右开弓似射雕(图5-2-6)

(1)接上式图5-2-5②。随着呼气,两臂向体侧左右分开,徐徐弧形下落,在腹前丹田处交叉,左臂在外,两掌心均朝里,脚跟轻轻落地后,左脚向左平跨一步,脚尖朝前;眼向前平视(见图5-2-6①)。

(2)随着吸气,两臂屈肘,沿身体中线上提至胸前膻中穴处。随之,左手握拳,示指上翘,拇指伸直外展,两指成八字撑开,左臂伸肘,向左缓缓用力推出,高与肩平,掌心朝左;与此同时,右手握拳,展臂扩胸,屈肘向右平拉,拳心朝下,两臂成拉弓势;同时,两腿屈膝半蹲,膝外展,脚尖内扣,成马步;眼视左手示指(见图5-2-6②)。

(3)随着呼气,右臂伸肘,两拳变掌,在体侧徐徐落下至腹前丹田处交叉,右臂在外,两掌心均朝里,同时,两膝缓缓伸直;眼向前平视(见图5-2-6③)。

图 5-2-6　左右开弓似射雕

（4）以下动作同图 5-2-6①。

要点：两臂平拉，用力要均匀，尽量展臂扩胸，头项仍保持正直。马步时，挺胸塌腰，上体不能前俯，要脚跟外蹬。

功理和作用：本节动作主要是扩张胸部。吸气时，双手似开弓的姿势左右尽力拉开，加大胸廓横径，能吸进更多的新鲜空气；呼气时，双手下落，然后向胸前合拢，帮助挤压胸廓，吐尽残余的浊气；由于两肺的舒张与收缩，对心脏也起到了直接的挤压和按摩作用，可以加强心肺功能。

3. 调理脾胃臂单举（图 5-2-7）

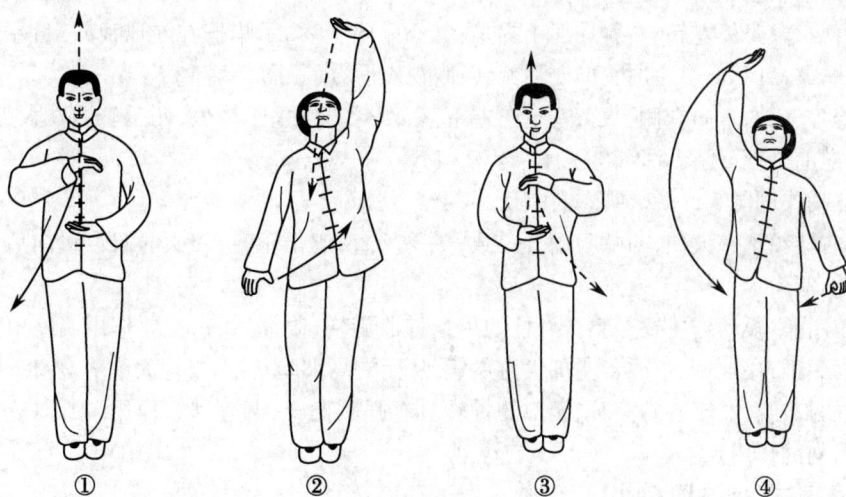

图 5-2-7　调理脾胃臂单举

（1）接上式。随着呼气，左臂外旋，拳变掌下落至腹前丹田处，掌心朝上；右臂屈肘，拳变掌向内收至胸前膻中穴处，掌心朝下；两掌心相对，成"抱球"状；左脚收至右脚内侧，两腿并步直立；眼向前平视（见图 5-2-7①）。

（2）随着吸气，左掌向上沿身体中线，穿过右掌，至头前时，臂内旋，翻掌上举至肘直，五指伸直并拢，拇指分开，掌心朝上，指尖朝右；右臂伸肘，掌下按至右肋侧后，五指伸直并拢，拇指外分，掌心朝下，指尖斜朝下；头向后仰，眼视左手背（见图 5-2-7②）。

（3）随着呼气，两臂外旋屈肘，两掌心相对，沿身体中线徐徐相合，左掌至胸前腹中穴处，右掌至腹前丹田处，成"抱球"状；眼向前平视（见图 5-2-7③）。

（4）以下动作同图 5-2-7②，唯左右相反（见图 5-2-7④）。

要点：两掌相合，似挤压气球，须缓缓用劲；两掌上撑下按，挺胸直腰，拔长脊柱。眼睛一次随视左手，一次随视右手，相互交替轮换。

功理与作用:本段动作吸气时一手上撑,一手下按,主要是充分扩张腹腔,呼气时双手相合,成"抱球"状于腹前,主要是压缩腹腔。所以主要作用是按摩腹腔脏器,特别是脾胃消化系统,能加强胃肠蠕动,增强脾胃消化吸收功能。

4. 五劳七伤向后瞧(图5-2-8)

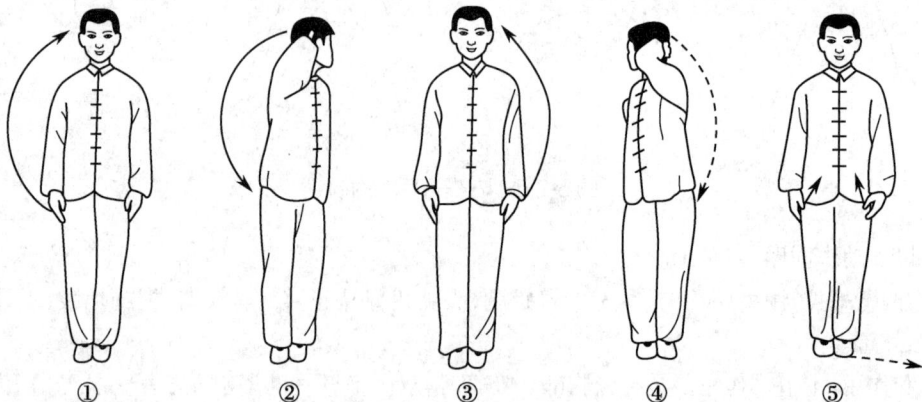

图5-2-8   五劳七伤向后瞧

(1)接上式。随着呼气,右臂和体向侧弧形下落,两臂自然垂于体侧,两手轻贴在大腿外侧;两腿并步直立,眼向前平视(见图5-2-8①)。

(2)随着吸气,身体左转;右臂屈肘上提,右掌心贴附脑后,示指按在左风池穴上;左臂屈肘向体后抬起,掌背贴靠命门处;右手肘头向左后旋转,眼视左后方(见图5-2-8②)。

(3)随着呼气,右掌向右侧下落,左掌向左下落,两臂自然垂于体侧,两手轻贴在大腿外侧;身体右转朝前,眼向前平视(见图5-2-8③)。

(4)以下动作同图5-2-8②,唯左右相反。

要点:左右转头不宜太快,与呼吸配合一致,头平项直,躯干正直,转头时眼尽量向后注视。两脚踏地不能移动。

功理和作用:本段动作主要是整个脊柱的尽量拧曲旋转,眼往后看,主要作用调整中枢神经系统功能。能活络颈椎,松弛颈肌,改善头部供血供氧,从而提高大脑功能,发挥大脑对全身五脏六腑的指挥功能;胸部的拧转有益于心肺两脏;腰部的拧转具有强腰健肾,调理脾胃作用。所以说本段动作具有治疗五劳七伤的作用。

5. 摇头摆尾去心火(图5-2-9)

(1)接上式。左脚向左平跨一步,两腿屈膝半蹲,脚尖朝前,成马步;两掌按在膝上,虎口朝里;眼向前平视(见图5-2-9①)。

(2)随着吸气,头和身体向左以弧形旋转,头部尽量向左伸出,眼视后方,而臀部则相应地向右前摆动,尽量向右顶出;重心移向右腿,使右膝屈曲,左膝伸直;两臂随转体向左摆去,左掌心按在臀后尾间穴处,指尖朝右;右掌心按在左膝上,虎口朝里(见图5-2-9②)。

(3)以下动作同图5-2-9②,唯转为呼气,左右相反(见图5-2-9③)。

(4)左脚向右落至右脚内侧,两脚并步直立;身体左转朝前,两臂自然下垂,两掌轻贴在大腿外侧;眼向前平视。

要点:左右摆动运动量虽然较大,但仍要做到协调、轻松、自然,手、眼、身法、步、呼吸的变化要配合一致。头部和臀部的相对运动,对拉拔长。两脚始终不能离地移动。

功理和作用:本段功法是全身运动,而主要是头顶百会穴至盆底会阴穴的中脉运动,其主要作用是宁心安神,降低中枢神经系统的兴奋性,从而治疗因交感神经兴奋引起的"心火上炎"一类疾病。

图 5-2-9 摇头摆尾去心火

6. 两手攀足固肾腰（图 5-2-10）

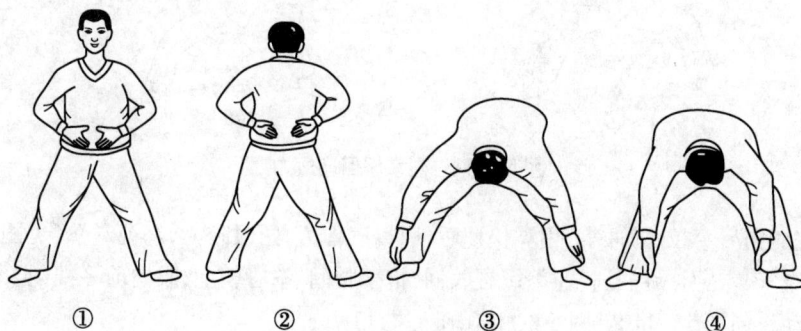

图 5-2-10 两手攀足固肾腰图

（1）接上式。左脚收至右脚内侧，两脚并步直立；两臂自然下垂于体侧，两拳变掌，轻贴大腿外侧。随着吸气，两臂宽与肩同，向前、向上高举，掌心朝上；身体背伸。（见图 5-2-10①）。

（2）随着呼气，身体渐渐前俯深屈，两膝挺直，同时，两臂随屈体向前、向下，用手攀握脚尖（如做不到，可改为两手指尖触地）；头略抬起，眼视两手（见图 5-2-10③）。

（3）两手经脚外侧移至脚跟。随着吸气，身体缓缓抬起背伸，两膝伸直；同时，两掌心贴住两脚后面上行至背后，再用掌根按压在肾俞穴上；眼向前平视（见图 5-2-10②正、反）。

（4）随着呼气，两掌轻贴大腿外侧恢复初始动作；身体正直，眼向前平视（见图 5-2-10①）。

要点：身体前屈和前伸，主要是活动腰部，因此两膝要始终伸直，速度缓慢均匀，幅度由小到大。

功理和作用：本段功法呼气时腰部后仰，双手掌心向上承接天阳；呼气时腰部前俯，双足攀足以吸地阴。然后再吸气时，双手将天阳地阴导引至背部肾俞穴，以补人体元阴元阳。腰部的运动，直接锻炼了腰部的肌肉和筋骨，因"腰为肾之府"，所以腰强健则肾固秘。

7. 攒拳怒目增气力（图 5-2-11）

（1）接上式。随着吸气，左脚向左平跨一步，屈膝半蹲，脚尖里扣，成马步；同时，两臂屈肘上提，两掌变拳，抱于腰间，拳心朝上；眼向前平视（见图 5-2-11①）。

（2）左拳从腰间向前猛力冲出，肘关节过腰后，臂内旋，转腰、顺肩、直肘，拳心朝下，高与肩平，力

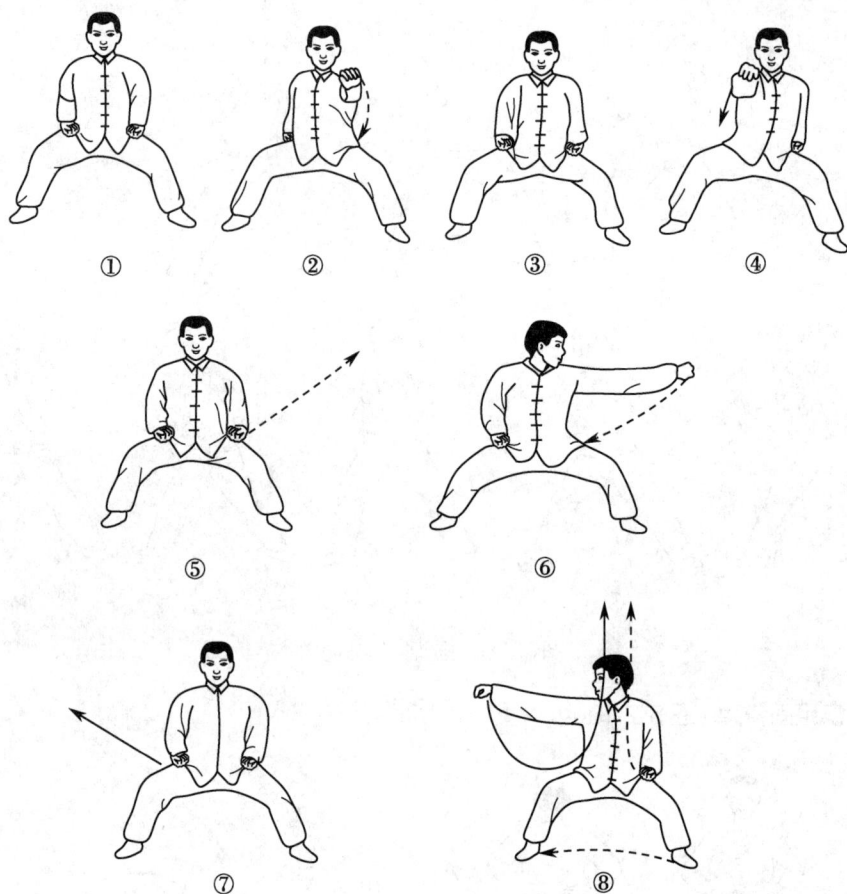

①　　　　　　②　　　　　　③　　　　　　④

⑤　　　　　　　　　　　⑥

⑦　　　　　　　　　　　⑧

图 5-2-11　攒拳怒目增气力

达拳面;同时右肘向后牵拉;随冲拳,用鼻快速呼气,以气催力;两眼瞪大,怒视左拳(见图 5-2-11②)。

（3）随着吸气,左臂外旋屈肘,左拳缓缓收回,抱于腰间,拳心朝上;眼向前平视(见图 5-2-11③)。

（4）以下动作同图 5-2-11②、图 5-2-11③,唯左右相反。

（5）左拳从腰间向左猛力冲出,肘关节过腰后,臂内旋,顺肩、直肘,拳心朝下,高与肩平,力达拳面;同时右肘向后牵拉;随冲拳,用鼻快速呼气,以气催力;两眼瞪大,怒视左拳(见图 5-2-11⑥)。

（6）以下动作同图 5-2-11⑤、图 5-2-11⑥,唯左右相反(见图 5-2-11⑦、图 5-2-11⑧)。

要点:出拳要快速有力,做好拧腰、顺肩、急旋前臂动作,脚趾用力抓地,挺胸塌腰,全身用劲,并与呼气、瞪怒目配合一致;收拳时宜缓慢、轻柔,蓄气、蓄力待发。一张一弛,刚柔相济。

功理和作用:本段功法主要是锻炼中医"肝"的功能,攒拳体现了"肝主血"的功能,肝血丰盈,则筋脉得以养,以致筋骨强健,久练攒拳,则气力倍增;怒目体现了肝的疏泄功能,因为"肝开窍于目""在志为怒,怒伤肝"。所以怒目可以疏泄肝气,从而调和了气血,保证了肝的正常生理功能。

8. 背后七颠百病消（图 5-2-12）

（1）接上式。两脚跟提起,头上顶,动作略停,目视前方。

（2）两脚跟下落,轻震地面,目视前方。

要点:脚跟上提时,百会上顶;脚跟下落时,着地震动宜轻,意念下引至涌泉,全身放松。

功理和作用:这是一节收功动作,意即通过以上各段功法的锻炼,再做脚跟轻微着地震动,将全身肌肉逐渐放松,并随着动作的落下,意将病气、浊气从身体上全部抖落,从而取得"百病皆消"的功效。

图 5-2-12　背后七颠百病消

三、三路长拳

长拳是武术中的一种拳术,流派众多,拳械繁衍,其表现形式千姿百态,丰富多彩。长拳不仅具有健身和技击价值,而且富有浓郁的艺术色彩,从其动作的丰姿多态、舒展大方和潇洒健美而著称。

长拳大开大合,路线清晰,具有鲜明的"动迅静定"技术特点,在动静的变化中讲求"眼随手动""目随势注"。长拳套路要求内在精气神与外部形体动作紧密相合,完整一气,做到"心动形随""形断意连""势断气连"。以"手眼身法步,精神气力功"的变化来锻炼心身,它的特点非常适合青年学生练习。

武术随着社会的发展和走向世界的需要,逐渐步入正轨,长拳就是一大类(初级三路长拳也就是三段长拳)。长拳对基本功的要求很高,如柔韧性、跳跃、平衡、力量等。武术基本功是发展长拳基本素质的有效方法。自学长拳应把压腿(正压、侧压、后压)、踢腿(正踢、弹踢、里合、外摆)、压肩活肩、站桩(弓步桩、马步桩、虚步桩)、活腰等作为入门必学。

(一) 三路长拳拳式 (图 5-2-13 ~ 图 5-2-18)

图 5-2-13　三路长拳拳式 (1~8 式)

图 5-2-14　三路长拳拳式（9～15 式）

图 5-2-15　三路长拳拳式（16～20 式）

图 5-2-16　三路长拳拳式（21~26 式）

图 5-2-17　三路长拳拳式（27~31 式）

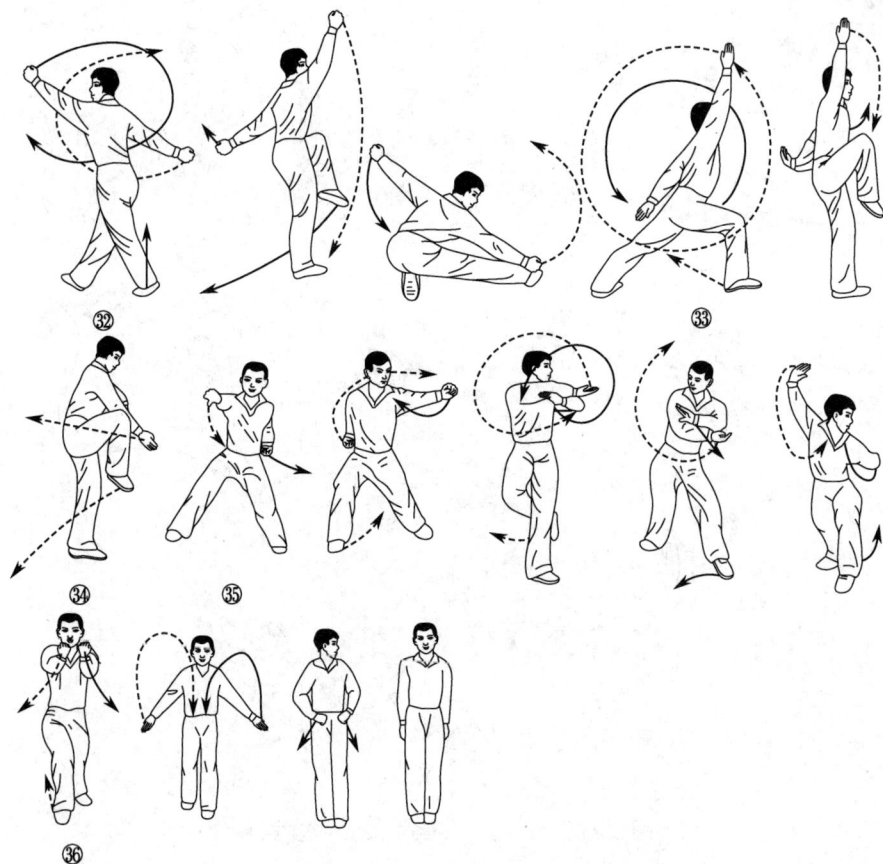

图 5-2-18　三路长拳拳式（32～36 式）

预备动作

预备势：虚步亮掌　并步对拳

第一段：弓步冲拳　弹腿冲拳　马步冲拳　弓步冲拳　弹腿冲拳　大跃步前穿　弓步击掌　马步架掌。

第二段：虚步栽拳　提膝穿掌　仆步穿掌　虚步挑掌　马步击掌　叉步双摆掌　弓步击掌　转身踢腿　马步盘肘。

第三段：歇步抢砸拳　仆步亮掌　弓步劈拳　换跳步弓步冲拳　马步冲拳　弓步下冲拳　叉步亮掌　侧端腿　虚步挑拳。

第四段：弓步顶肘转身　左拍脚右拍脚　腾空飞脚　歇步下冲拳　仆步抢劈拳　提膝挑掌　提膝劈掌　弓步冲拳。

结束动作。

虚步亮掌并步对拳。

还原。

（二）自我学练提示

1. **掌握一定的长拳知识**　通过学习，了解一些长拳的基本理论知识。如长拳的起源、发展和长拳的特点等。

2. **掌握看图学长拳的能力**　有了这个能力就等于有一位高师，各种资料和视频到了手里都能发挥作用。

3. 从基本功入手，全面练好基本功是学好长拳的前提，有好的基本功即使学习其他武术套路也容易得多。

4. 学习套路之前要掌握长拳的基本技法,如步型、步法、手型、手法。

5. 习练武术之前应活动好各关节,做好热身运动。

长拳套路有数十个动作,就三路长拳为例即有 4 段,每段 8 个动作,加起收势,共有 36 个动作。学习时可以分动作、分节、分段学习。长拳每改变一次大的方向,起收势的位置大致相同,方向一致,否则在练习套路时动作方向容易产生错误。

四、保健按摩

保健按摩在古代属于“导引”范畴,是一种保健性质的自我按摩,以从中医的经络理论出发而形成的穴位按摩为主,同时也包括肌肉按摩。

保健按摩利用专门的手法作用于人体,以提高人体功能,达到强身治病的目的,具有较高的实用价值。适应范围广,有病可以治疗,无病可以防病、强身,同时收效快。保健按摩简便易行,全套按摩一般只需 15 ~ 30 分钟,也可根据需要单独进行某一部分按摩。几种常用按摩手法(图 5-2-19,图 5-2-20,图 5-2-21):

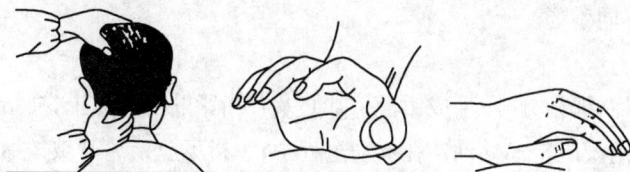

图 5-2-19　拿法、揉法、擦法

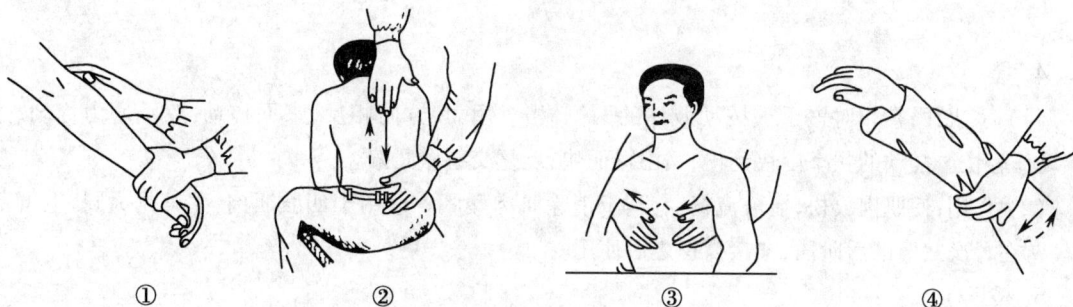

① ② ③ ④

图 5-2-20　搓法

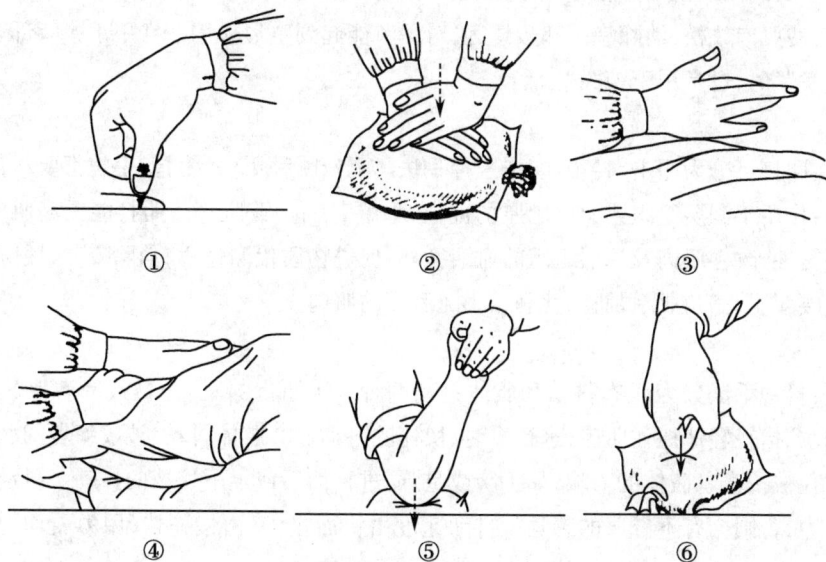

① ② ③

④ ⑤ ⑥

图 5-2-21　按法

1. 推摩

（1）轻推摩：

1）手法：四指并拢，拇指分开，全手接触皮肤，沿淋巴流动方向轻轻向前推动。

2）作用：对神经系统起镇静作用。常在按摩开始、结束或按摩中间转换手法时使用。

（2）重推摩：

1）手法：与轻推摩基本相同，但用力较重。要求掌根用力，虎口应稍抬起，否则会引起疼痛。

2）作用：加速静脉血及淋巴液的回流，多与揉捏、按压等手法交替使用。

2. 擦摩

（1）手法：用拇指或四指指腹、大鱼际、小鱼际、手掌、掌根紧贴于皮肤上，做来回直线形的摩动或螺旋形的摩动。手法要轻缓而柔和，力量要均匀，不要速度过快和用力过猛。作用力在皮肤及皮下组织。

（2）作用：使局部皮肤温度升高，加强局部的血液循环。可用于四肢、腰背、关节、韧带和肌腱部，可根据不同部位采用不同手形。

3. 揉捏

（1）手法：四指并拢，拇指分开，手成钳形。掌心及各指紧贴于皮肤上，拇指与四指相对用力将肌肉略往上提，沿向上方向做旋转式移动。在移动过程中，掌指不应该离开被按摩的皮肤，手指不弯曲，用力均匀，避免仅指用力。拇指着重做圆形揉的动作，其他四指着重做捏的动作。

（2）作用：放松肌肉，促进局部血液循环，同时，促进运动后肌肉活动带来的乳酸排出，加速疲劳恢复。

4. 搓

（1）手法：两掌相对置于被搓动肢体的两侧，相对用力，方向相反，来回搓动，双手用力均匀、连贯、动作轻快。搓动的频率由快到慢，又由慢而快；反复交替做几遍。

（2）作用：使肌肉放松，血液流畅，有利于消除肌肉酸胀。适用于四肢肌肉，尤其是大腿、上臂部位。常在每次按摩的后阶段，紧接揉捏之后使用。

5. 按压

（1）手法：一手或双手的手掌和掌根（双手并列、重叠或相对）按压被按摩的部位，停留一段时间（约 30 秒左右）。用力由轻到重，然后由重到轻。作用点在肌肉或关节。

（2）作用：使肌肉放松，消除疲劳和腰痛等，对关节能起到整形作用。常用于腰背部、肩部以及四肢肌肉僵硬或发紧时，也常用于腕关节。

6. 叩打

（1）手法：叩打可分为叩击、轻拍、切击三种手法。无论哪种手法，手指、手腕都要尽量放松。

（2）作用：作用于深层组织或肌肉肥厚的部位，如腰背、肩、臀肌等。叩打能提高肌肉张力，调节神经肌肉的兴奋性，改善肌肉及深层组织的血液循环，促进物质代谢过程，消除疲劳，缓解肌肉的酸痛反应。常用于腰背肌、三角肌、臀肌、大腿肌、小腿后部的肌肉。

7. 抖动

（1）手法：抖动手法分为肌肉抖动和肢体抖动两种。①肌肉抖动：令被按摩者取放松肌肉的位置。按摩者用掌、指轻轻地抓住肌肉，进行短时、快速的抖动。②肢体抖动：被按摩者的肢体放松。按摩者用双手拉住被按摩者肢体的末端，如手腕或足踝，进行前后或上下快速的抖动。抖动时，对肘、膝关节稍加牵引力，否则会有不舒服的感觉。抖动速度由快而慢，又由慢而快，用力要均匀、适当，反复抖动 5 ~ 10 次。

（2）作用：放松肌肉、牵拉关节。多用于按摩快结束的后阶段。

8. 运拉

（1）手法：被按摩者采取适当的体位。按摩者一手握住关节近端肢体，另一手握住关节远端肢体。根据关节的运动范围，使关节屈伸、收展、内外旋以及绕环活动。

（2）作用：牵拉关节周围的肌腱、关节囊及韧带，增加柔韧性，加大关节运动范围。结合其他按摩手法使用，对防治肩周炎、关节炎、肌肉酸痛等有良好疗效。

按摩手法可以单独使用，也可以结合使用。运用恰当有较好的保健强身作用。

（一）保健按摩常用穴位及作用

按摩与穴位关系密切，了解常用穴位的位置及其防治病的作用，根据需要进行有目的点穴按摩会起到事半功倍的效果。点穴按摩常用的取穴法为指量法：以被按摩者的手指宽度为标准，拇指的横度为1寸，示指、中指二指为1.5寸，四横指为3寸。常用穴位的作用见表5-2-1、表5-2-2、表5-2-3、表5-2-4，常用穴位的位置示意图见图5-2-22、图5-2-23。

表5-2-1 头部常用穴位

穴名	位 置	主治
百会	头项正中线与两耳尖边线的交点	头晕、头项痛、昏迷
印堂	两眉内侧端边线的中点	头晕、前头痛、鼻病
太阳	眉梢与目外眦延长线的交点	偏头痛、眼病
人中	人中沟的上1/3与下2/3交界处	昏迷

表5-2-2 颈背部和腰部常用穴位

穴名	位 置	主治
风池	胸锁乳突肌与斜方肌之间凹陷处，平耳垂	头晕、后头痛、眼病落枕
大椎	第7颈椎与第1胸椎棘突之间	发热、颈痛中暑
天宗	肩胛冈下缘正中与肩胛下角连线的1/3与下2/3交界处	肩胛部疼痛
肾俞	第2、3腰椎棘突间旁开1.5寸	腰痛、肾炎
大肠俞	第4、第5腰椎棘突间旁开1.5寸	腰痛、肠炎

表5-2-3 上肢部常用穴位

穴名	位 置	主治
肩髃	肩峰与肱骨大结节之间，举臂时有凹陷处	肩痛、臂痛、上肢瘫痪
肩内陵	垂肩，在肩前脏腋前纹端与肩髃穴连线的中点	肩痛、臂痛、上肢瘫痪
曲池	半屈肘，肘横纹头与肱骨外上髁的中间	肘痛、肩臂痛、上肢瘫痪、发热
扭伤	稍屈肘，半握拳，掌心向内，曲池与腕背横纹中央	急性腰扭伤
支沟	腕背横纹上3寸，尺、桡之间	肋痛、肩臂痛
外关	腕背横纹上2寸，尺、桡之间	腕痛、上肢瘫痪、落枕
内关	腕背横纹上2寸，尺、桡侧腕屈肌腱之间	手指痛、胸痛、上腹痛、昏迷
合谷	第1、2掌骨之间，靠近第2掌骨体的中点	上肢痛、手麻、头痛、牙痛、咽痛
落枕	手背，第2、3掌骨间，掌指关节后5分	落枕、手指痛、手指麻木
后溪	握拳，第5掌骨小头后，掌横纹尽头处	落枕、急性腰扭伤、手指痛、手顶痛

表 5-2-4　下肢部常用穴位

穴名	位　置	主治
环跳	侧卧、上腿弯曲,下腿伸直,在臀部股骨大转子最高点与臀裂上端连线处 1/3 与内 2/3 交界处	髋痛、腰痛、坐骨神经痛
委中	窝横纹中央	腰痛、坐骨神经痛、膝痛
承山	腓肠肌腹下方人字纹处正中	腰痛、腓肠肌痉挛、痔疮
膝眼	屈膝垂足,髌骨下缘两旁凹陷处	膝痛
阳陵泉	腓骨小头前下方凹陷处	膝痛、下肢瘫痪、肋痛
足三里	外膝眼下 3 寸,胫骨外侧 1 横指	腹痛、膝痛、下肢麻木
悬钟	外膝眼下 3 寸、腓骨后缘	外踝扭伤、落枕
昆仑	外踝与跟腱之间	踝痛、腰痛、坐骨神经痛
三阴交	内踝尖上 3 寸,胫骨后缘	下腹痛、月经不调
太溪	内踝与跟腱之间	踝痛、神经衰弱
涌泉	脚底心凹陷中,在足底前 1/3 与后 2/3 交界处	昏迷、中暑、腿底抽筋

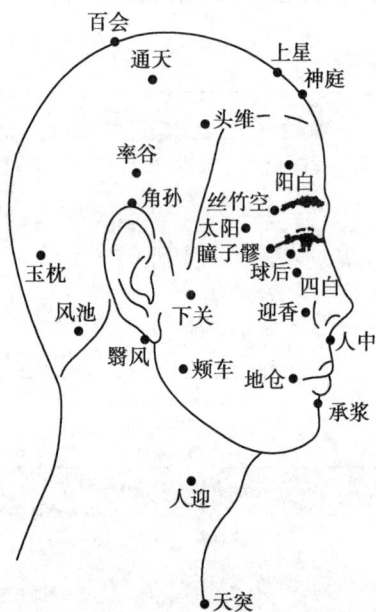

图 5-2-22　头部常用穴位图

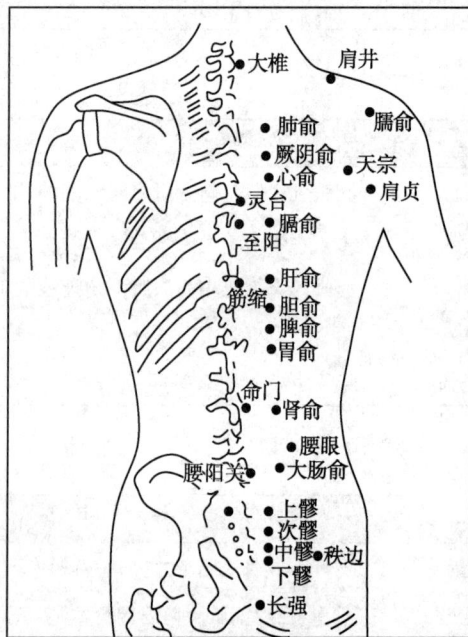

图 5-2-23　腰背部常用穴位图

（二）全身穴位保健按摩法

此套按摩,动作简单易学,适宜于各种年龄和体质的人练习。按摩中各种不同手法的叩击、震动、深入、激发,可疏通全身经络血脉,调节体内器官功能,使机体活跃,精神振奋。经常练习此法,对强健肌肉、促进骨骼生长、坚实脏腑、健美体形,以及治疗因气血淤滞不畅而产生的各种疾病,都有较明显的辅助效果。

基本姿势:两脚开立与肩同宽、脚尖朝前,两膝微屈,头部正中,舌顶上腭,下颌内收,牙齿、嘴唇轻轻闭合,两手重叠(右上左下)按于"丹田"(即脐下一寸五分的腹部深处),眼睛微视"丹田"。

要领:全身放松,专注"丹田",做到神聚气顺,身体松弛、精神安逸即可。

1. 手臂按摩方法

（1）左臂略抬起，左手轻握。右手以扣拳（以拳心部为力点）沿左臂外侧，从上至下，即肩部"肩穴"至腕部"阳池穴"，再从下至上做反复的叩击，以9次为宜。

（2）右拳变掌，沿左臂外侧上、下按摩（用掌心稍用力捋擦），共9次。

（3）左臂外旋，右掌变拳沿臂内侧，从上至下以肩部"肩穴"至腕部"大陵穴"，再从下至上做反复叩击，以9次为宜。

（4）右拳变掌，沿左臂内侧上下共按摩9次。

要领：左臂叩击、按摩后即换右臂练习，方法同上。在叩、按过程中，要注意轻、重适中，叩击点细密，尽量使臂内、外侧均匀接触到。初学此功时，要按照自己的实际情况，做到轻、重、快、慢适宜，应以自我感觉良好和适度为宜。

治疗：肩、臂、腕、指的伤痛，不举、麻痹，以及胸肋痛、感冒、肠胃不舒、神经衰弱、眩晕、神经痛、肌肉萎缩、半身不遂等症。

2. 脸部按摩方法

（1）双手成掌，以掌根部为力点，从面部前额发际处"神庭穴"依次向下，经眼部顺鼻而下，轻微按打至下颌处"廉泉穴"。

（2）两掌分别沿下颌两侧向上，经耳部、太阳穴再回至前额发际处。共循环按击9次。

（3）两掌以掌心为力点，从前额发际处顺序沿眼部、鼻部、口部至下颌，然后分别向上经耳部、太阳穴按摩至前额，共9次。

（4）分别用掌根由眼部（闭眼）向两侧成横向按摩至"太阳穴"，共9次。

要领：脸部是三叉神经的区域，因此用力要轻缓、慎重（尤其按、打眼部周围时），要做到闭眼、扣齿。按打耳部时，要使其产生轻微共鸣。待按摩手法完后，可配合做上下、左右交错的叩齿练习各9次。

治疗：以面部、头部疾病为主。如：面部神经麻痹、鼻炎、眼疾（视力减弱）、齿病、耳鸣、头痛、晕眩、脑充血、神经性疾患、感冒、三叉神经痛等。经常练习，还可使面部皱纹减少，固齿明目，听力清晰，皮肤光润，推迟衰老。

3. 头部按摩方法

（1）双手五指弯曲，以十指端从前额发际处同时向上、经头顶向后有节律地叩击、啄点至头后颈处（风府、风池穴），然后从左右分别向前沿头周围啄击至前额。循环反复共9次。

（2）两手变掌，同时从前额发际处向上、经头顶向后捋按至颈处（风池）。

要领：头部啄击要轻缓，手法要细密，以使头部各穴位均能得到点啄刺激为宜。在进行头部练习时，也要采用手指的拍打法，以加强锻炼的力量和接触面积。头部啄击、叩打时意念要守于两脚"涌泉穴"或脚趾趾端"大敦穴"。患有脑缺血、高血压的患者，要少啄多按摩，次数按自己的感觉灵活掌握。以练功后舒适，头脑清爽为宜。

治疗：头痛、头晕、感冒、神经衰弱、贫血、低血压、颈椎病等症。头部锻炼不仅可以增强大脑皮质的功能，使供血得到改善，使头脑感到清新，劳累得到消除，而且使脱发得到控制，使中年时期产生的白发逐渐变黑。按摩对治疗高血压、脑缺血有较好疗效。

4. 胸腹部按摩方法：

（1）两手握拳，以拳心依次相继由颈下"天突穴"沿身体中线向下相继叩击至腹下"曲骨穴"。上下反复做9次。

（2）两拳分别由两胸上部（缺盆穴）向下同时叩击至两大腿根部（府舍穴），以拳心为力点。上下反复9次。

（3）两拳变掌，分别由两胸上部（即中线"天突穴"及两侧锁骨处）向下同时稍用力按摩，推至小腹"曲骨穴"和腿部"府舍穴"，以掌心、掌指为力点。从上至下推按，共做9次。

要领：击至"天突穴"时，为防意外，注意不要触到喉管上。击至胃部时用力要轻。胸腹部按摩时，方向由上至下稍用力推按。应使上述部位都能充分、均匀地按摩到。并配合动作一按一呼。

治疗：以胸、腹疾病为主。如喉痛、肠胃炎、腹腔积液、阳痿、遗精、痛经、遗尿等病症。对泌尿、生殖系统、上呼吸道感染及内脏器官病症，如肺、肝、肾、胃、胆部发炎及食欲缺乏、头痛、发热、胸肋胀痛、腹痛、便秘等病症也有疗效。

5. 肋部按摩方法

（1）将左臂抬起、拳心朝内；右手握拳，屈肘沿体侧腋下至胯部（约"渊腋穴—带脉穴"）进行上下反复叩击，以掌心为力点，共9次。

（2）右拳变掌，仍沿体侧腋下至侧胯处进行由上至下的按摩，以掌心为力点，共9次。

要领：左侧叩击、按摩后，即用同样姿势、顺序进行右侧叩击、按摩。叩击、按摩的位置应沿体侧腋下中线进行，用力要适当。呼吸方法是随叩拳一上一下而一吸一呼，随按摩一呼一按。

治疗：胸肋胀满、臂不举、腰、肋、腹疼痛，腋下肿，不得俯仰或久立等病症。

6. 颈、背部按摩方法

（1）两臂屈肘向左，左臂绕至体后用手掌背部击拍上体背部（约"肺俞、心俞穴"），右臂同时绕过体前向左颈后用掌心、掌指部击拍颈后"大椎穴"，头部可随势向右转。

（2）击拍左侧后，两臂随之向右，屈肘抛摆。右臂内旋向右下方绕至背后，屈肘用掌背部击拍上体背部，左臂同时向左绕道体前向斜上方右颈后侧用掌心、掌指部击拍颈后"大椎穴"，头部可随势向左转。

（3）两掌变拳，以拳轮为力点，同时叩击颈后两"风池穴"（位于耳后挟中心"风府穴"两侧陷中），唇闭齿扣、低头、下颏内收，共做9次。

（4）两拳变掌，五指张开，由颈后"内府、哑门穴"分别经两侧向前，沿颈部向喉前揉按，五指端相交后，再向后揉按，头部随揉按的位置进行适当调整（如低头、仰头等）。反复练习共9次。

要领：背部按摩时全身要放松，后抛抢臂时要尽量向后伸展，使自己不易接触的背部得到按摩。颈部按摩叩击"风池穴"时，要使穴位有明显酸、麻、胀感觉。揉按时可用推按法，也可用揉按法，以感到自然、舒适为宜。

治疗：主治流行性感冒、头痛、颈椎病、腰背痛、咳嗽、神经衰弱、胸肋痛、肩胛麻木、肺炎、气短、气管炎等症。

7. 腰背部按摩方法

（1）两臂屈肘，两手握拳，同时向背后沿腰背正中线上、下交叉反复叩击（神道←→长强穴），以拳背为力点，共9次。

（2）两拳分别沿腰背两侧至臀部进行上、下反复叩击（心俞、神堂穴←→白环俞、秩边穴），以拳背为力点，共9次。

（3）两拳变掌，分别屈肘沿腰背脊两侧至臀部上、下反复进行按摩（肝俞穴←→膀胱俞），以掌心、掌指为力点，共9次。

要领：向体后屈肘叩击时，要使拳背着力点尽量上移，两拳叩击要有节律、协调，用力适当。如果增加锻炼强度，可用拳背指骨进行叩击。双拳叩击至"肾俞"穴位时，要用力轻缓。双掌按摩至"肾俞"穴位时，掌心要适当用力，应使腰背部感到"热能"的传导。两手按摩腰背时，要尽量屈肘上抬，五指分开，扩大按摩的范围，使中间、脊椎两侧都能得到均匀的按摩。向下叩击、按摩时，应到达臀部（即

"长强"至"环跳"一线）。

治疗：以腰、背、腿疾患和内脏、神经性病症为主。如腰部伤痛、坐骨神经痛、半身不遂、神经衰弱、腰背神经麻痹、风湿、肝病、肾病、脾胃虚寒、便秘、脱肛等病症。

8. 腿前按摩方法

（1）两手握拳，分别以拳轮为力点，同时从两大腿根胯部（"冲门穴"）向下，沿腿部前中线经膝、前胫骨至脚踝（"解溪穴"）进行叩击。上体随势前俯，两拳上、下方向叩击9次。

（2）两腿略屈，两掌同时以掌心、掌指为力点，拍击膝顶部（"犊鼻、膝眼穴"），共9次。

要领：沿腿中线上下叩击时，可适当扩展叩击范围，击点要细密。向下屈体叩击时，两膝可不必完全挺直。拍击膝关节时，膝部略屈，并做一前一后晃动。此动作幅度较大，贫血、高血压患者练习时要慎重、轻缓，也可采用坐式练习，或将一腿放置高处练习。

治疗：能促进腿部血液和淋巴循环，起到通络化瘀的作用；帮助治疗腰胯痛、膝寒痿痹、腿无力麻木、膝关节风湿伤痛、足部麻木、坐骨神经痛、半身不遂等。同时对肠胃病、感冒、晕眩、失眠等症也有较好疗效。

9. 腿后按摩方法

（1）两臂屈肘向后，两手握拳以拳为力点，分别由腿后中线，即臀部（"环跳穴"）至后中踝部（"昆仑、大钟穴"），上下反复叩击9次。上体随之前俯。

（2）两拳变掌，两手抱腿，以两掌心、掌指为力点，分别在腿前、后，同时由胯根、臀部至踝关节，上下反复按摩9次。

要领：在叩击"环跳、委中、承山"等重点穴位时，可采用拳背击打，以增强疗效。腿后侧肌肉群较发达，叩击或按摩可适当加重力量。击点要细密，按摩要充分，以使腿部产生"热感"为宜。贫血、高血压者要慎重，可由助手协助，俯卧床上进行。

治疗：对腰胯疼痛，腰以下至足麻木、坐骨神经痛、腰背不能后仰、项部强直、腿部风湿、麻痹，气血流通障碍及损伤引起的肌肉萎缩均有较好的疗效。

10. 腿内外侧按摩方法

（1）上体前俯，两手握拳，分别以拳心为力点，沿腿内、外两侧同时由大腿根胯部（"阴廉、居穴"）下至足踝部两侧（"申脉、商丘穴"），上、下反复叩击9次。

（2）两拳变掌，分别以掌心、掌指为力点，沿腿内、外两侧，同时由大腿根胯部（"阴廉、居穴"），向下至足踝部内外两侧（"商丘、申脉穴"），进行上、下反复按摩，共9次。

要领：叩击点要密集、均匀。呼吸要自然，向上叩时吸气，向下叩时要呼气。前后左右两侧双掌按摩时，五指要分开，并用力紧握肢干，移动速度不宜过快。贫血、高血压者慎用，可靠床、树、墙、窗等为依托练习。

治疗：对腹痛、遗尿、下肢麻痹、疼痛、肌肉萎缩、扭闪挫伤，腹、腿、膝冷痛，神经衰弱、腰痛肾虚、男女生殖系统疾病、坐骨神经痛、高血压、颈项病痛、脑卒中瘫痪、半身不遂、步履艰难等症，都有较好的辅助疗效。

11. 足部按摩方法

（1）一腿屈膝将足部放在矮凳上，两手握拳，以拳轮为力点，同时由足踝部上侧（"解穴"）和两侧（"昆仑、大钟穴"）向前至脚趾端进行叩击，共9次。

（2）两拳变掌，由踝部向脚趾端按摩，共9次。

（3）成坐姿，左脚内翻，脚心朝上，脚背搁放于右大腿上侧。左掌扶按于左膝内上侧，以右拳拳轮为力点，击打足心"涌泉穴"共9次。

（4）右拳为掌，以四指为力点搓按"涌泉穴"共9次。

　　要领:可早、晚各按摩一次,先按摩左脚,再按摩右脚。搓按"涌泉穴"的次数可视情况增加,如发热、高血压等患者,可进行数倍于9次的按摩和捶打,以提高疗效。

　　治疗:促进肢体末梢经络、气血顺通,对头痛、晕眩、腰腿膝足的疾患和伤痛、肌肉萎缩、动脉硬化、感冒、胃、肝、脾、肾、心脏患病,半身不遂等都有较好的疗效。

（徐　欣）

第六章　运动是良医

学习要点：

　　2016 年，中共中央、国务院印发《"健康中国 2030"规划纲要》，积极倡导加强医体融合和非药物治疗、非医疗手段的健康干预，推动形成医体结合的疾病管理与健康服务模式、科学健身促进慢性病预防和康复。规划纲要明确了体育作为推进健康中国的重要途径。本章课程旨在向医学生传授科学运动在人的生命全周期过程中为健康保持、疾病预防、治疗与康复不可替代的重要作用及其科学理念，学习、掌握临床治疗开设运动处方的基本知识与技能，达到促进体育与医学结合服务人类健康的目的。

第一节　运动是良医

一、运动是良医

　　"运动是良医"(exercise is medicine，EIM)作为一个新的学术理念与学术词汇，由美国运动医学会(American College of Sports Medicine)和美国医学会(American Medical Association)在 2007 年 11 月正式提出。2010 年首次召开以"全世界的健康处方"为主旨的"运动是良医"全球大会，旨在指导临床医生为患者提供运动处方服务。

　　"运动是良医"鼓励医生在为患者拟定治疗计划时，同时审查和评估他们的运动情况，要求医生每次接诊患者后都要问两个问题："你吸烟吗？""你运动吗？"，并为患者提供有关锻炼计划的咨询(运动处方)，指导公众通过科学运动预防和治疗慢性病。至今，EIM 已经在全球 15 个地区启动并已有 39个国家加入。2017 年，ACSM 出版第 9 版《ACSM 运动测试与运动处方指南》。该书专门针对特殊人群(心血管疾病、高脂血症、肥胖症、癌症、2 型糖尿病、骨质疏松、老年人、女性与孕妇、青少年等)提供运动指南，为学院、企业、健康体适能、健康管理和研究领域内实施运动测试和制定运动处方的专业人士提供最新、最重要的研究信息。

　　2012 年"运动是良医"项目正式进入中国，并受到我国医疗界专家、临床医生的高度重视。近年来，随着医体融合健康管理模式等技术手段在临床取得突破性进展而为我国临床疾病治疗尤其是对我国近年来高发的代谢性疾病、生活方式疾病治疗带来革命性的变革，"运动是良医"作为一种新的学术理念在医疗界达成共识。

二、祖国传统医学对"运动是良医"的阐释

　　中医养生是指通过各种方法颐养生命、增强体质、预防疾病，从而达到延年益寿的一种医事活动。

　　中医养生文化在我国有着悠长的历史，其中蕴含着身体活动或锻炼对健康影响的认识。《黄帝内经》开篇《上古天真论》首起问题就是关系功能衰退和寿命的问题："余闻上古之人，春秋皆度百岁而动作不衰，今时之人，年半百而动作皆衰者，时世异耶？人将失之耶？"。《道德经》上曾经讲到，那些善于养生的人们懂得如何避免身心受到伤害。他们知道如何通过正确的饮食和健康的生活方式避免疾病的侵害，从而获得健康，也会比一般人的生命更长久。当人们能够远离病痛，自然就能延缓衰老，延长寿命。

　　中医养生重在"治未病"，是通过养精神、调饮食、练形体、适寒温等各种方法去实现的，是一种综

合性的强身益寿活动。其主要包括未病先防、未老先养、天人相应、形神兼具、调整阴阳、补偏救弊、动静有常、和谐适度。中医养身观有以下几种：

1. 天人合一的养生观　中医认为，天地是个大宇宙，人体是个小宇宙，天人是相通的，人无时无刻不受天地的影响，就像鱼在水中，水就是鱼的全部，水的变化，一定会影响到鱼，同样的，天地的所有变化都会影响到人。所以中医养生强调天人一体，养生的方法随着四时的气候变化，寒热温凉，做适当的调整。

2. 阴阳平衡的健康观　中医认为阴阳平衡的人就是最健康的人，养生的目标就是求得身心阴阳的平衡。所谓阴，就是构成身体的物质基础。所谓阳，就是能量，阴阳是相对的，凡是向上的、往外的、活动的、发热的，都属于阳；凡是向下的、往里的、发冷的，都属于阴。身体之所以会生病是因为阴阳失去平衡，造成阳过盛或阴过盛，阴虚或阳虚，只要设法使太过的一方减少，太少的一方增加，使阴阳再次恢复原来的平衡，疾病自然就会消失于无形了。所以，中医养生高度强调阴阳平衡，健康一生。

3. 身心合一的整体观　中医养生注重的是身心两方面，不但注意有形身体的锻炼保养，更注意心灵的修炼调养，身体会影响心理，心理也会影响身体，两者是一体的两面，缺一不可。

三、EIM 倡导的健康理念

1. 来自 EIM 的建议
（1）遗传是无法修正的因素，静坐少动这样的不良生活方式可以通过动起来加以修正。
（2）运动是预防和治疗疾病不可缺少的一部分，是一种有效的低成本干预策略。
（3）每个成年人都应该运动！无论多晚开始运动都不晚！
（4）运动带来的风险远远小于不运动带来的风险！
（5）有规律的体育活动能减少许多不良的健康结果的风险。

2. 运动对健康的益处
（1）运动可以改善心血管和呼吸功能，可以改善最大摄氧量，提高肺活量。简单来说运动可以使心肺耐力提高。
（2）运动可以降低冠状动脉疾病危险因素，延缓动脉粥样硬化的发展。
（3）适当运动可以预防高血压，缓解轻度高血压，与药物共同治疗轻中度高血压。
（4）运动有明显的降血脂的作用，可以改善脂代谢。
（5）运动可以延缓或阻止糖尿病的发生。
（6）运动可有效控制体重。
（7）运动可以增强老年人的体质和独立生活能力，增加工作、娱乐和生活能力，减少老年人摔倒、受伤的风险。
（8）运动可以提高生活质量。

3. EIM 推荐运动方式
（1）每天锻炼 30~60 分钟（每周至少 150 分钟）。
（2）每天 20~60 分钟的较高强度运动（每周至少 75 分钟）。
（3）每周至少运动 3~5 天。一次系统的锻炼应该包括热身、有氧运动、抗阻训练、柔韧训练。

四、健康运动要素

人体健康离不开以下几类运动要素：有氧运动、抗阻运动、柔韧运动以及平衡练习。

1. 有氧运动　即有氧代谢运动，是指采用长跑、健美操等形式所进行的，旨在发展耐力、消耗多余脂肪的耐力性练习。

它是强身健体的最好运动之一。普通人群建议心率保持在 120~150 次/分的运动量，因为此时血液供给心肌足够的氧气，能够增强心血管系统、减轻压力、降低血压等。

它的特点是强度低、有节奏、持续时间较长。常见的有氧运动项目有:步行、快走、慢跑、滑冰、长距离游泳、骑自行车、太极拳、健身舞蹈、跳绳、健美操,以及球类运动如篮球、足球等。

2. **抗阻运动**　指采用健身健美器械所进行的,旨在发达肌肉、消耗脂肪的抗阻力练习。亦指通过多次数、多组数、有节奏的负重练习达到改善肌肉群力量、耐力和形状的运动方式。

抗阻运动主要是无氧运动,比如负重深蹲、俯卧撑、杠铃划船等练习动作。我们也可以通过轻重量、多次数、多组数的循环练习方式,使之兼具有氧运动的优点,将无氧代谢产生的乳酸再次分解利用,减少肌肉不适感。不同的练习次数、练习组数以及负重量都会产生不同的效果。

重点提示:

推荐一周 3～4 天进行多关节复合动作的训练,最常见的复合动作包括推、拉、深蹲、硬拉、弓步,由此可以演变数十种不同的动作,专注在复合动作的练习,将足以让你获得很好的效果,进步更加长久。同时应避免训练过度,保证身体得到很好的恢复。

3. **柔韧运动**　指采用徒手或在他人帮助下进行的各种旨在增加身体各个关节以及跨过关节的韧带、肌腱、肌肉、皮肤的弹性伸展能力,促进肌肉血液循环,增加活动幅度、活动范围的牵拉练习。

柔韧性是身体健康素质的重要组成部分。人体柔韧性增强,将使人体日常生活中或参与体育活动的动作更加协调、准确、优美。

发展柔韧性的练习方法一般有几下几种办法:

(1)主动或被动的静力性伸展法:是一种行之有效且比较流行的伸展办法。它是缓慢地将肌肉、肌腱、韧带拉伸到有一定酸、胀、痛的感觉位置,一般建议停留 10～30 秒,连续重复 4～6 次练习。这种训练法的好处是由于拉伸缓慢能够较好地控制使用力量,可避免拉伤,比较安全,尤其适合于活动少和未经训练的人。

(2)主动或被动的动力性伸展法:是指有节奏的、速度较快的、幅度逐渐加大的多次重复一个动作的拉伸方法。主动地弹性伸展是靠自己的力量拉伸,被动的弹性伸展是靠同伴的帮助或负重借助外力的拉伸。在运用该方法时须注意用力不宜过猛,幅度一定要由小到大,先做几次小幅度的预备拉伸,再逐渐加大幅度,从而避免拉伤。

4. **平衡练习**　是指利用平衡板、平衡木或在窄道上步行、身体移位运动等方式进行练习以恢复或改善身体平衡能力为目的的康复性训练。

最常见的提高平衡能力的训练方法有:

(1)平衡垫站立:单足站立于平衡垫或软垫上,保持身体稳定。还可以进一步把眼睛闭上,增强人为"制造不平衡"给本体感受神经的刺激从而为核心稳定带来更多的挑战。

(2)单腿蹲:单脚站立,屈膝向下蹲,膝盖不要超过脚尖,保持支撑脚全脚掌着地。可以站在平衡垫或软垫上完成下蹲动作,以增加动作难度。

(3)双脚置于平衡球上的支撑练习:将两脚并拢置于平衡球上,两手撑地,手臂与身体成 90°夹角,脊柱保持正常位置,与地面平行,控制身体不改变任何角度,保持均匀的呼吸,不要憋气。亦可以采用单手支撑以进一步加强难度。

五、"有氧能力"再认识

有氧能力被美国医学界正式列为第五个临床生命体征。生命体征是用以判断患者的病情轻重和危急程度的指征,主要有心率、脉搏、血压、呼吸、瞳孔和角膜反射的改变等。

美国心脏病协会(American Heart Association)2016 年在著名的《循环》杂志(Circulation)上发表了其专家团队对"有氧能力"所作出的科学声明,该声明的要点阐述如下:大量的科学研究证明低下的有氧能力会导致人患心血管疾病,导致各种死亡的可能以及导致各种疾病的发病率风险增加;大量流行病研究的结果表明,与抽烟、高血压、高脂血症和 2 型糖尿病相比,人的有氧能力能更加准确地预测因疾病而导致的死亡,同时,它还能在这些传统的健康风险指标对健康的预测和评估中起到帮助作用;有氧能力这一指标能够帮助医务人员对患者的健康风险作出更准确的划分,帮助患者通过生活方式的干预,对其疾病进行科学管理,以更大限度地降低他们患心血管以及其他慢性疾病的可能;有氧能力因此应当划为临床生命体征(clinical vital sign)。

(1) 有氧能力的测定:有氧能力最精确的测定方法是最大摄氧量(VO_2max)。即人在极限负荷运动情况下每千克体重每分钟所能吸收的氧气量[ml/(kg·min)]。

现在人们用"有氧梅脱值"来表示一个人的有氧能力。能量代谢当量(metabolic equivalent of energy,MET),音译为梅脱,代表一个人安静时的基础代谢率,成年人的平均梅脱值为3.5ml/(kg·min)。如果一个人的最大摄氧量为35ml/(kg·min),那么他的有氧梅脱值就是10(35/3.5)。成年人基础代谢率为3.5ml/(kg·min),这只是一个平均值,而成年人的个体差异是很大的。现代运动科学研究表明,增加有氧能力对人的健康作用很大,每增加一个有氧梅脱值,可能增加人的生存(survival benefit)概率,率高达8%~35%。

(2) 有氧能力的健康价值:有氧能力对健康的预测完全可以和抽烟、高血压、高脂血症、糖尿病等传统的健康危险因素相媲美。研究证明,成年人有氧梅脱值低于5时,死亡率明显增加;相反,有氧梅脱值大于8时,生存率明显增加;有氧能力高的人群比有氧能力低的人群患肺癌、乳腺癌、消化系统癌症的可能性要低20%~30%;有氧能力高的老人比有氧能力低的老人患老年痴呆等老年疾病的可能性要低36%。

特别有意义的是:从有氧能力提高中受益最大的人群(50%以上受益)不是有氧能力非常高的马拉松选手,而是有氧能力低下(有氧梅脱值低于5)和较低(有氧梅脱值在5~7)的人群。稍稍提高有氧能力(即提高1~2个有氧梅脱值)就可以降低患心血管疾病的可能性10%~30%!可喜的是不像抽烟、高血压、高脂血症等等这些恶习或是顽疾那么难以改变,一个人的有氧梅脱值通过科学的运动2~3个月就可以得到改观。

运动,尤其是有氧运动,是最好的良药!

(3) 有氧运动之父——库珀博士:世界"有氧运动之父"肯尼斯·库珀博士在20世纪60年代创建"有氧运动"这一概念,并把它引入全球健康领域。库珀博士是美国最早创建和应用跑步机在实验室里测验美国空军和宇航员代表他们心血管功能金标准——最大摄氧量的运动生理学家之一,并在20世纪60年代通过为美国宇航员做平板测验因地制宜发明了著名的"12分钟有氧跑",以此预测美国空军和宇航员的最大摄氧量,然后按照每个人的最大摄氧量水平来制订相应的训练计划,这项发明在美国获得了巨大的成功。1968年,肯尼斯·库珀博士根据自己在NASA的研究出版了第一本畅销书《有氧运动》(Aerobics),被美国《新闻周刊》誉为"保健圣经",后来被翻译成40多种文字,在全球发行量大约3000万册。

库珀博士发明的"有氧运动"(aerobics)一词后来被正式载入《牛津英语词典》。从此,肯尼斯·库珀博士创立的"有氧运动法"及其运动处方席卷世界,掀起了全球范围内的有氧运动革命,有氧运动由此成为全世界被最多人认可和践行的运动健身方法。

六、体力活动对健康的益处

1. 体力活动的概念　日常生活的体力活动可以分为工作、家务、体育运动、娱乐活动等。

应该注意锻炼(exercise)的概念不同于体力活动,前者从属于后者。我们对锻炼的定义是有最终和阶段性目标、有计划、有组织、可重复的,以保持或提高体适能(physical fitness)为目的的体力活动。

缺乏体力活动(physical inactivity)带来的危害是显而易见的。1992年美国心脏病协会将缺乏体力活动列为心脏病第四大可改变危险因子,2004年英国发表报告称英国国民有2/3的成年男性及3/4的女性缺乏体力活动,同时有近1/4的成年人群达到肥胖。WHO把缺乏体力活动列为导致发达国家人口死亡的十大原因之一,每年大概有190万人的死亡与缺乏体力活动有关。

2. 体力活动组成要素　包括:①频率(frequency):在指定的时间内体力活动的次数;②持续时间

(duration):一次体力活动的时间;③强度(intensity):参加体力活动的生理努力程度;④其他因素:体力活动类型和环境。

体力活动的量或者体适能水平与各种原因的死亡率呈反比的剂量反应关系。体力活动的剂量一般定义为体力活动的量,包括体力活动的强度、频率和持续时间。对大众的公共健康来说,使大众从缺乏体力活动状态向中低强度体力活动状态转变,可以使患病率和死亡率大幅度下降,有研究表明每周500~1000千卡体力活动能量消耗可以使死亡率下降20%~30%。

3. 体力活动推荐

(1)儿童与青少年:每天至少1小时中等强度以上体力活动。保持健康需要至少每天30分钟的运动。

(2)成年人及老人:至少30分钟的中等强度以上体力活动,每周5天以上。

强调:

1)体力活动对于所有年龄人群(从儿童到老人)都有益处。

2)推荐的体力活动量可以一次完成,也可以由不短于10分钟的多次体力活动完成。

3)体力活动类型可以是日常活动、有计划锻炼、体育活动或者兼而有之。

4. 普通人群日常体力活动的安排　每天6000~10 000步是针对全人群的推荐活动量。由于个人健康、体质、能力等条件不同,可从较低的活动水平开始,维持在一个适合个体的活动量水平。更大的活动量可获得更多的健康效益,在"贵在坚持,适度量力"的前提下"动则有益,多动更好"。每日6~10个千步当量的活动量不意味每日身体活动量和内容要硬性达到,而是可以以1周为周期,合理安排各种身体活动,也可根据个人体质条件,将1周的活动量设在30~60个千步当量范围内,其中至少应包含24~30个千步当量的中等强度有氧运动(表6-1-1)。

表6-1-1　根据千步当量计算1日活动举例

1日活动举例		有氧运动	体育娱乐活动	肌肉关节练习	日常身体活动	合计
1	活动内容	20min 中速步行			15min 拖地	
	千步当量数	2			2	4
2	活动内容	20min 快走		20min 肌力训练		
	千步当量数	2.7		2		5
3	活动内容	45min 快走		10min 关节活动		
	千步当量数	6		0		6
4	活动内容	40min 中速步行		20min 肌力训练		
	千步当量数	4		2		6
5	活动内容	30min 快走		2 套广播体操		
	千步当量数	4		2		6
6	活动内容	30min 中速步行		20min 肌力训练	30min 手洗衣服	
	千步当量数	3		2	2	7
7	活动内容	25min 慢跑		10min 肌力练习		
	千步当量数	8.3				8
8	活动内容	20min 中速步行	60min 秧歌		10min 室内清扫	
	千步当量数	2	6		1	9
9	活动内容	60min 中速步行	30min 太极拳			
	千步当量数	6	3.8			10
10	活动内容	30min 中速自行车	30min 篮球	10min 关节练习		
	千步当量数	4.4	5.7			10
11	活动内容	50min 中速自行车		20min 肌力练习	7min 中速上下楼	
	千步当量数	7.1		2	1	10

5. 个体身体活动指导 一般健康人每天都应达到推荐的 6 个千步当量活动量,不能达到者应逐步增加活动量以达到这一目标。条件允许者应以 10 个千步当量为目标,以获得更多的健康效益。

(1) 对个人身体活动的指导,主要有五个方面:①评估个人健康状况;②评估个人身体活动能力和体质;③制订个人身体活动目标和计划;④制定身体活动安全措施;⑤运动反应评估和调整身体活动计划。

(2) 个体身体活动指导下的具体过程:

1) 身体活动前的准备:①健康状况评估:通过收集病史、症状、体征等信息进行筛查,对个体健康状况和运动能力作出基本判断,必要时进行有关的医学检查;②运动能力评估:结合个人日常生活工作中现有活动内容和活动量对个人体质作出基本判断,然后根据个人体质与现有运动技能,选择活动内容及安排活动量。

2) 制订活动计划:①基本信息:收集个人身体活动史、体质状况、兴趣和爱好、运动禁忌、运动环境等信息;②身体活动量目标:根据个人情况设定阶段目标,实施过程中依据个人的活动反应适时调整。

(3) 活动形式:以有氧耐力运动为主,结合抗阻力、关节柔韧性和日常生活中的身体活动。

(4) 活动强度和时间:有氧耐力运动应达到相对强度中等或以上。通常以 1 周为单位进行累计。强度大的活动,累计时间可短,频度可低;强度小的活动,累计时间应长,频度要更高。

(5) 活动进度:以日常身体活动水平为基础,循序渐进地增加活动量、强度、时间和频度。

(6) 意外情况和不适的预防及处理:如出现不适症状,应视具体情况,制定预防和采取应急处理的措施,并相应调整活动安排。

1) 观察身体活动中的反应:测量和分析身体活动中心血管、呼吸、神经、肌肉骨骼关节系统和代谢过程等的变化,了解机体对其所承受体力负荷的耐受、适应程度,并据此判断产生的健康效益和存在伤害风险的可能性。

2) 有效促进健康的活动量:一般人需要达到每天 3~4 个千步当量的中等强度以上,如快走、上楼、擦地等,每次活动应达到 1 个千步当量。只有适合个人体质的速度或强度的活动,健身锻炼才更有效,也更安全。一般健康人可以根据活动中的心率来感觉和控制强度,但对于老年人和体质较差者,则应结合自己的体质和感觉来确定强度。对于曾发生过心血管急性事件的高危个体,如增加运动量时,需要了解和观察运动反应情况,一旦出现不适症状,要及时调整。可通过运动后即刻计数脉搏 10 秒,再乘 6 估测。中等强度的运动心率一般应达到150—年龄(次/分),除体质较好者外,运动心率一般不宜超过170—年龄(次/分)。

3) 身体活动后的恢复:体力负荷使人体产生疲劳,停止活动后疲劳逐渐缓解。机体经历从疲劳到恢复的过程后,会对一定体力负荷逐渐适应,体现在对这一过程的缩短和有更强的耐受疲劳能力。通过疲劳和恢复中各种生理、生化指标的变化,可及时对个体身体活动反应做出判断,并相应调整活动量目标以及活动形式、强度、时间、频度和总量等。合理的身体活动计划应循序渐进地增加活动量、使机体能逐渐适应,运动后疲劳能够及时恢复。随着活动计划的实施,个体的活动能力逐渐提高,机体对运动的耐受力逐渐增强,也可能会改变机体发生伤害的风险,同时健康和疾病状况也会得到改善。因此应定期对健康状况和运动能力进行再评估,并及时调整活动计划。

4) 身体活动伤害的预防:身体活动伤害,指活动中和活动后发生的疾病,如外伤和急性心血管事件。运动本身可以是造成身体活动伤害的一个诱发因素,但也可以是直接致病因素。运动锻炼的风险与效益并存。

确定个体活动量应权衡利弊,要采取措施取得最大利益,这些措施包括制订合理的身体活动计划、活动过程中采取安全措施、定期进行健康评估等。合理的运动计划不仅不会引起心血管意外,还可以改善动脉功能,降低发生心肌缺血的风险。平常很少活动的人、中老年人、患者和有潜在疾病的个体,在开始锻炼和增加活动量之前,进行必要的健康筛查和运动能力评估,将有助于降低发生运动伤害的风险。

保证运动安全的基本原则包括锻炼中注意量力而行、循序渐进、有必要的保护措施,也包括学习安全注意事项、自我监测运动中不适症状,以及发生意外时的应急处置技能等。

七、运动风险防控

1. **运动的风险**　心血管系统正常的健康个体进行运动不会引起心血管事件的发生。健康个体进行中等强度体力活动引起心搏骤停或心肌梗死(myocardial infarction)的风险很低。然而,对于具有诊断或者隐匿性心血管疾病的个体,在较大强度体力活动时的心脏性猝死和(或)心肌梗死发生的风险短暂快速地上升。因此,人群运动中此类事件的风险取决于人群中心血管疾病的流行状况。

2. **健康筛查**　包括以下内容:

(1) 自我筛查方法:使用体力活动准备问卷(PAR-Q),或 AHA 美国心脏病学会/ACSM 美国运动医学学会/体适能机构修正的运动前筛查问卷。

(2) 通过有资质的健康/体适能、运动医学或健康管理专业人士进行 CVD 危险因素评价和分级。

(3) 通过有资质的健康管理专业人士进行医学评价,包括体格检查和运动负荷测试。

运动前健康筛查与定期体格检查不同。定期健康检查或联络健康专业人士应作为常规保健的一部分,能发现不适合运动的医学情况。

第二节　自然康养运动(运动是良方)

一、有氧锻炼法

1. **有氧锻炼法的概念**　有氧锻炼法是国内外比较流行的一种运动健身方法,它是指锻炼者仅通过呼吸就能够满足身体运动对氧气需求的一种锻炼方法。

有氧锻炼法的特点是运动强度适中,运动时间较长(30 分钟左右)。通过有氧锻炼可以有效地提高心血管功能和呼吸功能,减少脂肪积累,增进健康。现代人由于工作节奏加快,物质条件改善,体力活动减少,往往会引起内脏器官功能减弱、体力下降,总觉得身体不舒服可又查不出什么毛病,这正是处在健康和疾病之间的状态——亚健康状态。

有氧锻炼可以改善心肺功能、增进健康,因此,专家们认为,用"有氧锻炼"对付"亚健康状态"是极好的方法。

2. **有氧锻炼项目种类**　有氧锻炼的主要运动项目有健身走、健身跑、游泳、滑雪、骑自行车、跳绳、有氧韵律操、爬楼梯和登山等。只要是速度慢,时间保持在 30 分钟左右的运动(如篮球、足球游戏或非正式的小强度比赛),都可以称之为有氧锻炼,同样也可以收到满意的锻炼效果。下面仅就几个常见有氧运动项目作简要介绍。

(1) 健身走锻炼法:步行是人类最原始的动作,也是自有人类至今最基本的动作,通过 50 万年人类历史和多少万代人类种系特征的遗传,步行这个动作已成为人类必需的生理性活动。健身走是人们有意识地利用日常生活中必不可少的活动(走步)形成的一种"天天走,走得多些,速度快些"、以健身为目的的走步方式(图 6-2-1),同时也是最简单、最易习得的一种健身运动,对人体健康的保持有较大作用。"人老先从腿上老",一个人脚力的强弱与这个人的健康状况关系尤为密切。所以有些国内外专家认为:"最好的医生是自己,最好的运动是步行"。

健身走,可以使伸肌力量增大 5~7kg。步行时,由于下肢肌肉和机体许多肌肉得到活动,可以防止肌肉萎缩。科

图 6-2-1　健身走

学研究表明:步行速度越快,时间越长,路面坡度越大则负担越重,表现为心肌收缩加强、心跳加快、心输出量增大,这对心脏是个有效锻炼。

健身走的锻炼要求如下:

1) 速度:对每个人来说,走的速度取决于自身的健康状况。刚开始锻炼,以慢速为宜,即每分钟70~90步,每小时3~4km;锻炼2周后可采用中速,即每分钟90~120步,每小时4~5km;第4周后就可采用快速,即每分钟120~140步,每小时5~7km。健身走锻炼最好匀速进行,不要时快时慢或走走停停。

2) 时间:为了达到健身目的,步行时间以每天至少60分钟为宜。同时要持之以恒,使60分钟制度化。然而,毕竟不是所有人每天都能抽出1小时专门锻炼,那么就要注意从日常生活、工作和学习中寻求不同途径多走多动。例如,上学上班以步代车,步行购物选较远商店,或者以登楼梯来代替乘电梯等。由此可见,每日60分钟步行不必一次走完,可分成2~3次。

一日之中,健身走的最好时间是下午2~3时,也可在早晨,因为早晨大地复苏,空气新鲜,机体阳气生发,精神饱满,利于运动,收获较大。

3) 距离:步行距离到底应该多远?其决定因素是你的年龄或健康状况,或两者的综合。刚开始时可短距离走步,然后每周增加距离,要注意缓慢增加距离。在走10分钟后测10秒脉搏,再乘以6,得出1分钟心率,如果心率在有效指标以下,可以通过加快走步速度或选择坡度较大路段,来加大强度以获得较理想的锻炼效果,切不可急于求成。表6-2-1是以中等速度进行健身走锻炼的建议计划。

表 6-2-1　健身走计划

周次	步行速度 （步/分）	步行时间 （min）	距离 （km）
1	80	30	1.8
2	85	45	2.7
3	90	45	3.3
4	90	50	3.4
5	90	55	3.7
6	95	55	3.8
7	95	55	3.8
8	100	55	4.1
9	100	60	4.5

4) 强度:健身走不同于一般的“散步”和“溜达”。随着锻炼的深入,步行时间逐渐延长,步行距离逐渐加大,步行的坡度也逐渐加大,其目的是增加步行的量和强度。坡上行1000m或2000m,再在平地上步行1000m或2000m。用脉搏来控制运动负荷的强度(表6-2-2)。

表 6-2-2　负荷强度参考指标

年龄(岁)	最大心率(次/分)	心率有效指标(次/分)
20	190	160~139
30	185	155~130
40	180	150~130
50	170	149~123
55	165	140~116
60	160	136~112
65	155	132~109
70	150	128~105

5）环境:健身走环境的选择与获得良好的健身效果有很大关系。健身走最好选择车辆少、树木多、空气新鲜、道路平坦的地方。如遇小雨、雪天只要身体状况允许,可坚持锻炼。如身体状况不佳,也可在家中锻炼,步行相同时间,但要保证室内空气新鲜。

6）衣着:在做健身走锻炼时切忌穿紧身或不透气衣服。鞋应合脚,且以选择运动鞋、旅游鞋或平底布鞋为宜。

（2）健身跑锻炼法:健身跑是通过跑步有效地增强身心健康的一项群众性健身活动（图6-2-2）。跑步是人的基本活动技能,是人体快速移动的一种动作姿势。跑步和走路的主要区别在于两腿在交替落地过程中有一个腾空阶段。目前跑步锻炼正在世界范围内蓬勃发展,跑步被人们视为"最完美的运动"而风行全球。

图6-2-2 健身跑

健身跑的方法与要求:

1）健身跑的姿势和呼吸:跑步时只有掌握了正确姿势,才能跑得快而省力。跑步时上体要保持正直略微前倾,头与上体成一条直线,不要左右摇晃。两臂的正确摆动除了能维持身体平衡外,还能协调两腿的蹬地和摆动作,加快跑的速度。正确的摆臂动作是:两手自然半握拳,肘关节适当弯曲,以肩关节为轴前后摆动,尽量做到前摆不露肘,后摆不露手,并且注意不要端肩。

两腿后蹬是推动身体前进的动力,后蹬时应积极有力,髋、膝、踝三关节充分伸直,腿的充分前摆可以加大跑的步伐,前摆时大腿放松顺惯性向前自然摆动。

跑步是一项体力消耗比较大的运动。在跑步过程中,要通过肺吸收大量氧气和排除二氧化碳。肺的换气量是否充分,呼吸动作是否正确,是延缓疲劳出现的关键。跑步时最好用鼻子呼吸,因为鼻腔黏膜有丰富的血管,能对吸进的空气起到加温加湿的作用。但在呼吸又深又急的情况下,光用鼻子呼吸有时不够顺畅,这时需要用口协助呼吸,但口不要张得太大,以免嗓子发干。呼吸要慢而深,有一定的节奏。呼气时要用力,尽量将肺里的残气吐完,只有呼出较多的废气,才能吸进较多的新鲜空气,让身体得到更多的氧气。呼吸的节奏,一般是两步一呼、两步一吸,也可以三步一呼、三步一吸。随着跑速的加快,呼吸深度应加深,节奏加快,以满足身体对氧气的需要。在进行强度较大的跑步练习时,呼吸频率增加很快,可能达到平时的2倍,初次练习者往往会感到呼吸困难。要适当安排运动负荷的量和强度,要从实际出发,量力而行;其次要注意呼吸动作,及时调整呼吸节奏和加大呼吸深度。

2）制订健身跑锻炼计划:健身跑锻炼无论男女老幼,都应持之以恒,若停止练习4~12周,训练水平开始下降,若停止4~8个月,便会重新回到当初未参加锻炼时的状况。健身跑锻炼应加强计划性,制订计划可参见表6-2-3:

表6-2-3 健身跑锻炼计划

周次	计　划	周次	计　划
1	跑1分钟,走1分钟重复6次	6	跑5分钟,走1分钟重复3次再跑2分钟
2	跑1分钟,走1分钟重复10次	7	跑6分钟,走1分钟重复3次
3	跑2分钟,走1分钟重复6次再跑2分钟	8	跑8分钟,走1分钟重复2次再跑2分钟
4	跑3分钟,走1分钟重复5次	9	跑10分钟,走1分钟重复2次
5	跑5分钟,走1分钟重复3次再跑2分钟	10	跑10分钟,走1分钟重复2次

经过几周锻炼,待机体完全适应新负荷后,应该尽量跑到微微出汗程度,这有利于排除代谢产物。

3）健身跑锻炼的注意事项:冬季气温低,体表的血管遇冷收缩,血流缓慢,肌肉活动黏滞性增高,韧带的弹性和关节灵活性降低,所以在长跑前一定要做好准备活动,防止运动损伤。每天练长跑,因出汗多,水分消耗多,需要适当补充因出汗而丢失的水分和盐分,但不要喝水太多或喝生水,要多次喝少量淡盐水。夏季长跑的时间最好选择在凉快的清晨或傍晚。

饭前、饭后不宜长跑,饭前练长跑会出现低血糖症。长跑结束后应做些整理活动,然后再休息30分钟,用温水漱口,喝些开水再吃饭比较合适。

要真正达到有氧锻炼效果,跑步必须靶心率达到一个训练水平,使之在此水平上保持至少20分钟,每周至少练3次。

要确定自己的训练水平,应先弄清锻炼者的最大心率。人的最大心率是每分钟220次,每长1岁便减少1次,要算出最大心率,可用220减年龄。如20岁,最大心率为220-20=200次/分。训练水平应是最大心率的70%~80%。如果身体欠佳或长时间没有锻炼,可以从最大心率的60%开始。

为了确定锻炼者是否达到训练水平,应在跑步数分钟后测一下脉搏次数,算出每分钟心跳次数。

确定是否健身锻炼达到训练水平,也可跑步后立即测得脉搏。如果脉搏数不超过100次/分,则说明未达到训练水平,应适当增加运动量。如果跑步后脉搏数超过下列范围:

20~30岁:150次/分

30~40岁:140次/分

40~50岁:120~130次/分

50~60岁:110~120次/分

这就提醒锻炼者应适当减少运动负荷。经过一段时间健身跑锻炼后,体质或健康状况如何? 可以通过12分钟慢跑健康测定法来确定。

确定人的体质状况最重要的标准是人对一定数量氧气的摄取能力,这是反映一个人心血管状况的重要标志。著名美国医生肯内特·库佩尔以这项指标为基础,经过14年的实验研究,为4组不同年龄的男人定出5种不同训练程度。结果表明,假如一位不满30岁男人平均每千克体重每分钟需氧量不足25ml,那么他的健康状况应认为是"十分不佳",这样的心血管系统不能供给身体的各器官组织足够氧气,以维持起码生命活力的需氧量。经研究确定,这些数据和一个人在单位时间所能跑的距离是相符的。例如,一位30岁以下的男人在12分钟内尽力跑,所跑距离不到1600m,就是说每千克体重每分钟需氧量25ml以下。这就说明此人训练程度可认定为"十分不佳"(表6-2-4)。

表6-2-4　12min 慢跑与需氧量对照表

训练程度	年龄分组							
	30 岁以下		30~39 岁		40~49 岁		50 岁及以上	
	12min 跑 (km)	需氧量 (ml)	12min 跑 (km)	需氧量 (ml)	12min 跑 (km)	需氧量 (ml)	12min 跑 (km)	需氧量 (ml)
十分不佳	<1.6	<25.0	<1.5	<25.0	<1.3	<25.0	<1.2	<25.0
不佳	1.6~1.9	25.0~33.7	1.5~1.48	25.0~30.1	1.3~1.6	25.0~26.4	1.3~1.5	<25.0
及格	2.0~2.4	33.0~42.5	1.85~2.24	30.2~39.1	1.7~2.1	26.5~35.4	1.6~1.9	25.0~33.7
良好	2.5~2.7	42.6~51	2.25~2.46	39.2~48.0	2.2~2.4	35.3~45.0	2.0~2.4	33.8~43.0
优秀	>2.** 以上	>51.6	>5.16	>48.1	>2.5	>45.1	>2.5	>43

(3)爬楼梯锻炼法:爬楼梯锻炼是有氧运动(图6-2-3)。有研究表明,每天爬5层楼梯,可使心脏病的发病率比乘电梯的人少25%。

爬楼梯能使腿部肌肉有规律地收缩与放松,可增强背部和腿部的肌肉力量,保持下肢各关节的灵活性,有助于延缓腿部功能的退化。

根据测定,一个人上下楼梯所消耗的能量比同等时间的散步多5倍;比游泳多2.5倍,比跑步多

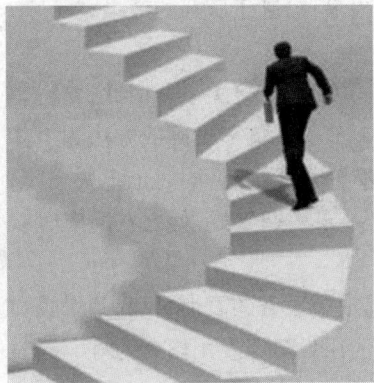

图6-2-3 爬楼梯

0.25 倍;爬10分钟楼梯,人体消耗热量大约是 837.2J。因此,对于渴望减肥的人来说,爬楼梯是一种一举多得的锻炼手段。

科学研究成果表明:每天爬几次楼梯,每次2分钟,可以降低人体低密度胆固醇含量,增加对人体有益的高密度胆固醇含量,并能促进人体血液循环和能量代谢,这对预防心血管疾病有重要意义。

爬楼梯是一项老少皆宜、可灵活掌握运动量的活动,速度可快可慢。现在,越来越多的人意识到这项运动的益处,并提出"享受上楼"的口号。但是特别要注意:爬楼梯的生理负荷量相当大,如果将静坐的能量代谢当量(METs)定为1,那么一般走步能量代谢当量为4,而爬楼梯的能量代谢当量为15,可见爬楼梯锻炼对心血管系统运动负荷是较强的。

二、无痛苦跑

吉林大学体育学院迟化教授,经过近十年的研究,推出一种通过转移注意力减少跑步痛苦的跑步方法,将它称之为"无痛苦跑"(painless jogging)(running without stress)。无痛苦跑强调跑步与想象、跑步与音乐、跑步与感觉相联系。跑步之前尽量缩小心理上可能产生的痛苦感觉,同时放大身心愉快程度。在跑步前或跑步过程中,运用情景联想、听音乐、聊天、思考问题等方法转移注意力。在跑步过程中,要严格控制速度,尽量使身体或精神都不感到非常难受。跑步者无需在较疲劳或较痛苦的状态下刻意坚持,可走跑结合,不记名次,是一种比传统跑步更加人性化的锻炼方式。无痛跑步法既不是回避痛苦,也不是向困难妥协,而是寻找减少或减缓痛苦的方法。其目的:不是追求短时的耐力增长效果,而是着眼于跑步锻炼的可持续发展。无痛跑步不是零痛苦,只是相对于"极点"痛苦而言。

三、骑车

人类发明自行车的历史至今有200余年,然而今日自行车已成为廉价而普及的大众化交通工具。随着自行车性能的日渐先进,当今已成为人们代步运动锻炼和伴随休闲的工具。尤其近些年,人们利用自行车进行健身活动已蔚然成风。

1. 骑车锻炼价值

(1)骑车(包括健身房固定车)与健身跑一样,是一种周期性有氧运动,能强化心肺功能。骑车时,体能消耗较大,体内新陈代谢旺盛,身体各组织器官所需营养物质及代谢产物增多,致使心跳加快,心肌收缩力增强,以提高心输出量,保证营养物质供应及代谢产物的清除。同时也能改善血管壁弹性,预防血管硬化和高血压。国外一些生理学家通过实验证明,经常骑车锻炼的人比不骑车的人患心血管疾病的人数少50%。特别是由于骑车的姿势(图6-2-4),阻碍了腹式呼吸,有利于呼气,而不利于吸气。为了获取足够氧气,骑车人必须进行深呼吸,从而提高肺部通气量,这样能更好地增强肺功能。

(2)骑车以下肢运动为主,对增强下肢肌肉、关节、韧带的力量尤为明显。这对于伏案工作的脑力劳动者来说非常有益。骑车能锻炼人的平衡能力及协调性,提高中枢神经系统的功能。俗话说,老从腿起,骑车对下肢的锻炼、对抗衰老有明显效果。据国外调查统计数字证明,经常骑车的人比不骑车的人寿命长3~5年。特别是骑车锻炼的心理效应不能忽视。郊外骑车、骑车旅游,以及雨中骑车,更能给人以美好的享受。骑车能陶冶情趣,消除焦虑。有人做过试验,将条件相同的25~30岁男青年(患失眠症的人)分成3组:一组静坐,一组服安眠药,

图6-2-4 骑车

一组骑自行车漫游30分钟。试验结果显示,骑车锻炼治疗失眠症效果最佳,胜于服药的效果。

2. 骑车锻炼方法

(1)骑车必须注意正确姿势,骑车姿势好坏与自行车车把、车座位置有直接关系。因此,自行车的型号要与骑车人身材高矮相适应,不要勉强地改变身体姿势去适应车子。骑车正确的方法为上体稍前倾,但不宜过分低头含胸;腰部稍弯曲,两肩放松,两臂伸直,应避免背部拱起,同时也不要塌腰,在蹬车时上体不要左右摇摆,否则久而久之容易引起驼背;车座高度一定要调整好,使之在蹬车时双腿伸直,从而发挥出有效蹬车的力量,增强锻炼效果。

(2)骑车郊游时,服装易选宽松舒适、透气性好的运动服,最好养成戴手套的习惯,以起到保暖和防护功能;鞋以硬底、合成橡胶运动鞋较适合,袜子以纯棉为佳,雨衣使用自行车专用雨衣为好。同时要配戴帽子,携带专用水壶、密闭式护目镜和工具包。

(3)骑车时呼吸节律与动作要相配合,一般蹬两圈配合一次吸气或一次呼气,不要憋气,做到自然呼吸。作为有氧锻炼的骑车项目,应是轻缓而较长时间的运动,一般应在30分钟以上。运动量适中,主要靠骑车速度和时间调节,如用心率来衡量,一般以运动时心率120~140次/分为宜。具体参照不同年龄锻炼者心率对照表所示强度在50%、60%、70%区域内为好(见表6-2-5)。

表6-2-5　运动强度与不同年龄锻炼者心率(次/分)对照表

运动强度	20~29岁 次/分	30~39岁 次/分	40~49岁 次/分	50~59岁 次/分	60岁以上 次/分
100%	190	185	175	165	155
90%	175	170	165	155	145
80%	165	160	150	145	135
70%	150	145	140	135	125
60%	145	135	130	125	120
50%	125	120	115	110	110
40%	110	110	105	100	100

四、平衡健身法

1. 平衡健身法的产生　平衡健身法,又称平衡运动(图6-2-5)是20世纪60年代首先由一些经济发达国家提出来的。它是一种调整身体状态、获得生态平衡、增强生命力的健身方法。

随着现代社会生活方式的变化,人类已经陷入运动不足的危险。工作、家务、劳动、情报等日常生活和工作都实现了"省力化",人们过上了越来越舒适的生活,再也不需要付出以前那些体力劳动了。这对于现代人来说,的确是件愉快的事情。但是,这却导致了身体运动严重不足,也极大地威胁着人类的健康。

2. 平衡健身法的概念　"平衡"是指营养、休息和运动三者的平衡。"平衡"也指人体各器官的平衡。一个健康人,身体各器官应处于平衡状态。当这种平衡受到破坏时,人的健康就会出现问题。

人类要想健康地生存下去,就必须具备一系列的条件。其中之一就是吃饭,从食物中获取营养;另外,睡眠也是不可缺少的。休息和营养对于保持健康都同等重要。人类为了生存,还有一个不可缺少的条件——运动,它和营养、休息一样,都是人类维持生命的重要条件。人

图6-2-5　平衡健身

类就是在不断地调整营养、休息、运动这三者平衡的过程中而保持健康并得以生存的。这三个方面的需求都必须获得最基本的满足。为了生活,人们进行着各种各样的活动,如活动身体、处理家务、走路

等,为维持健康提供了最低限度的运动保证——这是生存的基本条件。但是现代社会的"机械化""自动化"使人的体力活动日益减少,于是"文明病"加速冲击着人类社会,使人类健康面临着极大的威胁。营养过剩,就会破坏了营养与运动的平衡,这也是肥胖症日益增多的原因所在。人们不断地摄取大量而丰富的营养就必须开展与之相平衡的运动。平衡健身法正是应对人类因运动不足而引起健康和体力危机的得力方法和措施。

3. 平衡健身法的特征

(1)主动性:平衡健身法是进行主动的自我实践活动的方法,因此必须首先唤起人们进行平衡健身活动的热情。平衡健身的目的在于增进健康,它要求人们必须克服"惰性",主动自觉地进行身体活动。

(2)平衡健身法的关键是"平衡":真正的健康绝不是仅仅靠营养和休息就能达到的。营养对人体健康十分重要,但不能过剩,丰富的营养要与同水平的运动锻炼相适应。反之,营养不足或运动、劳动过度都有损于健康。营养与运动达到平衡后,休息(包括睡眠)不足也会有损于健康。当然,无限制地休息,整天无所事事,长期下去也会使人体功能下降,智力衰退,导致平衡的破坏。休息好的关键,是讲求休息的质量,应当学会各种积极的休息。

(3)实现生活的最佳平衡:没有固定模式,每个人可根据自己的实际情况,抓住薄弱环节,努力实现营养、休息、运动三者的最佳平衡,这就是平衡健身法的真谛。

4. 运用平衡健身法的要点和形式

(1)运用平衡健身法的要点:

1)不需要特定时间,而是将其贯穿于人们的日常生活之中。

2)不需要特定的体育设施和场地,在身边随处都可健身。可以一人独自健身,也可以和同学、朋友、家属一块儿健身。

3)锻炼方法因人而异,人们可以根据自己体能、性别、年龄的不同,选择适宜的锻炼方法,能使自己愉快而饶有兴趣地坚持下去。

(2)平衡健身运动的形式:日常生活中的平衡健身方法是一种利用生活中的各种活动维持机体平衡的健身方法。平衡健身的第一步,就是自觉而有意识地对日常生活中各种活动加以改造,如改变动作形式、增加负荷等,把人们的生活活动变成一种自然的健身活动,这就是所谓的"生活平衡化"。从清晨起床到晚上睡眠,只要有心,每一个人都可以使其达到"生活平衡化"。

下面以人们平时日常生活中的各种活动和动作为例,看看怎样自觉地增加负荷,并以此介绍日常生活平衡健身活动的内容。

1)由坐姿起立:端坐姿势,不用手,跃起;盘腿坐,不用手起立;侧坐姿势不用手起立。

2)取物:双腿靠拢伸直,上体向前深度取物。

3)脱袜:单腿站立,保持平衡。

4)上楼:上下楼时,尽量每步跨两个台阶。

5)睡醒:双手握紧,伸展两臂,两手交替屈伸,拇指交替伸直、弯曲。

6)就寝前:抖动、拍打肩部,全身放松,调节呼吸。

五、自然力锻炼法

(一)自然锻炼法的定义

自然力锻炼从广义上说,就是利用自然界一些天然因素,如水、日光、空气、泥沙等进行身体锻炼,保持和强健体魄的一种健身方法。

公元前377年,希波克拉底说过:人越是远离自然,便越是接近疾病。回归自然,应该说是人类维护自身健康的锻炼方式和方法。现代社会人们生活发生了巨大变化,人们吃精米细面、穿人造纤维、住高楼大厦,房间里有空调,出门乘汽车、飞机,这种变化的副作用即与自然接触少了。因此,许多"富贵病"蔓延。为了人类健康地生存和发展,科学家们提出了新世纪的人们应该返璞归真,回归自然。

返璞归真是人们在现代生活中对付"富贵病"有效可靠的锻炼方法,即适当模仿原始人或古代人到偏僻野外生活,按古人方式进食和运动。同时,可在城市推广植物生态建筑,如在城市楼群之间创造适合植物生长的条件,栽花种草;在楼、屋顶上建造花园和高尔夫球场等等。这些"城市绿洲"可使人们更加贴近自然,回归自然,对绿化城市、保护环境、增进人体对自然界的适应能力具有积极作用。

（二）自然锻炼法的方式

1. 沐浴　沐浴是古老的养生健身方法,早在两千年前《黄帝内经》中就有记载:"摩之浴之""行之渍之""五疫之至,三浴以药泄之"。

淋浴是将人体体表浸入于各种液体物质（海水、矿泉、泥浆等）、固体物质（沙土等）或裸露于大自然环境中的一种自然疗法,如日光浴、海水浴、空气浴、森林浴、冷水浴、药液浴、泥沙浴等。具有解表散寒、温经通络、补益脏腑、调和阴阳的功能。

（1）森林浴:森林浴是在森林中或树林茂密的地方,裸露肢体或少穿衣服,并配合适当的运动,呼吸森林中的空气,使人的心理和体魄都得到锻炼的一种自然锻炼方法。森林浴是一种比较新的健身法,适合于工作、生活节奏较快的大城市居民的身体锻炼,在欧洲和日本尤其流行。

1）森林浴的效用:森林中的许多植物散发出有较强杀菌能力的芳香性物质,能杀灭空气中许多致病菌和微生物。如果将新鲜的桦树或栎树的叶子切开,往里面注入结核菌或大肠杆菌,待数分钟后,这些病菌即会全部死亡,所以森林中的空气是经过"消毒"的,芳香清新,富含负离子。在这种环境中,可以提高人体神经系统的功能,改善心肌营养,增强摄氧能力,促进新陈代谢。

2）森林浴也是一种理想的旅游活动:森林里景色优美,树木参天,落叶布地,行走其间,辅之以潺潺流水,啾啾虫鸣,充满着诗情画意,仿佛置身于世外桃源之中。森林浴能使人的紧张精神得到松弛,可焕发人的青春活力,激发热爱生活的情趣。这种良好的心理状态,可以充分调动机体的潜能,有利于人体健康长寿。

3）森林浴对疲劳的消除、体力的恢复以及调节生活节奏具有特殊功效:目前,森林浴已作为一种医疗手段而得到推广。不少国家开设了森林医院,专门收治生活在大都市中的"文明病"患者。那些因工作压力过重而导致身心发展障碍的人,经过3~4周的锻炼,可彻底消除身心疲劳。有学者研究证明,森林浴可改变儿童的性格,一些平素寡言、胆小怯懦的儿童在森林里逗留1周,可使他们增强积极向上的自信心。

4）森林浴的注意事项:做森林浴时,可以在森林中悠闲散步,静思养神;也可以跑步、做操,或攀高涉水,适当加大活动量,每次以2~3小时为宜。夏季,以上午凉爽时出行为好。冬季,以太阳当空时外出为宜,着装最好以棉织面料为主,穿防滑的运动鞋。森林浴时,最好配合深呼吸运动,有利于吸入新鲜空气和树木的芳香物质,排出体内的浊气,使大脑和机体得到充分休息,消除工作和学习带来的疲劳,增进食欲。

（2）泥沙浴:泥沙浴可分为泥浴和沙浴。泥浴又可分为天然泥浴和人工泥浴。天然泥浴是在矿泉的中心地带形成的特有的天然热矿泥中进行,其温度在42~65℃,泥中含有大量的胶体物质、盐类和气体等。热矿泥可进行全身或局部埋浴、擦浴,以刺激和调节机体的神经和体液,具有消炎、止痛、解痉等作用。人工泥浴在国外很常见,其作用与天然泥浴相似。

沙浴是将人体的局部或全身埋在沙里,利用沙的温热和按摩作用来强身健体、防病治病。沙浴多在海滨沙滩以及有沙丘的地方进行。我国有着漫长的海岸线,海水浴场星罗棋布。这既为我们提供了优美的风景和避暑胜地,又为我们提供了沙浴的天然场所。

1）泥沙浴的效用:泥沙浴实际上是一种集多种疗法于一体的综合疗法。做泥沙浴时,充足的紫外线起到了光疗作用;灼热的细沙和湿泥是很好的热疗材料,具有理疗效果;热沙、湿泥对皮肤又有按摩的功能。经此综合作用,能使全身末梢血管扩张,促进血液循环,加快新陈代谢,加强对神经系统功能的激活。

2）泥沙浴对某些疾病具有特殊的疗效：如各种类型的关节炎、慢性腰腿痛、坐骨神经痛，以及血栓闭塞性脉管炎等。沙浴有利于渗出液、炎症的吸收和瘢痕的软化，还可增强胃肠蠕动，所以能引起机体局部和全身的变化。也有学者认为，沙浴之所以能治病，是因为经过太阳暴晒的沙子使热量渗透到全身关节和五脏六腑之中，将身上的寒湿之气"吸"出来，从而达到祛风湿、强体力的目的。实践证明，沙浴疗法对某些疾病的疗效已明显超过单纯的药物治疗和其他理疗。

3）沙浴的注意事项：沙浴的理想季节是每年 6～8 月份，开始时沙疗的时间不宜过长，一般每天1～3 小时。

4）沙浴的方法：用沙子将身体覆盖。埋沙时沙面厚度宜适中，太厚有压迫感，太薄会使皮肤灼伤，且因热量不能渗透人体内而达不到效果。身体外露部分要用遮阳小帐篷或布伞遮挡。同时可用湿毛巾盖在脸上，将眼、鼻、口、耳盖住，这样既可以防止面部和头部被烈日晒伤，又可防止沙子进入，且能在阳光下保持阴凉感，预防中暑。沙浴时宜适当饮水，以补充体液。

患有较严重的器质性病变患者、妇女经期与孕期、儿童、年老体弱者、急性炎症和有出血倾向者，均不宜进行沙浴。

2. 水中运动

（1）游泳：游泳是一项增进健康很好的运动项目。人在水中，由于水的刺激，机体代谢率大大提高。人体浸在水中，胸部可受到水的压力，从而增加呼吸的难度。经过长期的游泳锻炼，呼吸肌可逐渐变得强而有力，呼吸功能提高。实验证明：一般人的肺活量为 3000～4000ml，而游泳运动员的肺活量可达 5000～6000ml。经常进行游泳锻炼的人，安静时的呼吸显得深而慢。

水的刺激和压力，对心血管系统也有很好的促进作用。人在水中成平卧姿势时，水对身体有一种按摩作用，有利于血液循环。游泳时，所有的肌肉群和内脏器官都是有节奏的运动，这种锻炼可有效地促进身体全面、匀称、协调的发展，可使肌肉发达、富有弹性。

游泳是具有实际操作价值的水上技能，包括踩水、侧泳、反蛙泳、救护泅渡、直体跳等。掌握这些技能将有助于提高在日常生活中驾驭水的能力。学习游泳技能先要熟悉水性，为了打消怕水的心理顾虑，建议做以下练习：

1）水中行走和跳动：站在齐腰深的水中，迈步时，身体略向前方向倾斜，大腿抬起的同时，小腿和脚向行进方向伸出，站稳后再抬另一腿。行进时，两臂在体侧轻轻拨水，以保持平衡，节奏先慢后快。水中跳动是用脚掌蹬池底，手臂上举轻轻跳起后屈膝下落。反复多次。

2）水中游戏：可进行拉网捕鱼、火车赛跑等游戏。拉网捕鱼是在规定浅水区域里选一人当"渔夫"，其余人分散，凡被渔夫抓到的鱼，则与渔夫手拉手结网，直至将鱼全部捕完为止。

3）水上漂浮比赛：双手握浮板，两臂前伸，身体浮于水面上，两腿有节奏地交替打水，两人比赛，看谁漂得远，漂得时间长。

4）踩水：两臂稍弯曲，于体前用手掌和前臂向外做平行于水面的弧形拨压动作，动作要连贯、圆滑、有节奏；同时屈膝使小腿靠近大腿，随后小腿及脚掌外翻（勾脚掌）两膝内扣，向侧下方蹬压水。

当你熟悉了水性，克服了惧怕心理，并且能自由漂浮在水面上之后，便可进一步学习游泳技术。

5）反蛙泳与蛙泳：反蛙泳是人仰卧水中，使身体易于漂浮起来。这种方法可用于托运同伴，也可作为长距离游泳中的休息动作。蛙泳和反蛙泳的技术动作相似，只不过蛙泳俯卧水面。其技术要求是：

①腿部动作：

a. 滑行：两腿并拢滑行，并准备开始下一个腿部动作周期。

b. 收腿：收腿是从蹬腿后身体向前滑行的姿势开始的，是翻脚的准备动作。收腿时大腿下沉，屈膝，边收边分，膝间距离同肩宽，脚跟尽量靠近臀部，小腿与水面垂直。

c. 翻脚:膝关节微内转,脚勾掌外翻形成脚掌、小腿内侧对水面。

d. 蹬夹水:伸髋、伸膝,以腿和脚掌内侧向后做加速而有力的弧形蹬夹动作,并进入滑行姿势。

②臂部动作:

a. 滑行:伸臂结束,身体是靠水形成的速度向前滑行,整个身体成流线型。

b. 抓水:两臂内旋,使两臂和掌心转向外斜下方。

c. 划水:两手向后偏外下方划至与前进方向约成80°,急速转腕,拨水。

d. 收手:手掌在向内上移动的同时,手肘向外移动,掌心相对。

③组合动作:臂划水时,腿保持放松,收臂同时完成收腿动作,臂前伸后做蹬腿动作,伸腿之后,臂腿伸直滑行。两臂开始划水时抬头迅速吸气,在收手时低头闭气,伸臂向前时,逐渐呼吸(图6-2-6)。

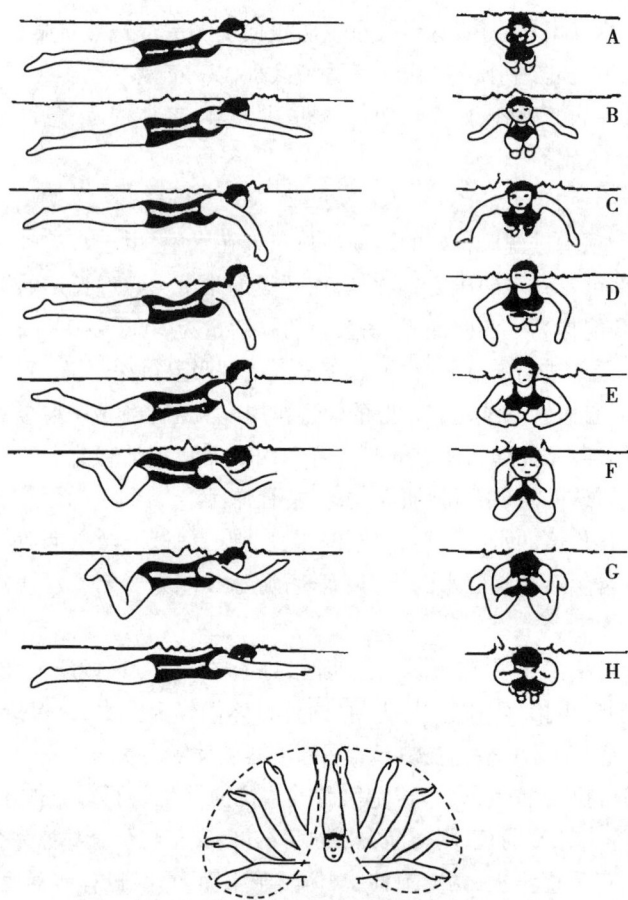

图6-2-6　蛙泳动作顺序和手臂路

学习蛙泳时,练习者可多做陆上模仿练习、水中腿和臂的配合练习。

6)侧泳:侧泳是侧卧于水中,头部露出水面,采用两臂交替划水动作,所以便于呼吸,手臂行动自由,常用于泅渡、托运物品等。

①手臂动作:身体侧卧,上方臂划水时,下方臂在水中移臂,两臂轮流划水,上臂以肘领先姿势移到头上方后,按手、前臂、上臂与肘的顺序入水,然后伸肩、屈肘向后划水与推手,到腿侧,后出水再屈臂前移,下方臂向后划水到腰腹时应屈肘、收手使掌心贴近身体,然后由内旋转向外旋,手掌向下前伸。

②腿部动作:两腿上下位置,由收腹、翻脚、蹬水3个动作组成。

③配合动作:两腿蹬剪1次,划水两次(左、右臂各1次)呼吸1次。

7)潜泳(蛙式潜泳):躯干与头部始终保持水平,两臂开始划水时低头,直臂向两侧分开,然后提肘屈臂向后划水,在前伸手臂时收腿,膝盖内扣使小腿内翻,再向侧后方夹水。

（2）冬泳:冬泳是在水温低于14℃的水中进行的健身运动。冬泳极富挑战性,参加锻炼的人接受冷水甚至是冰水的刺激,可使人的机体处于应激状态,长期坚持则产生适应性,能增强体质,有效地预防和治疗许多与人体免疫功能相关的疾病。

冬泳是人类适应大自然、挑战环境、返璞归真、焕发青春活力的一项十分有益的运动。据有关专家考证,冬泳在我国远古渔猎时代就有记载。西周时期的《警人钟》载有:"泳冬于吉",其意是指在冬季里用冷水锻炼是件好事。春秋战国时期,孔子在冬季里令学生到冰水里磨炼意志。

国外的冬泳始于古罗马时代,许多宗教把水视为圣物,如俄罗斯东正教每年冬季都要举行仪式,把身体浸入冰冷的水中,有时不止是成年人参加,甚至将未满周岁的婴儿置于冰水中,浸湿后再抱出来,以增强其抗病能力。

冬泳的作用可以增加血管弹性,从而有效地防止动脉粥样硬化。据报道,冬泳能促进睾酮的分泌,有利于延年益寿,预防早衰。冬泳对生殖系统有良好的影响,可有效地提高性功能。雄性激素睾酮是内分泌激素中很重要的一种,它能维持男性特征和男性生殖功能,提高基础代谢率,促进蛋白质的合成,尤其可使免疫球蛋白增加,从而增强机体免疫力,提高机体对环境的应激能力。日本学者中村发现:50岁后睾丸重量缓慢减少,60岁明显减轻,70岁只相当于11~12岁男孩的状态。60岁睾酮含量比20岁低35%。冬泳实验组在冬泳后睾酮分泌量比对照组有明显增多($P<0.01$)。英国伦敦血检研究所维吉·卡克尔在《欧洲人》报上说:"冬泳能促进男性睾酮的分泌,这可预防早衰,有利于延年益寿。"

冬季天气冷,水温低,冬泳时间不宜过长。一般来讲,水温在0℃上下时,游2分钟为限。下水前,最好做些准备活动,使皮肤温度降下来,身体肌肉充分牵拉,关节要多作一些活动。这样进入水中就不会感觉水温太低。出水后可用冷水或温水冲洗身体,也可以慢跑或竞走1000~1500m。

冬泳必须掌握两个原则:一是适量,二是注意控制强度,也就是在水中的游进速度,划水和蹬水动作不要过猛,节奏不要过快。如过猛运动,呼吸跟不上需要,在冰冷的水中会造成体内氧缺乏而导致大脑神志不清,具有很大的危险性。只要做到适量又适度,就可以高效率地达到健身强体的目的。如水温在0℃±2℃时,一定要减量,一般人1~2分钟;从事过游泳专项训练且身体素质特别好的人可控制在8~10分钟,最好不要超过12分钟。温度高(特别是水温)可适当延长滞水的时间。

冬泳不是适合所有人的运动,药物不能控制的顽固性高血压患者,某些心脏病患者,有较重的肾脏疾病者,药物不易控制的糖尿病患者,癫痫病患者等都不宜冬泳。

第三节 特殊人群运动指南（运动是良药）

一、儿童和青少年

儿童和青少年(6~17岁)应该比成年人的体力活动多。然而,只有最小的儿童达到了专家推荐的体力活动度,大多数超过10岁的青少年不能满足普通的体力活动指南。2008年体力活动指南建议儿童和青少年每天至少进行60分钟中等至较大强度的体力活动,并且包括较大强度体力活动、抗阻运动和每周至少3天的骨骼负重运动。在美国,年龄在6~11岁的儿童只有42%达到这一推荐量,12~19岁青少年中只有8%达到。

儿童和青少年对耐力运动训练、抗阻训练和骨骼负重运动都有生理适应性。而且运动训练可改善心血管代谢危险因素。因此,运动的益处远大于它的风险。但是,青春期前的儿童骨骼尚未发育成熟,较小的儿童不应该参加过多的较大强度运动。

大多数的孩子都是健康的,对他们来说不进行医学筛查就开始中等强度运动是安全的。有明确临床指征的儿童应该进行临床运动测试。儿童对急性、分级运动的生理学反应从本质上来说和成年人相似。但是,也存在重要的定量化区别,很多区别与体重、肌肉质量和身高的影响相关。此外值得注意的是,由于儿童的无氧代谢能力比成年人低很多,限制了他们完成持续性较大强度运动的能力。

1. **运动测试**　通常成年人运动测试标准的指南也适用于儿童和青少年。但是,运动时的生理反应与成年人不同(表6-3-1),因此需注意以下事项:

(1)运动测试通常是为了临床或健康/体适能检查,除非儿童或青少年有健康问题,一般没有必要。

(2)运动测试计划应当依据正在进行的测试以及儿童或青少年的功能能力制订。

(3)测试儿童和青少年应熟悉测试计划及过程,为缓解压力、成功地完成测试发挥最大作用。

(4)跑台和功率车都可以在测试中使用。跑台可以测出较高的峰值摄氧量(VO_2max)和最大心率($HRmax$),但需要对儿童或青少年进行车座高度的调整。

(5)相比成年人,儿童和青少年在智力和心理上发育还不成熟,测试中需要给予额外的鼓励和支持。

表6-3-1　与成年人相比,儿童对急性运动的生理反应

指标	变化
绝对摄氧量	较低
相对摄氧量	较高
心率	较高
心输出量	较低
每搏输出量	较低
收缩压	较低
舒张压	较低
呼吸频率	较高
潮气量	较低
每分通气量	较低
呼吸交换率(RER)	较低

此外,健康/体适能测试可以在临床场所外的地方实施。在这种环境条件下,体适能项目测试可被用于评价青年人的健康相关体适能组成。体适能项目组测试包括身体成分(如BMI或皮褶厚度)、心肺耐力(CRF)(如1分钟走/跑和定时跑)、肌肉适能(如屈膝两头起和引体向上/俯卧撑测试)和柔韧性(如坐位体前屈测试)。

2. **运动处方**　本节针对儿童和青少年的运动处方指南列出了通过规律的体力活动来获得健康/体适能益处的最低体力活动量。应鼓励儿童、青少年参与各种有趣的、与年龄相适应的体力活动。

儿童和青少年的 FITT 推荐
有氧运动
运动频率:每天。
运动强度:大部分应该是中等至较大强度的有氧运动,并且应该包括每周至少3天较大强度运动。进行中等强度的运动时,心率和呼吸显著增加。进行较大强度时,心率和呼吸急剧增加。
运动时间:每天≥60分钟。
运动方式:有趣、与发育相适应的有氧体力活动,包括跑步、健步走、游泳、跳舞和骑自行车。
肌肉力量运动
运动频率:每周≥3天。
运动时间:作为每天60分钟或更多运动的一部分。
运动方式:肌肉力量性体力活动可以是非组织性的(如在操场的健身设施上玩、爬树或拔河)或者是有组织性的(如举重、使用弹力带运动)
骨骼负重运动
运动频率:每周≥3天。
运动时间:作为每天60分钟或更多运动的一部分。
运动方式:骨骼负重运动包括跑步、跳绳、篮球、网球、抗阻训练和跳房子游戏。

3. **注意事项**

(1)儿童和青少年可以在指导下和监督下安全地参加力量训练。一般针对成年人抗阻训练的指

南也可以应用。每个动作应该重复 8~15 次,达到中度疲劳,且只有当儿童可以保质量地完成预定的重复次数时,才可以增加阻力。

（2）由于体温调节系统发育不成熟,儿童、青少年应避免在炎热潮湿的环境下运动,并且应注意补水。

（3）超重或体力活动不足的儿童、青少年可能不会保证每天进行 60 分钟中等至较大强度的体力生活。这些孩子应该以中等至较大强度体力活动开始,适应后逐渐增加运动频率和时间以达到每天 60 分钟目标,可以逐渐增加较大强度的体力活动直到每周 3 天。

（4）对于有疾病或残疾的儿童、青少年,如哮喘、糖尿病、肥胖、囊性纤维化以及脑瘫者,应根据他们的身体状态、症状以及体适能水平制定运动处方。

（5）应该努力减少静坐少动的活动(如看电视、上网和玩视频游戏),增加有益于终生的体力活动和体适能的活动(如步行和骑自行车)。

重点提示:大多数超过 10 岁的青少年没有达到体力活动指南的推荐量。儿童、青少年应该参与多种和年龄相适应的体力活动来发展心肺耐力、肌肉力量和骨骼强度。由于儿童、青少年的体温调节系统发育不成熟,运动监督者和带领者应该注意外界气温和运动时儿童的补水。

二、老年人

老年人(定义为 ≥65 岁,以及 50~64 岁有明显临床疾病或存在影响运动、体适能或体力活动等生理限制的人)表现出多种年龄范围的不同生理功能。由于人衰老的程度不一致,年龄相似的个体对运动引起的反应表现出明显的不同。此外,很难区分衰老与身体异常状态或疾病对生理功能造成的影响。相对年龄来说,健康状况通常是一个判断是否有能力参加体力活动更好的指标。有慢性疾病的个体应向可以指导他们参加体力活动项目的健康管理人士进行咨询。

大量的证据支持体力活动带来的如下益处:①减缓衰老带来的运动能力下降;②优化年龄老化造成的身体成分变化;③促进心理和认知能力的健全;④控制慢性疾病;⑤减少躯体残疾的风险;⑥延长寿命。

尽管有这些好处,老年人仍是所有年龄组中活动最少的。虽然近期研究结果显示体力活动有略微增加的趋势,但 65 岁以上的老年人,只有 22% 的人从事有规律的体力活动。报告的百分比随着年龄增加而降低,仅有约 11% 年龄超过 85 岁的老年人从事规律的体力活动。

安全、有效地进行运动测试和合理地制定运动处方需要全面了解年龄增加在安静和运动时对生理功能的影响。表 6-3-2 提供了一系列年龄相关的主要生理学变化,而潜在的疾病和服用药物可能会改变预期的急性运动应激反应。

1. 运动测试 大多数老年人在中等强度体力活动之前没必要进行运动测试。对于有多种中度风险的老年人来说,应当在开始较大强度运动前做全面的医学检查及运动测试。老年人运动测试在测试方案、方法和负荷量上会有所不同。下面将详细列出老年人运动测试时的注意事项:

表 6-3-2 衰老对特定的生理和健康相关指标的影响

变量	变化
安静心率	无变化
最大心率	较低
最大心输出量	较低
安静和运动时血压	较高
绝对和相对最大摄氧量(L/min 和 ml/(kg·min))	较低
残气量	较高
肺活量	较低
反应时	较慢
肌肉力量	较低
柔韧性	较低
骨量	较低
瘦体重	较低
体脂%	较高
糖耐量	较低
恢复时间	较长

（1）对于工作能力较低者,起始负荷应该较低(如<3METs),负荷递增的幅度也要小(如0.5～1.0METs),Naughton跑台方案是个很好的例子。

（2）对平衡能力差、神经肌肉协调能力不好、视力差、老年步态模式、体重承受受限和(或)足部有疾患者,使用功率车可能比跑台更好。不过,局部肌肉酸痛可能会是功率车测试终止的原因之一。

（3）由于平衡能力下降、肌肉力量减小、神经肌肉协调能力差和害怕等原因,有必要在跑台上安装扶手。但是,利用扶手支撑纠正步态异常会降低根据运动持续时间或峰值工作负荷完成的情况推断出峰值MET能力的精确度。

（4）根据受试者的步行能力,跑台的负荷通过增加坡度而非速度进行调节。

（5）对很难适应运动方案者,可能需要延长起始阶段、重新开始测试或重复测试。还可以考虑间歇性测试的方法。

（6）运动诱发的心律失常在老年人群中的发生率比其他年龄组要高。

（7）老年人服用处方药物是很常见的,此类药物可能会影响到运动中心电图(ECG)和血流动力学的变化。

（8）老年人运动中心电图与年轻人(敏感性<50%,特异性>80%)相比,具有较高的敏感性(约84%)和较低的特异性(约70%)。与年轻人相比,假阳性结果的出现率较高,可能与左心室肥大(LVH)、存在传导异常等发生率较高有关。

在年龄较大的人群中,心血管、代谢和运动系统等方面问题的增加常常会导致运动测试提前终止。此外,许多老年人在做最大运动强度测试时,最大心率常常会超过根据年龄预测的最大心率值。

2. **高龄人群的运动测试**   高龄人群(年龄≥75岁和行动不便的个体)大多数都有一种或多种医学问题。随着年龄的增长,身体限制也越来越多。前面所提到的方法并不适用于高龄人群和行动不便的人群,这是因为:①运动测试可能会成为促进体力活动的障碍;②在较大运动强度之前提倡进行运动测试,但是,高龄人群很少有人能够或喜欢参加较大强度运动,尤其在运动项目的开始阶段;③很难区别老年人的中等和较大强度运动(例如中等强度的步行频率对于老年人、很多慢性疾病、身体不适的成年人来说,可能就接近其运动能力的上限);④高龄人群在运动中或运动测试的过程中会出现死亡和心血管事件风险增加的证据还不足。因此,以下的建议是针对高龄人群的:

（1）运动测试时,个体的既往病史及身体检查结果可以用来判断运动时的心脏禁忌证。

（2）对于有心血管疾病(CVD)症状或明确诊断疾病的个体,可以根据标准指南进行危险分层和治疗。

（3）无心血管疾病症状和疾病者,应该在没有太大风险的情况下,参加低强度(<3METs)的运动。

（4）运动能力测试:运动能力测试在很大程度上已经代替了运动负荷测试用来评价老年人的功能状态。一些测试方法已经被验证与潜在的体适能状况相关,另一些测试被验证用以预测以后的残疾、生活自理能力和死亡。运动能力测试是很有吸引力的,因为大部分测试只需要很少的空间、设备和花费;可以在卧位或经过健康/体适能相关专业人士进行简单的训练后实施;并且认为在健康和临床人群中是非常安全的。运动能力测试最广泛的应用是针对一个运动干预,能够确定与较差的健康状态相关的功能限制临界点。表6-3-3描述了一些最常用的运动能力测试方法。①在完成这些评估之前,需要仔细考虑每项测试的特定人群;②了解地板效应或天花板效应。(也称低限和高限效应,即测验题目过难,致使大部分个体普遍较低的现象称为地板效应。测试题目过于容易,致使大部分个体得分普遍较高的现象称为天花板效应。);③理解影响得分或预测能力的因素(如样本、年龄、健康状况和干预措施)。

表6-3-3　常用的运动能力测试

方　　法	实施时间	代表较低功能的界值点
老年人体适能测试 7项:30s坐立测试、30s臂弯举、8ft起立行走、6min走、2min台阶实验、坐位体前屈和背抓。每个测试都有标准的尺度	共30min每项测试在2~10min	依据年龄标准,≤第25个百分位数
简易运动能力测试 一项下肢功能测试。将普通步态速度、平衡时间测试和坐立测试的得分结合。得分范围0~12,得分越高代表功能越好	10min	10分
普通步态速度测试 以普通的速度步行很短的距离(3~10m),通常测试两次,比较好的一次做评价	<2min	1m/s
6min走测试 作为心肺耐力的一项指标广泛使用。评价个体在6min内行走的最远距离。50m的变化被认为有本质性的改变	<10min	依据年龄标准,≤第25个百分位
运动能力测试连续量表(scale) 有长、短两个版本可以使用 测试包括连续完成日常生活中的工作,例如端起一盆很重的水、穿上和脱下夹克、从地板上起来和坐下、爬楼梯、提杂物和其他,在自然的环境下实施测试,可以反映潜在的身体功能。得分0~100,得分越高代表功能越好	60min	57分

老年人体适能测试是根据大量、健康的居住在社区的样本制定,并发布了针对60~90岁男性和女性老年人的标准数据,反映上肢和下肢的力量、上肢和下肢的柔韧性、心肺耐力、灵活性和动态平衡。简易运动能力测试(SPPB)是一项下肢功能的测试,对残疾、生活自理能力和死亡有很好的预测能力,但是也发现在普通健康老年人中存在天花板效应,限制了在运动干预结果中的使用。在SPPB测试中0.5分的改变认为是意义较小的改变,1分的改变认为是有显著的变化。普通步态速度测试,被广泛地认为是测试行走能力最简单的测试,预测效果与SPPB测试是一致,但它随运动干预变化的敏感性不一致。普通步态速度测试中,0.05m/s的改变认为是意义较小的改变,0.1m/s的改变认为是显著性的变化。

3. **运动处方**　运动处方的一般原则适合各个年龄段的成年人。老年人相应的运动适应能力及体适能成分提高百分比与年轻人群研究报告中的相当类似,并且对维持健康、功能能力并减缓与年龄相关的多种生理功能衰退等是非常重要的。与其他年龄组相比,老年人普遍存在功能能力低下、肌力不足以及体适能下降等情况,都可能导致生活独立性丧失。一个运动处方应该包括有氧、肌肉力量/耐力和柔韧性运动。如果一个人经常摔倒或行走不便,还应当做些特殊的神经动作练习,以提高健康相关体适能要素之外的能力。如平衡能力、灵活性和本体感觉能力。而且,年龄不应该成为促进体力活动的障碍,因为无论任何年龄,都会获得明显收益。

相对于年轻人而言,老年人运动处方最大的不同就是制订相对运动强度。对于明显健康的成年人,中等到最大强度体力活动用于METs相关的值来定义,中等强度为3~6METs,较大强度运动为≥6METs。相反对于老年人,活动要相对于个人的体适能水平,用一个10分量表根据主观费力程度进行评分,0分相当于坐姿的费力程度,10分相当于竭尽全力,中等强度运动为5分或6分,较大强度运动为7分或8分。中等强度运动会引起心率和呼吸的显著增加,而较大强度运动引起心率或呼吸的大幅度增加。

NOTE

老年人的 FITT 推荐

有氧运动

为了促进和维持健康,老年人应当遵循如下的运动处方进行有氧(心肺)体力活动。如果老年人由于慢性疾病而不能达到推荐的体力活动水平,可以根据自身的能力和状况安排运动。

频率:每周≥5 天中等强度体力活动,或每周≥3 天较大强度体力活动,或每周 3～5 天中等强度与较大强度体力活动相结合。

强度:依据 0～10 分体力活动疲劳量表。5～6 分为中等强度,7～8 分为较大强度。

时间:中等强度体力活动,每天累计 30～60 分钟(60 分钟效果更好),且保证每次至少 10 分钟、每周共 150～300 分钟。或每天至少 20～30 分钟、每周共 75～100 分钟的较大强度运动,或者同等运动量的中等强度和较大强度运动相结合。

方式:任何运动方式都不能对骨骼施加过大的压力,步行是最常见的运动方式。水上运动和固定功率车运动较那些需要承受自身体重而耐受能力受限制的项目来说更具优越性。

肌肉力量/耐力运动

频率:每周≥2 天。

强度:中等强度[例如 60%～70% 的最大重复次数(1-RM)]。老年人抗阻训练应以低强度[例如 40%～50% 的最大重复次数(1-RM)]开始。当无法测得(1-RM)时,运动强度可以采用 0～10 分量表中的中等强度(5～6 分)到较大强度(7～8 分)。

方式:渐进式负重运动项目或承受体重的柔软体操(对 8～10 个大肌群进行训练,≥1 组,每组重复 10～15 次)、爬楼梯和其他大肌群参与的力量训练。

柔韧性训练

频率:每周≥2 天。

强度:拉伸至感觉到拉紧或轻微的不适。

时间:保持拉伸 30～60 秒。

方式:任何保持或提高柔韧性的体力活动,通过缓慢的动作拉伸身体的各大肌群。静力性拉伸优于快速弹阵式拉伸。

4. **针对经常摔倒或行动受限个体的神经肌肉(平衡)练习**　尽管肌肉(平衡)练习没有被专门纳入运动处方之中,但是包括平衡、灵敏和本体感觉训练的神经动作练习,如果能坚持每周 2～3 天的训练,对于减少、预防摔倒是很有效的。

一般的建议包括:①通过逐渐增加动作的难度来逐渐减少其支撑力(如双腿站立、半前后站立、前后站立、单腿站立);②使人体重心发生变化的动力性运动(如前后脚交替走路或蹬自行车);③肌群压力姿势练习(如脚跟、脚尖站立);④减少感觉输入(如闭眼站立);⑤太极。应该保证这些运动中的医务监督。

5. **注意事项**　为了最大限度获得训练的有效性,应注意以下问题:

(1)对于那些因身体素质很差、功能受限或慢性疾病影响他们完成体力活动的老年人,在刚开始参加体力活动时,强度要低、运动持续时间不要太长。

(2)循序渐进的体力活动必须是个性化的、特定的、可以承受的和有兴趣的;保守的方法对大多数身体素质差和活动功能受限的老年人比较适用。

(3)肌肉力量随年龄增长快速下降,尤其是 50 多岁的人。尽管抗阻训练在一生中都很重要,随着年龄的增长,抗阻运动变得更加重要。

(4)刚开始使用负重练习器械进行力量训练时,应该有能够意识到老年人特殊需要的专业人士进行密切监督和指导。

(5)运动计划的早期阶段,对于体弱的老人,肌肉力量/耐力活动应该在有氧运动之前。患有肌肉减少症、身体虚弱的个体,需要在他们的生理能力可以参与有氧训练之前,增加肌肉力量。

(6)老年人应该逐渐地超过所推荐的最小体力活动量,如果他们愿意提高和(或)维持体适能时,可以尝试着继续增加运动量。

（7）如果老年人患有慢性疾病，无法达到推荐的最小运动量，也应当尽可能的做些可以耐受的体力活动而避免静坐少动状态。

（8）老年人应当尽量超过体力活动最小推荐量以加强慢性疾病和健康状态的管理。众所周知，较高的体力活动水平具有治疗作用。

（9）应鼓励认知减退的老年人进行中等强度体力活动，认识到体力活动可以改善认知。有严重认知障碍的个体可以参与体力活动，但可能需要个性化的帮助。

（10）结构性的体力活动应该以适当的整理运动结束，尤其是对患有心血管疾病的个体。整理运动应该包括逐渐减少用力、强度和适当的柔韧性运动。

（11）加入行为策略，如社会支持、自我效能、健康选择的能力和安全感，这些都可能促进老年人参加规律的运动项目。

（12）健康/体适能和临床运动专家还应当定期提供反馈信息、增强鼓励支持并应用其他行为/计划性的策略，以增强运动者的依从性。

重点提示：所有老年人都应该有个性化的运动处方或体力活动指导方案，以满足他们的需要和个人爱好。运动处方应该包括有氧、肌肉力量及耐力、柔韧性和神经动作练习，并且以维持和改善功能能力为重点。为了标准化地评价体适能，可以使用体适能测试。这些测试可以判断与健康状况相关的功能限制，这些限制称为运动干预的目标

（常　青）

第七章 竞技运动

学习要点：

竞技运动即比赛性的体育活动。今天丰富多彩的竞技运动项目并不是人类瞬间创造出来的，而是长期积累的结果。随着社会的发展，早期人类为生存而要具备的这种技能与能力，逐步地演化成今天的竞技运动，其形式虽然依旧包含着强烈的竞争性，但其目的和目标已经远远不是最初的为生存、为获取而搏，而是有很高的教育性、技艺性、欣赏性，是培养人们坚强的意志力而获得成功力量的源泉。竞技场上的核心不是争斗，而是光明磊落的比赛，是体力、智力和意志力的较量。尽管达到顶峰者微乎其微，但由于其体现的是公平竞争、拼搏进取、团结协作与和平友谊等精神内涵，成为青少年规范行为的准则，也为青少年改善人际关系，发展健康人格并促进个体社会化提供了机会。正由于铭记了这个精神，才能更加强盛、更加雄壮、更加完美，从而才能更好地陶冶人格，促进人的和谐发展。

第一节 竞技运动的现代观

竞技运动包含着激烈地对抗、顽强地拼搏、刻苦地训练，以及不懈地追求更快、更高、更强的目标。而今天，竞技运动已不仅仅是为了获胜，更重要的是参与、是教育、是促进人类和平进步与发展、满足广大人民群众向往美好生活的愿望、是展示现代人类文明的重要手段，这就是现代竞技运动观的核心，也是未来竞技运动发展的方向。

一、培养现代人品格的园地

现代竞技运动不但渗透着先进的意识，并且能够将其迅速传播到现代人的其他生活领域中去。首先，要有强健的体魄，才能承受高强度、高频率的运动负荷；其次，要有坚强的意志，吃苦耐劳、百折不挠、拼搏进取，只有这样才能在激烈的竞争中立于不败之地。公平竞争精神培养现代人的忠实坦诚和顺性率直的品格，从而培养了良好的社会行为规范；自强不息的精神培养了现代人意志顽强、努力奋斗的优良品质，从而实现人生理想；道德品质精神培养了现代人的高尚品质，从而促进和谐社会的发展。

二、对外开放的窗口

现代竞技运动是一个开放的窗口，也可以说是一种国际语言。任何一个国家、任何肤色的人种都可以参与其中，在争取竞赛胜利的同时，为传播世界文化效力。在这个领域里发表的宣言，规定的章程、条约、规则，以至所倡导的"体育精神""体育道德""体育价值观"等，都是沟通"地球村"村民、维持其和睦相处的纽带，有的还可以渗透到人们的其他社会活动中。如奥运会所宣扬的和平、进步、友谊、民主思想，伤残人体育所追求的人道主义精神等等。但这个窗口绝不是只准风进、不准风出的单向排风筒，这个窗口应是双向的，能实现内外对流，肩负起向世界传播优秀文化的责任，是人类共有的财富。

三、规约行为举止的课堂

竞技运动的竞争性是当代体育运动的特点和灵魂,是人与人充分交往、交流、交际的重要场合。在运动竞赛中除了要遵守人体运动的"规则"、心理变化的原则,还要遵守一定的伦理道德,如奥林匹克精神、奥林匹克原则、奥林匹克誓言、体育精神、体育道德、运动员道德、赛场赛风、裁判员职业道德、运动场公德等,组成了一个庞大的道德体系。

"公正"指的是在竞赛规则面前人人平等,这是运动竞赛赖以生存的前提。每个参加者一旦进入竞赛就可以在规则的保护下,尽其所能地去争夺属于自己的荣誉,但同时他们又必须受规则的约束,一切破坏竞赛的公正性的违例、违约、犯规,乃至犯法,都必须予以"制裁",否则这场竞赛就失去了社会的公信度。

四、展现人体美的舞台

竞技赛场是运动员进行激烈争夺的表演舞台,在竞赛中运动员们所表现出的精湛技艺、强健的体魄和顽强的拼搏,将成为人类健美的体格、公平竞争和光明磊落的精神,反过来又进一步激发了人们对健美人体更大的审美兴趣,进而提高了人们的审美能力。在这众多闪耀着艺术美、生活美、自然美的形象中,人们还追求着一种人体美的形象。由于这种形象是健、力、美的结晶,是速度、灵巧、协调、准确的集中,是体力、智力、精神的综合,而这种美的追求几乎达到了如痴如狂的程度,不断冲击着传统的审美意识,修正着人们对人体美的观点。人们在欣赏人体美的同时,灵魂得到净化,情操得到陶冶,从而激发起人们对美的向往,美的追求。

以上这些,也就基本构成了现代竞技运动所涵盖的观点、意识和行为准则。

第二节　竞技运动的特点及分类

一、竞技运动的特点

竞技运动(sport)一词是国际公用的,源于娱乐、游戏活动,其原本含意是离开工作去从事一些轻松愉快的身体活动,而现代竞技运动就是充分地挖掘和体现人的本质能力,除了具有竞赛性、趣味性之外,还具有生物学、心理学、社会学及教育学的多种功能,同时还可以有效地增强体能、提高机体适应能力,满足青年学生求知、求健、求乐、求美等多方面需求。特别是在社会生活和国际交往中,越来越显示出重要影响和特殊作用,因而受到了各国人民的广泛喜爱和各国政府的大力支持。当然,在以竞技运动项目作为健身手段时,要加以选择和改造,不宜将那些技艺性高、危险性大的项目作为健身手段,而且必须在运用这些手段过程中,遵循体质增强的规律和原则,讲究科学方法。

随着社会的发展,现代竞技运动虽然还保留有娱乐和游戏的因素,但是其主旨已在于强调竞争和竞赛的含义了。归纳起来其主要特点如下:

1. 竞技运动具有激烈的对抗性和竞赛性。
2. 竞技运动具有明确、正式的规则,这些规则既有历史依据,又具有国际性的标准。
3. 竞技运动的竞赛结果被世界所认可。
4. 参加竞技运动的人往往代表一个组织或团体,因而增强了活动竞赛的严肃性,增加了参加者的思想和心理压力。
5. 竞技运动的活动目的是具有功利性的,它不再像游戏和娱乐那样,仅仅是为了个人消遣和娱乐。

二、竞技运动的分类

竞技运动项目种类很多,如果按运动项群分类,一般分为两大类,即体能类和技能类(表7-2-1)。

表7-2-1　按竞技能力的主导因素对竞技运动项目的分类

大类	亚类	分组和项目
体能类	速度和力量	短距离:100m跑、200m跑、400m跑、100m游泳,短距离速度滑冰,短距离赛场自行车 跳跃:跳高、跳远、跳跃滑雪、三级跳远、撑竿跳高等 投掷:标枪、铁饼、铅球、链球等 举重:举重
技能类	耐力性	中长距离:划船,800m跑、1500m跑、5000m跑、10 000m跑,竞走,200m、400m、800m、1500m游泳,长距离速度滑冰 超长距离:马拉松、公路竞走、公路长距离自行车赛、长距离滑雪
	表现性	准确性:射击、射箭 健美性:跳水、竞技体操、艺术体操、花样滑冰、花样游泳、技巧
	对抗性	隔网对抗:(单双人)乒乓球、羽毛球、网球、(集体)排球 双人格斗:(单人)击剑、柔道、摔跤、拳击、散打 同场对抗:(集体)篮球、手球、足球、冰球、曲棍球、水球

（一）体能类

分速度力量性和耐力性两部分。

1. **速度力量性的项群**　速度力量性的竞技运动项目,是无氧代谢运动,主要适合于青少年练习。例如100m跑和跳跃性项目,这些项目对发展人体快速运动能力和身体某部分肌肉工作时克服阻力能力有极为重要的作用。科学地选用这些项目锻炼身体,可提高肌肉在短时间内快速收缩的能力,发展人体速度力量素质,促进血液循环,增强体质,提高工作效率。

2. **耐力性的项群**　耐力性项目锻炼身体,应因人而异,并注意练习的强度要适度。如1500m跑等项目,这些项目,对发展人体的耐力运动素质,提高中枢神经系统支配机体长时间参加肌肉活动的协调性,提高内脏器官尤其是心血管系统和呼吸系统的功能活动能力,以及提高人体的物质能量供给的能力有重要的作用,是有氧代谢运动。

（二）技能类

分表现性和对抗性两部分。

1. **表现性项群**　如体操等项目。这些项目对发展人体的灵敏素质和柔韧素质,对提高大脑皮质神经过程的灵活性,发展快速反应能力,提高速度和动作的准确性、协调性、美观性,都具有重要的锻炼价值。

2. **对抗性项群**　如篮球等项目。这些项目可以使人在身体完成各种复杂的练习,与同伴的默契配合和与对手的斗智拼搏过程中,得到一种非常美妙的愉悦,从而达到健身、健心的目的。

第三节　竞技运动竞赛与欣赏

一、体育竞赛欣赏的基本知识

体育比赛项目繁多,比赛规则复杂浩繁。体育竞赛欣赏时首先要从评定比赛成绩和名次的方法方面来了解:

1. 以时间的快慢记录、评定比赛成绩和名次。如田径比赛中的径赛项目、速度滑冰、高山滑雪、越野滑雪以及越野跑、马拉松跑等。时间越短,成绩越好。

2. 以高度和远度记录、评定比赛成绩和名次。如田径比赛中的田赛项目。在同一项目中,跳得越高、越远,投掷的距离越远,成绩越好。

3. 以比分来记录、评定名次。在球类比赛中篮球、排球、足球、手球、乒乓球、羽毛球、网球、棒球、垒球、水球以及冰球等,比分高者为胜方。如果双方在规定的比赛时间内战平,则要增加比赛时间来决出胜负,如足球比赛的延长时间是 30 分钟(分上、下两个半时,各 15 分钟,中间休息 5 分钟),如果延长期仍不分胜负,则以互踢点球来决胜负。首先两队各出 5 名队员轮流执罚,若 5 人踢完仍未分胜负,则由各队每次出 1 名队员轮流执罚,直到分出胜负为止。

4. 以裁判员现场评分来记录、评定比赛成绩和名次,包括竞技体操、艺术体操、技巧、跳水、健美和健美操、花样滑冰、武术等。一般采用几个裁判组同时评分,然后根据各个项目的具体规则和计分方法来评出运动员的得分,再排出运动员的名次。如花样游泳比赛的评分是根据运动员的游泳动作、造型及其衔接、动作与音乐的协调一致性;自选动作还要看整套动作的变化、难度以及在池中形成的图形、对音乐的解释和动作呈现方式来评分。最后得分是几个裁判组分数相加的分值,已不再是 10 分制。

5. 以命中环数来记录、评定比赛成绩和名次。如射箭和射击,以命中环数多者名次列前。

此外,举重则是按运动员的体重(男子为 10 个级别、女子分为 9 个级别),以每个运动员在本级别中所举的重量评定成绩,分个人名次和单项名次。以各团体中每个运动员所得分数的总和计算团体名次。

拳击比赛时运动员的得分是按规则规定,用拳套的前上部,有力击中对方的合法打击部位(如头部的前面、下颌和耳以下的腮颌、腰以上的身体正面及前侧面),击中对方并使之倒地;阻挡及躲过对方的打击,使对方的打击落空;有优良的策略和技术、好的道德作风等均可得分。拳击比赛有许多场次是以"点数"来决定胜负的。在比赛中,除了拳击台上有裁判员外,在台下还有 5 名评判员,他们负责记"点数",如果这 5 名评判员中有 3 名同时认为是得点,这一拳才能得点。这使得比赛更为公正准确。

二、怎样欣赏竞技体育

1. **竞技比赛的技术战术欣赏**　在球类比赛中,篮球、排球、乒乓球、足球、网球、跳水等运动发展的速度非常快,新技术不断出现。

如篮球比赛中的跳起空中换手投篮、勾手投篮、补篮以及单手、双手正、反扣篮、投三分篮等。同时还可以欣赏运动员传接球、运球、突破、抢篮板球等技术。

欣赏足球比赛时,特别偏爱精彩的射门。足球射门是进攻的归宿,但能不能达到射门的目的,还要看运动员的传接球、控制球、带球过人等基本技术动作做得怎样,其质量越高,射门的次数就越多,获胜的可能性就越大。一个优秀选手两只脚和头部能射出不同高度和不同路线的球。

排球比赛中除了常见的基本技术如移动、传球、发球、扣球、拦网等之外,快球技术发展也很快。比较常见的有近体快球、短平快球、拦网快球等。我国排球健儿还创造和发展了"时间差""位置差"等快球技术,起到了自身掩护、甩掉拦网的作用。中国运动员在大力提高弹跳力的基础上又发展了冲飞扣球(分前飞和背飞),即起跳后在腾跃过程中选择适宜突破口击球和拉 3、拉 4 扣球(由短平快球发展而成,是将击球点从 3 号位或 4 号位队员的右侧错位拉到左侧进行扣球)、时间差、空间差及位置差等新技术。

网球比赛曾经陶醉了千千万万的网球爱好者,优秀的网球选手在比赛中打球凶,底线抽球落点准、角度大,球来回数量较多;同时还具有好的发球及网前技术。网球的击落地球技术包括:正拍和反拍的击球、挑高球、放短球和击反弹球。截击空中球技术有:正拍和反拍还击落地前的球以及高压球。发球包括平击发球和旋转发球。

在欣赏跳水比赛时,运动员飘逸的空中动作,像针一样插入水中,可以体验到尽善尽美的技术和艺术境地。运动员在跳板跳水时关键是合理利用跳板的反弹力,以获得更好的起跳角度和高度。因此,走板和起跳是跳板跳水技术的基础,整个身体的压板动作要与跳板振动节奏相吻合。

跳台跳水技术在助跑和起跳方面都与跳板跳水截然不同。它是以较快的速度助跑,不需要高的跨跳步。做臂立跳水时,运动员走到跳台前端,抓住跳台前沿,身体垂直,保持稳定平衡,然后完成各种姿态优美的跳水动作。20 世纪 70 年代以来,"压水花"技术已为世界各国的优秀运动员所掌握。运动员在入水时,两臂用力伸直,在将要入水的一瞬间手掌上翻、掌心朝下,身体与水平面成 90°或接近 90°的入水角度,溅起水花越小越好。

竞技体操比赛要求运动员的技术动作既要难度高,又要稳健、准确、优美、节奏好,幅度大。可从下面几个方面来欣赏:

（1）静止姿势:有悬垂和支撑,例如吊环中的直角支撑、倒十字支撑等。

（2）用力动作:有悬垂和支撑的转换,由支撑到支撑,由悬垂到悬垂。

（3）摆动动作:有转体、空翻、回环、换握、腾越、摆动、全旋。

欣赏体操比赛时,运动员的每一套动作结束时往往都是采用较难的惊险动作,给观众留下最后的优美画面。

各项体育运动均是由一系列的技术动作组成的。每个项目都有它各自的技术特点,在欣赏体育比赛时不仅要注意运动员完成技术动作的情况,更应当欣赏运动员是如何利用自身的有利条件形成的独特技术。

体育比赛中的战术是指比赛双方根据赛场情况变化,正确分配力量和采取合理行动,充分发挥自己的优势,限制对方的特长,以此达到取得比赛胜利的竞赛艺术。它是由战术思想、战术意识和战术行动构成,各项不同的体育比赛具有不同的战术特点。

在田径比赛中,战术是根据自己的特点和对手的情况而定。如中长跑的体力分配、速度安排、跟跑、最后冲刺等。跳高中为节省体力和给对手以心理压力的免跳和起跳高度的把握等。

在对抗性强的球类运动中,战术更是灵活多变、复杂多样,足球比赛中战术上首先要解决的是比赛阵型,阵型的选择主要是根据本队特点及运动员体力和技术水平来决定,同时也要考虑双方力量对比及其他客观条件(场地、气候等)。一般阵型有"3-2-2-3"式,即"W""M"式、"3-3-4"式、"3-2-1-4"式,以上阵式为 3 个后卫。4 个后卫的阵式有"4-2-4"式等。个人战术是运动员与全队战术配合而采取的个人行动和方法。

足球比赛中常用的全队战术有:全队进攻战术、全队防守战术和定位球战术。全队进攻可分为边线进攻、中路进攻、转移进攻和反越位战术。全队防守战术一般有区域防守、紧逼盯人防守、紧逼盯人结合区域防守和越位战术等。定位球战术主要有开球战术、罚点球战术、角球战术、掷界外球战术、任意球战术和球门球战术等。先进的"全攻全守"总体打法把足球比赛带进了一个新的境界。这种战术最大限度地发挥了集体力量,调动了全队的积极性。攻势足球是进一步强调和提倡进攻,鼓励多射门,争取多进球。

篮球比赛除了具有快速灵活、全面、准确的特点外,正向高空、高速度、高强度方向发展。篮球的主要战术有快攻战术,即以最快的速度发动进攻,使对方来不及回防,创造了以多打少的投篮机会。在篮球比赛时经常看到的阵型有"1-3-1""1-2-2""1-4"等。还有采取无球掩护配合、斜插中路策应配合和防守反击、运球突破等。防守战术有半场人盯人、全场区域紧逼盯人、区域联防、混合防守等。

现代排球战术已在不断变化、发展,过去的高快结合逐渐变成高快活(灵活多变)。高快不仅指高打强攻及快攻结合,而且指发展高度和高点快攻的结合。因此,现代排球比赛的控制权是非常重要的。排球比赛的主要战术有"中一二":一传给 3 号位队员作二传,2、4 号位进攻;"边一二":一传给 2 号位队员作二传,3、4 号位进攻。这是最基本的战术形式。"两次球":当一传垫到网边扣球点的位置时,前排队员随即扣球。"两次球"战术运用传转扣、扣转传,真真假假、虚虚实实,使对方拦网捉摸不透,防不胜防,能起到突然袭击的作用。"后排插上":对方发球后,后排一个二传队员迅速插上到前排作二传,使 2、3、4 号位的队员不担负二传的任务,这样可以保证前排有三点进攻。

在竞技比赛中,技术是完成战术配合的基础,战术的不断演变和发展又对技术提出了更高的要求。

2. 竞技比赛中美的欣赏　体育比赛为我们展现了绚丽多姿的艺术美世界,它能激发人们种种联想,得到精神上的愉悦和美的享受,这就是体育美学的作用。

体育美学是论述体育美的审美情趣的科学。随着科学技术在各个领域的发展,运动技术水平的不断提高,在体育美和体育审美观的作用下,体育运动坚持不懈地追求美,即自然美、社会美、艺术美,以及在此基础上产生的运动美。从人体是自然物的属性来说,健康是自然美。人又是社会的人,具有社会属性,经历长期社会生活的熏陶,人体健康又是社会生活的需要,从这个意义上说,又是社会美。人体功能组织结构的均衡、比例对称等形式美,是天赋的艺术美。由健康的人体所进行的体育竞赛,又构成了运动美。

法国著名雕塑艺术大师罗丹曾经说过:"自然界中没有任何东西比人体更美。"前苏联马雅可夫斯基进一步指出:"世界上没有任何一件衣衫能比健康的皮肤和发达肌肉更美丽。"

音乐在体育中的应用越来越广泛,体育音乐又成为音乐整体中的一个组成部分。一些名曲已被体育音乐所吸收,形成独特的体育音乐作品,如自由体操、花样滑冰、花样游泳、武术和健美比赛等运动项目中都有不同特色的音乐伴奏,使人们在欣赏体育运动美的同时,也欣赏到体育音乐美。

3. 高尚道德情操的欣赏 我国体育比赛的目的是增进团结和友谊,推动运动技术水平的不断提高,丰富人民群众的文化生活。因此,它是建设社会主义精神文明的重要组成部分。欣赏体育比赛要做到言谈举止文明。言谈举止体现出一个人的思想修养和道德水准,文明礼貌体现了一种美的气质,在社会交往中使人感到和谐和亲近。反之,粗鲁、野蛮的举止使人感到厌恶,造成人与人之间的不愉快。

学习与研究

1. 力与美 当见到那些肌肉发达、矫健有力的投掷选手、举重健将、摔跤能手,以勇猛雄健的动作达到常人无法涉足的高度,相信你亦会为他们的强健和彪悍啧啧惊叹感受到一种力量的美。

2. 悲壮美 竞赛中的胜负通常是不可预知的,参赛者主观上总是希望赢,但由于各种因素的综合效应,客观上失败的现象经常会出现,这就产生了属于美学范畴的悲剧效果,使人感到一种悲壮之美!所以观看比赛时,我们也常被他们落后情况下竭尽全力、紧追不舍、不屈不饶的精神所振奋和感染,进而从中体会到极大的满足与充实。

3. 风格美 竞赛中,运动员个人和运动队集体,在技术表现和战术配合方面都有自己的风格。或粗犷奔放、或稳重细腻、或注重进攻、或偏重防守、或大刀阔斧、或精雕细琢,都具有自己的技术、战术风格,从而产生独特的风格美。

4. 行为美 竞赛中,可以发现以友谊和亲善为目的,不拘泥于胜负,亲密无间的许多现象,包括遵守礼仪、守纪律、团结合作、有强烈的责任感、富有牺牲精神等美德。这些都是我们需要提倡和发扬的行为美。

5. 意志美 竞赛中,一方由于得分少而获胜的可能性及其微小,或在无望追上对手时,运动员仍然兢兢业业、努力拼搏、毫不气馁,以认真顽强的态度坚持始终。这就是一种意志美德表现。

第四节 田径运动

一、田径运动概述

人类为了生存和获得生活条件,在与大自然的搏斗中,逐步形成了走、跑、跳跃和投掷等各种生活劳动技能。为了传授技能和训练士兵,人们自发或有一定组织和规则地进行跑、跳跃和投掷的比赛,逐步产生了田径运动的雏形。随着人类社会的发展和进步,生产和科技水平的提高,田径运动的竞赛项目、条件、办法的逐步改进,便成为现代的田径运动。田径运动是奥林匹克运动会主要比赛项目之一。现代科技的进步与发展,为田径运动的发展创造了良好的比赛条件,使田径运动的训练体系日趋合理完美,致使田径运动的各项成绩已逼近极限。

经常系统地参加田径运动,能促进人体新陈代谢,改善整体功能,全面发展身体素质,培养意志品质,增强体质,促进健康,有利于学习与工作。再加上田径运动的内容、方法、手段十分丰富,受限条件较少,深受大家喜爱,在学校开展更为普遍。

田径运动的项目包括竞走、跑、跳、投掷以及由跑、跳、投掷的部分项目组成的全能运动,共计40余项。通常把以时间计算成绩的项目称为径赛;把以高度和远度计算成绩的项目称为田赛;全能运动项目是以各单项成绩按《田径全能运动评分表》换算分数计算成绩的(表7-4-1)。

表7-4-1 田径运动项目分类表

类别	项目	男子项目	女子项目	类别	项目	男子项目		女子项目	
径赛	竞走	20km	20km	田赛	跳跃	跳高	撑竿跳	跳高	撑竿跳
	短距离跑	50m	50m			跳远	三级跳远	跳远	三级跳远
		100m	100m		投掷	铅球(7.26kg)		铅球(4kg)	
		200m	200m			标枪(800g)		标枪(600g)	
		400m	400m			铁饼(2kg)		铁饼(1.5kg)	
	中距离跑	800m	800m			链球(7.26kg)		链球(4kg)	
		1500m	1500m	全能	十项全能	100m 跳远			
		3000m	3000m			铅球 跳高			
	长距离跑	5000m	5000m			400m 110m 栏			
		10 000m	10 000m			铁饼 撑竿跳高			
	跨栏跑	110m(1.067m)	100m(0.84m)			标枪 1500m			
		400m(0.914m)	400m(0.762m)	七项全能				100m 栏	
	障碍跑	3000m 障碍	3000m 障碍					铅球 跳高	
	马拉松	42.195km	42.195km					200m 标枪	
	接力跑	4×100m	4×100m					跳远 800m	
		4×400m	4×400m						

二、跑

田径运动中的跑,包括短距离跑、中长距离跑、长距离跑、超长距离跑、接力跑、跨栏跑、障碍跑等等。虽然各有其本身的特点,但从技术的基本原理上看都是共同的。了解和掌握这些规律性的东西,对提高跑的技术和成绩很有作用。

1. **跑的动作周期划分** 跑是以周期性的循环动作,一个周期中包含着动作的全过程,即左腿、右腿各跑一步(一个复步)中有两次支撑和两次腾空。在一个周期中每条腿的动作是连贯、完整,不能截然分开的。为了分析方便,我们把它分为 3 个动作阶段,即着地缓冲、后蹬、前摆(也可分成着地缓冲、后蹬、后摆、前摆 4 个阶段来进行分析)。

(1)着地缓冲:此阶段是从脚做"后扒"动作着地时起,屈膝、屈踝(解剖学称伸踝)进行缓冲,至身体成垂直支撑(即身体重心和支撑点的连线与地面垂直)为止(图7-4-1)。

(2)后蹬:这个阶段是从身体垂直时起(图7-4-2),随身体前移的惯性及另一腿的向前摆动作用,伸髋接着迅速蹬伸膝和踝关节,直至脚尖(趾关节)蹬离地面为止。

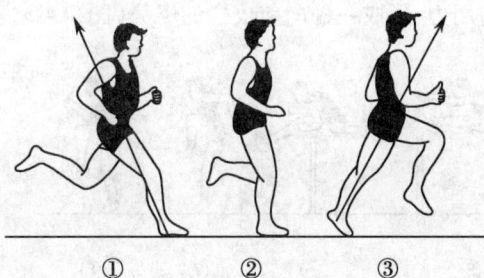

图 7-4-1 跑的后扒动作

图 7-4-2 跑的后蹬动作

（3）摆：这个阶段是后蹬结束脚离地时起，蹬地腿放松，小腿自然地上摆形成大小腿折叠屈膝前摆，当膝向前上方摆到体前最高部位后，大腿立即下压准备后扒着地为止。

2. **跑的力学分析** 任何物体的移位必须是在力的作用下完成的。人体的跑动是在内力（主要是肌拉力）和外力（支撑反作用力、重力、摩擦力和空气阻力等等）相互作用下完成的，其中起主要作用的是内力。跑时人体在后蹬时给地面一个作用力，根据"牛顿第三定律"，地面也给人体一个大小相等、方向相反的支撑反作用力，从而推动人体向前移动。

（1）支撑反作用力：是人体在支撑时给地面的一个作用力，地面也给人体一个大小相等、方向相反的作用力。跑时，支撑反作用力的方向与运动方向一致时（如后蹬阶段）则成为跑的动力；若不一致时（如脚落地的一刹那）则成为阻力，因此跑时后蹬动作是最关键的一环。跑的正确技术必须有利于充分加大后蹬力量，减少着地阻力。

（2）重力：重力是地心对人体的吸引力，方向垂直于地面，力的大小取决于人体重量。人体要想运动，必须克服重力，从这个意义上讲它是阻力。但由于运动时动作方向和身体部位的不断改变，因此重力对跑并不都是起阻力作用，如果具备了克服它的条件，重力也会帮助人体运动。如起跑时上体前倾可以帮助摆脱（相对）静止状态，进入运动状态；当人体沿着弯道跑时，身体向内倾斜，就可以利用重力作用，帮助获得一个向心力，这有助于克服直线运动的惯性，从而跑出好成绩。

（3）摩擦力：是一种阻碍物体运动的力，它对支撑反作用力的大小有影响。跑时穿钉鞋比穿平底鞋跑得快，在密度较大而富于弹性的塑胶跑道上，比在平滑松软的煤渣跑道上跑得快，这是由于后蹬时的摩擦力大，便于用力，有助于提高速度。

（4）空气阻力：跑时空气对人体的作用一般是阻力。空气阻力的大小与人体跑步的速度、空气冲击截面的大小有关。跑速越快、截面越大则阻力越大。所以逆风跑时身体要适当前倾，减少受阻力的面积，减少跑步的阻力。

3. **跑的技术组成部分** 跑的全程包括起跑、起跑后的加速跑、途中跑和终点跑 4 个部分组成。

（1）起跑：起跑是全程跑的开始，起跑技术对起跑后的加速跑有直接影响。项目不同，起跑方法也有所不同。短跑采用蹲踞式，中长跑采用站立式。

（2）起跑后的加速跑：短跑要求在较短的距离内发挥较高速度，较快地过渡到途中跑，而中长跑起跑后的加速跑由跑的战术决定。

（3）途中跑：途中跑是各项跑的主要段落。途中跑的技术、速度和体力分配等对成绩起决定作用。途中跑的段落较长，要善于放松对抗肌和不参加工作的肌肉群，以节省能量的消耗。

（4）终点跑：终点跑是全程跑的最后阶段。短跑要保持途中跑的速度跑至终点。中长跑要根据个人的体力和特点来确定终点跑的距离和战术。终点跑对中长跑最后获得胜利具有重要作用。

4. **典型技术分析跨栏跑**

（1）起跨：起跨腿应是有力的腿，起跨点距栏架一般以 2～2.20m 为宜。起跑时，起跨脚用前脚掌先着地,然后全脚接触地面,当身体重心移过支撑点后,脚跟提起,上体加速前移,在摆动腿前摆的配合下完成后蹬。同时上体前倾加大,促使身体集中向前用力,形成一种向前攻栏的姿势(图7-4-3)。

图7-4-3 跨栏跑

(2)腾空过栏:腾空后身体重心沿着起跨所形成的腾空轨迹向前运动。当摆动腿的脚掌接近栏板时,腿几乎伸直,脚尖上翘,使大腿伸肌拉长准备积极下压着地。同时,上体前倾,起跨腿仍留在后面,两腿在栏前形成一个大"劈叉"动作。当摆动腿的脚跟刚过栏板时,即开始积极下压,同时起跨大腿带动小腿,大小腿靠紧(小于90°),两腿在空中形成一个协调有力的"剪绞"动作。当摆动腿的脚跟越过栏架后,整个腿积极下压,形成"鞭打"动作切栏而下。一般下栏点以1.35~1.50m为宜。

(3)栏间跑:110m栏的栏间距离为9.14m,除去"跨栏步"的距离外,用3步跑过余下的5.50~5.70m的栏间距离,3步步长为1.50~1.60m、2.20~2.25m、1.80~1.95m,其顺序为小、大、中3步。栏间跑的要求是频率快、节奏对、重心高、方向直。

(4)全程跑:110m栏全程共跨越10个栏架,每一次过栏和3步栏间跑可视为一个跨栏周期。全程跑要求把合理而积极的过栏技术同快速的栏间跑紧密协调的结合起来,一气呵成。

5. 自我学练提示

(1)发展速度练习

1)原地或支撑(手扶肋木或栏杆)做快速高抬腿练习。

2)20~30m蹲踞式起跑练习。

3)20~30m行进间快跑,用最快速度。

4)顺风跑或下坡跑。

5)上坡跑或台阶跑。

6)30~60m、80~120m加速跑。

(2)发展力量练习

1)支撑快速高抬腿跑。

2)100~150m反复跑。

3)越野跑、变速跑。

(3)发展爆发力的练习

1)大量采用各种跳跃练习:纵跳、立定跳、三级跳远、多级跳、单足跳、跨步跳等。

2)负重力量练习:负重提踵练习、负重弓步走、轻负荷快速连续挺举、负重半蹲跳、负重两腿交换跳等练习。

3)徒手或负重做各种腰、背肌力量练习。

(4)发展耐力的练习

1)爬山、游泳、滑冰、球类活动。

2)较长距离的走、跑交替。

3)定时跑。

4)越野跑。

5)较长距离的反复跑200~300m、500~600m等。

三、跳跃

（一）跳跃的技术原理

田径运动的跳跃类项目共4项,即跳高、撑竿跳高、跳远和三级跳远,虽然各项的运动形式和要求各不相同,但就人体运动的趋向来说,都是从静止开始水平位移,而后转为抛射运动。

抛射运动的力学公式：$H=\dfrac{V_0^2\sin^2\alpha}{2g}$　$S=\dfrac{V_0^2\sin^2\alpha}{g}$

从公式中可以得出,人体跳跃的高度和远度主要取决于腾起的初速度V和腾起角度α。人体腾起的初速度V_0^2是决定跳的高度或远度的最重要因素,它是由助跑和起跳所产生水平速度与垂直速度合成的。跳高应在充分发挥和利用水平速度的情况下,尽可能获得最大的垂直速度。跳远则应在创造适宜的垂直速度的情况下尽可能地获得水平速度(图7-4-4)。

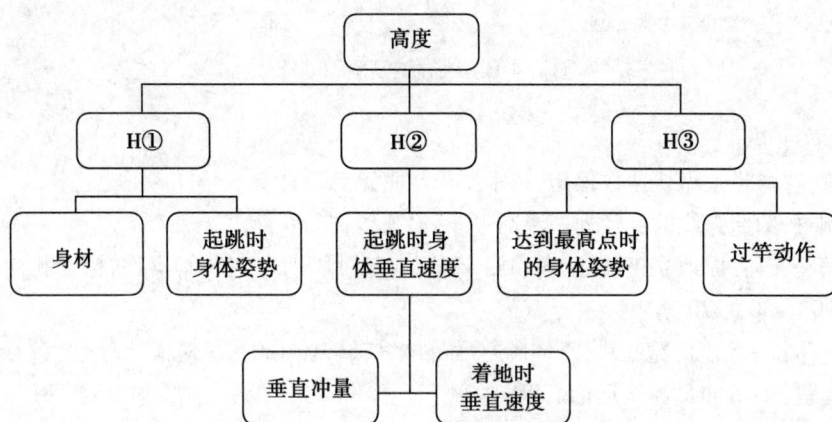

图7-4-4　决定高度的诸因素示意图

（二）典型技术分析

1. 背越式跳高

（1）助跑及丈量步点：

1）助跑：助跑的前段为直线,后段为弧线,共跑8～12步,其中弧线为4～5步。前几步与普通跑相似,转入后几步弧线跑时,跑的动作与弯道跑相似。

2）丈量步点：丈量步点时,要先确定起跳点,从起跳点向助跑一侧平行于横竿自然走4步,然后向助跑起点方向用自然步走6步。此处作一标志为弧线交换处,然后再向前跑6～8步作另一标志,从此处开始为全程助跑起点(图7-4-5)。经多次练习,调整,最后确定下来。

（2）起跳：起跳点距横竿投影面60～100cm,起跑角与投影构成10°～15°的夹角。起跳角沿弧线切线方向迈出,用脚跟外侧先触地面,快速向前滚动,并转为全脚掌着地。同时由倾斜转为垂直,摆动腿以髋带动大腿迅速前摆。两臂配合腿的动作向上提肩摆臂。

（3）过竿落地：起跳完成后,当人体腾空后,继续转成背对横竿姿势,起跳腿蹬地后自然下垂,肩继续向横竿伸展,头和肩过竿后,髋部迅速上升,然后充分挺开,两腿在膝关节处弯曲并分开,两臂位于体侧,在竿上成反弓形。然后沉肩举腿,以肩落于海绵垫上(图7-4-6)。

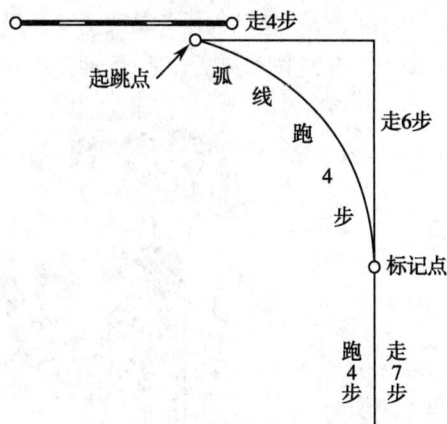

图7-4-5　跳高起跳前助跑

图 7-4-6 跳高过竿落地动作

（4）自我学练提示：

1）弯道跑：在弯道上做快速放松跑，技术要求与直道跑一样。

2）弧线跑：按助跑弧线的半径划一半圆弧线，沿弧线进行快跑。

3）原地摆腿转体：原地立正站好，向左侧45°迈出起跳脚后以起跳脚支撑，摆动腿向异侧方向摆动，原地旋转90°、180°、270°。

4）起跳转体：3～5步助跑起跳，身体腾空后身体纵轴转体180°，背对横竿落地。

5）墙前起跳：3～5步助跑至墙前起跳。

6）起跳摸高：跳起后，在身体旋转时用内侧手去触及空中悬挂物。

7）原地模仿练习：双腿并立，上体向后做背弓，直至肩背落在身后垫上。

8）跳起后倒练习：双脚并立，双腿屈膝发力向后上方蹬伸跳起。腾空后，肩、背积极后倒，以肩背部着垫子。

2. 挺身式跳远

（1）助跑：助跑是为了获得水平速度，并为准备踏板和起跳做好准备。一种情况下，助跑距离男子为35～40m，跑18～22步，女子为30～38m，跑16～21步。为了提高踏板的准确性，可采用助跑的标志。第一标志在起点，第二标志设在最后6～8步起跳脚着地处。第二标志到起跳板间的距离，最好跑偶数步。助跑应保持跑的动作结构和高速度，保持稳定的步长和节奏，保持身体平衡的向前运动（图7-4-7）。

（2）起跳：起跳的任务是改变身体重心向前运动的方向，使它按适宜的腾起角（180°～240°）向空中腾起。起跳技术包括着地、缓冲、蹬伸3个环节（图7-4-8）。

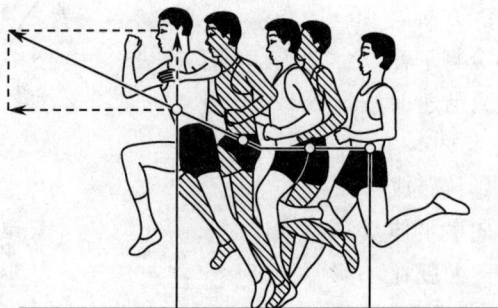

图 7-4-7 跳远

图 7-4-8 跳远起跳动作

1）着地：踏跳腿快速、积极地用全脚掌踏板。

2）缓冲：起跳腿的膝关节产生弯曲并借以缓冲。

3）蹬伸：当身体重心移至起跳腿支点的垂直部位时，起跳腿迅速用力蹬伸，使髋、膝、踝3个关节迅速伸直。

（3）腾空：起跳后，运动员首先要做的就是腾空步，即摆动腿前摆大腿抬到水平位置，小腿自然下垂，起跳腿自然放松留在身后。

挺身式起跳成腾空步后，摆动腿积极下压，起跳腿微屈膝与摆动腿靠拢，展髋、挺胸，形成挺身姿势。随后，两腿前摆收腹举大腿，小腿积极前伸，上体前倾，准备落地。

1）着地前两腿前抬成团身姿势。

2）即将落地时，膝关节迅速前伸，小腿前伸，以脚跟先触沙面。

3）着地后立即屈膝，骨盆前移，两臂前摆，使身体迅速移过落点，避免后坐（图7-4-9）。

图7-4-9　跳远落地姿势

（4）自我学练提示

1）踏标记跑练习：在助跑道上踏标记作为半程或全程助跑练习。

2）助跑节奏练习：第一标记至第二标记间全速跑，第二标记后惯性跑。

3）节奏跑练习：用节拍器控制助跑的速率和节奏。练习者随节拍器发出的音响信号进行助跑练习，以掌握和建立正确的助跑节奏。

4）原地起跳模仿练习：原地站立，起跳腿抬起，然后积极下放，摆动腿摆出，快速完成起跳动作模仿练习。

5）连续一步助跑起跳练习：连续做一步助跑起跳成腾空步动作。

6）5~8步助跑起跳练习：注意起跳时，进行摆臂、摆腿动作的协调配合练习。

7）摆臂摆腿动作模仿练习：原地一步起跳，进行摆臂、摆腿动作的协调配合练习。

8）挺身式跳远：全程助跑起跳，迅速成挺身姿势，收腿落地。

四、投掷

1. 投掷的技术原理　全部投掷项目，尽管器械形状、落地区和比赛规则不同，但都属于斜抛运动。

力学公式为：
$$S = \frac{V_0^2 \cdot \sin^2 \alpha}{g}$$

从公式中可以得出，投掷的器械所飞行的距离，主要取决于最适宜的出手角度和出手时的初速度。不同项目的投掷出手角度分别为：推铅球38°~42°；掷铁饼和标枪在30°~35°为宜。

根据力学原理，加在物体上的力越大，物体的加速度也就越大，加力于物体的距离越长，用力的时间越短，则物体的速度越大。因此要在最短的时间里，使器械有较长的动作距离，把力量充分发挥出来，作用到器械上，使器械得到更大的速度，飞更远的距离。

为便于学习投掷运动技术，可按它们的任务分为：器械的握法、助跑前的准备和助跑、最后用力和维持平衡。

（1）器械的握法：投掷项目中各种器械的握法都要符合以下要求：

1）稳固、自然，有利于助跑和最后用力。

2）尽量利用投掷臂的长度和力量。

3）有利于投掷臂的肌肉在投掷前放松。

4）有利于控制器械。

（2）助跑前的准备和助跑

1）助跑前准备的主要任务是将注意力集中到完成投掷的整体动作上，以获得合理的开始姿势。如推铅球的摆腿、掷铁饼的摆饼等。

2）助跑：在投掷运动中有的助跑呈直线运动（标枪、铅球），也有的呈旋转运动（铁饼、链球、铅球）。无论哪种助跑形式都要求自然、协调、均匀地增加速度，保持身体平衡，并做出正确的超越器械的动作，形成良好的最后用力姿势。

（3）最后用力：最后用力是投掷技术的主要部分。助跑之后，一旦运动员获得双腿支撑时，腿部肌肉收缩，躯干抬起，同时骨盆前送。伸直腿部和前送骨盆，是为了使躯干肌肉保持拉长的状态，伸直左腿是起到一种停止关节运动的作用。

器械出手后，由于身体向前运动的惯性，易使身体失去平衡而冲出投掷圈（起掷弧或起投线），这时应迅速降低重心，改变重心移动方向，以维持身体的平衡。

2. 典型技术分析

【铅球】

推铅球的基本技术由握球、预备姿势、滑步和最后用力4部分组成。以右手持球为例。

（1）握球和持球：

1）握球：五指自然分开，把球放在示指、中指和无名指的指根上，大、小指分别自然地扶在球的两侧，手腕背屈，以防球滑落（图7-4-10①）。

2）持球：握球后，把球放在肩上锁骨窝处，贴着顶部，手稍外转，掌心向前，右臂屈肘抬起（图7-4-10②）。

① 握球   ② 持球

图7-4-10 握球与持球

（2）预备姿势：预备姿势分为高姿势和低姿势两种。

1）高姿势：持球者后背对投掷方向，站在圈内靠近边沿上，两脚前后开立，右脚脚跟正对投掷方向，左腿前脚掌着地，持球臂的肘略低于肩或与肩平，左臂自然上举并稍向内，上体伸直放松（图7-4-11）。

2）低姿势：持球后背对投掷方向，右腿在前，左腿在后，两腿变曲，重心落在右腿上，持球臂自然下垂，左臂自然下垂并稍向内（图7-4-12）。

图7-4-11 高姿势持球

图7-4-12 低姿势持球

3）滑步：滑步动作的关键是两腿摆蹬动作的配合，即左腿向投掷圈前沿抵趾板方向摆出，右腿向投掷方向蹬伸，紧接着收落，右脚靠近地面滑动，同时左脚尽快落在投掷方向的左侧抵趾板处，两脚落地时间愈短愈好,以保证动作连贯,加速过渡到最后用力。

(3)最后用力:最后用力是推铅球的主要环节,滑步结束后,左脚着地的一刹那开始。右腿右髋在左腿支撑配合下,积极蹬右腿同时髋向投掷方向转动,随之左臂向投掷方向摆动,使胸部适时地展开,髋轴超越肩轴,腰部扭紧,左腿压紧微屈支撑,在两腿继续用力蹬地时,右肩向前上方送,右臂推球的同时,抬头挺胸,手腕稍向外转,最后用手指把球拨出(图7-4-13)。

图 7-4-13　铅球投掷动作

3. 自我学练提示

(1)发展力量素质练习

1)利用实心球、铅球、石块、砂袋等做抛、投、推的练习。

2)利用杠铃的各种练习。如杠铃的抓举、挺举、半蹲跳、深蹲等。

3)跨步跳、蛙跳、立定跳远、多级跳、跳台阶等。

(2)发展爆发力的练习

1)连续半蹲跳、连续跨步跳、蛙跳等。

2)快速投实心球、小铅球、小木棒等。

(3)发展柔韧性的练习

1)徒手或利用肋木做身体的柔韧性,如体操。做压腿、压肩、背弓等各种练习,加大身体各关节的活动范围。

2)垫上做弯腰、压腿、拉长背肌的各种练习。

(4)发展协调性的练习

1)可做一些上、下肢不协调动作的练习及上、下脚协调配合练习。

2)投掷运动员可经常进行球类活动,如足球、篮球等。

第五节　球　类　运　动

球类运动是大学生最感兴趣最喜欢参加的运动。球类运动不仅能够提高人的速度、力量、灵敏度、耐力、反应等运动能力,而且球类运动对改善身体各器官功能状况,提高健康水平,以及培养团结协作的集体主义精神,培养机智、果断、勇敢的优良品质都有积极作用。

一、足球

(一)足球运动概述

足球起源于中国,早在 3500 年前的殷代,就有了足球舞(求神祈雨时人们边跳舞边踢球)。战国时期,民间已兴盛集体的"蹴鞠"游戏(蹴,脚踢的意思;鞠,皮制内充以毛发之类弹性物的球)。蹴鞠运动在中国经历了汉、唐、宋、明、清时代,有了进一步发展(图7-5-1)。

现代足球首先从英国兴起,1863 年 10 月,伦敦制定了最初比赛规则。1875 年英国成立了世界第一个足球俱乐部。1904 年成立了国际足球联合会,并于 1930 年举办了首届足球锦标赛。以后每 4 年举办一届,成为世界上最大规模的比赛。女子足球兴起于 20 世纪 50 年代,先是东欧,后遍及五大洲。

图 7-5-1 东汉石砖蹴鞠图

足球运动具有以下特点:

1. 参加比赛人数多,集体性强。足球运动比赛由 22 人组成,在攻守活动中要求队员相互默契配合,积极发挥集体力量;足球运动能够改善人的心理素质,培养人的优良品质,培养勇敢、顽强、机智果断、坚忍不拔、勇于克服困难的精神。

2. 足球比赛场地大、时间长,争夺激烈,运动负荷大。比赛在长 90～120m,宽 45～90m 场地上进行,比赛时间分上、下场,共 90 分钟,要求运动员有强健的体格和长时间快速奔跑的能力。长期从事足球运动可以锻炼人的速度、耐力、力量、灵敏度和柔韧性,特别是能够较好地发展心肺功能。据测定,足球运动员的心脏发达,安静时心率 50 次/分左右,每搏输出量为 80～100ml(正常人 50～60ml);肺活量平均 5000ml 左右(常人 4000ml 左右)。

3. 技术复杂,战术多样,反复变化,趣味浓厚,容易普及。足球比赛以脚控制,在激烈争夺中完成各种配合,精彩的传、接、射,使人产生惊心动魄的诱惑和引人入胜的悬念。除正规比赛外,场地和球门可大可小,人数也可多可少;比赛不受季节和气候限制;足球规则简单易懂,所以足球运动易开展和普及。

(二)足球技术基本原理

1. **踢球技术结构分析** 踢球技术动作包括助跑、支撑脚支撑、踢球腿摆动、脚与球的接触和踢球后身体随前动作五个组成部分。其中关键环节是脚触球(图7-5-2)。

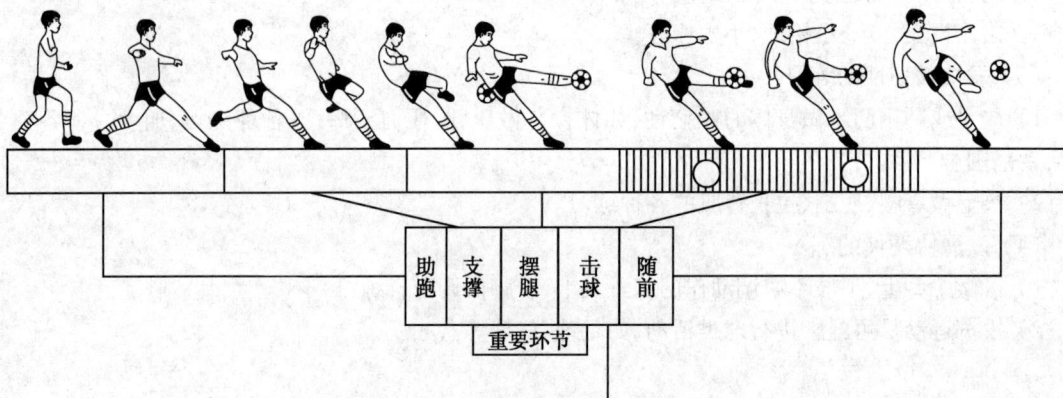

图 7-5-2 踢球技术结构分析

2. 踢球技术心理分析 踢球的心理状态要保持稳定,并保持肌肉紧张适度,紧张不足或过度紧张都会造成动作失调,或失去准确性(图7-5-3)。

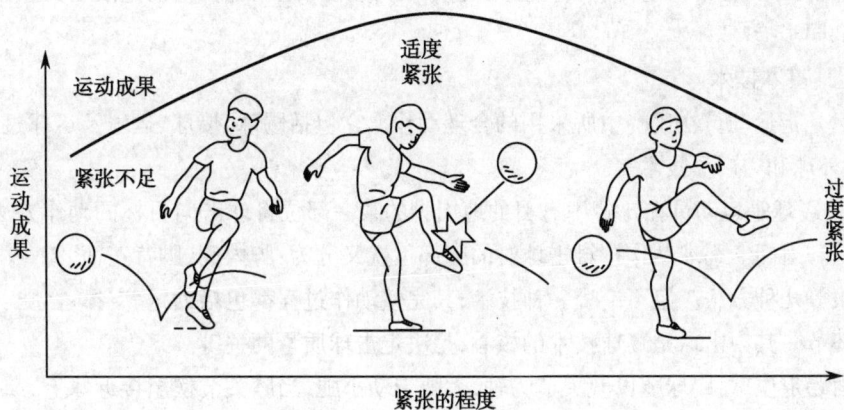

图7-5-3 踢球与心理状态关系

3. 踢球准确性与球的旋转分析 踢球准确性主要取决于作用力方向和击球力量大小。击球点在右中部,作用力通过球心,作用力方向朝着正前方,踢出的球则向前平直方向运动。击球点在球的右中部,作用力通过球心,作用力方向朝着斜前方向上,踢出球侧偏高;击球的作用力不通过球心,作用力使球产生旋转并且绕自身的旋转轴沿弧线运动,这就是弧线球。球的旋转形式多种(图7-5-4、图7-5-5)。弧线球也称弧圈球或"香蕉球"。一球射出在空中的轨道像香蕉那样略弯。产生弧线球的原因是球在空气中旋转,带动周围空气也随着球表面而转动,因而形成环流,对球产生一定压力,压力大小是遵循流体力学中"流速越快压力越小、流速越慢压力越大"的运动规律。由于球旋转性质不同,引起的空气压力不同,产生对球的压力也不同。脚背正面抽踢即出现前旋球;脚背内侧的搓踢即出现回旋球;用右脚脚背内侧去踢球中心右侧,就会出现向内侧旋转的弧线球;用右脚脚背外侧踢球中心左侧,就出现外侧旋转弧线球(图7-5-6)。

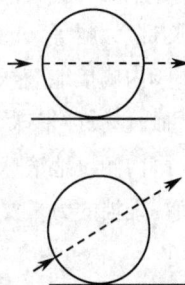

图7-5-4 出球偏高

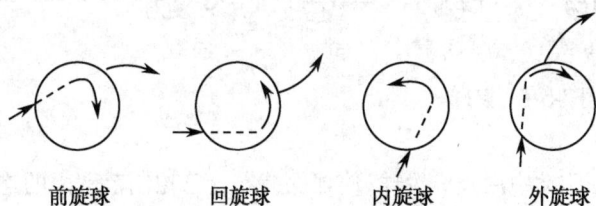

图7-5-5 球旋转形式

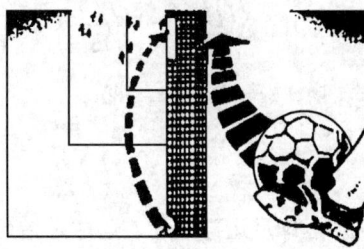

图7-5-6 "香蕉球"射门

（三）现代足球发展趋势

1. 总体发展趋势 攻守对抗日趋激烈;整体攻守速度日益加快;运动员的竞技能力(技能、体能和智能)全面而同步发展。

2. 技术发展的主要趋势 技术既全面又有特长;技术与速度融为一体;动作速度明显加快;位置技术服务于战术需求日益明显;组合技术衔接显得更加快速、连贯和协调;技术以应变发挥居多,且技巧性强;技术表现出高度的准确性、合理性、力量性和实用性。

3. 战术发展的主要趋势 整体攻守战术更为快速、合理;攻守转换战术的组织更具及时性和目的性;位置排列尚未消失,但阵型更灵活,同时,局部攻守队型的随机性、应变性强;二、三线队员进攻战术发展迅速;攻守战术运用更加追求针对性和应变性;延缓、平衡的防守原则受到强烈冲击;定位球进攻战术的实效性更为鲜明。

4. 素质发展主要趋势　速度素质明显加快;爆发力素质明显加快;重视速度耐力素质;各种素质的全面发展和同步提高。

（四）足球基本技术

足球技术是指运动员在比赛中所采用的合理动作。它包括踢球、接球、运球及运球过人、头顶球、抢截球、掷界外球和守门员技术等。

1. 踢球　踢球是运动员在比赛中有目的地用脚的某一部位将球击向目标的动作方法,比赛中主要是用于传球和射门。踢球动作按触击球时的脚部位置又分为:脚内侧、脚背正面、脚背内侧、脚背外侧、脚尖、脚跟等几种方法。但不论哪一种技术,其完整动作过程都包括助跑、支撑、摆腿、击球和随前动作这五个环节。其中击球是踢球技术的核心,是决定击球质量的关键。

脚背正面踢定位球:踢球腿以髋关节为轴,大腿带动小腿,当膝关节摆至接近球上方时,小腿加速前摆,当脚触球一刹那,脚背绷直,脚趾扣紧,以脚背正面击球后中部。特点是摆幅大、摆速快、力量大,比赛中主要用于射门。

2. 接球　接球是指运动员有目的地用身体的合理部位接来球,以便更好处理球。接球是为传球、运球、过人和射门服务的。良好的接控球能力是进攻战术的重要组成部分。接球的主要部位有脚部、胸部、大腿等。

脚内侧接地滚球:基本上类似脚内侧踢球动作,接球时,摆动腿稍前迎,当脚与球接触的刹那间稍向后撤,以缓冲来球。

脚内侧接地滚球还可用推压式。接球脚以脚内侧推挡球后中上部,同时膝盖也稍向前压,上体稍前倾。推挡的力量要根据来球速度而定(图7-5-7)。

① ② ③ ④ ⑤ ⑥

图7-5-7　接球

3. 运球及运球过人　运球是指运动员在跑动中用脚推拨球,使球保持在自己控制范围内的连续触球动作。利用合理的运球技术动作越过对手叫过人。运球和运球过人是运动员控球能力和个人进攻能力的集中表现,是为完成战术配合和个人突破服务的。

比赛中常用的运球方法有脚内侧、脚背内侧、脚背外侧和脚背正面。常用的运球动作有推、拨、扣、拖、挑等。

运球时要注意抬头观察场上情况;用力不要过大,使球始终处在适宜的控制范围内;跑动要自然放松,步幅小,重心低,上体稍向前倾,随时准备变换速度和方向;遇到对手争抢时还要注意用身体掩护球(图7-5-8)。

4. 头顶球　头顶球是运动员有目的地用额部将球击向预定目标的动作方法。主要用于传球、射门和断球,是争取时间和空中传球的有效手段。

头顶球方法分为前额正面和前额侧面头顶球,可以做原地、跑动中、跳起和鱼跃顶球。

图7-5-8 运球

跳起前额正面顶球:首先要准确判断球的落点和起跳时间。在跳起上升过程中,挺胸展体,微收下颌,身体成背弓,当球运行至身体垂直部位前一刹那,收腹、摆体、甩头,用前额将球顶出(图7-5-9)。

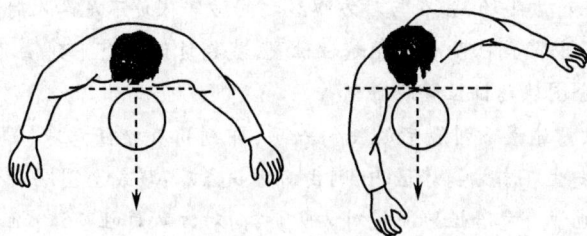

图7-5-9 头顶球

5. 抢断球 抢断球是用规则所允许的条件和动作,把对方所控制的球抢夺过来或破坏掉。是球队转守为攻的积极手段,是运动员个人防守能力的综合表现。

抢断球方法包括正面抢球、侧面合理冲撞抢球、侧后铲球。

正面跨步抢球:面对球,两脚稍前后开立,屈膝、重心下降。当对手运球脚触球后还未着地的刹那,一脚用力蹬地,另一脚屈膝以脚内侧部位对着球跨步伸出,上体前倾,身体重心迅速移至抢球脚上,支撑脚快速跟上再支撑。

（五）足球战术

足球战术是指在比赛中,为了战胜对手,根据主客观实际所采取的个人行动和集体配合方法的综合体现。实践证明,合理而巧妙地运用战术是夺取比赛胜利的重要因素。足球战术可分为进攻战术、防守战术和比赛阵型3类。

二过一配合:局部地区两个进攻队员通过传球与跑位配合,突破一个队员的防守。"二过一"配合在任何场区、任何位置都可运用,前场运用较多。常用的二过一配合有:斜传直插二过一、直传斜插二过一、踢墙式二过一、回传反切二过一、交叉掩护二过一等(图7-5-10)。

比赛的阵型是指比赛场上,队员的位置排列、攻守力量搭配和职责分工。比赛中根据攻防需要,阵型可灵活应变。目前,世界上普遍采用的阵型是"4-3-3""1-3-3-3""4-2-4""3-5-2"。

NOTE

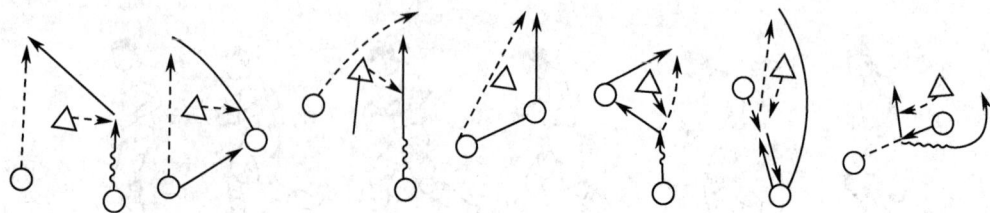

图 7-5-10   几种"二过一"战术配合

1. "4-3-3"式   按 4 个后卫、3 个前卫和 3 个前锋配备的阵型。主要特点是在后卫密集防守的基础上,采取快速反击为主的进攻方式。

2. "1-3-3-3"式   按 1 个自由人,3 个后卫、3 个前卫、3 个前锋配备阵型。主要特点是强调全队整体配合的灵活性,即队员既有固定位置,又不受阵型的约束,要求具备攻守兼备的能力。

3. "4-2-4"式   按 4 个后卫,2 个前卫和 4 个前锋的配备阵型。其特点是在加强进攻又稳固防守的前提下,强调攻守达到新的平衡。

4. "3-5-2"式   按 3 个后卫,5 个前卫和 2 个前锋配备的阵型。其主要特点是更着力于加强中场,两前锋突前移动 5 个前卫则进可攻,退可守。

学习与研究

足球比赛规则简介

1. 球出界与进球   球的整体从地面或空中越出边线或端线即为球出界;球的整体从两门柱间及横木下越过球门线的垂直面即为进球。

2. 越位   队员在对方半场,并在与对方端线之间防守队员不足两人时,该队员即处于越位位置。队员在触球一刹那,同队队员处于越位位置,裁判员认为有下列情况时,应判罚越位,干扰比赛或干扰对方,企图从越位位置获得利益。

3. 犯规   队员故意违反下列规定的任何一项,即判罚直接任意球(踢球队员可以直接射入得分)。如果犯规发生在本方罚球区内,则由对方罚点球:踢或企图踢对方队员;绊摔或企图绊摔对方队员;猛烈地带有危险性地冲撞对方队员;向对方队员吐唾沫;拉扯对方队员;推对方队员;用手触球(除守门员在本方罚球区内)。

4. 警告与罚出场   队员出现下列情况时,就应被警告(黄牌):擅自进场或离场;连续违反规则;用言语或行为对裁判员表示不满;有不正当行为。队员出现下列情况时,应被罚出场:犯有暴力行为或严重犯规;语言恶劣或辱骂;经警告后仍坚持其不正当行为。

（六）自我学练提示

1. 对墙或网踢球   二人对传、轻踢、踢准、踢远或射门练习(图 7-5-11)。

2. "8"字形运球   沿着 8 字形运球,先慢后快(图 7-5-12)。

图 7-5-11   对墙练习

图 7-5-12   "8"字形运球

笔记

3. **人丛中运球**　在人丛中运球,或小间距的绕杆运球,或运球过人练习(先慢后快,非对抗到对抗)(图7-5-13)。

4. **正面抢截球**　放固定球,脚内侧对准球做跨步练习;一人迎面慢运球,另一人做正面抢截球。

5. **顶球练习**　两人一球,一抛一顶或自抛自顶给对方;两人一球近距离连续对顶或一进一退中顶;三角顶球或连续顶球,计数比赛。

6. **一攻一守练习**　两人一组,进攻者利用突然冲刺跑急停与变向、变速,力求摆脱防守者;防守者做盯人练习。

7. **摆脱射门练习**　在罚球线上放两个球,相距10cm,一攻一守,进攻者在两球之间来回跑运,用各种方法力求摆脱对方,达到直接射门目的;守者紧盯,阻挠对手射门。

8. **摆脱回传练习**　4人两球,两名控球队员相距10cm左右,中间队员一攻一守,进攻者用各种方法摆脱对手后,接一控球者传球,并立即回传,防守者盯人阻挠。

9. **运球过人练习**　一人运球,一人防守,运球者用各种方法力求超过人,防守者不抢球,后退中始终保持1.5m左右距离,不让运球者轻易超过自己。

图 7-5-13　人丛变向中运球

二、篮球

(一)篮球运动概述

篮球运动是1891年由美国马萨诸塞州的斯普林菲尔德市(春田)的基督教青年会训练学校体育教师詹姆士·奈史密斯博士发明的。奈史密斯先生当时是为了设计一项适合冬季在室内进行体育竞赛的运动项目,从人们用球向"桃子篮"做投准的游戏中得到启发。起初,他设计将两只桃篮分别钉在健身房内看台的栏杆上,桃篮上沿离地面3.05m(10英尺),以足球作比赛工具向篮框内投掷,每投进一次算得一分,最后按得分多少决定胜负。这项运动最初称为"筐球"或"奈史密斯球",后来正式命名为"篮球"。

篮球运动发明以后,很快传向世界各地。先是在北美洲,然后到欧洲。1904年美国青年会男子篮球队在第3届奥运会上进行了表演赛,此后,篮球运动逐步在各大洲开展起来。1908年,美国全国高等院校体育协会制定了篮球竞赛规则,并以30种文字向全世界出版发行。1932年在瑞士日内瓦成立了国际业余篮球联合会,并正式出版了第一本国际篮球规则。1936年第11届奥运会将男子篮球列入正式比赛项目,篮球运动从此登上了国际竞技舞台,成了一项世界性的运动项目。随后,1951年和1953年分别举行了第1届世界男、女篮球锦标赛。1976年第21届奥运会上又把女子篮球列为正式比赛项目。

20世纪30~40年代,从篮球技战术看,变化比较小。在技术上,自1936年12月美国斯坦福大学的篮球队员沃克·卢萨蒂在纽约一次比赛中运用单手投篮之后,使投篮技术得到了划时代的变化,促使篮球运动向前迈进了一大步。这个阶段篮球运动的进攻速度比较缓慢,多用原地投篮,防守也比较消极被动。直到40年代末出现了跳起单手肩上投篮技术以及出现了身高2m以上高大队员后,才使比赛逐步变得精彩起来。

篮球运动于1895年前后传入我国,首先是在天津中华基督教青年会进行活动,以后在上海和北京等地区传播发展当时的篮球运动水平很低。1913—1934年我国参加了10次远东运动会,男子篮球只夺得了第5届远东运动会一次冠军。1936年第11届奥运会和1948年第14届奥运会上,我国男子篮球队只取得了第20名和第18名的成绩。当时我国篮球运动在亚洲和世界都处于较低的水平。

我国篮球运动于1972年开始恢复国内比赛,举行了"全国五项"球类运动会。1973年以后开始恢复篮球国际间的友好往来。当时由于各省市及国家队都处在青黄不接时期,因此,1974年我国男、女篮球队参加第7届亚洲运动会,均只获第3名。1975年国际篮联和亚洲篮联相继恢复了我国篮协的合法席位。在第8、9届亚洲男篮锦标赛上,我国男篮队获冠军,女队获得第6届亚洲女篮锦标赛冠军。至此,我国篮球运动真正冲出亚洲,走向世界。

现代篮球运动已经发展成为一项具有灵活巧妙的技术和变化多端的战术相结合的竞赛活动。从事篮球运动能促使人体的力量、速度、耐久力、灵活性等素质全面发展,并能提高内脏器官、感觉器官和神经中枢的功能;对培养勇敢、机智、集体主义和组织纪律性等品质都有很大益处。篮球运动参加者不受年龄、性别的限制,不仅能增强体质,而且能丰富人们的业余生活,提高劳动、工作和学习效率。

（二）投篮技术的基本原理

投篮技术是进攻队员根据人体运动、生物学、力学的科学原理,运用正确的身体姿势和手法,将球从篮圈上面投入球篮的各种动作方法的总称。

投篮技术是所有篮球进攻技术中最为重要的一项技术,因为一场篮球比赛的胜负取决于得分多少,而投篮是得分的唯一手段。可见投篮是攻守双方争夺的焦点。

1. 投篮技术结构分析　正确的投篮技术动作应包括:投篮前的准备姿势、持球、瞄准、发力、出手动作、球离手后的跟随动作、球的旋转和球的飞行弧线等。这些动作的完成,及其质量的好坏,与生物力学的某些原理的运用有着密切的关系。

（1）投篮动作:投篮动作应包括身体平衡、身体各部位的协调用力、投篮臂各关节运动、球出手时的动作和球离手时的跟随动作。

1）身体平衡:投篮时,身体重心的移动要与投篮出手的方向一致,所以投篮过程中,控制身体平衡是保证出球方向准确的基本条件。移动中接球、运球急停、跳起投篮或行进间跳起投篮时,身体腾空后保持平衡更加重要。为此,跨步接球与起跳动作既要连贯衔接,又要迅速制动,使水平速度变为向上的力量,让身体重心尽快移到支撑面的中心点上,以保证垂直向上跳起。

身体各部位的协调用力,也就是全身协调用力,最后力量集中到手指上。跳投和行进间投篮是跳起在空中,以腰腹的力量控制身体平衡,两臂向前上方伸展用力,手腕、手指前屈,指端拨球,使球从示指指尖投出。

2）伸展投篮臂:投篮臂各个关节从屈曲到伸直,其主要运动产生在肘关节、桡腕关节和掌指关节处。肩关节周围肌群主要完成支撑工作,以保证上臂的水平姿势。肘关节完成屈到伸的动作。桡腕关节向前屈,掌指关节完成向下做扣压动作。投篮时手臂要充分伸展,这样有利于把全身的力和手臂的力集中到腕指上。同时由于手臂的充分伸展,使球在出手前被控制的用力过程持续长,有利于提高球的初始速度和调控出手方向,并能使球在手臂伸展至最高点时出手。

3）腕、掌、指用力:腕、掌、指用力动作是一个整体,其中手腕前屈是主要的,以腕关节为轴,整个手掌、手指向下扣压的动作。腕、掌、指动作汇聚了全身,特别是投篮臂的力量,对于控制球的方向、力量、旋转和飞行弧度具有决定作用,因此是投篮技术的关键。

4）球离手后的跟随动作:原地投篮的球离手时身体充分伸展,脚跟提起,脚尖着地,投篮臂的前臂应该是自然向前伸直,腕指动作是手腕前屈,五指保持张开的手型,并随手腕的前屈,掌指向下压。

（2）瞄准点

1）直接投篮的瞄准点:从国内外大多数优秀运动员的实践来看,篮圈的中心为瞄准点比较好,因为这个目标与球的落点一致,而且由于篮圈的宽容度（内径）几乎可以容纳两个球通过,即使投篮用力偏大或偏小一点,仍然可以命中。

2）碰板投篮的瞄准点:由于投篮的距离、角度、弧度、力量以及篮板的弹性不同,所以碰板点也不

图 7-5-14　投篮出手时球的旋转方向

同。一般说投篮角度越小,距离越远,弧度越高,碰板点就越高,反之,越近则越低。总之,要使反射角正中篮圈范围内为宜。

（3）球的旋转:投篮出手时,由于手腕屈,手指扣压,拨球所产生的力作用于球体,会使球获得适当的旋转,使球围绕球体横轴向后旋转。向后旋转的球不但有助于保持飞行的稳定性,而且有助于提高飞行弧度。另外,向后旋转的球碰到篮圈时,球的反弹方向是向下的,较不旋转的球容易进入篮圈内(见图 7-5-14)。

（4）球的飞行弧线:投球出手时要正确掌握球的飞行弧线（也称为抛物线）。中、远距离投篮时,如果球的飞行弧线过高,球在空中飞行的时间和路线过长,往往受空气阻力的影响,不易控制球飞行的方向,从而影响投篮命中率。如果球的飞行弧线过低,球飞行入篮的弧线接近水平,篮圈暴露在球下的范围较小,就不易取得应有的入篮角,也较难投中。因此一般中、远距离投篮时,应选择中等的抛物线。即投出的球飞行弧线最高点大致与篮板的上沿在一条水平线上或稍低些。最好的弧线是既能控制球飞行的路线,又适合球进篮的角度。

投篮弧线偏高或偏低的出现,是由于投篮时手作用于球上的力作用点位置偏低或偏高引起的。投篮出手时,如果球先向指端方向滑动,然后再通过屈腕动作出球,会使力的作用点位置偏低,形成弧线偏高;而投篮出手时,前臂过早或过分前伸,抬肘动作不明显,会致使力的作用点位置偏高,形成投篮的弧线偏低(见图 7-5-15)。

2. 投篮时机的分析　掌握准确的投篮时机,防守干扰少,自己心理稳定,就比较容易投中。在比赛中,影响投篮命中率的因素是多方面的。比如,投篮技术动作是否正确,是否善于及时抓住和制造投篮时机等。另外,良好的身体素质和心理素质也影响到投篮命中率。这些对提高投篮命中率,保持投篮命中率的稳定性均起着重要作用。

3. 投篮的心理分析　比赛中投篮的命中率在很大程度上取决于心理状态,尤其是实力相当的关键性比赛,运动员的意志品质和自信心对投篮命中率起着决定性的作用。当运动员在投篮时,充满了信心,注意力高度集中,在这种心理状态支配下,他的投篮技术动作果断,对球的感觉十分清晰,就会获得较高的命中率,甚至得到超水平的发挥。反之,如果比赛中精神过

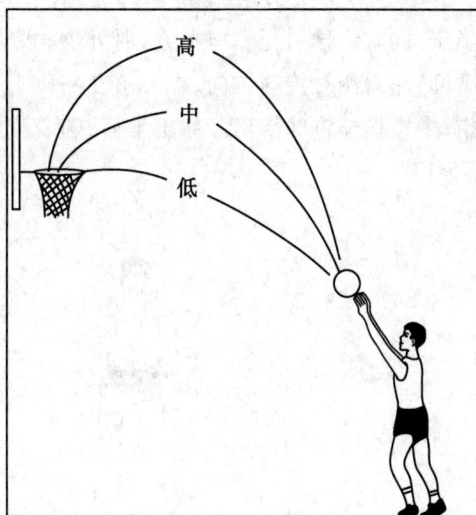

图 7-5-15　投篮弧线

于紧张,信心不足,在投篮时犹豫不决,不但原有的技术发挥不出来,甚至会出现动作变形,使其命中率大为降低。因此,心理稳定是保证和发挥运动员技术能力的重要条件,直接影响比赛中的投篮命中率。

（三）基本技术与战术

1. 移动技术　①变速跑;②变向跑;③侧身跑;④双脚起跳;⑤单脚起跳;⑥跨步急停（两步急停）;⑦跳步急停;⑧转身;⑨滑步。

2. 传接球技术

（1）双手胸前传球

1）动作方法:两手手指自然分开,拇指相对成八字形,用指根以上的部位持球。手心空出,两肘自然

弯曲在体侧,将球置于胸腹之间的位置。身体成基本站立姿势,两眼注视传球目标。传球时,后脚蹬地、身体重心前移的同时前臂迅速向传球方向伸出,拇指用力下压,手腕前屈,示指、中指用力拨球将球传出,传球后身体迅速调整成基本站立姿势。传球距离越近,前臂前伸的幅度越小(图7-5-16)。

图7-5-16 双手胸前传球

2)动作要点:手腕迅速地由下而上、由内向外翻,同时拇指下压,示指、中指用力拨球。

(2)单手肩上传球

1)动作方法:以右手传球为例,双手持球于胸前,两脚平行开立,传球时,左脚向传球方向迈出半步,同时将球引至右肩上方,肘外展,大臂与躯干、小臂与大臂的夹角大于90°。右手托球,手腕后仰,左肩侧对传球方向,重心落在右脚上,右脚蹬地,转体,前臂迅速向前挥摆,手腕前屈,通过示指、中指投球将球传出。球出手后,随着身体重心前移,右脚向前迈出半步,保持基本站立姿势(图7-5-17)。

图7-5-17 单手肩上传球

2）动作要点：转体挥臂，扣腕，自下而上发力。

3. 投篮技术

（1）单手肩上投篮

1）动作方法：右手五指分开，向后屈腕，屈腕时持球于肩上（或高些），左手扶球，右脚稍前，左脚稍后，重心放在两脚之间，上体稍前倾，两膝微屈，上体肌肉放松，目视投篮目标。投篮时，用力蹬地，伸展腰腹，抬肘，手臂上伸，手腕、手指前屈，指端拨球，用中指、示指将球投出，手臂向前自然伸直。

2）动作要点：投篮时要自下而上发力，抬肘，手臂上伸，将球投出。

（2）行进间单手低手投篮

1）动作方法：右手投篮时，一般右脚腾空接球落地，接球后的第一步稍大，然后第二步稍小继续加速，降低重心，用左脚向前上方起跳。腾空时间要短，持球手五指自然分开，托球的下部，手臂向上伸展。接近球篮时，手腕柔和上摆，示、中、无名指向上拨球，碰板或空心投篮（图7-5-18）。

图7-5-18 行进间单手低手投篮

2）动作要点：第二步要继续加速，腾空时间短，投篮瞬间，要控制好身体平衡。

4. 运球技术

（1）高运球

1）动作方法：运球时，两腿微屈，目平视，手用力向前下方推按球，球的落点在身体侧前方，使球反弹的高度在腰腹之间，手脚协调配合，使球有节奏地向前运行。

2）动作要点：运球的手虎口朝前。注意球的落点（图7-5-19）。

（2）低运球

1）动作方法：两腿弯曲，重心下降，上体前倾，用上体和腿保护球的同时用手短促地拍按球，使球从地面向上反弹的高度在膝部以下。

2）动作要点：控制好反弹高度，短促地拍按球。

5. 突破技术

（1）交叉步突破

1）动作方法：以右脚做中枢脚为例。两脚左右开立，两膝微屈，身体重心降低，持球于胸腹之间。突破时，左脚前脚掌内侧迅速蹬地，上体稍右转，左肩向前下压，重心向右前方移动，左脚向右侧前方跨出，将球引于右侧，接着运球，中枢脚蹬地向前跨出迅速超越防守（图7-5-20）。

2）动作要点：蹬跨积极，转探肩保护球。

（2）顺步突破

1）动作方法：准备姿势和突破前的动作要求与交叉步相同。突破时，右脚向右前方跨出一步，向右转体探肩，重心前移，左脚前脚掌迅速蹬地，向右前方跨出，突破防守。

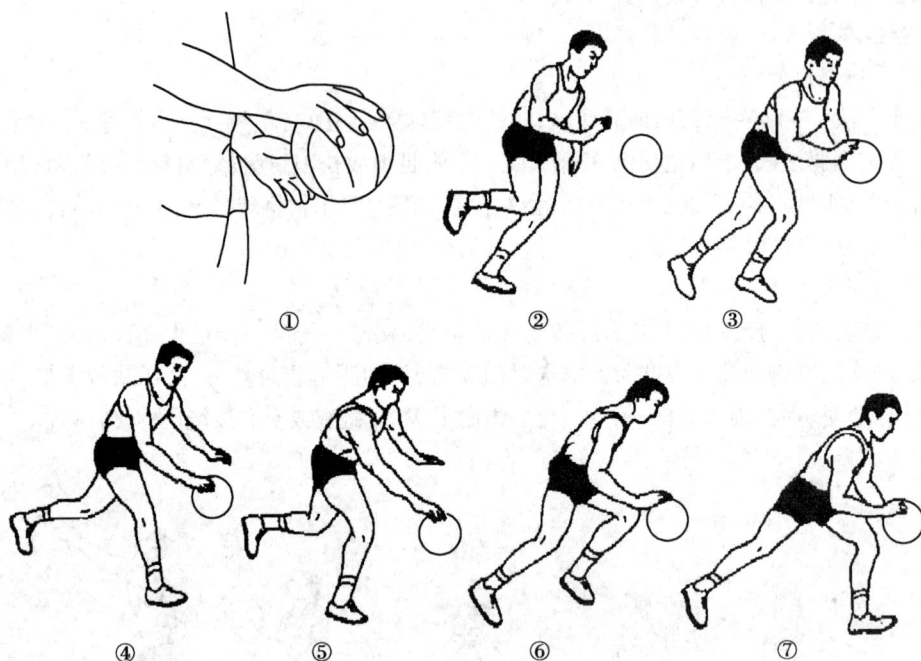

图7-5-19　高运球

图7-5-20　交叉步突破

2）动作要点:蹬跨积极,转探肩保护球,第二次加速蹬地要积极。

6. **防守技术**　防守无球队员:防守队员为了做到人球兼顾,应与球和对手保持一定的角度和距离,站位于对手与球篮之间偏向球一侧的位置上。与对手的距离要看对手与持球人距离而定,一般离球近则近,离球远则远。如对手高,球近,又在篮下,要贴近对手防守,还可采用绕前防守。

（1）动作方法:防守时,防守队员要根据球和人的移动,合理地运用上步、撤步、滑步、交叉步、碎步和快跑等脚步动作,并配合身体动作抢占有利防守位置,堵截其摆脱移动路线。在与对手发生对抗时,重心下降,双腿用力,两臂屈肘外展,扩大站位面积,上体保持适宜紧张度,在发生身体接触瞬间提前发力,主动对抗。合理使用手臂动作不仅能扩大防守空间,干扰对手视线,还能辅助保持身体平衡,快速移动,抢占有利位置。

(2)动作要点:要抢占"人球兼得"的有利位置。防守时要做到"内紧外松,近球紧,运球松,松紧结合。"防止对手摆脱空切,随时准备协防补防。

7. 抢球、打球、断球技术

(1)抢球:抢球动作可分两种:①拉抢,防守队员看准对手的持球空隙部位,迅速用两手抓住球后突然猛拉,将球抢过来;②转抢,防守队员抓住球的同时,迅速利用手臂后拉和两手转动的力量,将球从对方手中抢过来。

(2)打球:打持球队员手中的球时要根据持球人持球部位的高低。持球高时,打球时的掌心向上,用手指和指根击球的下部;持球低时,打球时的掌心向下。

(3)断球:伺机断球时,屈膝身体重心下降,当球刚由传球队员手中传出的一瞬间突然起动,单脚或双脚用力蹬地跃出,身体伸展,两臂前伸,将球截获。

8. 抢篮板球技术

(1)抢占位置:要设法抢占在对手与球篮之间的有利位置。抢进攻篮板球时要判断球的落点,利用各种假动作冲抢。抢防守篮板球时要注意用转身挡人的动作先挡人后抢篮板球。不论抢进攻还是防守篮板球,都要抢占在对手与球篮之间的位置上。

(2)起跳动作:起跳前两腿微屈,重心降低,上体稍前倾,两臂屈肘举于体侧,重心置于两脚之间,注意观察判断球的反弹方向,及时起跳。起跳时两脚用力蹬地,同时两臂上摆,手臂上伸,腰腹协调用力,充分伸展身体,并控制身体平衡。

(3)抢球动作:分双手、单手点拨球。双手抢篮板球时,指端触球瞬间,双手用力提球,腰腹用力,迅速将球持于胸腹部位,同时两肋外展,以保护球。

单手抢篮板球,跳起达最高点时,指端触球后,迅速屈指、屈腕、屈肘、收臂,将球下拉,另一只手扶球,护球于胸腹部位。

点拨球是在跳起到最高点时,用指端点拨球的侧方、侧下方或下方。

9. 进攻基础配合

(1)传切配合:进攻队员之间利用传球和切入技术所组成的配合。

要求:要拉开位置,拉开腹地;切入队员要掌握切入时机,利用假动作诱惑对手,切入要果断、迅速,并注意接同伴的传球;传球队员要利用瞄篮、突破、运球或假动作吸引、牵制对手,并应在适当时机,及时、准确地将球传给切入队员。

(2)突分配合:有球队员持球突破后,主动地应变,利用传球与同伴配合的方法。

要求:在突破过程中,要随时观察场上队员的行动和位置变化,既要做好投篮的准备,又要准备及时、准确地传球给同伴。

(3)掩护配合:是掩护队员采用合理的行动,用自己的身体挡住同伴防守者的移动路线,使同伴借以摆脱防守,或利用同伴的身体和位置使自己摆脱防守的配合方法。

10. 防守基础配合

(1)"关门"配合:是两个防守队员靠拢协同防守突破的配合方法。

要求:防守队员应积极堵进攻者的突破路线,靠近突破一侧的防守队员要及时向同伴靠拢,进行"关门",不给突破者留有通过的空隙。"关门"配合常运用于区域联防。

(2)交换配合:是为了破坏进攻队员的掩护配合,防守队员之间彼此及时地相互呼应,交换自己所防守的对手的一种配合方法。

要求:交换防守时,防守掩护者的队员要主动发出换人信号,双方准备换防;交换防守后,应在适当时机再换防,以免个人防守力量对比失利。

11. 区域联防与进攻区域联防　区域联防是由攻转守时,防守队退回后场,每个队员分工负责防

守一定的区域,严密防守进入该区域的球和进攻队员,并与同伴协同防守,用一定的队形,把每个防守区域有机地联合起来而组成的区域联防战术。

随着篮球运动的发展,联防战术也在不断地发展,其战术内容也在不断地丰富。当前联防战术的发展具有以下几个显著特点:

(1)原始联防的基本目的是固守篮下,但随着进攻能力的提高,特别是三分球规则的出现,原来那种固守篮下的联防形式已不能完全适应现代篮球比赛的需要。因此,现代联防的防守范围向着日趋扩大的方向发展。

(2)随着运动员技术水平的提高,进攻战术出现了频繁移动的战术打法。它能针对任何一种联防形式的弱点展开进攻。因此,原来那种固定形式的联防,也已不适应当前形势的需要,现代联防正向着综合多变的方向发展,以便充分发挥各种联防形式的优点,甚至利用人盯人防守的原则来丰富联防战术的内容。对位联防的出现和发展说明了这一点。

(3)现代联防也不再是消极地等待对方失误或投篮不中的防守。而是积极主动地发起攻击,造成对方被迫失误。因此,紧密封堵对方投篮,卡截对方的传球路线,甚至围守突击在联防中也经常被运用。总之,现代联防战术正向着攻击型发展。

12.**快攻战术与防守快攻**　快攻战术是由防守转入进攻时,以最快的速度、最短的时间,在对方尚未布置好防守之前,创造人数上、位置上的优势,果断、合理地进行攻击的一种积极快速的进攻战术。

(1)快攻战术的核心是争取时间,创造有利的战机,速战速决。快攻战术是篮球进攻战术的重要组成部分,篮球比赛中,由防守转入进攻时,积极创造快攻的机会,充分发挥快攻的威力,能给对方的防守造成很大的压力,并能争取进攻的主动权。

(2)快攻战术的形式和结构:快攻战术形式一般分为:长传快攻、短传结合运球推进快攻、运球突破快攻3种。

1)长传快攻战术:队员在后场获球后,用一次或两次传球,将球传给已摆脱对手并在前场奔跑快速进攻的同伴,进行投篮的战术配合。这是一种速度快、时间短、配合简单、成功率高的快攻战术配合。

2)短传快攻战术:队员在后场获球后,利用快速度的短距离传球迅速向对方球篮方向推进,创造有利的投篮时机。

3)结合运球突破快攻战术:队员在后场获球后,利用快速的短距离传球、运球、短距离传球与运球结合,迅速向对方球篮方向推进,创造有利的投篮时机。这种快攻是短传推进与运球推进结合在一起运用的,其形式比较灵活多变,在比赛中容易创造快攻战机。

(3)防守快攻战术:防守快攻是防守战术的重要组成部分。掌握防守快攻的战术配合,可以制约对方的进攻速度,为本队按计划组织防守战术争取时间。

(四)自我学练提示

1.**脚步动作练习法**

(1)在慢速移动中练习变方向跑(折线跑、折回跑)、急停和急停后接球转身。

(2)在快速移动中练习各种脚步变化。

(3)各种脚步动作、基本步法比较熟练后,最后结合一对一的对抗进行练习。

2.**投篮技术练习法**

(1)两人一组一球,相距4~5m进行对面投篮动作练习。反复体会投篮时的用力顺序及技术要点。动作要连贯协调,注意蹬地、抬肘、伸臂、拨球一气呵成。

(2)每人一球对墙投篮练习。增加练习次数,反复体会自下而上协调用力的动作及手腕手指最后投篮出手时扣腕拨球动作。

(3)每人一球在罚球线上排成单行,自投自抢,依次反复进行。

3. 传接球技术练习法

（1）原地两人对面传接球练习（先练双手传球，再练单手传球）。

（2）原地接不同方向的球和向不同方向传球的练习。传接球动作由慢到快。

（3）三角传接球练习。每组4~5人。按逆时针方向传球和换人。接球时要上步，接传动作要连贯，不得走步。

（4）全场三人"8"字围绕传接球练习。传球要准确到位，传球后要加速迎球向前跑，传球的力量和速度要适中，以不影响对方的跑动速度和接球能力为原则，球要传的柔和适度（图7-5-21）。

4. 持球突破技术练习法

（1）每人一球，原地做持球交叉步和顺步突破的第一步、转探肩及保护球的基本姿势练习。两脚轮流作中枢脚进行练习，反复体会蹬地、转探肩、保护球的动作。

（2）加上放球动作，再加上异侧脚蹬地的练习，进行完整动作的练习。重点要求队员放球离地面越低越好，减少暴露球的时间，同时放球手虎口冲前。

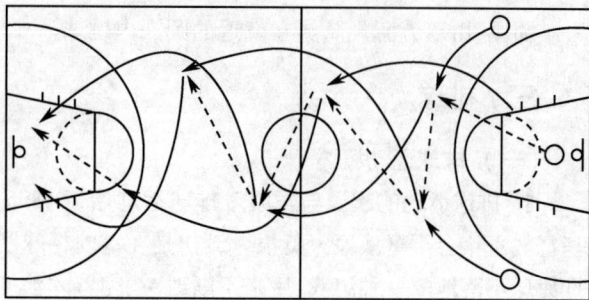

图7-5-21 三人"8"字传接球练习

（3）每人一球在半场右后卫的位置上练习原地持球交叉步和顺步突破的练习。突破上篮后抢篮板球到队尾排队继续进行。重点强调蹬、转、探、放球、再蹬地，动作一气呵成，连贯有力。

5. 抢球、打球、断球技术练习法

（1）3人一组，一人持球与其他两人对面站立距离3~4m，持球队员将球抛向空中，另外两人迅速起动，选位，起跳，抢球。

（2）正面打运球队员的球。在半场或全场一攻一守的练习中，防守队员紧紧跟随运球队员。当球刚从地面弹起时，突然打球，两人轮流攻守练习。

（3）体会断球动作。两人传球，两人在侧面或后面练习断球，体会横断球和纵断球的步法和手臂动作，两人轮流攻守练习。

6. 抢篮板球技术练习法

（1）两人一组，站在篮下两侧，轮流跳起在空中用双手将球托过篮圈，碰板传给同伴，须跳到最高点时托球，连续托传15~30次。

（2）队员站在篮下一侧，跳起在空中用双手将球高传过篮圈至另一侧，然后快速移动到该侧跳起，再按上述方法将球托回，连续托传5~10次。

7. 半场对抗三对三

三对三传球游戏：双方不停运球，只能充分利用跑动寻找传、接球机会，但持球时间不能超过3秒，规定传球在3次以上方可投篮，达到5次传球则加一分，其他可参照篮球规则。

三对三半场对抗：进攻方先在中圈发球，若投篮不中，攻方抢篮板球可继续投篮，守方则须把球运到三分线外才可重新组织进攻。若攻方投篮命中，即由守方在中圈发球组织进攻。

上述游戏和比赛方法，虽可双方预先约定灵活运用，但为了提高兴趣和公正性，则仍须将比赛规则作一简要介绍：

（1）违例：

1）带球走：队员抬起中枢脚，或跳起进行投篮和传球，但在球离手前不能回落地面，否则判为带球走违例。如在运球时在离手前不能提起中枢脚。

2）两次运球：队员运球后用双手同时触球，或使球在手中停留一刹那，不能再运球。否则视为两次运球违例。

3）球出界：队员不得使球触及界线及界线外地面、物体。

罚则：发生违例的队失去球权，由对方在违例地点最近界线外掷界外球。

（2）侵入犯规：队员不得通过伸展肩、臂、膝、髋、脚或弯曲身体成不正常姿势，以阻挡、拉、推、撞、绊等动作来阻碍对方行进，也不准使用任何粗野动作。

罚则：如果被侵犯队员在做投篮动作，投中则有效得分，再判一次罚球；如果未能投中，应判给两次或三次罚球。

如果被罚队员未做投篮动作，应由被侵犯队队员在犯规地点最近的界外掷界外球。

（3）双方犯规：双方队员同时互相犯规。

罚则：由双方犯规队员在就近的圆圈内跳球。

三、排球

（一）排球运动概述

1. 排球运动的起源与发展 排球运动始于 1895 年，创始人是美国人马萨诸塞州的霍利沃克城基督教青年会干事威廉·莫根。最初是在室内将球网架在 1.98m 的高度上，用篮球胆隔着网来回拍打使球不落地的一种游戏，后来不断改革、完善才演变为今天的排球运动。排球运动在美国问世后，由美国的传教士和驻外国的军官、士兵带到了世界各地。首先在美洲传播，但主要作为一种娱乐活动，技术水平提高不快。1900 年传入亚洲，在亚洲经历了十六人制——十二人制——九人制——六人制的演变过程。欧洲的排球是第一次世界大战时，由美国士兵在 1917 年带去的。排球传入欧洲虽晚，但传入的是六人制，且其竞技性已渐成熟，所以发展较快。

据史料记载，我国早在 1905 年就有了排球运动，当时为十六人制，1919 年改为十二人制，1927 年改为九人制，1951 年改为六人制。因双方在比赛中是按"排"站位的，故称为排球。

由于排球运动易于接受，且深受各阶层人们的喜爱，所以在其发展过程中繁衍出沙滩排球、小排球、软式排球、残疾人排球、气排球等多种形式。其中沙滩排球在 1996 年亚特兰大奥运会上被列入正式比赛项目，气排球 2017 年列入全运会群众体育比赛项目，残疾人奥运会上也有排球比赛。

2. 排球运动特点和作用 排球场地设备简单，比赛规则容易掌握。除正式比赛外，也可在一般空地上和沙滩上活动，运动量因人而异，适合于不同年龄，不同性别，不同体质，不同训练水平的人。排球比赛规则规定要轮换位置，这就要求每个队员都必须全面地掌握各项基本技术；在排球比赛中，每项技术既能得分，也能失分，这就要求运动员掌握技术既要全面，又要熟练，由于 3 次击球过网，又不允许球在手中停留，因而攻防转换较快，需要高度的技巧性；排球比赛不受时间限制，势均力敌的竞赛有时需要激烈争夺两个多小时，需要高度的顽强性和耐久力。

排球运动具有较高的趣味性，对丰富业余文化生活，锻炼身体增进健康有着不可忽视的作用，参加排球运动能全面提高人体各器官系统功能，能提高力量、弹跳力、速度、灵敏、耐久力等身体素质，能培养机智、果断、沉着、冷静等心理品质和团结友爱集体主义精神。

（二）排球技术

排球技术是指运动员在比赛规则允许的条件下采用的各种合理的击球动作和配合动作的总称。它包括有球技术：传球、垫球、扣球、发球和拦网；无球技术：准备姿势、移动、起跳及各种掩护动作等。排球技术的特点为：完成各种技术动作的时间短促；各种技术动作都是球在空中飞行时完成；大多技术具有攻防两重性，如拦网、传球、垫球；身体各部位都能触球。

1. 发球 是 1 号位队员在发球区内自己抛球，用一只手将球直接击入对方场区的一种击球方法。发球是比赛的开始，是排球技术中唯一不受他人制约的技术。是排球比赛中一项重要的进攻技术。

正面上手发球：面对球网站立，左手手掌平托球，垂直向右肩前上方抛起，高度适中。抛球同时，右臂抬起，屈肘后引，肘与肩平，上体稍向右转动。击球时利用蹬地转体和快速收腹带动手臂迅速向前挥动,手臂挥至右肩前上方最高点,以全手掌击球的后中下部,伴随着推压动作使击出的球呈上旋飞行(图7-5-22)。

图7-5-22　发球

2. **垫球**　是用手臂从球的下部,利用来球的反弹力向上击球的技术动作。垫球在排球比赛中占有重要地位,主要用于接发球、接扣球和接拦回球,是组织进攻的基础。

正面双手垫球:以两手互握,两拇指平行朝前,两臂靠拢所组成的平面,在身体正前方插到球下用蹬地、提肩、抬臂去迎接击球的动作(图7-5-23)。

3. **传球**　在额前方用双手(或单手)借助伸臂、蹬腿的动作,通过手指手腕的弹力来完成的击球技术动作。传球技术主要用于二传,在比赛中起着组织进攻的作用,传球技术也可用来接发球,接对方的处理球、吊球和被拦回的高球;传球还可用来吊球和处理球。

图7-5-23　垫球

正面双手上手传球:先移动到球下,两手自然抬起,成半球形,大拇指相对成一字形置于脸前。当来球接近头上方时,两臂主动前伸迎球,同时蹬地、伸膝,用手腕的抖动和手指的弹力,配合全身协调用力将球传出(图7-5-24)。

图7-5-24　传球

4. 扣球 跳起在空中用一只手臂作弧形挥动,用手将本方场区上空的球,从标志杆以内的球网上空击入对方场区的技术动作。扣球在比赛中占有重要地位,是得分的主要手段,是进攻最积极有效的武器,是攻击力强弱的表现,是夺取胜利的关键。

1) 正面扣球:是一种最基本最主要的扣球方法。

2) 助跑:左脚先迈步,调整好方向,第二步宜迈大,右脚跟先着地,左脚快并上,稍落左前方。

3) 起跳:在助跑跨出最后一步的同时,两臂自然向后划弧用力向上摆。起跳后,挺胸展腹,上体稍右转,右臂向后上方抬起,身体成反弓形。

4) 空中击球:以快速的转体收腹发力,带动肩、肘、使手臂成鞭甩动作向前上方挥动,在最高点处击球,以全手掌包满球,并屈指屈腕向前推压,使扣出的球呈上旋(图7-5-25)。

图7-5-25 扣球

5. 拦网 在球网上沿用手臂手掌阻挡对方击球过网的技术动作。

拦网具有强烈的攻击性,可以直接拦死,拦回对方的扣球,同时拦网又是防守的第一道防线,是反攻的重要环节。

单人拦网:面向球网两脚平行开立,约同肩宽,两膝微屈,两臂自然弯曲置于胸前,根据对方二传球飞行的方向与落点,迅速用滑步或者交叉步沿球网平行移动对准来球。原地起跳时,重心降低,两膝弯曲,用力蹬地,使身体垂直起跳。起跳时,两手从靠近额前向球网上沿的前上方伸出,两臂伸直,两肩尽量上提,两臂保持平行。拦网时,两臂尽力过网伸向对方上空,两手自然张开,并尽量去接近球。手触球时,两手要突然紧张,手腕用力下压盖住球的前上方。拦网后手臂立刻上抬收回,不要碰网。落地时,双脚落地,屈膝缓冲(图7-5-26)。

(三)排球战术

排球战术是运动员在比赛中根据排球运动的比赛规律,彼我双方的具体情况和临场变化,有效地运用技术及所采取的有预见、有目的、有组织的行动。

1. 排球个人战术 个人战术是队员根据临场比赛的情况,有目的、有针对性地运用个人技术动作。个人战术可以提高个人技术动作的效果和补充集体战术的不足。个人战术包括发球、二传、扣球、一传、拦网、防守个人战术等。

2. 集体战术 集体战术是指两个或两个以上队员之间有组织、有目的地集体协同配合。

(1)阵容配备:阵容配备就是合理的安排场上队员技术力量的组织形式。主要形式有四二配备(图7-5-27)和五一配备等(图7-5-28)。

图 7-5-26　拦网

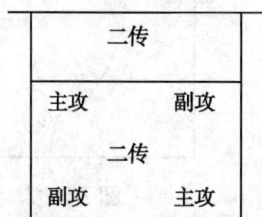

图 7-5-27　四二配备

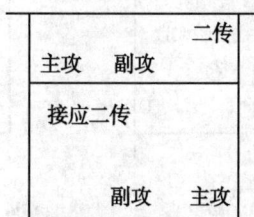

图 7-5-28　五一配备

（2）位置交换与"自由人"运用：为了最大限度地发挥每个队员的特长，比赛中，在规则允许的条件下，采用交换位置方法，形成前排的专位进攻与后排的专位防守。

合理地选择并运用"自由人"是战术运用的一个方面。"自由人"专司接发球和后排防守，其上下场之间只需经过一次发球比赛过程，换人不计为正规换人次数，且次数不限。因此选择接发球和后排防守技术高超的队员作为"自由人"，能大大提高全队的防守水平，并且前排进攻、拦网队员轮转到后排时由"自由人"换下则可稍事休息调整体力，再到前排时则可全力投入进攻、拦网。达到提高进攻水平的效果。

（3）进攻阵型：就是进攻时所采用的基本队形。由于现代排球运动技战术打法上已形成了高快结合，前后结合，全面型进攻的局面，而原先"中一二"、"边一二"进攻阵型已不能涵盖当前1名队员作二传，其他5名队员都参与进攻的立体进攻阵型，由此，进攻阵型现以二传组织进攻时的位置而确定为"中二传"（图7-5-29、图7-5-30、图7-5-31）"边二传"（图7-5-32、图7-5-33、图7-5-34）和"心二传"（图7-5-35、图7-5-36、图7-5-37）3种进攻阵型。

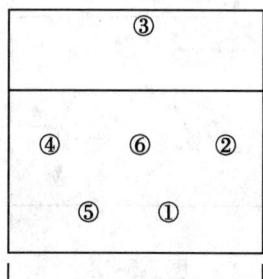

图 7-5-29　中二传

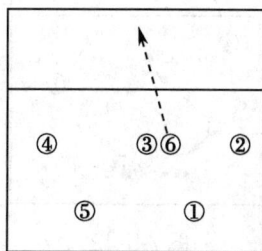

图 7-5-30

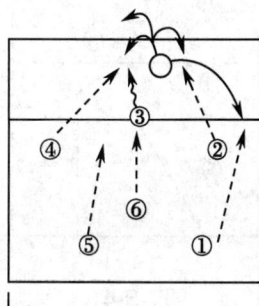

图 7-5-31

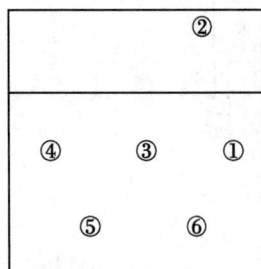
图 7-5-32

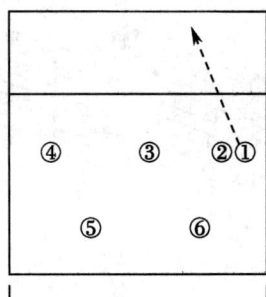
图 7-5-33

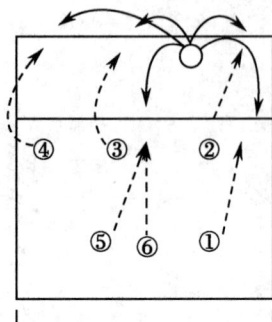
图 7-5-34

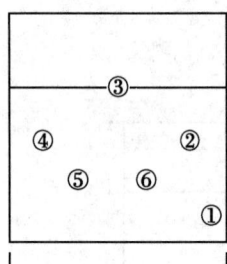
图 7-5-35

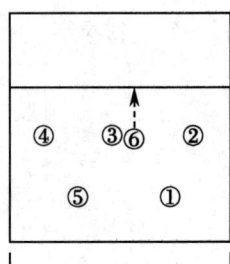
图 7-5-36

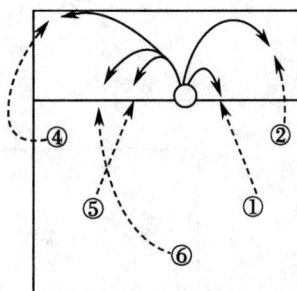
图 7-5-37

3. **防守战术**　通常是指接对方扣、传、垫或处理过来的球所组织的进攻。

（1）接发球站位阵型：通常多采用5人接发球（图7-5-38）和4人接发球（图7-5-39）。

（2）接扣球防守阵型：主要有不拦网的防守阵型（图7-5-40）、单人拦网的防守阵型（图7-5-41）和双人拦网下的和"边跟进"（图7-5-42）、"心跟进"防守阵型（图7-5-43）。

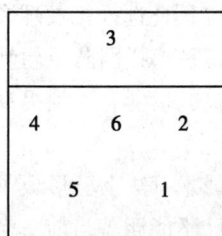
图 7-5-38

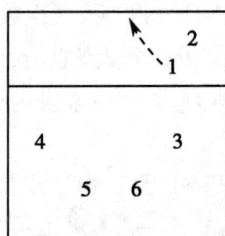
图 7-5-39

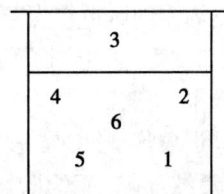
图 7-5-40

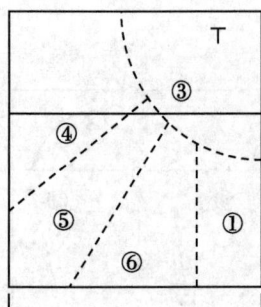
图 7-5-41

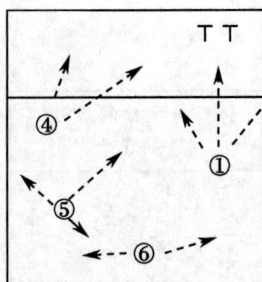
图 7-5-42

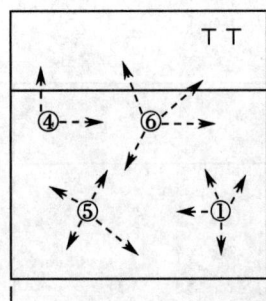
图 7-5-43

（四）自我学练提示

方法一：徒手动作练习：发球、垫球、传球、扣球、拦网的徒手动作练习及击固定球练习。

方法二：结合球练习：自传球练习、自垫球练习、对传球练习、对垫球练习。

方法三：隔网近距离发球再到发球区进行发球练习。

方法四：4号位扣球，可扣抛球也可扣一般二传球（图7-5-44）。

方法五：单人拦网练习

1. 拦定位扣球练习。

2. 3号位移动拦网练习（图7-5-45）。

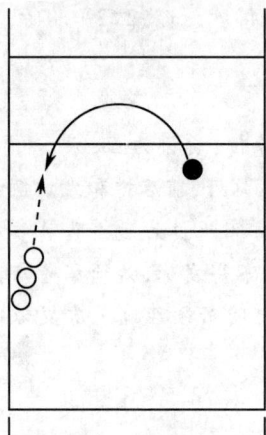

图7-5-44 心二传

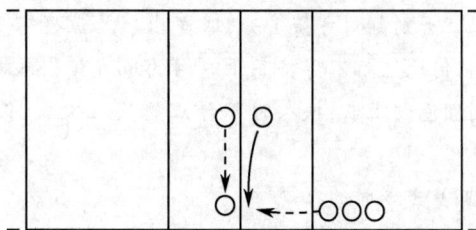

图7-5-45 中间插上

方法六：进攻战术练习

1. "中二传"进攻阵型练习　教师在6号位抛球，3号位队员分别把球传给4号位或2号位扣球（图7-5-46）。

2. "边二传"进攻阵型练习　教师在5号位抛球，2号位队员分别把球传给3号位队员扣近体快球，4号位队员拉开进攻（图7-5-47）。

3. "心二传"进攻阵型练习　教师在端线抛球，二传队员在进攻线附近组织进攻，2、4号位队员扣一般球，6号位队员进行后排进攻。（图7-5-48）

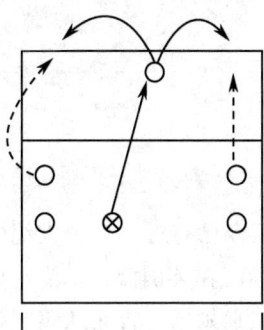

图7-5-46 心二传

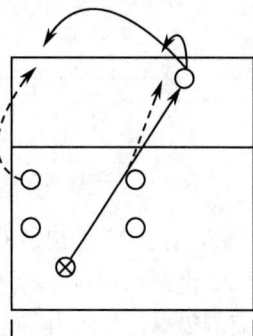

图7-5-47 中二传

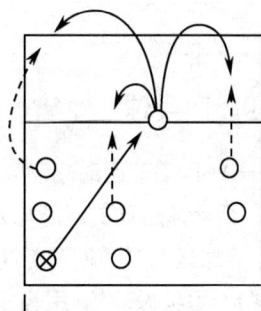

图7-5-48 插上

------- 学习与研究 -------

主要规则简介

（一）比赛场地,器材与设备

比赛场地包括比赛场区和无障碍区,其形状为对称的长方形。比赛场区为18m×9m的长方形。其四周至少有3m宽的无障碍区,从地面量起至少高7m无任何障碍物。中线与进攻线构成前场区;进攻线与端线构成后场区。所有的界线宽5cm,并包括在比赛场区内。比赛球网高度为男子2.43m、女子2.24m。球网为黑色,长9.5m,宽1m。在球网的两端,垂直于边线设置标志带和标志杆。球为圆形,圆周65~67cm,重量260~280g,气压0.30~0.325kg/cm^2。

（二）比赛方法

比赛采用五局三胜,每球得分制,前四局每局为25分领先2分得胜,如果2:2平局时,决胜局采用15分领先2分为胜。

（三）队员的场上位置

每队上场6名队员、站成两排。从左至右,前排为四、三、二号位,后排为五、六、一号位。每次均轮到一号位发球。在发球击球时,双方队员必须按规定位置站好,前后排和左右侧都不得站错。否则判对方得1分,球发出后其位置不受此限制。自由防守队员为后排队员参加比赛,在任何地区都不得将高于球网的球直接击入对方场区,自由人不得发球,必须穿着与其队员不同颜色的上衣,换人时不计正规换人次数,但在其上下两次之间必须经过一次发球比赛过程。

（四）击球时的犯规

1. 四次击球　一个队连续触球4次(拦网除外)。

2. 持球　没有将球击出,造成接住或抛出。

3. 连击　一名队员连续击球2次或球连续触及他人身体的不同部位(拦网除外和第一次击球时除外)。

4. 后排队员进攻性击球犯规　后排队员在前场区完成进攻性击球,并且击球时球的整体高于球网上沿。

（五）比赛间断

1. 暂停和技术暂停　一次暂停时间为30秒。每局有两次技术暂停,每当领先队达8分和16分时自动执行,相应每个队每局有两次请求的普通暂停,决胜局无技术暂停。

2. 换人　每局比赛每队最多可请求6人次换人,换人须在换人区进行。由教练提出请求并以手势表明人次,队员做好准备并在比赛成死球时一对一进行。同一队未经过比赛过程不得再请求换人。

四、乒乓球

（一）乒乓球运动概述

1. 乒乓球运动的起源与发展　乒乓球运动自20世纪从欧洲兴起,至今已有近一个多世纪的历史。乒乓球运动是由网球派生出来的,在20世纪前,乒乓球作为"宫廷游戏"在英国流行。当时以餐桌为球台,木板做球拍,用轻而有弹性的材料做球。1890年,英格兰运动员詹姆斯·吉布从美国带回了赛璐珞球,模拟其击球声而称该项运动为"乒乓"球,也称为"桌上网球"(table tennis)。20世纪初,乒乓球运动传入日本,1904年由日本传入中国。1926年第一届世界乒乓球锦标赛在伦敦举行。除第二次世界大战期间停办外,到2002年已举办46届。中国队获得其中86.5项冠军,名列榜首。乒乓球是中国人引以为自豪的国球,我国不仅成为久盛不衰的"乒乓王国",而且还在1971年推出了震撼世界的"乒乓外交",小球转动了大球——地球。"乒乓外交"打开了中美两国人民之间友好往来的大门,成为国际政治舞台和世界乒坛传奇式的佳话。

如果从 1900 年开始计算,乒乓球运动走过了 100 多年历史,此间乒乓球运动从竞赛规则、器材到运动技术都有较大变化。21 世纪初,乒乓球的改革相继出台,40mm 大球、11 分赛制和无遮挡发球的实施使乒乓球运动发生了质的变化。2016 年 7 月 1 日起,国际乒乓球联合会规定,采用新材质的球,直径标准由原来的 39.50~40.50mm 上调到 40.00~40.60mm。标注方法一律采用"40+",这意味乒乓球由此进入了 40+时代。

我国近些年乒乓球运动又有了长足发展,连续多次在世界性大赛中囊括全部项目冠军。过去女队占绝对优势,近些年男队也在大赛中表现突出。如男乒在世界杯比赛中从 1980—2007 年 13 次获单打冠军(表 7-5-1)。

表 7-5-1 中国男子乒乓球世界杯冠军一览表

时间	届次	地点	冠军
1980 年	第一届	香港	郭跃华
1982 年	第三届	香港	郭跃华
1985 年	第六届	佛山	陈新华
1987 年	第八届	澳门	滕毅
1989 年	第十届	内罗毕	马文革
1992 年	第十三届	胡志明	马文革
1995 年	第十六届	尼姆	孔令辉
1996 年	第十七届	尼姆	刘国梁
2000 年	第二十一届	杭州	马林
2003 年	第二十四届	江阴	马林
2004 年	第二十五届	萧山	马林
2006 年	第二十七届	巴黎	马林
2007 年	第二十八届	巴塞罗那	王浩

2. **乒乓球运动的特性** 乒乓球运动能全面发展人体素质,改善身体各系统器官功能,提高人的健康水平。据有关资料表明,乒乓球运动员身体匀称,反应速度在所有运动项目之中居首。乒乓球运动是智力和体力相结合的运动,球速之快,运动员判断决策时间之快是十分突出的。因此,经常参加乒乓球运动可有效提高神经系统、运动系统和血液循环以及呼吸系统的功能,促进身心健康,尤其是青少年参加乒乓球运动受益更大。据测定,6 岁左右儿童的脑重量达到成人的 90%,这说明儿童神经系统发育很快,乒乓球运动能提高中枢神经系统快速反应能力,对儿童的发育非常有利。乒乓球运动是适合儿童开展的运动项目,并可以从娃娃抓起。

3. **现代乒乓球运动发展趋势** 乒乓球运动近百年来各种打法都曾称雄乒坛,都曾有过辉煌,谁都不能说哪种打法最好。但当今世界最流行的打法是快攻结合弧圈打法。20 世纪 90 年代以来,此类打法进一步分化,朝着更快速和凶狠的方向发展。近几年来,凶狠派在追求凶、稳,全面派在加强凶狠。"更快,更转、更凶"发展的结果是减少了比赛中的回合和观赏性下降。

(二) 乒乓球技术基本原理

1. **乒乓球技术结构分析** 击球动作由准备(击球前的站位和移动)、引拍、向前挥拍、击球时球拍触球和击球后还原几个部分组成。最关键技术是击球时球拍触球。

2. **乒乓球速度分析** 要想提高击球速度,根据力学原理,首先要解决在相同击球距离时,必须用最快的击球速度,也就是要缩短摆臂时间;其次是尽可能地压低回球的弧度和缩短打出的距离,均可能达到提高球速的目的。

3. **乒乓球旋转分析** 根据物体转动定律(球的质量不变):旋转力矩等于作用力与臂的乘积。

如果球拍触球时,球拍不但向前,同时向上,所产生的合力将使球做曲线运动(图 7-5-49),产生旋转,是因为球拍向上的同时向前所产生的合力方向不通过球心,旋转的强弱是受作用力和力臂的影响——作用力越大,力臂越长,则旋转越强。作用力是球拍给球的摩擦力和击力的合力,而球拍的摩擦力和击力受挥拍速度和触球面积的影响。如挥拍速度快、摩擦面积增大,球的旋转加强。如果作用力通过球心,球获得的只有平直向前的运动(图7-5-50)。

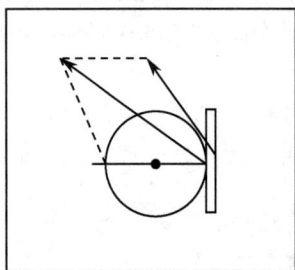

图7-5-49 球曲线运动图   图7-5-50 球平直运动

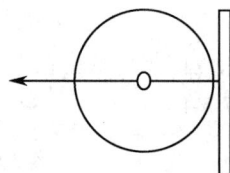

4. **乒乓球落点分析**   从击球点到落台点之间形成的线叫做击球路线。比赛中,运用多变的线路和灵活落点,是运动员必备技术,也是取胜关键。力量再大,旋转再强,速度再快,线路单一,落点不变,很难战胜对手。从落台点的效果来分析,落点离对方站位越远,回球难度越大;落台点离边线越近,回球角度越大;落点离球网越近,角度越大;回直线球时,越接近边线,线路越直,离对手身体越近的追身球越难接。

乒乓球的弧线、速度、力量、旋转、落点是乒乓球技术的五大要素,其性质和特点各不相同,但它们相互联系,相互制约,对提高击球质量起着相互补充的作用。

（三）基本技术与战术

1. **直握拍法**   以示指第二关节和拇指中段扣在拍前,其余三指自然弯曲依次重叠,由中指抵在拍的上方1/3处(图7-5-51)。

2. **横握拍法**   虎口贴于拍肩,拇指在后,示指在前,其余三指自然握住拍柄。正手攻球时示指向上稍移,反手攻球时拇指向上稍移(图7-5-52)。

图7-5-51 直握拍法

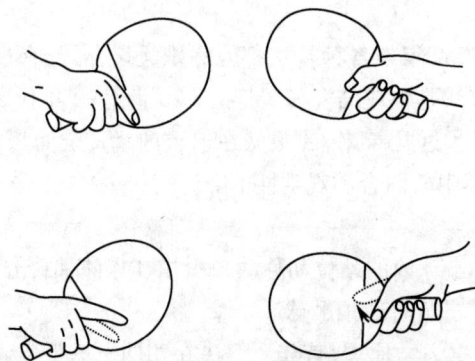

3. **准备姿态**   两脚开立比肩稍宽,膝关节微屈,两脚掌着地,上体前倾,含胸,重心在两脚之间,持拍手臂自然弯曲,拍子置于胸腹前,注视来球(图7-5-53)。

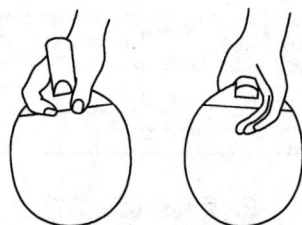

图7-5-52 横握球拍法   图7-5-53 准备姿态

4. **基本步法**   乒乓球的步法在实战中多种多样,变化多端,下面介绍几种常用步法:

（1）单步:击球时以一脚为轴,向所需方向迈步。

（2）换步:迎球远侧方的脚向前跨一大步,另一脚快速向来球方向移动。

（3）交叉步：左侧来球右脚向前跨一大步，另一脚快速向来球方向移动。

5. 发球

（1）发正手平击球：左手持球，身体稍向内转，右手持拍在左手后方，持球手将球垂直抛起的同时右臂向后引，拍面稍向前倾，在球的下降期击球的中部。

（2）发正手下旋球：发球时身体稍向右转，抛球的同时持拍手向后上方挥动，在球的下降期由小臂带动手腕，球拍后仰，摩擦球的中下部（图7-5-54）。

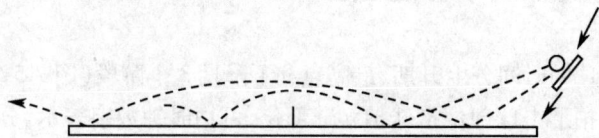

图7-5-54　发正手下旋球示意图

6. 接发球　在一局比赛中，接发球的机会与发球相同。因此，接发球的质量如何，直接关系到是否能破坏对手的发球意图，是争取主动的关键。接球时要注意对方的旋转与落点，密切观察对方挥拍的动作幅度和触球瞬间力量大小，判断球的性质和角度，及时做出相应的还击方法。接上旋球和平击球时，可用抽或推挡，接下旋球，可用搓、削、拉技术。

7. 推挡球　在来球的上升期，小臂主动发力向前推出，同时手腕外旋，示指和拍后三指压拍，拇指放松，使拍形前倾，触球的中上部，击球后，手臂顺势前送（图7-5-55）。

图7-5-55　推挡球

8. 搓球　搓球又分正手和反手搓球、快搓和慢搓、搓转与不转等。以反手搓球为例：持拍手向左上方引拍，击球时拍形后仰，小臂带动手腕在球的下降期摩擦球的中下部（图7-5-56）。

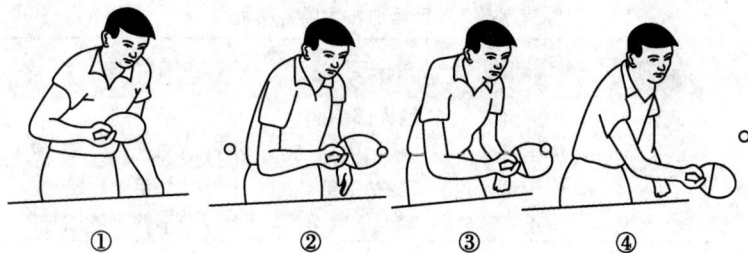

图7-5-56　搓球

9. 正手快抽　持拍手臂向右后方摆动，小臂发力，使球拍向左前方作弧线短促摆动，拍形前倾，在球的上升期击球的中上部，触球时手腕内旋，击球后挥拍至额前。

10. 正手拉抽　正手拉抽击球前，持拍手臂向右后下方引拍，拍面前倾，当球下降时，小臂加速用力向左上方呈弧形线路提拉，配合手腕向上摩擦发力，触球中下部。

11. 削球　削球有近削和远削。近削击球的下降前期，远削击球的下降后期，球拍后仰，小臂带手,摩擦球的中下部。

12. 个人战术

（1）发球抢攻:反手发侧上、下旋至对方中间偏右近网处,结合发大角的长球伺机抢攻。

（2）搓攻:搓加转短球结合,搓加转底线两角长球后拉高吊和前冲弧圈。

（3）拉攻:拉、搓、长、短结合。

（4）削球结合反攻:削转与不转控制落点,伺机反攻。

（5）对攻:连压反手,突变正手,伺机抢攻抢冲。

（四）自我学练提示

1. 击球的时间　击球的时间分上升期、最高点和下降期3个阶段(图7-5-57①)。

2. 击球的部位　和拍形击球部位指球拍触球部位,可用时钟数字表示,分5个部位。上部:拍触及球12~1部位;中下部:拍触及球的4~5部位;下部:拍触及约6的部位(图7-5-57②)。

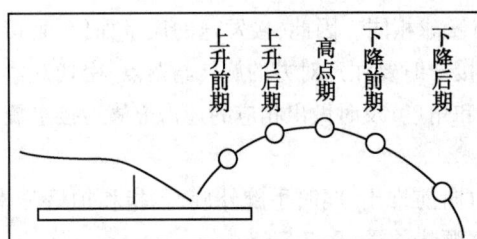

图7-5-57　①击球时间示意图　　　　　图7-5-57　②击球部位示意图

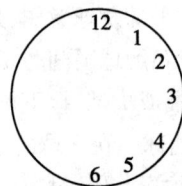

击球拍形,按时钟数字可分为:

拍形向下:接近12点的部位;

拍形前倾:接近1点的部位;

拍形稍前倾:接近2点的部位;

拍形垂直:接近3点的部位;

拍形稍后仰:接近4点的部位;

拍形后仰:接近5点的部位;

拍形向上:接近6点的部位。

3. 各种不同技术动作比较　不同技术,在击球时间、触球部位、动作特点及球产生的旋转上都不同,只有了解其变化,才能尽快掌握技术(见表7-5-2)。

表7-5-2　乒乓球技术特点分析

	击球时间	击球部位	触拍部位	手臂动作	旋转特点
搓球	下降期	中下部	触大部拍面	小臂带动手腕	下旋
推挡球	上升期	中上部	触拍中部	小臂前伸手腕外旋	无旋转
正手快抽	上升期	中上部	触拍中部	小臂带动手腕内旋	稍有上旋
正手拉抽	下降期	中下部	触大部拍面	大臂带小臂手腕固定	前冲力大

4. 练习提示

（1）徒手动作练习:初学者不论学习哪项技术动作,都应以徒手动作练习开始。经过反复模拟,使手臂肌肉与全身上下动作协调一致,逐步达到配合默契。做徒手动作时可先原地徒手单项技术动作练习,如正手攻球或反手推挡。单项技术熟练后可做多项技术动作练习,如左推右攻。多项技术熟练后,可加上步法移动练习,如推挡后接侧身攻球练习。

（2）器械练习:将乒乓球悬挂空中做正手攻球;用球拍对墙击球,体会球的弹跳性能,掌握空间、时间的判断感觉,对体会给球力量大小和用力方向都有极大帮助。

（3）多球练习：这是一种无论对初学者还是高水平运动员都必不可少的练习手段，既可练习单一技术，又可多种技术综合训练。

具体练习方法：一人喂球一人练习正手攻球（图 7-5-58），一人喂球一人练习推挡（图 7-5-59），一人喂球一人练习左推右攻（图 7-5-60），一人喂球一人攻多落点（图 7-5-61）。

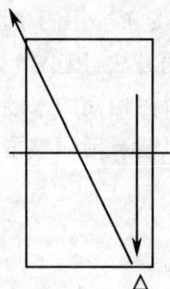

图 7-5-58　练习正手攻球　　图 7-5-59　练习推挡　　图 7-5-60　练习左推右攻　　图 7-5-61　练习攻多落点

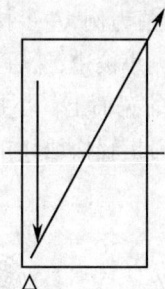

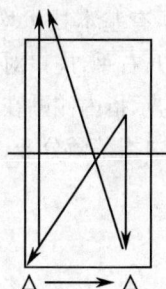

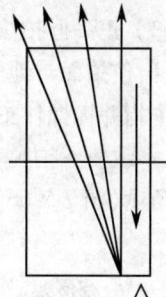

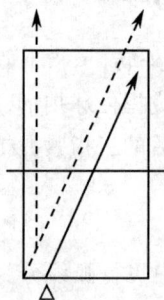

（4）两人练习：打多落点（图 7-5-62），推挡侧身攻斜线或直线（图 7-5-63），不同两点打定点（图 7-5-64），正手攻直线反手推直线（图 7-5-65）。

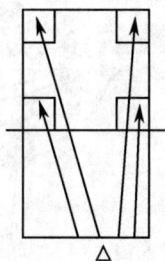

图 7-5-62　打多落点练习　　图 7-5-63　练习推挡侧身攻斜线或直线　　图 7-5-64　不同两点打定点　　图 7-5-65　正手攻直线反手推直线

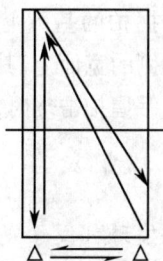

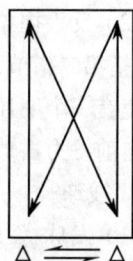

（5）技术综合运用：比赛是技术综合运用的最好方式。经过一段训练后，要把学到的技术在实践中发挥出来，实际比赛是检验学习效果的重要途径，也是巩固技术的必要环节，更是学习各种技术的目的。通过比赛又反过来激发学习技术的欲望，通过比赛发现问题，找出差距，继续努力，不断提高。

五、羽毛球

（一）羽毛球运动概述

据有关文献资料表明，羽毛球最早出现在 14 ~ 15 世纪时期的日本游戏，当时球拍为木制，球是用樱桃核插上羽毛制成。到了 18 世纪末，印度普那城出现一种与早年日本相似的羽毛球游戏。球是用直径 6cm 圆形硬纸插上羽毛制成。后来，在 1873 年英国格拉斯哥郡的巴德明顿镇，由公爵在自己领地向客人介绍了这种由印度传来的游戏，并正式起名为羽毛球（badminton），现代羽毛球运动从此诞生。

1875 年，印度出现了世界第一部羽毛球规则；1877 年，英国出版了更趋完善的统一规则；1893 年英国成立了羽毛球协会；1899 年举办首届全英羽毛球锦标赛。1934 年在伦敦成立了国际羽毛球联合会。

羽毛球约于第一次世界大战后传入中国，最早在上海法国总会，后在广州、天津、北京等城市教会办的青年会出现羽毛球活动。20 世纪 60 年代，中国羽毛球开始步入世界，在以快为主的战术思想指导下，两度击败世界冠军印度尼西亚和欧美劲旅丹麦、瑞典等强队。由于当时未能参加国际羽毛球联合会,不能参加正式比赛,故当时的中国羽毛球被国际羽坛誉为"无冕之王"。20世纪末以来,世界羽坛是亚洲人的天下,以中国、印度、印度尼西亚、马来西亚、韩国、日本为龙头,几乎垄断了汤姆斯杯、尤伯杯、苏迪曼杯等各项赛事桂冠。

(二) 羽毛球基本技术

1. 握拍法

(1) 正手握拍法(本教材所有基本技术均以右手握拍为例,左手持拍者则反之):先用手握住球拍中杆,使拍面与地面垂直,张开右手,虎口对准拍柄内侧小棱边,然后相似握手的方法,用小指、无名指和中指并拢握住拍柄,拇指与示指内侧贴在拍柄两侧的宽面上。小指与无名指在拍柄的末端应握紧些,不致使球拍脱手,示指和中指稍微分开,用示指和拇指轻松地环扣住拍柄,以便灵活调整击发球时的角度(图7-5-66)。

图7-5-66 正手握拍法

(2) 反手握拍法:在正手握拍的基础上,拍柄稍向外转,示指下收,拇指上提,拇指第二指节顶在拍柄内侧的宽面上,其余四指并拢握住球拍柄,手心与拍柄间应有一个明显的空洞,反手握拍击球时,靠示指以后的三指紧握拍柄,同时拇指向前发力击球。

2. 发球

(1) 发球:发球可分正手发球和反手发球。按空中飞行弧线分为高远球、高平球、平快球、网前球4种。一般来说,发网前球、平快球、平高球均可用正手或反手发球技术完成,而高远球则须采用正手发球(图7-5-67、图7-5-68、图7-5-69)。

(2) 接发球:接发球站位:一般情况下,单打离前发球线约1.5m处。在右发球区站在靠中线位置,在左发球区则站在中间稍偏边线位置。双打接发球时站位应靠近前发球线。

图7-5-67 发球准备

图7-5-68 正手发球

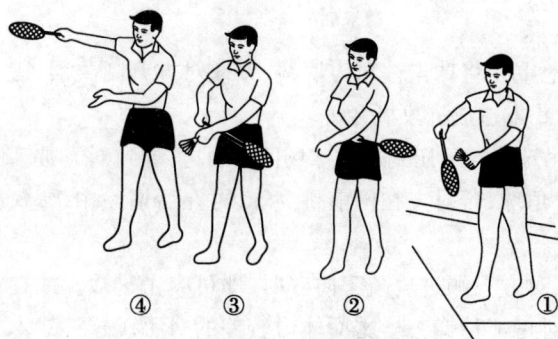

图7-5-69 反手发球

3. 击球法 练习者在掌握了握拍和发接球技术后即可以逐步进行各种击球技术学习。击球技术按其特点进行分类,可分为后场高空击球技术、前场网上击球技术、下手击球技术和中场平击球技术4种:

(1)后场高空击球技术:后场高空击球技术又称后场上手技术,是练习者学习击球法必须掌握的技术。击高远球是一切击球技术的基础,上手击高远球可分正手、反手和头顶击高远球。正手击高远球技术难点:在手臂自然伸直时,应用"抽鞭"动作把球弹出去;反手击远球技术难点:背向网自下而上"甩"臂击球时,应配合全身的协调动作,注意用拇指内侧顶住球拍柄"闪腕";头顶击高远球技术难点:球拍绕过头顶击球,要结合身体的协调性、腰部的柔软性和身体重心的调整。平高球的弧线较高远球低,速度较高远球快,动作要领相同,只在击球一刹那,用力主要向前方,使击球的弧线较低。吊球:把对方击来的后场高球还击到对方的网前区的击球方法称吊球。可采用正手、反手和头顶吊球三种技术动作。正手吊球分别为劈吊和轻吊。其技术难点是要在触球一刹那通过控制腕力,用"切削"动作把球击出,拍面稍向下压。杀球:把对方击来的球全力向下扣压称杀球。其技术有正手、反手和头顶杀3种,其技术难点在于在触球一刹那,通过手腕和手指控制拍面、倾斜角度、用力方向和大小来扣杀出所需的球。

(2)前场网上击球技术:网上击球是一项可以调动对方,使战术多变的击球方法。包括搓球、放网前球、勾对角球、推球、扑球等。其技术难点是握拍要活,要充分利用手腕和手指的力量来控制球拍,以便击出各种不同球路和落点的球。

(3)下手击球技术:下手击球一般是在防守时所采用的击球技术。具体有底线抽球、挑球和接杀球3种技术:①底线抽球包括正手和反手抽球,其技术难点是右脚向后跨步要稳,击球时前臂带动腕部,手指做"抽鞭式"的向前"闪动"。②挑球是把对方击来的吊球或网前球还击到对方后场。其技术难点是来球离网远时,拍面可稍前倾,向前上方用力击球;来球近网时,拍面应接近向上,击球时要有向上提拉动作。③接杀球有接杀近身球和远身球技术,其技术难点是反应要迅速,击球应在身体前方或侧方附近,击球前的预备挥拍动作要小,根据来球力量大小,控制好拍面角度与用力大小。

(4)中场平击球技术:主要是对付对方击来的弧线平于或低于网的球,这种球落点在中场附近,这一技术包括正、反手中场抽球和半蹲式中场平击球两种。其步法有:上网步(跨步、垫步、交叉步和蹬跳上网步);后退步(正手、反手、头顶后退步);两侧移动步(向右和向左移动步);起跳腾空突击步。

(三)羽毛球基本战术

1. 单打战术

(1)发球抢攻战术:发球者可充分利用比赛规则,将球发至有效区域任何一个落点,根据对方站位与比赛情况,善于施展多变的发球战术,令对方防不胜防,起到先发制人、取得主动的战术作用,以发平快球和网前球相配合,破坏对方接发球的质量,出其不意地在3拍内制胜。

(2)攻后场球战术:采用打高远球与平高球的技术手段,有效地压制对方的底线,迫使对方后退,一旦对方回球质量不高,便伺机吊、杀对方空当。

(3)逼反手战术:一般来说,后场反手击球的进攻性不强,球路也比较简单。对于后场反手较差的对手要毫不犹豫地加以攻击。先调开对方位置,使对方反手出现空当,紧接着把球打到反手区,造成对方被动性地用反拍击球。比如吊网前球,迫使对方挑高球,以便以平高球攻击对方反手区,重复几回合后,进攻的主动权就牢牢掌握在自己手中,并利用吊球与杀球等多种手段,便可取胜。

(4)打四方球结合突击战术:控制好落点,以快速的平高球、吊球精确地打到对方场区的四个角落,令对方疲于前、后、左、右奔跑,当对方来不及回中心位置或回球不到位时,便可抓住良机向对方的空当或弱点实施攻击。

(5) 重复快压底线结合吊杀战术:通过有意识地重复将球击往对方底线,致使对方判断失误,措手不及地再度跑回底线接球,此球质量必差,从而给我方造成进攻机会。

(6) 吊杀上网战术:在本方后场先以轻杀结合吊球将球下压到对方球场区的两边,导致对方被动回球,若对方还击网前球时,便快速上网搓球或勾对角球;若对方在网前挑高球,可在后退途中杀球,把球直接杀到他身上。

(7) 先守后攻战术:先以高球诱惑对方进攻,在对方只顾进攻疏于防守时,即可突击进攻。或在对方体力下降、速度减慢时再发起进攻。此战术可对付那种锋芒毕露而体力较差的对手。这一战术适合于耐力好、心理素质过硬的运动员运用。

2. 双打战术 包括合理站位、攻人战术、攻中路战术、攻直线战术、攻后场战术、后攻前封战术、守中反攻战术等。

(四) 自我学练提示

1. 反复做挥拍练习。

2. 从对墙发球过渡到在球场中正式发球。

3. 以发高远球为基础,再进一步发其他球。

4. 在端线内 40cm 处,以及在前发球线后 30cm 处画一条横线,要求将球发在有效区内,提高发球准确度。

5. 按照技术动作要求,持拍做好准备:引拍、挥拍、击球的基本练习。注意转体、收腹的协调性以及高点击球的规范要求。

6. 采用多球式喂球或一对一陪练式喂球,使之反复练习。由易到难,逐步提高。

7. 强调高、吊、杀。在准备引拍、挥拍到击球前期动作具有一致性,只是在击球的瞬间各有所不同。

8. 对放、挑、扑每一个动作的技术结构规范要求,有明确的概念和清晰表象。

9. 熟练掌握正、反手握拍上网前的基本姿势,一步垫步上网,两步跨步上网,三步交叉跨步上网。

10. 二人隔网对练放球。

11. 多球上网放、挑、扑球练习。

12. 吊上网放、挑、扑球组合练习。

13. 杀上网放、挑、扑球组合练习。

(五) 主要规则

1. 选择发球权与场区 比赛前主裁判召集双方通过掷挑边器挑选发球权或场区,赢方有权优先选择发球、接发球、场区中的一项,输方选剩下的任何一项。

2. 发球权、换发球、得分

(1) 单打:发球方得分判得一分,并继续保持发球权直到输球为止。如接发球方胜球,仅获发球权而不判得分,此称换发球。

(2) 双打:发球方胜判得一分,并由发球队员继续发球直致输球为止。每局首先发球的一方只能有一名运动员在第一轮发球。一旦输球,即换发球。此后每轮均有二人次发球。即甲1运动员发球权丢失后,甲2运动员作第二次发球,只有二次发球都丧失了,才交换发球。

(3) 每场比赛的第一局或第二局的胜者,在下一局比赛中首先发球。

3. 局数、局分

(1) 局数:所有羽毛球项目比赛,每场都采用三局两胜制。

(2) 局分:双打和男子单打每局15分,当比分打成"13"平时,先获13分一方有权选择再赛5分或按原来比分继续比赛;当比分"14"平时,先获14分一方有权选择再赛3分或按原比分继续比赛。

女子单打每局 11 分,当比分成"9"平时,先获 9 分的一方可选择再赛 3 分或按原比分继续比赛;当比分成"10"平时,先到 10 分一方则可选择再赛 2 分或按原比分继续比赛。"再赛"从零比零报分,以先得"再赛"规定的分数一方为胜。

4. **交换场地** 每局比赛后,双方即应交换场地,在第三局中,双打与男子单打的比分出现 8 分时,以及女子单打的比分出现 6 分时,双方均应交换场地。

(朱红伟　程　鹏)

第八章　休闲运动

学习要点：

　　娱乐、休闲与探险活动以其娱乐性、趣味性和惊险性受世人关注。社会学家 Peter Marshall 说过：我们要讲究的不是生命的长短，而是生活的内容；不是活多久，而是活得多美。我们要使生活丰富多彩，而且要满人们的"自由欲""创造欲"，保持生活应有的平衡。

　　建议你选择 1~2 项娱乐、休闲与探险活动，培养兴趣爱好，激发创造欲，提高审美能力，享受体育乐趣。

第一节　休闲运动的概念与特征

一、休闲运动概念

　　休闲意指远离工作的自由时间，可以从事任何户内户外的活动。个人在工作之外所参加的身体活动统称为休闲运动。随着人类社会的发展，人们在满足生存需要的同时，还企望得到生活上的享受。因此休闲运动作为一种大众化的体育锻炼方式，不仅能补偿自然界给人们带来的损害，而且始终赋予人们以健康和欢乐，成为人类渴求得到身心满足的产物。休闲运动功能有以下几个方面：

　　1. **工作之余松弛身心**　打球、下棋、园艺……会使人觉得身心愉悦，头脑清醒。单纯的休息不能达到这种效果。休闲活动本身并不包含严重利害得失因素，所以事后不会留下不良痕迹。

　　2. **扩展生活经验**　休闲活动能使与工作之外的人、事、物、环境发生接触，可以增加更多的生活经验。

　　3. **增进个人身心发展**　休闲活动特别是体育休闲活动，可以使机体组织功能得到锻炼和发展。人们在休闲活动中，为了寻求乐趣而遵行团体行为规范，学习正确的观念与态度，扮演另一种社会角色及其与团体成员间的互动关系，发展社会行为。同时可以弥补平日角色挫折，并以艺术化和升华的方式表达出压抑、愤恨、不满情绪，甚至化解某种破坏性冲击力量，防止可能产生的病态心理或偏差行为。

二、休闲运动特征

　　1. **有闲暇时间**　休闲运动的先决条件是必须要有闲暇时间，只有这样才能保证休闲运动的开展。

　　2. **自愿有趣的活动**　参加活动的人对于活动种类可以根据兴趣爱好自由选择，不受任何外力的限制。

　　3. **建设性的（constructive）活动**　空闲时间可用于消遣的活动很多，但是只有那些有意义的活动才能称为休闲活动。所谓有意义的活动指的是有益心身健康的活动。如赌博不益于心身健康，所以不能称为休闲活动。

　　由于国民经济的快速发展，国民收入的增加，人们在温饱之余，如何利用休闲活动来提升生活质量、增进国民素质已受到普遍重视，成为社会制度的重要方面。因此，专家们提出，现代社会的休闲活动已成为现代人生活的中心。

休闲活动与休闲教育紧密相关,休闲教育的理念为:

(1)追求愉悦的感受:休闲教育重视个人在休闲生活中的乐趣感受,追求一种浑然忘我、与他人分享、与自然同在的开阔胸襟和幸福感受,是一种自由自在的享受。

(2)休闲运动贵在自觉:休闲运动是一种自我选择、主动参与、自己负责的运动方式,充分显示了做人的尊严及自我价值。

(3)休闲运动实行潜移默化的教育理念:休闲运动没有特定场所,大自然就是休闲教育的教室。它是个人在休闲活动中,与自然界的一种交融,是一种非预期的潜移默化的教育。

第二节　体　育　舞　蹈

一、体育舞蹈概述

体育舞蹈,亦称竞技体育舞蹈、国际标准舞等,具有融音乐、舞蹈、运动和审美为一体的特点,属于艺术体育范畴。由于具有较高的艺术欣赏和竞技价值,所以第27届奥运会已将它列为表演项目。

我国自1986年正式引进体育舞蹈后,至今也只有32年的历史,但却发展很快,已为国际所关注。目前国内正规的体育舞蹈协会有中国体育舞蹈运动协会、中国国际标准舞学会和中国国际标准舞协会。中国体育舞蹈运动协会于1991年成立,中国国际标准舞学会于1993年成立,同时文化部举办了第一届全国国际标准舞汇演,从此每年举办一届。

目前国际上大型体育舞蹈组织有:WD&DSC世界舞蹈与舞蹈运动总会,总部设在英国;IDSF世界舞蹈运动联盟,总部设在德国;IDTA英国国际舞蹈教师协会,总部设在英国;ISTD英国皇家舞蹈教师学会,总部亦设在英国。

体育舞蹈作为一项高贵优雅的运动,不但可以调适现代人忙碌的生活、舒展身心,以及具有良好的社交功能,还代表着一个国家或地区的文化和经济水平,世界各国各地区竞相提倡,风行日盛。近年,广州、北京、上海、郑州、南京、哈尔滨、武汉、重庆、宁波、深圳、湖南、南昌等地体育舞蹈事业发展迅猛,而且参加的人群日趋年轻化。

二、体育舞蹈的基本常识

1. 舞程线、角度、方位

(1)舞程线(line of dancing,简称L、O、D):在跳舞时为了防止碰撞,有序行进,舞者必须沿逆时针方向路线行进,这个路线称为舞程线。

(2)角度:舞者在每个舞步开始、结束、运步、旋转和站立的方向,舞者必须学会辨别这些方向和规定的角度,才能进行各种舞蹈的练习。

(3)方位:跳舞时,为了便于在舞蹈行进中正确地辨别方位和检查旋转的角度,根据国际上记录各种舞蹈的惯例,多以乐队演奏台的一面为规定方位的基点定为"1点",每向顺时针方向移动45°则变动一个方位,共有8个点(图8-2-1)。

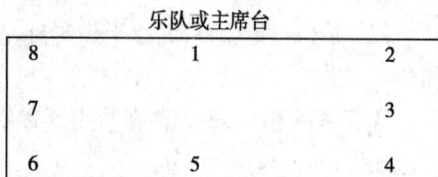

乐队或主席台		
8	1	2
7		3
6	5	4

图8-2-1　舞蹈行进方位

2. 分类

(1)拉丁舞鞋类:

1)女:开口、系带子、翻皮底,可防止地板磨损;鞋底有很好的弧度钢板支撑,有助于舞者展现脚背优美的线条和脚尖、掌、跟的运用(图8-2-2)。

2)男:以黑色为主,系带子、反皮底、跟略高,分半托钢板和全托钢板,皮质柔软,有助于脚尖、掌、跟的运用(图8-2-3)。

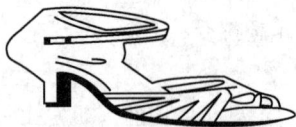

图 8-2-2　拉丁舞鞋（女）

图 8-2-3　拉丁舞鞋（男）

（2）摩登舞鞋类：

1）女：包口、反皮底，可防止地板磨损；鞋底有全托钢板支撑，有助于舞者跟和掌的运用及保持平衡，符合其舞蹈端庄、幽雅、华丽的特色（图 8-2-4）。

2）男：黑色、系带子、反皮底、跟略低、全托钢板，有助于舞者跟和掌的运用和保持平衡（图 8-2-5）。

图 8-2-4　摩登舞鞋（女）

图 8-2-5　摩登舞鞋（男）

3. 舞服

（1）拉丁舞服：女伴多以短裙和完全展现后背脊椎线条的装束出现；男伴的服装无特殊的要求，但需和女伴相对应和协调；男女服装均以弹性面料裁剪，便于舞者大线条的舞姿。

（2）摩登舞服：女生多以端庄华丽的长过膝盖及脚踝的裙子出现；男生需着黑色燕尾服并打领结，展现摩登舞优美、华丽、流畅的舞姿特色。

三、体育舞蹈的特点及练习方法

（一）分类

体育舞蹈分为两大类共 10 个舞种。

拉丁舞：伦巴、恰恰、桑巴、牛仔舞、斗牛舞。

摩登舞：华尔兹、探戈、狐步、快步舞、维也纳华尔兹。

（二）特点

1. 拉丁舞（Latin dancing）

（1）伦巴（rumba）：起源于古巴，原为古巴奴隶的民族舞蹈，经过后人的改良和妆点，渐渐发展成节奏缓慢，浪漫多情的舞蹈，亦称为爱情之舞。

音节：4/4 拍；其强拍落在每小节音乐的第 4 拍，舞步要从音乐第 4 拍起跳。

速度：27～29 小节/分。

（2）恰恰（chacha）：起源于墨西哥，是曼波舞的变形，相比于伦巴，节奏较为明朗轻快，舞姿活泼利落。

音节：4/4 拍；其强拍落在每小节音乐的第 1 拍，舞步要从音乐第 1 拍起跳。

速度：30～32 小节/分。

（3）桑巴（sumba）：起源于巴西里约热内卢，属于移动性的舞蹈，音乐节奏热情活泼，伴随着腰臀的大弧度摆动。洋溢着南美洲的热情风貌。

音节：2/4 拍；其强拍落在每小节音乐的第 2 拍。

速度：52～54 小节/分。

（4）斗牛（paso doble）：起源于西班牙，音乐雄壮威武，舞蹈风格阳刚味十足，男舞者代表斗牛士，女舞者代表吸引牛注意的红斗篷。

音节:2/4 拍;其强拍落在每小节音乐的第 1 拍,舞步要从音乐第 1 拍起跳。

速度:60~62 小节/分。

(5)牛仔舞(jive):起源于美国,前身是吉特巴(jitterbug)。吉特巴是六步,牛仔舞则是八步,舞步十分轻盈、活泼、诙谐。

音节:4/4 拍;其强拍落在每小节音乐的第 2 拍和第 4 拍。

速度:42~44 小节/分。

2. **摩登舞**(ballroom dancing/modem)

(1)探戈(tango):起源于拉丁美洲的阿根廷。舞姿神秘,让人捉摸不定;音乐雄壮迷人,舞法特别,摆头勾脚,动作干净利落,刚劲挺拔,被誉为舞中之王。

音节:2/4 拍;每拍皆等重。

速度:33~34 小节/分。

基本节奏:慢、慢、快、快、慢(S-S-Q-Q-S);慢节奏占用 1 拍,快节奏占用 1/2 拍。

(2)华尔兹(waltz):起源于奥地利的宫廷。具有优美柔和的特质,加上动人的三拍子音乐极受人欢迎。

音节:3/4 拍;其强拍落在每小节音乐的第 1 拍。

速度:30 小节/分。

基本节奏:123 223…;每小节三拍,长度相等。

(3)快四步(quick step):起源于美国,流行于欧洲。为摩登舞中较为快速的舞蹈,动作利落轻快,如果华尔兹是以旋转为主轴,快四步则是以直线移动为重点。

音节:4/4 拍;其强拍落在每小节音乐的第 1、3 拍。

速度:50 小节/分。

基本节奏:慢、慢、快、快、慢(S-S-Q-Q-S);慢节奏占用 2 拍,快节奏占用 1 拍。

(4)狐步(slow fox):起源于英国,在行云流水的动作当中具有悠闲轻松流畅的特性。

音节:4/4 拍;其强拍落在每小节音乐的第 1、3 拍。

速度:30 小节/分。

基本节奏:慢、慢、快、快、慢(S-S-Q-Q-S);慢节奏占用 2 拍,快节奏占用 1 拍。

(5)维也纳华尔兹(Vienna waltz):又称为宫廷舞,起源于奥地利。华丽流畅的舞步和优美的旋转,宛如行云流水。华尔兹就是其音乐放慢改良而成的。

音节:3/4 拍;其强拍落在每小节音乐的第 1 拍。

节奏:123 223…;每小节三拍,长度相等。

(三)练习方法

1. 拉丁舞基本姿态

(1)伦巴舞和恰恰舞:首先两脚自然轻松地靠拢站好,挺胸、脊椎骨伸直,不可耸肩。然后,任一脚向外侧跨出一步,支撑重心的另一条腿伸直,并将体重全部移到这条腿上,以使骨盆可往旁后方移动,因而感觉重量放在支撑脚的后跟,其膝盖向后锁紧。至于骨盆的移动要以不影响上身的姿态为原则。

(2)桑巴舞和牛仔舞:首先两脚自然轻松地靠拢站好,挺胸、脊椎骨伸直,不可耸肩。然后,任一脚向外侧跨出一步,支撑重心的另一条腿伸直,并将体重全部移到这条腿上,使重量前移至前脚掌,而脚的后跟仍不离地板,支撑腿的膝盖不可向后锁紧。某些舞步则是例外,如桑巴舞中的分式摇滚步、后退锁步和卷褶步,以及牛仔舞中的鸡走步等。

(3)西班牙斗牛舞:没有骨盆或臀部的动作,其姿态与其他拉丁舞有所不同。第一,骨盆向前微倾,重量由两个脚掌很均匀地承受。第二,当腿伸直的时候,膝盖不可向后锁紧。

引导:

(1)肢体引导:男生以其与女生接触的手臂使力,来达成引导的目的。而女生与男生接触的手臂也要配合使力来回应男生的力量,才能顺移到正确的位置。

(2)形式带领:此种引导是由男生以手臂位置、握手和身体位置所造成。其运用的原则是以身体和手臂的动作很明显地指示女生做出正确的移动。

2. 摩登舞基本姿态 男生以自然直立,双膝稍曲的姿势站立,双脚至身体往前倾,腰部紧撑,肩膀自然放松,胸部不可紧拉,身体的重量往前放在脚掌上,而双脚平放。

女生大致与男生的姿势相同,除了女生在腰部以上姿势稍向后上,但不可太夸张和后倒,以免破坏垂直的线条。

平衡:是指身体的重量平均分散到双脚。当进行前进步和后退步时,会产生两个平衡点。

握姿:男生面向女生以上述姿态站立,而女生则稍微在男生的右侧。右手掌五指并拢,贴在女生的左肩胛骨下缘。右上臂自肩至肘略向下倾斜,自肘至手则应保持成直线,并也略向下倾斜。男伴的左手握住女伴右手,左手高度与女伴的耳峰齐,前臂离开身体稍向外倾斜。

女生左臂轻轻地放在男生的右臂上,左手虎口对着男生的右臂三角肌下缘(可按照舞伴的高度来调整)。右上臂自肩至肘略向下倾斜,小臂自肘至手则上抬,并朝前倾斜至男生左手处相握,轻置于男生的左手虎口处。

舞伴之间的握持与身体的接触都是极轻微的,不可相互拉撑或牵扯,以免影响彼此之间的重心和平衡(表8-2-1)。

表8-2-1 体育舞蹈自我锻炼评价表

成绩\项目	参与意识 运动兴趣	基本动作 与舞步	组合套路 舞蹈作品	坚持锻炼	自我效果 检验
优秀	全身心投入兴趣浓	准确、规范有表现力	与音乐配合协调,整套动作有感染力	不迟到,不早退,坚持经常锻炼	练习后精神愉快、轻松能完成计划
良好	比较投入能参加集体表演	准确、规范、节奏感稍欠缺	准确、流畅较完整	认真、能按时参加锻炼	精神状体良好,无不适感能完成计划
及格	在提醒前提下参与,活动被动	基本准确规范	动作正确但欠熟练和流畅	有时迟到、早退,基本上能跟上	练习时有不适感,基本上完成计划
不及格	无兴趣经常不参加	不能完成动作	不准确、不规范、不流畅	不能坚持经常锻炼	不能完成锻炼

第三节 保 龄 球

一、保龄球的起源与发展

保龄球(bowling)也称地滚球。远在中古时期,德国按宗教仪式开展的"撞柱"活动,通常在教堂的门厅或走廊竖着一个柱子表示邪恶,球代表正义,教徒们以球击柱,希望击倒邪恶伸张正义,求得幸运。14世纪英国人将目标由1个柱子增加到9个柱子,又称九柱戏。16世纪,荷兰移民将九柱戏带到美国,并且由户外转到室内,用10个木瓶组成三角形代替按"九柱"钻石形排列方式,从此形成了现在模式的保龄球。保龄球传入我国较晚,但目前已经成为一项深受群众喜爱的休闲娱乐活动。由于这项运动集娱乐、趣味、抗争和技巧于一身,并给人以身心和意志的培养和锻炼,所以人们称它为"高雅运动"。

二、学打保龄球

(一) 掌握基本知识

保龄球最早用硬木制成,后改为化学物质材料。球重 8～16 磅(1 磅＝0.45kg),球上有三个深孔,便于手指握球。

木瓶高度 38.1cm,重 1.26～1.46kg,共有 10 个瓶按倒三角形排列(图 8-3-1)。球道用枫木或松木制成,全长 19.16m,宽 1.15m,起跑线后有 4.6m 的助跑距离(图 8-3-2)。

(二) 掌握基本技巧

开始应选较轻的球进行练习,逐渐习惯了再适当增加球重,最后应固定使用一个重量球。选择球指孔的大小间距,应与自己手形相配,通常大拇指要全部插入,中指和示指插至第二指关节,使抓握牢固,但又无松紧之感。

助跑步伐有三步、四步和五步,初学者以四步为好,助跑时要放松、平稳,身体姿势保持不变,持球摆动与助跑协调配合。助跑向前抛滚球时,要目视跑道上的"标记"将球推出,大拇指先行脱出指孔,右手就像与对方握手顺势拉起。

(三) 四步投球法

第一步推球,先迈右脚同时双手持球推向前方,左手离球使右臂对准球道箭头标记。

第二步垂直下摆,第一步终止,右手即随球的重力下摆,同时用较大的步幅迈出左脚,当球下摆至垂直位置时完成第二步。

第三步垂直后摆,第二步终止,持球右手继续后摆,同时用较快速度迈出右脚,迈步结束时球应摆至与肩平齐。

第四步滑步投球,第三步终止,球随重力向下回摆,同时以滑步迈出左脚,身体微微下冲,形成弓箭步推球出手,注意保持身体平衡。

学习与研究保龄球比赛规则简介

1. 保龄球比赛以局为单位,1 局 10 轮,每轮可投 2 次,如果 1 次投"全中球"就不能投第 2 次了。

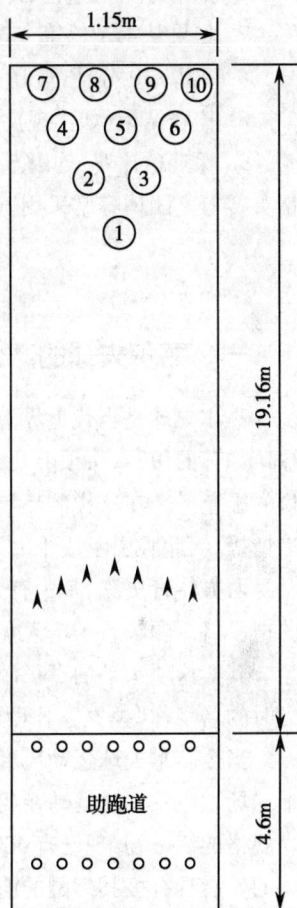

图 8-3-1　保龄球球道

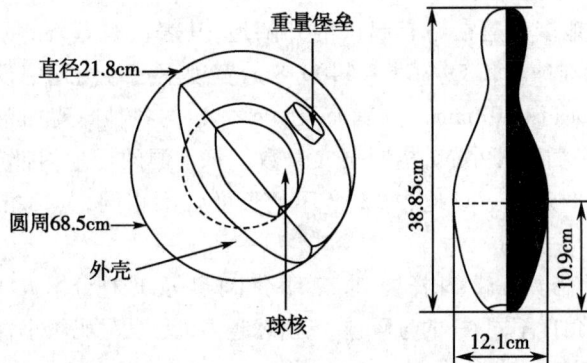

图 8-3-2　保龄球球体与木瓶尺寸

2. 每击倒一个瓶得1分,投完一轮将两个球所得分相加,即为该轮"得分",每轮以次累计,即为全局的"总分"。

3. 第一次投"全中球",该轮所得分为10分(不投第二球),但应奖励下轮两个球的所得分,其所得分之和为该轮所得分。

4. 第一球未能全中,而第二球将余下木瓶全部击倒,称为"补中",该轮所得分也为10分。

5. 第10轮全中时,应在同一条球道上继续投完最后两个球,结束全局第10轮补中时,则在同一条球道上投完最后一个球。

6. 如果球落入边沟,即为"失误球",得分为"零"。

7. 如果从第1轮第一球开始到第10轮,连续12个球全中,按规定每个全中球应奖励下两个所得分,即每轮以30分计,最高达300分。

8. 比赛结束,如出现比分相等,应从第9轮开始决胜负。

9. 保龄球比赛,均以6局总分决定名次。比赛分为单人赛、双人赛、三人赛、四人赛、全能赛以及精英赛等。团体赛常采用五人制。

第四节 高 尔 夫 球

一、高尔夫球的产生及发展

高尔夫球是当代世界上非常流行的一种休闲运动,这种活动是在一片自然风光中进行的,脚下是绿草如茵的田野,头顶上几朵白云在悠悠散步,没有城市的喧嚣,只有清新的空气和静静的小丘及满目的绿色……在这样的环境中,人们一边欣赏大自然,一边挥杆击球,这种休闲运动使人心旷神怡,陶冶情操,因此吸引了成千上万的爱好者。

西方体育史家,其中有人认为高尔夫球起源于苏格兰,传说一位牧羊人在一次偶然机会用牧羊棍的把手将一颗圆石子击入兔子洞中,从而得到启发,发明了此项运动。有人又认为保龄球起源于荷兰。其实这项运动的真正源头却是东方的中国。早在公元943年,中国已经有了高尔夫球游戏,不过当时的名字称"捶丸",比西方早500多年。

当今高尔夫球运动风靡全球,而且成为一项势头强劲的体育产业。在澳大利亚每一万人就有一个球场。高尔夫球运动在我国发展很快,目前已经举办多次国际比赛,修建了具有国际水平的球场和高规格的练习场,现已有400家左右。随着人民生活水平的提高,以及体育产业的兴起,高尔夫球运动的发展具有极其广阔的前景。有专家预计,在10年后,中国将成为继美国、日本、加拿大和英国之后的第五大高尔夫球消费国。

二、运动场地和器具

高尔夫球的运动场地多修建在略有起伏的开阔地,其表面是草坪,场地还可根据需要配有小溪、树林、小桥等。标准球场长5943.6～6400.8m,宽度不定。场地中设18个球洞,洞是埋在地下的圆罐(直径108mm,深102mm),周围有天然或人造的各种障碍如草丛、泥沼、小桥、小河、水塘、乱石等。每个洞旁插一杆小旗,标明洞穴号数。每个洞的场地内部有球台、球道。每个洞穴自起点到终点之间有开球区。场地中18个环道长度各不相同,其标准杆数也不相同。总杆数为72杆。

高尔夫球运动的基本器具有球、球杆袋、球座、手套、球鞋等,球杆分木头杆和铁头杆两种,有多种号码的球杆,每个球杆的角度不同,杆的号码越大,击球越高,反之,号码越小,击球越远。(图8-4-1)

(一) 握杆与站位方法

握杆有多种方法,初学者宜采用自然握杆,即双手正常握杆,右手小指、无名指、中指压住左手拇指与杆紧握,握杆位置应距杆端1cm。

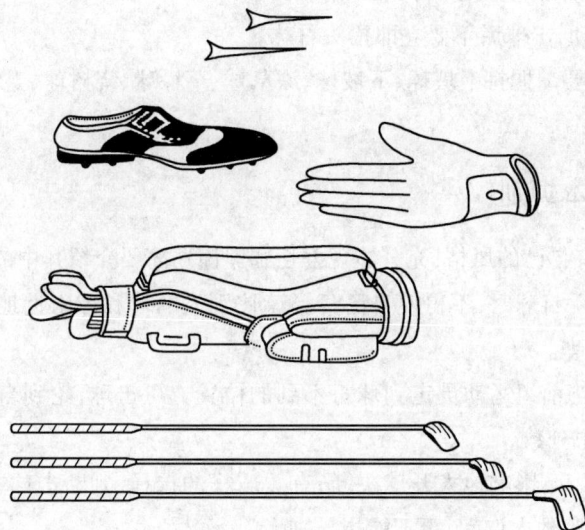

图 8-4-1　球杆、杆套、手套

　　基本站位:初学者宜采用直角站姿,即两脚开立比肩宽,挺拔背脊,身体微倾,膝部放松。根据球的位置、击球方向和杆的不同,站位也不同,其中正脚位是基础。(图 8-4-2)

　　(二)击球

　　1. 击远距离球　用 1 号杆在球台上开球时,球的位置正对左脚脚跟,头向后转,此时球是用球座支起的,支球杆是在通过振弧最低点 2 ~ 3 英寸(1 英寸 = 2.54cm)处才击到球,这样击到的球可减少球的旋转,能击出高远的球。

　　2. 击近距离球　击近距离球有两种方法:臂起球和起波球。打臂起球时用 9 号杆,两脚站近,面部朝向球沿,握杆位置在离杆顶端 1 英寸,击球时振弧几乎直上直下,向球的背部砍击;打起波球时,身体略转向洞的方向,两脚基本靠拢,重心在右脚,两手握住杆把顶端下面,自然振杆,左臂伸直,以右臂和手腕作枢纽,右肘紧靠身体,杆面始终对向目标(图 8-4-3),向目标击送球。

图 8-4-2　击球挥杆

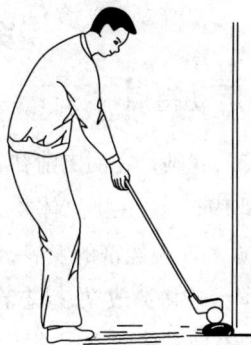

图 8-4-3　站位

　　(三)推拨球

　　推杆虽然看似简单,但却是最重要的基本技术之一,如推法不正确且形成习惯,对以后的击球则是后患无穷。推拨技术因个体、年龄、能力而异。有以下几点注意事项:

　　1. 握杆姿势舒服。

　　2. 振杆要流畅,动作不宜过大。

　　3. 击球的背部正中点。

4. 根据场地(特别是草的生长方向)判断瞄准方向。

5. 击球时头部不要动,击球后不要立即抬头看球。

学打高尔夫球,还需要掌握打上坡球、下坡球、深草球、草埂球、绕树球、土地球、沙坑球、逆风球等多种技术。

三、运动比赛基本规则

高尔夫球比赛规则有自己的风格,充分体现公正和严谨。简要介绍其中的特点内容。

1. **不得干扰**   在对手打球时,不得使自己身影遮住别人的球和球附近地方,不得站在干扰别人击球的右后方,更不得喧哗。

2. **等待击球**   只有当前组运动员走到球打不到的位置方可击球,轮到自己击球时不得延缓,击球入洞后走到果岭边上记分数。

3. **指导**   比赛中为了不影响他人开球决断,有关球杆的选择、判断击球方向等问题运动员只能向自己的球童问,不能向其他人询问,更不能指导别人。

4. **球的落点**   球落在哪里就必须在哪里击球,不许移动球位,即使落在软草、深草或沙坑、沙丘处,也不能移动。

5. **障碍物**   无论在球道、果岭或粗糙地区,都不允许将周围草地压平。在果岭上可把拨杆放在球前瞄准,在其他地方可把杆头落在球后,但不准借机压草或踩倒周围草坪,以及非有意设置的障碍物如旗杆、指示牌、衣服、水管、喷水池、长条凳、材料堆等,不允许为改变球位而将树干、小草折断或变弯,但在做准备动作或击球时,允许碰断或压弯树干、小草。

6. **界外**   球飞出界外,下一步击球必须用临时代用球,并在上一次击球处重击。球击丢后,找球时间不能超过 5 分钟。

7. **障碍区内击球**   在陷阱、沙坑、水渠或道路等障碍区击球,挨球时不得触动球,也不能杆头触地。在河坑中可涂掉成为障碍物的脚印等,但球落在脚印中时,则不允许将球取出更换位置。

8. **球落入水域障碍区**   要判罚一杆,并在水域后缘落地重击。

第五节 台 球

一、台球运动特点

台球运动传入我国是在明末清初,当时在上层社会中十分流行,各大城市包括北京都有许多台球厅或台球社。到 1960 年,在国家体委主任贺龙元帅积极倡导下,举办了第一届全国台球比赛。近几年,随着改革开放和国民经济的发展,台球运动在全国蓬勃发展,各地纷纷成立台球协会,举办各种比赛。1996 年中国台球协会成立,标志着我国台球运动进入一个新的发展时期。

台球运动既不像其他球类运动那么激烈,又不像棋类活动那么客观安静。它不仅静中有动,而且还在动中求静,打台球时人的情绪会进入一种安宁、静谧的境界,而这种境界,就是台球的"意";同时必须消除一切杂念,全神贯注于发挥自己的球技,这种意识是台球的"念"。因此台球的真实内涵,就是要以自身的"心""意""念"的统一来提高自己球技和锻炼自己的身心。

二、台球知识入门

(一)台球的器材与设备

球台台面的四边高于台面,台面部分称"台盘",边缘部分称"台边"。台球设备标准见表 8-5-1。

表 8-5-1　台球设备标准

名称	落袋式	开伦式(撞击式)
球台	长 2.72m,宽 1.371m,高 0.80m (美式见图 8-5-1) 长 3.65m,宽 1.82m,高 0.85m (英式见图 8-5-3)	长 3.85m,宽 1.56m,高 0.80m(图 8-5-2)
台球	直径 52.5mm,重 170g	直径 65~68mm,重 230g
球杆	长 160cm,杆头直径 8~10mm	底把直径 28mm,长 140cm,杆头直径 10~12mm 底把直径 32mm
托架	杆头装有 X 形托架,用金属制成,分长、中、短 3 种,专门用于击主球后目标球的高脚托架	
色粉与记分牌	色粉是由一种特殊的粉末压制而成的硬块,以便给皮头上粉。又称"巧克粉"	记分牌是专门用来记录击球得分器具,现代记分方法是电子数字式记分显示

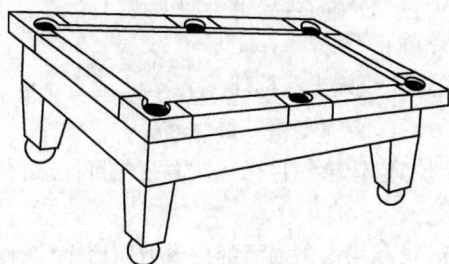

图 8-5-1　美式球台

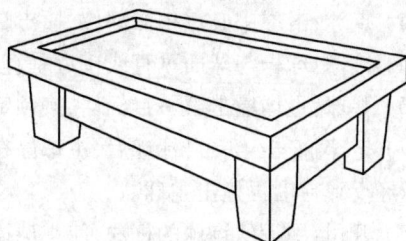

图 8-5-2　开伦式球台

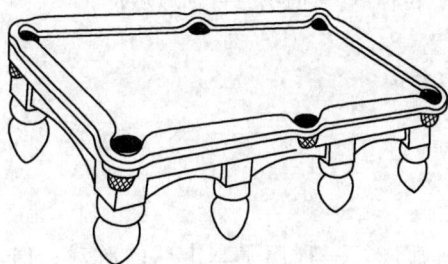

图 8-5-3　英式球台

（二）台球比赛与规则

1. 双方比赛前约定一个单数局(7 或 11 局)谁先抢到规定局即为获胜。

2. 开局前将 9 只彩球排成菱形,9 号球置于中心,由双方共用一只白色主球,双方各自击球撞击对面台沿反弹至本方台沿后,谁的主球离台沿近者即获开球权(九球花式台球)。

3. 开球击入任何顺序号目标球均为有效,可继续按余下球顺序依次击球。如主球入袋则成自由球,由对方把球放在台面位置上开球,若开局一次将 9 号球击入袋中则获胜该局。

4. 每次击球都有 30 秒限制,最多可要求延时 2 次。凡一局获胜,则下局仍领先开球。

5. 每次击球都必须触及规定序号球,允许通过规定序号球碰撞其他球入袋,若入袋 9 号球则判为该局获胜。

6. 最后击 9 号球入袋,但若与此同时主球也入袋,则判为犯规。击入 9 号球无效,由对方把主球和 9 号球放置在任何位置击球,称为"免打"。

7. 彩弹台球(snooker)是由 15 个红球,6 个其他色球(黄色、绿色、棕色、蓝色、粉色、黑色)及白色球,共 22 个球组成的。比赛是在不违背规则的条件下,用主球按规定顺序把不同分值的目标球击入袋中,最后计算总分。白色球为主球,其他目标球的规定分值为:红色球 1 分,黄色球 2 分,绿色球 3 分,棕色球 4 分,蓝色球 5 分,粉色球 6 分,黑色球 7 分。

三、基本姿势与基本技术

1. 站立姿势　左脚在前,腰部向前微屈,右腿在后自然伸直,身体前俯,重心约在两腿之间。

2. 瞄准姿势　左臂伸向台面,右臂约与肩平,右手握杆,身体前俯使下颌接近球杆,以头为瞄准点,双目注意目标球,手腕放松准备击球。

3. 击球姿势　由拇指、示指和中指握紧球杆,其他两指虚握,使手腕放松便于击球。根据台面球势的变化,有几种击球方法:

（1）抖腕法:拇指和示指握球杆后端,余三指虚握抖腕击球。

（2）屈伸法:一手把握托架,持杆重心前移,用拇指、示指和中指握住球杆后端,无名指和小指自然翘起,利用小臂屈伸摆动,使球杆在托架上直线推送。

（3）冲击法:用拇指、中指和示指握住球杆后端,约与胸前成30°~40°角,向内摆动击球。

（4）戳杆法:以球杆与台面呈垂直或接近垂直的角度击球。

4. 基本杆法

（1）拨球:击球中心部位,使其直线运行。

（2）引球:击球中下部,使球前冲略带逆向旋转,撞击目标球后,主球向反方向运行。

（3）冲球:击球中下部,使球前冲略带顺向旋转,撞击目标球后,主球继续向前运行。

（4）点球:击球中心点稍低部位,撞击目标球后,主球静止不动。

（5）戳球:球杆与球面垂直或接近垂直,击球后使主球弧线撞击目标球。

（6）弹球:主球撞击第一目标球,按预定方向经台沿反弹,再撞击第二目标球。

（7）定球:撞击第一目标球后,主球停在原地或原定位置,让第一目标球撞击第二目标球,使第二目标球经反弹台沿再撞击主球。

（8）开司:用近似点球的杆法,使主球撞击第一目标后,利用撞击前沿的反弹力回撞主球,使主球2次受力再撞击第二目标球。

（9）擦球:主球撞击第一目标球后,再以极薄方式轻碰第二目标球,使第二目标球产生位移。

（10）抹球:利用顺转主球,先撞击台沿借反射角,抹碰第一目标球,再向第二目标球运行。

第六节　网　　球

一、网球运动概述

（一）网球运动起源与发展

网球起源追溯到12~13世纪,为法国传教士在教堂回廊进行一种用手掌击球的游戏。14世纪末传入英国,当时球的表面用埃及坦尼斯镇所产的斜纹法兰绒制成,人们称这种球为"tennis",并在英国的上层社会流行,有"贵族运动"的雅称。到了16、17世纪,网球运动由游戏而成为一种比赛,出现了特定场地和由有弹性的弦线穿制成的球拍,这一时期成为这项运动的兴盛时期。

现代网球运动的历史开始于1873年,那年英国人M. 温菲尔德少校改进了早期网球打法,使之成为可以在草坪上进行的一种运动,同年还出版了《草地网球》一书,网球运动得以宣传和推广。1874年又进一步规定了球网高度,1877年首届温布尔登网球锦标赛开幕,首先使用23.77m长、8.23m宽的场地,每局采用15、30、40等记分方法。

1896年在雅典举行的第一届奥林匹克运动会上,网球男子单打和双打曾被列为正式比赛项目。后来由于某些原因,网球被取消,直至1988年汉城奥运会,网球运动才重新被列为正式比赛项目。

（二）网球运动的特性

网球的运动强度和持续时间是其他一些运动所不能相比的,一场高水平的网球比赛,运动员所奔跑的距离达万米以上。在剧烈运动的同时还要不时做急停、跃起等动作,不仅使参加者的体能得到锻炼,而且能提高包括力量、速度、灵敏等方面的身体素质,协调各器官、系统的功能,增进心身健康。网球运动的健身价值还在于可以满足不同年龄层的爱好者进行锻炼的需要,可以依据个人特点选择运动量的大小。另外网球运动延续了英国"绅士运动"的行为习惯,在网球比赛中很少发生体育暴力的不文明行为,有着良好的体育氛围,进行网球运动不但能强身健体,更能够陶冶情操。

（三）网球的国际竞赛组织及世界重大比赛

国际网球联合会(ITF)成立于1913年3月,最初只有12个会员国,现已发展为100多个会员国。网球联合会主要负责有关网球的一切事务:制定修改网球规则;开设教练员培训班;组织世界青年比赛;负责组织、指导戴维斯杯、联合会杯世界两大团体赛以及"四大网球赛"。国际职业网球联合会(ATP)负责组织各级的大奖赛、排名赛等,并负责出版《世界网球排名表》,每周公布一次男子排名,每两周公布一次女子排名。世界主要网球大赛有:温布尔登网球公开赛、美国网球公开赛、法国网球公开赛、澳大利亚网球公开赛、戴维斯杯赛、联合杯赛、奥运会网球赛。其中,戴维斯杯赛和联合会杯赛分别为男、女团体赛。

（四）网球运动发展趋势

网球运动经过近百年的发展,技术、战术已经发生巨大变化,其发展方向是:

1. 由正手进攻、反手防御型打法向综合进攻型转变。
2. 比赛中大量采用正反手上旋击球。
3. 发球速度快、力量大、落点刁,并旋转多变。
4. 网前进攻和底线破网的质量越来越高;接发球抢网战术在女双和混双中也得到大量运用。
5. 场地的多样性也促使运动员技术向全面发展。
6. 由只追求底线防守,向全面进攻型打法发展。

二、网球技术基本原理

（一）击球的力量分析

网球属于弹性碰撞运动。在力的作用下,球和球拍互相压缩变形,当形态恢复时球就被击打出去。击球力量大小取决于击球时挥拍的速度、全身的协调力和爆发力。最大的击球力量为挥拍速度最快的瞬间撞击来球。此外,来球力量大小,击球的方式及球拍本身的拉力也对击球的力量有一定影响。

（二）球的飞行轨迹分析

由于受地球引力作用,网球飞行的轨迹总是呈现一定的抛物线状态。一般要经过上升、高点和下降三个阶段,呈现一种弧线运行,而影响网球飞行弧线的因素,主要是击球时拍面的位置和球的旋转,用同样的力量打出一个没有旋转的球时,当拍面垂直于地面击球的中部时,击球弧线较平较长;拍面后仰击球的中部时,击出的球弧线较高较长,击球力量不当球易出界;拍面前倾击球的中上部偏上部位时,击出的球弧线较低较短,回击较低的来球时容易下网。

网球的击球命中率与飞行弧线的关系很大:弧线太高、太长,容易出界;弧线太低、太短容易下网;弧线太偏容易从边线出界。击球拍面的位置和挥拍的方向不同,可以使击出的球获得不同的旋转,产生的弧线也不同(图8-6-1)。

（三）球的旋转分析

在击球过程中绝对不旋转的球几乎不存在,均或多或少有一定旋转。球沿不同的旋转轴运动,则表现不同的旋转类型。

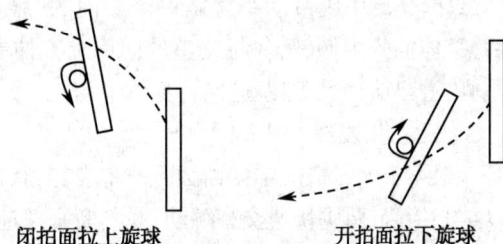

闭拍面拉上旋球　　　　开拍面拉下旋球

图8-6-1　闭拍面拉上旋球与开拍面拉下旋球

1. **上旋球**　球绕横轴向前旋转即产生上旋。利用前倾的拍面及向上的挥拍路线使击出球具有一定上旋,上旋球在飞行过程中受空气阻力影响具有较陡的飞行弧线和较快的下落速度,落地后有较强的前冲力。

2. **下旋球** 球绕横轴向后旋转即产生下旋。利用拍面后仰削球的后下部而成,下旋球具有较平直的飞行弧度线,下落速度要慢一些,落地较远,落地反弹后前冲力减弱,高度增加,与上旋球有一定差别。入射角较小的下旋球落地的表现为高度较低且飘行前,给对手造成回球困难(图8-6-2)。

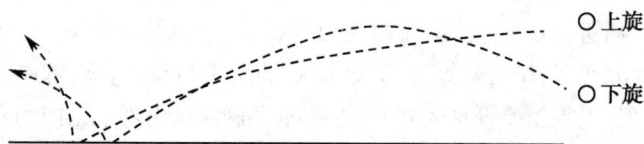

图8-6-2 上旋球和下旋球飞行弧线和反弹特点比较

3. **侧(上、下)旋球** 球拍擦击球侧上部位或侧下部位击打出的球带有侧上旋或侧下旋。侧上旋球既有上旋球特征也有侧旋球特征,飞行弧线略偏左或偏右,落地后带有向左或右前的冲力。侧下旋飞行过程略向一侧偏斜,落地反弹后,略向左上或右上弹起,球略高。

三、网球基本技术和战术

(一)握拍法

东方式正拍握法:握拍手平贴拍弦上,向下滑动至拍柄,手指围拢握拍,示指勾住拍柄下平面。

东方式反握拍法:从正手握位向左转,虎口"V"形对准拍柄左上斜面,拇指紧贴抠紧左垂直面,示指下关节压在右上斜面。

大陆式正拍握拍法:侧立球拍,再从上抓拍柄。

西方式正握拍法:虎口"V"形对准拍柄右上斜面,掌根与拍柄底部平齐,贴住右下斜面。

西方式反握拍法:虎口"V"形,向右转动对准右垂直面,掌根贴住右下斜面,与拍柄底部平齐,用与正拍击球的同一拍面击球。

(二)发球

采用大陆式或东方式反握拍法。准备姿势,两脚开立与肩同宽,侧身对球网。左脚与端线约成45°角,重心落在左脚。左手持球轻拖球拍于腰间,拍头冲前。左手拇指、示指和中指轻托住球(图8-6-3)。在身体前面抛起球,动作要求协调、平稳,球至最高点再离手,同时右肘向后外展,拍头指向天空。左侧腰、胯成弓形,身体重心随着抛球开始先移向右脚,然后平稳地开始前移。当球下降到击球点时,迅速挥拍击球,左脚上蹬,身体和手臂充分伸展。身体向前上方伸展击球,持球手腕带动小臂做一个旋内的"鞭打"动作,将球击出。发出球后,身体向场内倾斜,保持完整的向前上方伸展的挥拍动作,球拍挥至身体左侧,重心前移,自然跟进保持身体平衡。

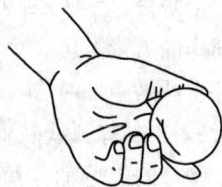

图8-6-3 拇指、示指、中指托球法

(三)接发球

根据个人习惯决定握拍法。准备姿势:膝盖弯曲、两腿分开与肩同宽,当对方抛球准备击球时,可以重心抬起,两脚快速交替跳动,并判断来球迎前回击。接第一发球时站位稍向后,接第二发球站位略前。接发球时,一旦判明来球方向,尽量早些向后拉拍,并减少后摆的幅度,如果可能,在球过网之前就应完成转体的后摆动作。接大力发球时,可采用截击球的动作来接对方来球。击球时保持手腕固定,拍面正面对来球,迎上去击球。球拍随球送出,做充分的随挥能更好地控制回球方向。随挥一结束,身体快速移动准备下一次回击。

（四）正拍击球

采用东方式正拍握拍法。准备姿势：面对球网，两脚与肩同宽，重心前倾在前脚掌上，另一手扶拍，拍头稍高、向前（图8-6-4）。当判断朝正拍方向来时，先做跨步转体转跨动作，左脚向右斜前方45°跨步，侧身对网。转肩带动球拍成弧形的后摆动作或直接向后拉拍，肘部抬起微曲，重心落在后脚，球拍指向后场转墙，借腰、髋扭转力向前挥拍击球，绷紧手腕，保持屈膝，重心移到右脚上，击球点在右脚侧前方。在击球的过程中，眼睛始终看着球，以保证球拍用最佳部位击球。击球后，球拍继续沿球飞行方向挥动，肘关节向前上方跟进前伸，身体也由侧身转向正面对网，拍子随挥至左肩上方结束（图8-6-5）。

（五）反拍击球

东方式反握拍法，准备姿势同正拍。转动双肩，带动球拍后位，左手扶拍，引导球拍后摆，几乎背对球网，右脚向左前方45°跨出，重心移到左脚上，肘关节弯曲靠近身体。击球点在右脚侧前方，重心前移迎击来球，回身转腰，拍面垂直于地面，肘关节微屈并外展，手腕锁紧，由下向前上方奋力击出。随挥动作至右侧高处结束时，左脚跟进，身体正面对网，并准备下一次击球（图8-6-6）。

图 8-6-4　正拍击球准备姿势图

图8-6-5　正拍击球

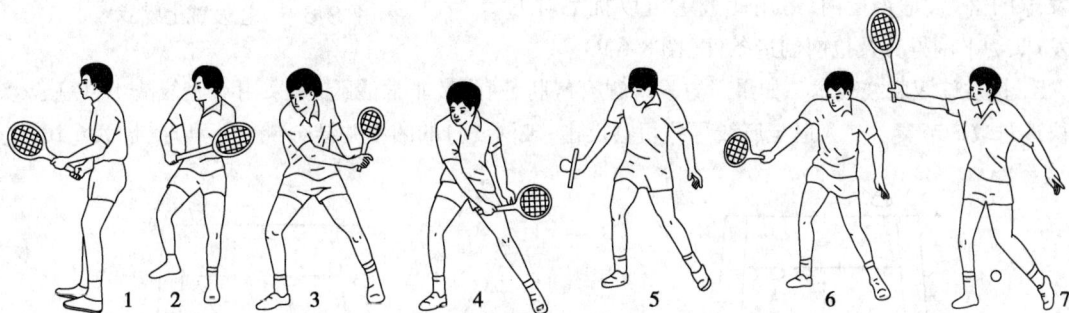

图8-6-6　反拍击球

（六）正手截击

握拍采用大陆式握拍法。准备姿势两脚自然开立约同肩宽，重心落在前掌上，脚跟提起，身体前倾，膝盖弯曲，持拍于体前，拍头高于手腕和球网，左手扶拍颈，两眼注视来球。判明来球后，即转动上身和肩部，球拍小幅后摆，不要过肩，肘关节离开身体，手腕紧固。击球点在左脚尖前方，以短促有力的动作撞击来球，拍面稍向上，击出球略带切削，可以更好控制落点。击球后拍子向击球方向做短促随挥，并准备下一次截击球。

（七）反手截击

握拍与准备姿势与正手相同。判明来球向反手，立即转肩向左，并用左手扶拍，球拍做短小的后摆,引拍不要过左肩。右脚向侧前方跨步同时,绷紧手腕,握紧球拍,向前对准球作简单的撞击动作,左手后伸以保持平衡。球拍触球后沿击球方向挥出 30cm 左右,并及时恢复至准备姿势。

（八）个人战术

1. 发球上网战术　发球上网战术是利用发球的强大威力压制对手,发球后立即上网进行主动进攻,也是上网型打法在比赛中主要的得分手段。例一,甲发直线球击向对方发球区中线附近后上网,冲至发球线判断对方回球为自己反手,马上向左前方移动在前场截击,击球至对方发球区边线附近。例二,甲在左区平击发球至对方反手,乙直线回球到甲右区,甲发球后直接跑向右前场将球截击到对方右发球区边线附近（图8-6-7）。

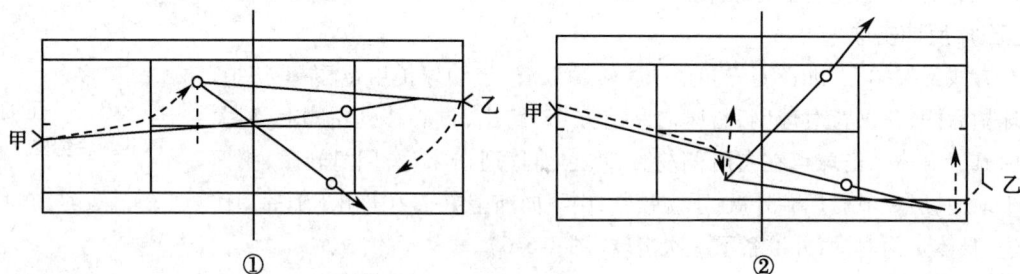

图8-6-7　发球上网战术示例

2. 接发球上网战术　利用多变的各种手段来接发球,特别是接第二发球时,强攻上网或推切上网充分发挥上网型打法优势。接右区外角的第二发球时,可用正拍推切或抽击球,回击直线上网（图8-6-8）。

3. 接发球破网战术　比赛中有意识地挑出有深度的高球对付直冲到网前的对手,可以提高破网的效果。

4. 双打发球上网抢网战术　同伴之间事先商量好发球的落点、是否抢网,运用此战术可以扰乱对方接发球,为上网得分及抢网创造条件（图8-6-9）。

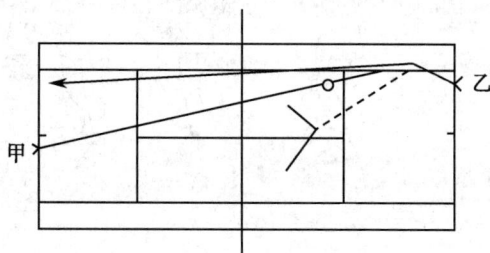

图8-6-8　接发球上网战术

5. 接发球双底线战术　如果对方发球很有威胁,网前又非常活跃,可采用双底线战术,以破坏对方快速进攻的节奏。二人退至底线寻找机会反击,破网要打的凶狠并结合挑上旋高球（图8-6-10）。

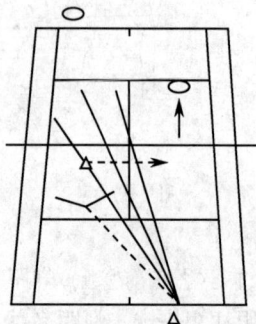

图8-6-9　双打发球上网抢网战术

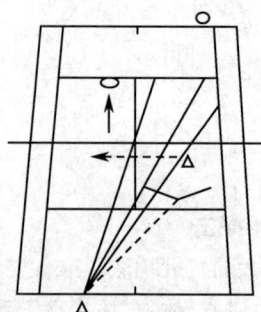

图8-6-10　接发球双底线战术

四、自我学练提示

（一）反手底线击球的练习方法

1. 模仿练习　面对镜子检查挥拍动作。

2.**对墙练习**　先自抛击球,击前方墙 1.4~1.8m 高度,待熟练后,离墙距离由近到远,做连续对墙壁抛击球(图 8-6-11)。

3.**连续喂球练习**　同伴站在近网处喂球,发到练习者容易击球的位置。一般而言,先练习正手后练习反手,先练习对角线后练习直线球。

4.**双人定点对打练习**　一人以正反手击球打到底线左右两角,另一人移动中将球回击到对方场地同一点(图 8-6-12)。

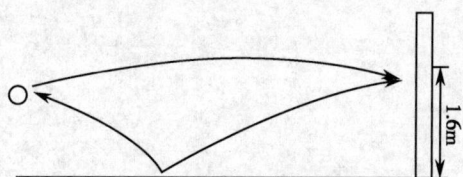

图 8-6-11　对墙练习

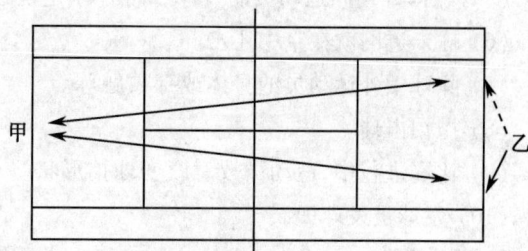

图 8-6-12　双人定点对打练习

(二)发球练习法

1.**练习抛球**　球抛到向上充分伸展时球拍顶部的位置,球自然下落至左前方约 30cm 处。

2.**对墙发球**　离墙约 12m 将球发向墙,高度在 1~1.3m(图 8-6-13)。

3.**发球—接发球练习**　一人练习发多个落点的球,同伴根据发球的不同,而采取不同的方法练习接发球。发球者先从发球线附近发球,然后退 2m 再发球,最后退至底线发球(图 8-6-14)。

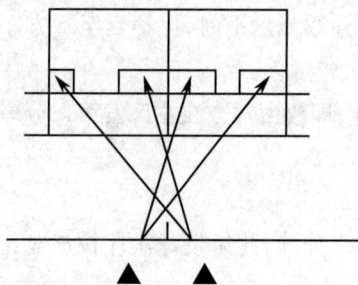

图 8-6-13　对墙发球

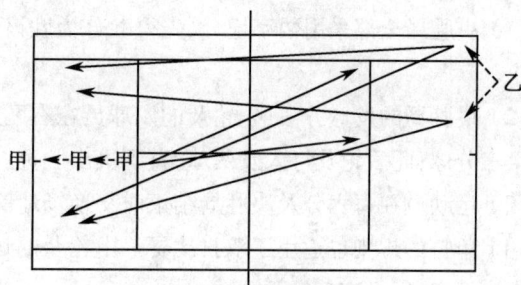

图 8-6-14　发球—接发球练习

(三)击球练习方法

1.对镜子练习截击球动作。

2.**对墙练习**　距墙 3~5m,连续对墙做截击练习,正反手交替练习(图 8-6-15)。

3.**抽击-截击练习**　甲在底线抽击球,乙在网前截击,先打直线,后打斜线(图 8-6-16)。

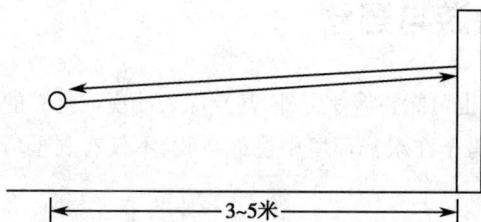

图 8-6-15　对墙练习

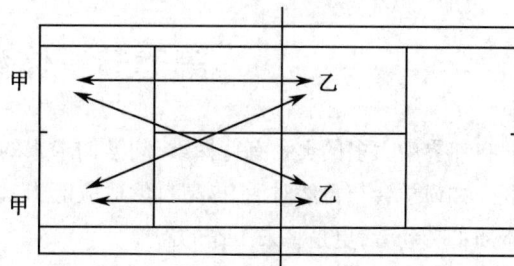

图 8-6-16　抽击-截击练习

(四) 网球知识示列

1. **得失分判定**　发生下列任何一种情况,均判失分:

(1) 在球第二次着地前未能还击过网。

(2) 还击的球触及对方场区外的地面、固定物或其他物件。

(3) 还击空中球(包括站在场外还击)失败。

(4) 比赛中故意用球拍拖带或接住球,或故意用球拍触球超过2次。

(5) "活球"期间运动员的身体、球拍(不论是否握在手中)或穿戴的其他物件触及球。

(6) 球未过网就在空中还击。

(7) 除球拍外运动员的身体或穿戴触球。

(8) 抛拍击球。

(9) 比赛进行中,运动员故意改变球拍形状。

(10) 发球员发球失误。

2. **记分方法**

(1) 每胜一球得一分,胜第一分记为15分,胜第二分记为30分,胜第三分记为40分,先胜四分者胜一局。

(2) 双方各得三分则为"平分",平分后,一方先得一分时称为"占先",占先后再得一分才算胜一局。若对方得一分仍为"平分",据此类推,直到一方在"平分"后连胜两分才结束该局。

(3) 一方先胜六局为胜一盘,若各胜五局时,一方必须净胜两局才算胜一盘。

3. **决胜局记分制**

(1) 决胜局全部采用数字记分,先得七分为胜该局该盘,若分数为六平时,比赛延至一方净胜二分时止。

(2) 决胜局的发球方法:先轮及的发球员在右区发第一分球,即改由对方在左区发第二分球和右区发第三分球;此后轮及每人发两球,直到决出胜负。

(3) 运动员在每六分及决胜局结束时交换场地。

(4) 单打的规则也适用于双打比赛。由轮及的运动员发第一分球,此后发球次序按该盘比赛的发球次序而定,每人交替发两分球。

4. **发球的规定**

(1) 脚误:在整个发球过程中,不得通过行走、跑动改变原位置,只允许两脚轻微移动而未改变原位置;两脚站在端线后中点和边线的假定延长线之间,不得触及其他区域。

(2) 发球员的位置:每局比赛开始,发球员应先从右区端线后发球,得(失)一分后,应换到左区发球。这样每得(失)一分应轮换发球位置。发出的球,在对方还击前,应从网上越过,落到对方发球区内及其周围线上。发球员第一次失误后,应在原位置进行第二次发球。

第七节　体育旅游与野营

自然界中太多的奥秘有待探索,同学们未来的工作也可能要涉及野外,甚至深入沙漠或空旷的无人区。如何学会与自然对话,提高自然适应能力,以及勇于在艰苦环境中挑战自我,不仅有利于培养高素质的劳动者,更是将来工作的需要。

一、体育旅游

体育旅游是以外出浏览为手段,采用步行、骑自行车、高山探险、山间旅游、江河漂流、狩猎、钓鱼、滑雪、热气球、摩托车、汽车、划船以及骑骆驼驾雪橇等方式，旨在提高精神境界，追求自我创造的体育休闲活动。随着人民生活物质文化水平的提高，闲暇外出旅游的人正在不断增加。目前我国体育旅游休闲活动相当丰富。常见的为徒步(骑自行车)郊游。

徒步郊游是指有针对性的野外旅游活动，尽管要付出艰辛，但能身临其境，在徒步中增长知识、在浏览中强健体魄。

徒步郊游，最好是与志同道合的同学、朋友结伴而行。为了尽情享受自然景色，地点首先选风景秀丽的村庄、湖畔、海滨、山川或草原。往返最好不走重复路线。临行前应对照交通图，事先了解沿途情况。初步决定郊游路线。然后进行物品准备。购买有铝架的尼龙背包为佳，因为这种背包既轻又防潮。根据郊游地的气候、温度携带衣物，通常应准备质地柔软舒适、保暖且透气好的运动服。尽量穿厚底易通气的半新运动鞋，鞋跟不宜太高。夏天出游应携带遮阳帽和太阳镜。

野外郊游万一迷失方向，不要惊慌，可以观察树的长势，通常枝叶茂盛一侧为南方，也可仔细观察醒目的岩石，通常干燥光秃一面为南，布满青苔一侧为北。识别方向后，就可以迷途知返了。

我国是自行车王国，利用骑车郊游，享受大自然美景，对调节精神，锻炼身体的效果不言而喻。况且，骑自行车郊游灵活方便，别有情趣，不会对空气造成任何污染。骑自行车或快或慢，信马由缰，好不自在。

二、野营

(一)地点选择

地点可以选择在背风、靠阳面位置的山坡、草原或林中空地，但应避开易发生山洪、滑坡、雷击事故的危险地段，离海、河、湖有一定距离，一般不应在人烟稀少偏僻的荒野之处设营。

(二)野营内容

1. **放哨** 可轮流值班放哨，时间从全体人员入睡到次日清晨，可根据人数设1~2人，每1~2小时换岗。

2. **野炊** 选择不易失火、背风地点设炊。学习平地挖灶或用石块垒灶。注意灶口迎风，就地取材引火，及时熄灭余火。主要用自带的半成品练习自筹伙食，但不可违背野生动物保护法，不可随便食用野生动物和野生食物，以防中毒。

3. **晨练** 清晨露水太重不宜贪睡，若利用海滨、沙滩、树林、草原、山坡和河边等清新的环境做早操，将是一举两得的事情。

4. **垂钓** 假如营地设在海滨、河边或湖湾，可以拿出预先准备好的渔具，享受垂钓的乐趣。

5. **登山** 假若所登的山鲜为人知，尚未开发，要格外小心。登山时要选好路线和方向，每一步都要踏稳，上下山坡应采用"之"字行走。走斜线，内侧脚用外侧蹬地，外侧脚用内侧蹬地，身体向靠山坡的一侧倾斜。无论上山，还是下山，都要对大的石块、山石子或粗砂砾引起高度警觉，以免不慎滑倒。登山前要充分休息，使体力保持充沛。要穿轻便软底鞋，上山时身体应前倾，重心适当下降。下山时重心适当后移，膝部微屈，脚跟先着地，步子迈得大一些。

6. **定向越野** 定向越野是一项实用价值很高的运动。是指在野外凭借指北针与标有若干检查点和方向线的地图，按预先设定的陌生路线，依次寻找到各个检查点后，用最短时间跑完全部路程。通过这项活动，可以提高辨识复杂地理环境的能力，掌握必要的求生本领。它是一种生存训练。常用项目是专线定向越野：预先标绘准确的路线图，然后在实地路线设置若干检查点，参与者必须按规定路线，将途中遇到的检查点标绘在地图上，以标绘的精确程度和耗时长短判定完成情况。

做好准备工作：租借农舍野宿，体会平常百姓家的生活习俗、风土人情，同时做些调查研究。有益于提高对社会的适应能力。

根据人数多少,准备可供3~4人使用的轻便尼龙帐篷数顶,尽量找些干草垫底,上面再铺设气垫床和睡袋,可携带轻便锅、饭盒、打火机、调料等野餐用品以及消炎、止痛、防暑、外伤等常备药品。同时必须携带地图。

(国 伟 刘俊杰)

第九章　运动中的医务监督

学习要点：

　　坚持运动锻炼是保持和增进健康的有效手段，积极开展运动竞赛是促进体育锻炼的重要方式之一。在运动过程中必须要遵守科学锻炼的原则和方法，符合人体运动生理规律和运动竞赛的客观规律，懂得自我监督，加强科学的营养与配餐，注重运动卫生与安全保障措施，有效提高运动疲劳恢复的效果，否则无法达到运动锻炼和运动竞赛的理想效果，甚至有损于健康。因此，实施运动锻炼与竞赛必须同医务监督结合起来。本章就运动中医务监督的基本问题作以简要介绍。

第一节　概　　述

　　运动医务监督是用医学的知识和方法，对体育运动参加者机体产生的各种变化进行监测和医学评定，为体育锻炼过程提供客观的反馈信息，合理科学地进行体育运动，以期达到保证健康、预防疾病、提高运动技术水平的目的。

　　运动医务监督能更有效地改善营养膳食，合理消除运动疲劳，促进身体的发育，增进健康和提高运动技术水平；能培养科学的体育锻炼方法和养成良好的卫生习惯，避免与减少运动伤病的发生；保证体育锻炼和运动训练的顺利进行，使人们克服体育锻炼的盲目性，使体育锻炼获得最大的效益。

一、运动医务监督主要内容

（一）评定身体功能状况

　　通过综合的体格检查，包括各种功能试验，来评定锻炼者对负荷的适应能力和技能潜力，为合理安排体育锻炼提供科学依据。

（二）研究体育锻炼中出现的生理和病理现象的界限，即研究人体对运动的最大适应能力

　　了解锻炼中各种生理现象和可能产生的病理状态，以便在锻炼中，既能充分发挥自己的潜力，又能防止出现伤病。

（三）讲究体育锻炼卫生

　　在体育锻炼中，注意个人卫生、环境卫生、心理卫生和运动卫生，保证锻炼的效果。

（四）控制疲劳和恢复体力

　　体育锻炼后体力和精神上感到疲劳，这是一种正常的机体反应，但疲劳积累如未及时清除，则会导致机体功能紊乱和体力下降，影响健康。因此，在体育锻炼后采取各种措施及时消除疲劳对保障健康和提高运动成绩有明显效果。

（五）其他

　　研究病后的运动训练安排和运动员选材等。

二、运动医务监督一般方法

（一）自我监督

　　自我监督是指体育锻炼者（包括运动员）采取简单易行的医学检查方法，对自己的健康状况和身

体反应进行观察。自我监督主要通过主观感觉和客观检查两个途径进行医务监督。

1. 主观感觉

（1）运动心情：正常时锻炼者精神饱满，体力充沛，渴望训练。如健康状况不佳或发生了过度训练时，即出现心情不佳、厌烦训练的现象，尤其惧怕参加紧张训练和比赛。例如，游泳运动时怕水，田径运动时怕跑道，球类运动时怕球等。

（2）自我感觉：正常时自我感觉良好，身体无不适感觉。如果在运动中或运动后，出现异于寻常的疲劳，感到恶心甚至呕吐、头晕，以及身体某些部位感觉疼痛，说明体力不佳或身体出现了问题。

（3）睡眠：良好时睡眠状态是入睡快，醒后精力充沛。如入睡迟、夜间易醒、失眠，睡醒后仍感觉疲劳，表明睡眠失常。

（4）食欲：参加体育运动时能量消耗大，所以运动后食欲良好，想进食，食量大。如果运动后不想进食，食量减少，并在一定时期内不能恢复食欲，表明胃肠消化和吸收能力下降，可能与运动量安排不合适、锻炼者身体功能和健康状况不良有关。

（5）排汗量：运动时排汗量的多少与运动量大小、训练程度、饮水量、气温、气候、衣着厚薄，以及神经系统状态有密切关系。在外界条件相同情况下，未经训练者的排汗量多，随着训练程度的增长，排汗量可减少。如果在相同情况下，排汗量比过去明显增多，特别是夜间睡眠中出现大量冷汗，表明身体极度疲劳，也可能是内脏器官罹患某种疾病的征兆，应加以注意。

2. 客观检查

（1）脉搏：测脉搏时除注意频率外，还应注意节律。

基础脉搏是清晨起床前的脉搏，也叫晨脉。基础脉搏平稳或逐渐下降，说明机体功能状况良好。测晨脉对了解身体功能变化有重要意义。

在训练时期，若每分钟晨脉比过去减少或无明显改变，节律齐，表明运动员身体功能反应良好，有潜力；若每分钟比过去多 12 次以上，表明功能反应不良，可能与疲劳未消除或身体患病有关。如果晨脉数比过去增加明显，且长期不恢复原数，可能是早期过度训练的表现，应进一步检查。如发现脉搏跳动不规律、微弱、表浅或停跳，则应及早请医生诊治。

运动员的晨脉状况与自我感觉有一定联系。当晨脉每分钟增加 6 次时，20% 的人自我感觉不良；增加 12 次时，40% 的人自我感觉不良；增加 18 次时，60% 的人自我感觉不良。如果发现脉搏节律不齐或停跳现象，可能是心脏功能异常的征象，应采用心电图等方法作进一步检查。对运动员的脉搏，通常以 30 秒钟为计数单位，但要分别记下 10 秒钟的数值。

运动时的即刻脉搏，是指在完成某一练习后，立即测量脉搏 10 秒钟。再换算每分钟脉搏。即刻脉搏达 180 次/分以上为大强度运动，150 次/分左右为中等强度运动，120 次/分为小强度运动。

运动后恢复期，脉搏逐渐恢复。脉搏恢复的快慢与运动负荷的大小、体质状况成正比。一般大负荷锻炼后 5～10 分钟时的脉搏，比锻炼前快 6～9 次/10 秒，中等强度负荷锻炼后 5～10 分钟的脉搏，比锻炼前快 2～5 次/10 秒。小负荷锻炼后 5～10 分钟时脉搏即可恢复到锻炼前的脉搏。

（2）体重：在训练时期，体重出现"进行性下降"现象，并伴有其他异常现象（睡眠失常，情绪不稳定等）时，可能为早期过度训练或身体有慢性消耗性病变（肺结核、营养不良等）的表现。儿童少年的体重如长期不增长，甚至下降，是健康状况不良的表现，应查明原因。

（3）运动成绩：运动成绩长期不增长或下降，可能是身体功能状况不良的反应，也可能是早期过度训练的表现。在客观指标中，除上述几种外，还可根据设备条件和专项特点，定期测握力、肺活量、呼吸频率，以及其他的生理指标。

（二）定期体格检查

体育锻炼者尤其是参加系统训练的运动员，应定期进行比较全面的体格检查，以了解身体发育水平、健康状况和身体功能的变化，以及锻炼方法是否正确、运动量是否合适等。

1. **初检** 首次参加体育锻炼的人,包括将入队参加系统训练的新运动员,在开始训练前都应进行体格检查。通过检查,对被检查者过去和现在的健康状况、身体发育、功能水平进行全面的了解。初检结果,对制订训练计划、选择训练方法有重要参考价值。

初检的内容有:

(1)既往史:记载病史和运动史。

(2)医学检查:

1)一般检查:应包括身体各系统物理检查,胸部 X 线检查,血尿常规化验,以及心电图检查。根据设备条件,还可采用其他现代化医学检查,如超声心动图、脑电图等。

2)直立姿势检查和形态测量:除三项基本发育指标(身高、体重、胸围)为必测项目外,对青少年和不同专项运动员,可根据要求选测其他指标。

3)功能检查:重点是心肺功能检查。可根据专项特点,选择检查方法。

(3)生化检查。

2. **复查** 对一般学生可每学期或每年检查一次身体。运动员经一定时期训练后,需进行复查。检查时间可依训练期而定,一般可安排在每一训练期结束时。复查体格的时间应与身体素质和专项成绩测验安排在同一时期,这样便于将医学生理指标检查结果与技术测验结果作对比。

复查的内容最好与初查时相同。但也可根据设备条件和需要,选择几种主要指标进行检查。补充检查的内容,可根据具体情况而定。如果只是想了解一下运动员身体功能状况(是否达到竞技状态或疑为过度训练),则只进行简易的心血管系统功能检查和心电图检查即可,必要时再进一步仔细检查。

3. **补充检查** 学生健康分组转组时,运动员在参加重大比赛前,以及伤病痊愈重新参加训练前,都应作补充检查。

第二节 运动中的营养与配餐

科学合理的营养是促进生长发育,强身健体,益智防病,保证健康的生活基础。科学合理的营养,更是提高运动效果的重要途径。不同的年龄特点、不同的身体状况、不同的体育运动项目、不同的运动负荷,人体的能量消耗和三大能源物质的分配也不同,因此要科学地进行营养与配餐。

一、青少年运动的营养与配餐

(一)青少年时期的营养特点

1. **对热能的需要** 青少年正处于生长发育期,每天的脑力和体力活动比较多,能量消耗也比较大,需要摄入充足的热量,以满足身体功能的需求。尤其是参加耐力性锻炼或夏季运动时,体内消耗热能较多的情况下,应增加热能供给,否则将会出现疲劳、消瘦、抵抗力下降,导致发育不良。

2. **对蛋白质的需要** 蛋白质是体内组织细胞生长修复的重要成分,处于生长发育阶段的青少年蛋白质供给要充足,尤其是参加发展力量性的锻炼,肌纤维体积增大,必须供给蛋白质。少年儿童供给蛋白质的日标准量是 1.7g/kg,膳食中鱼、蛋、豆制品中含蛋白质量较高。

3. **对无机盐和维生素的需要** 体育锻炼能积极促进青少年骨骼发育,骨组织的增长对钙、磷、铁的需求量较大。我国青少年供给无机盐的日标准量为 70mg/kg。钙与磷的比例是 2:1 或者 1:1。

钙是建造骨骼的主要材料,儿童少年是生长的旺盛时期,其对钙的需要量远远超过成人,每日膳食的供给量应达 1000～1200mg/kg,但是据我国膳食调查资料表明,儿童和青少年每日钙的摄入量仅为供给量的 50% 左右,所以钙是机体中一种容易缺乏的营养素。骨骼中的钙要不断更新,幼儿骨骼约每 1～2 年更新一次,以后随年龄的增长而减慢,成人更新一次则需要 10～12 年,所以要通过食物不断补充钙才能使儿童青少年的骨骼健康发育。此外,钙对维持心脏正常搏动、肌肉收缩、神经冲动的传导、血液凝固和保护视力等都有着重要作用。奶类是含钙丰富的食品,多吃些豆制品,如豆腐、豆腐干、豆腐脑、千张、素鸡等。小干鱼,虾皮等也是钙的良好来源,尤其是小鱼,如做成酥鱼连骨一起吃更佳。

维生素 D 有促进钙吸收的作用,所以儿童青少年应多在户外活动,每日保证一定的活动量,同时运动对增强骨质也有良好的作用。儿童时期骨质良好有利于防止老年骨质疏松。

铁是自然界最丰富的元素之一,然而缺铁性贫血是儿童少年中常见的营养缺乏症。在我国铁缺乏的主要原因是铁的食物来源主要是植物性食源,铁的吸收利用率较差。儿童青少年时期生长发育迅速,血量不断增多,对铁的需求量较大。每日供给标准是儿童 $10 \sim 12mg/kg$,青少年男性 $20mg/kg$,女性 $25mg/kg$。儿童青少年为了预防缺铁性贫血应当尽量增加肉、禽、鱼、动物内脏的摄入量。这些食物含铁量高。膳食中维生素 C 能促进铁的吸收,所以多吃维生素 C 丰富的蔬菜水果也有预防缺铁性贫血的作用。必要时还可选择一些强化铁的食品以补充铁之不足。

维生素的供给要在新鲜的水果和蔬菜中摄取。

(二)平衡膳食的基本原则

平衡膳食是指每天的饮食中,主、副食品各占比重的多少。即我们每天饮食中,摄入的热量和各种营养素的量,以及总热量中脂肪、糖类、蛋白质所提供的热量分别占的比例。食物搭配要"多""远""杂"。多就是食物品种越多越好,最好每天吃 25 种左右的食物。远就是一天内所吃食物的种属越远越好,要广泛。杂是指一天当中的食物要有一定量的粗粮。在平衡膳食中做到搭配合理,才能达到营养均衡的效果。

在膳食平衡中的十大平衡理论:

(1)主食与副食的平衡:有人主张多食肉、少吃粮,这不合养生之道。有人要减肥,只吃主食,结果却适得其反,主食中多余的淀粉在体内会分解成葡萄糖,转化为脂肪储存起来。

(2)呈酸性食物与呈碱性食物的平衡:常见的呈酸性食物包括肉类、鱼虾类、米面及其制品;常见的呈碱性食物包括蔬菜、水果、豆类及其制品等。如果能把酸碱食物搭配平衡,可以降低机体对胆固醇的摄取,不会危害健康。

(3)饥饿与饱食的平衡:太饥则伤肠,太饱则伤胃。如果是饥饱不均,造成偏食,影响胃肠功能,日久就会得慢性消化道疾病。

(4)精细与粗杂的平衡:长期只吃精米、精面容易导致 B 族维生素的缺乏,诱发疾病。因此要搭配吃些五谷杂粮,食物搭配多样化才能使营养更全面。

(5)寒与热的平衡:食物也有寒性、热性、温性、凉性之别。中医所谓"热者寒之,寒者热之",就是要取得平衡的意思。夏天炎热,喝碗清凉解暑的绿豆汤;冬天寒冷,就喝红小豆汤;受了外感风寒,吃加入葱花、辣椒的热汤面;吃寒性的螃蟹一定要加些姜末,吃完还要喝杯红糖姜汤水;冬天吃涮肉,一定要搭配凉性的白菜、豆腐、粉丝等。如果破坏了这种平衡必然伤身。

(6)干与稀的平衡:有些人吃饭只吃干食,不仅影响了肠胃吸收的效果,而且容易形成便秘。而只吃稀的,容易造成维生素缺乏。每餐有稀有干,吃着舒服,也易消化吸收。

(7)摄入与排出的平衡:摄入与排出的平衡是指吃进去饭菜的总热量,要与活动消耗的热量相等,各种营养素的摄入量也要与机体消耗平衡。否则,每日吃进的食物营养过剩,日积月累,多余的热量及各种代谢产物必然会在体内蓄积,从而对健康产生影响,易引起机体慢性疾病的发生。

(8)动与静的平衡:动与静的平衡是指食前忌动、食后忌静。

(9)情绪与食欲的平衡:进餐前,要保持愉快的心情,使食欲旺盛,分泌较多的唾液,以利于消化。

(10)进食的快慢与品味的平衡:饮食的口味有时需要品出来,不能狼吞虎咽。狼吞虎咽不利于消化吸收,一般含淀粉多的主食需要 1~2 小时才能消化,含蛋白质多的食物需 3 小时消化,含脂肪多的食物消化时间更长。

在我国青少年食物搭配上要做到多吃谷类,保证鱼、肉、蛋、奶、豆类和蔬菜的摄入,参加体力活动,避免盲目节食,以达到营养平衡、健康发育的目的。

（三）合理的膳食制度

1. **蛋白质的补充** 我国营养学家认为,蛋白质、脂肪和糖的摄入比例,应以 1:0.7:5 为宜。这个比例也适用于一般参加体育锻炼者,但对于经常进行耐力性较强的体育项目,身体能量消耗比较大的锻炼者。应适当提高糖和脂肪的比例为 1:1:7,经常进行体育锻炼的人,膳食的原则是高糖低脂肪。

2. **维生素和矿物质的补充** 由于运动过程中身体大量排汗,使机体对维生素和矿物质的需求量增加,特别是维生素 B_1、维生素 C 和氯化钠。

当维生素缺乏时,机体会出现运动能力下降、疲劳、免疫力减弱等现象。氯化钠缺乏时会出现肌肉无力、消化不良、食欲缺乏等。因此经常进行长时间运动时,应适当补充维生素和氯化钠,但不要补充过多。

体育锻炼者对维生素的需求量因运动项目不同而有所区别,长时间的耐力性运动项目,对维生素 E、维生素 B、维生素 C 的需求量较多。一旦维生素得到补充,失去的能力将会随之而得到恢复。

过度服用某一种维生素会影响维生素之间的平衡,长期过度服用维生素,不但不能提高运动能力,还会产生不良的影响,只有各种维生素摄入量保持适当的比例,才能使各种维生素在体内发挥良好的作用。

3. **饮食的质量和食物搭配** 食物的合理搭配,能充分利用食物之间的互补作用。通过几种含蛋白质食物的混合食用能提高蛋白质的生理价值,容易被机体吸收,组成机体蛋白质。

此外,不同食物在体内消化吸收后,可表现为酸性、碱性和中性,因而食物可分成酸性、碱性和中性三类,如肉、鱼、蛋、谷物、乳酪、白糖、甜品等是酸性食物,蔬菜、水果、乳类、大豆和菌类等是碱性食物,油、盐、咖啡等是中性食物,酸性食物可使体内酸性物质增加,机体容易产生疲劳,碱性物质的作用则相反,因此饮食时要注意食物酸碱性的合理搭配,达到酸碱平衡。

运动后饮食要远离鱼肉,这是因为人在运动后感到肌肉、关节酸胀和精神疲乏,其主要原因是体内的糖、脂肪、蛋白质放大量分解,在分解过程中产生乳酸、磷酸等酸性物质,这些酸性物质刺激人体组织器官造成的。此时若单纯食用富含酸性物质的肉、鱼、蛋、米面等,会使体液更加酸性化,不利于疲劳的解除,食用蔬菜、甘薯、苹果之类的水果及蔬菜、豆制品碱性作用的食物,可以消除体内过剩的酸,以保持体内酸碱度基本平衡,尽快消除运动带来的疲劳。

4. **养成良好的饮食习惯** 饮食时间为早、中、晚,分别是 3:4:3 的食物量。早餐的质量很重要,如果摄入的营养和热量不足,不仅影响上午的学习和运动,而且长此以往对健康会产生不利影响,早餐中要适当增加一些乳制品,如牛奶和鸡蛋等食物,以提高食物的质量,另外饮食要长期坚持定时定量,饮食有节,这样会更有效地促进体内食物的消化和吸收。另外,饭后不做剧烈运动,运动后不宜立即进食,合理安排一日三餐,空腹不宜长时间剧烈运动。

（四）青少年一天的营养配餐

1. **吃一个健康的早餐** 自由搭配下列食物:

（1）粮谷类食物:如全麦面包、早餐五谷、汤面、白面包。

（2）奶类:如低脂芝士、低脂奶、加钙豆浆、乳酪。

（3）水果:如橙、苹果、香蕉。

（4）肉类:如火腿、蛋,烹饪时用少量或不用油。

（5）蔬菜:如在汤面中加些蔬菜。

2. 在学校时吃健康的小食（即加餐）   苹果、饼干或面包；豆浆、水、果汁、低脂奶。

3. 丰富的午餐   以碳水化合物食物为主。多吃米饭、粉、面，不要只吃牛扒、肌肉或薯条；尽可能吃蔬菜，在中式食物中选绿叶菜。在西式食物中选番茄汁或汤，不选炸的食物，选生果作甜品；选较低脂肪的食物，如烧猪扒、牛扒、肉片、蒸鸡等。

4. 合理的晚餐   如白天所吃蔬果不足，在晚餐便需多吃，以碳水化合物食物为主；若肉类在白天已吃得足够，在晚餐宜少吃，以少油、煮食为佳。

二、中老年人运动中的营养与配餐

随着年龄的增长，中老年人由于体力日渐衰弱，人体各种器官的生理功能都会有不同程度的减退。尤其是消化和代谢功能，直接影响人体的营养状况，如牙齿脱落、消化液分泌减少、胃肠道蠕动缓慢，使机体对营养成分吸收利用下降。因此老年人必须从膳食中获得足够的各种营养素，尤其是维生素和矿物质的摄入量要充足。中老年人营养不足固然有害，却也并非多多益善，而是贵在合理。

（一）中老年人的生理变化特点

1. 代谢功能降低   老年人的基础代谢率平均降低15%左右，甚至更低。

2. 身体成分的改变   体内脂肪组织随着年龄的增长而增多，非脂肪组织的比例则降低。如肌肉量含量降低，肌肉萎缩；体内水分减少；骨骼内矿物质减少，尤其是钙，容易出现骨质疏松。

3. 消化功能减退   随着年龄的增长，消化液分泌减少，消化功能减退，营养素的吸收率降低。胃肠蠕动减慢，容易出现便秘。

4. 呼吸系统、免疫系统、神经系统等功能都出现衰退。

（二）中老年人适宜的运动

中老年人的体育锻炼应选择一些低强度的耐力性内容，如健身慢跑、小球类运动、体育舞蹈、步行、太极拳、健身气功、按摩等。

（三）中老年人运动中的应激反应

当中老年人或慢性病患者在进行运动时，体温升高到一定程度，全身各系统器官就会产生热应激反应。

1. 水盐代谢失调   大量出汗可导致机体高渗性脱水，汗内水多盐少，体内盐多水少，血液浓度就会增高。例如高血压患者大多控制盐的摄入，但是参加运动出汗较多时摄入的盐量仍低，就会导致低渗性脱水。

2. 蛋白质代谢失调   体温增高导致蛋白质代谢分解增加，但同时食欲的减退、消化能力的降低，摄入的能量与蛋白质就会减少。

3. 水溶性维生素缺乏   汗量的增多容易导致水溶性维生素丢失增多。

（四）中老年人运动中的营养配餐

1. 摄取适量的蛋白质   蛋白质是生命的物质基础，是人体组织的重要成分，人体中与生命活动有关的活性物质，如与代谢有关的酶、抵抗疾病的抗体、与生理功能有关的激素等都是蛋白质的衍生物。此外，蛋白质还参与体内酸碱的调节、体液的平衡和遗传信息的传递等。

中老年人每天需摄取70~100g蛋白质，其中优质蛋白不得少于1/3，含蛋白质丰富的食物有牛奶、禽蛋、瘦肉、鱼类、家禽、豆类及豆制品等。

2. 糖类不宜过多   吃糖过多，不仅容易肥胖，而且会使中年胰腺功能减退。所以吃甜食过多会增加胰腺负担，特别是蔗糖、果糖和葡萄糖，更不宜额外食用。另外，应多吃含维生素较多的粗粮、水果和蔬菜，以便促进肠道蠕动和胆固醇的排出。

3. 饮食要低脂肪、低胆固醇   动物脂肪、内脏、鱼子和贝类含胆固醇多，若进食过多，容易诱发胆石症和动脉硬化。植物脂肪含植物油及不饱和脂肪酸,能促进胆固醇的代谢,使之不致沉积在血管壁上,可防治心血管疾病的发生。中老年人每天摄入脂肪量以50g左右为宜。

4. 加强补水　一日三餐中应提供汤、羹、粥类食物。多吃新鲜蔬菜和水果。这对预防贫血、增进血管韧性、降低胆固醇有一定作用。

三、慢性疾病患者运动中的营养与配餐

(一)高血压患者运动中的营养配餐

1. 高血压　高血压是指由于动脉血管硬化以及血管运动中枢调节异常所造成的动脉血压持续性增高的一种疾病,或称为原发性高血压,它占高血压患者的90%。继发于其他疾病的血压升高为一种症状称为继发性高血压。到目前为止,并不完全清楚它的病因。

研究表明,高血压的发病与高盐饮食、肥胖、过量饮酒、吸烟、年龄增长,以及遗传等因素有关。

高血压典型的症状有头痛、头晕、失眠、胸闷、气短、嗜睡、颈部僵硬感、眼胀、注意力不集中、记忆力下降等。

2. 高血压患者运动中的营养配餐　高血压患者运动中的营养配餐是以减少钠盐、减少膳食脂肪并补充适量优质蛋白、注意补充钙和钾、多吃蔬菜和水果、戒烟戒酒,以及科学饮水为原则。

(1)饮食宜清淡,提倡素食为主:高血压患者饮食宜高维生素、高纤维素、高钙、低脂肪、低胆固醇饮食。总脂肪小于总热量的30%,蛋白质占总热量15%左右。食用优质蛋白饮食,如牛奶、瘦肉、鸡蛋、海产品。食用富含纤维素的食物,如海带、紫菜。食用蔬菜和低糖水果,如草莓、番茄、黄瓜等。增加钾、钙、镁等无机盐和维生素的摄入,如豆类、玉米、腐竹、芋头、竹笋、花生、核桃等。

忌食高糖类等高能量食物,如糖果、糖糕点、冰激凌及含糖饮料等。少食高胆固醇食物,如蛋黄、动物的皮和肝。

(2)限制食盐量:吃钠盐过多是高血压的致病因素,而控制钠盐摄入量有利于降低和稳定血压。临床试验表明,对高血压患者每日食盐量由原来的10.5g降低到4.7~5.8g,可使收缩压平均降低4~6mmHg。世界卫生组织建议:一般人群每日食盐量为6~8g。我国居民膳食指南提倡每人每日食盐量应少于6g。对于有轻度高血压者,美国关于营养和人类需要委员会建议应控制在4g,这个标准对我国患有心脑血管病者也是适宜的。计算食盐量时,也应加上通过酱油所摄入的食盐量,酱油中食盐含量为18%左右。

(3)戒烟限酒,适量饮茶,多吃能降血压的食物,如芹菜、胡萝卜、番茄、黄瓜、冬瓜、木耳、香蕉、橘子、苹果、西瓜等。

(4)饮食有节:做到一日三餐饮食定时定量,少量多餐,不可过饥过饱,不暴饮暴食。

(5)科学饮水:水的硬度与高血压的发生有密切的联系。研究证明,硬水中含有较多的钙、镁离子,它们是参与血管平滑肌细胞舒缩功能的重要调节物质,如果缺乏,易使血管发生痉挛,最终导致血压升高,因此对高血压患者,要尽量饮用硬水,如泉水、深井水、天然矿泉水等。

(二)糖尿病患者运动中的营养配餐

1. 糖尿病　糖尿病是由于体内胰岛素缺乏或者胰岛素在靶细胞不能发挥正常生理作用而引起的糖、蛋白质及脂肪代谢紊乱的一种综合征。糖尿病的基本特征是长期的高血糖、尿糖。

糖尿病分原发性和继发性两大类,原发性的病因尚不完全明确,约占糖尿病患者总数的90%左右,它又分为胰岛素依赖型(1型)和非胰岛素依赖型(2型),前者约占糖尿病患者总数的5%~10%,多见于年轻人。而后者占糖尿病患者总数的80%~90%,多见于中老年人。第三个临床类型是营养不良糖尿病。

糖尿病有"三多一少"症状。即多饮、多尿、多食及体重减轻,如果控制不好就有可能引起体内多种代谢紊乱,并发心血管、视网膜、神经病变和加速动脉硬化等疾病。

2. 糖尿病患者运动中的营养配餐

（1）平衡膳食：每天必吃四大类食品。

1）谷薯类：即常说的谷类与薯类。他们主要提供热能和膳食纤维，维持人体生理活动和体温的需要。

2）蔬菜水果：主要提供无机盐、维生素以及膳食纤维。

3）肉、禽、鱼、乳、蛋豆类：主要提供优质蛋白和无机盐及维生素。

4）油脂类：主要供给热能和饮食口感。

（2）食物多样化，谷类为主：不吃主食是有危害的，有很多患者将所有的碳水化合物（糖类）都视为血糖的"罪魁祸首"，而一味地强调限制主食，每天摄入极少甚至不吃。反而因为饥饿，大量食用高脂肪的肉类、油脂或零食，结果血糖没有控制好，却容易发生各种急性、慢性并发症，特别是高脂血症、心血管疾病等。

（3）限制脂肪摄入量。

（4）适量选择优质蛋白质：每周吃 2~3 次鱼，去皮的鸡肉和适量选择低脂肪肉类（瘦猪肉、瘦牛肉、羊肉），但每日不宜超过 100~150g。每日食用 1 个鸡蛋、豆制品和牛奶 1~2 袋等。

（5）减少或禁忌单糖和双糖的食物：如注意在点心、面包、饼干、水果罐头、软饮料、巧克力中的蔗糖。

（6）高膳食纤维的食物：现代医学研究证明，膳食纤维可以在一定程度上缓解食物在胃肠道消化和吸收的速度，从而降低血糖指数，尤其是可溶性膳食纤维可以控制餐后血糖的升高。

（7）减少食盐的摄入。

（8）坚持少量多餐，定时定量：进食餐次在总量不变的前提下，要做到少量多餐，每日应在 4~6 餐，甚至更多。

（9）多饮水，限制饮酒：水可以溶解多种营养物质，使其易于吸收利用。要养成定时饮水的好习惯，不要等口渴的时候再喝水。

（三）骨质疏松患者运动中的营养配餐

1. 骨质疏松   骨质疏松即骨质疏松症，是多种原因引起的一组骨病，骨组织有正常的钙化，钙盐与基质呈正常比例，以单位体积内骨组织量减少为特点的代谢性骨病变。在多数骨质疏松中，骨组织的减少主要由于骨质吸收增多所致。以骨骼疼痛、易于骨折为特征。

2. 骨质疏松患者运动中的营养配餐

（1）合理膳食营养，保持膳食平衡。

（2）多食用含钙、磷高的食品，但要注意钙、磷的比例。钙与磷合适的比例为 1.5:1 或 2:1。含钙、磷较高的食品有鱼、虾、虾皮、海带、牛奶、乳质品、鸡蛋、豆类、粗杂粮、芝麻、瓜子、绿叶蔬菜等。

（3）不挑食，不偏食。每天进食 1~2 个水果，其中以橙、柑、西柚、奇异果较佳，因其含有丰富维生素 C，有助骨骼健康。

（4）坚持科学的饮食习惯，多接受日光浴。

（5）不吸烟、不饮酒，少喝咖啡、浓茶及含碳酸的饮料，少吃糖及食盐，以免影响钙、磷的吸收。

（6）不宜摄入过多动物性蛋白质。因为锻炼后体内酸度增加，蛋白质过多摄入也使尿呈酸性，会增加钙的排泄。

四、运动员的营养配餐

在进行运动时，体内会发生一系列的生理生化反应：中枢神经系统功能提高，酶系统活跃，新陈代谢旺盛，单位时间内的能量消耗较安静状态时增加数倍，体内的糖、脂肪被大量分解，蛋白质代谢加快，由于大量的维生素、无机盐参与分解代谢，从而大大增加损耗。这些变化使机体对各种营养物质的需求量增多。因此,营养与运动关系密切,对锻炼效果有着很大的影响。

体育锻炼造成的能量消耗,要在运动结束后通过合理营养配餐得到补充,如果缺乏合理的营养保证,消耗得不到补充,机体处于一个"亏损"状态,久而久之,对健康不利,会使运动员生理功能及运动能力下降,出现疲劳乏力甚至发生疾病状态。在这种情况下,要提高锻炼效果或运动成绩是很困难的。

(一) 竞赛期间的营养配餐

1. 赛前　比赛前10天左右,一般处于减小运动负荷的调整期。此时训练强度突出,而负荷较小,热量供给应适当减少,以防止不适宜的增加体重,影响比赛成绩。此期间应多吃蔬菜水果,以供给充足的维生素和微量元素,尽量使之在体内达到饱和状态。

2. 赛中　不能空腹参加比赛,用餐的食物应体积小,含高能易消化,和胃口,以糖为主。尽量不吃难消化、纤维多、产气多造成腹胀的食物。耐力性运动项目,食物应热量充足,还应吃蛋白质和脂肪性食物,维持饱腹感;运动时还要节省和补充糖,以免糖过早消耗,而出现疲劳现象。

赛前30~90分钟内不服用糖,过早服用会在比赛时出现胰岛素低糖,反而影响比赛。但赛前20分钟左右服用糖,能防止比赛时低血糖的发生。

科学的安排用餐时间:一般在赛前2~3小时用餐,但饮食量较少的人,可以在赛前1.5小时完成用餐。

可适当服用维生素,维生素在赛前30~40分钟服用,长时间运动项目应在赛前服用。一般用量为150~200mg。

耐力性运动项目,运动员能量消耗大,水盐丢失多,为了维持运动能力,中途要补充能量、水和盐。摄入量视气温而定,原则是少量多次,饮料通常由鲜果葡萄糖、食盐加水配制。

可以根据运动项目的特点选择饮料,从事耐力项目的人,可用含糖较多的饮料,高能运动饮料;水和盐丢失过多的项目,可选择矿泉水和含盐饮料,有利于恢复水盐平衡;短时间的剧烈运动、人体缺氧、酸性物质生成增多,可以选用碱性电解质饮料;体力下降、身体功能不佳、血红蛋白低时可选择滋补强身的饮料。

3. 赛后　长时间运动项目,如足球、马拉松赛后恢复期营养,主要是尽快消除疲劳,恢复体液平衡和体能平衡。比赛结束后即可饮用一杯含量100~150g葡萄糖的果汁,可消除神经中枢疲劳,促进肝糖原恢复。再按照补水的原则,逐步使身体恢复水盐平衡。休息2~3小时后可补充一些精细的高热量食物,以促进热量和其他营养素恢复平衡。

因为比赛所消耗的热量和营养素不会在一天内得以恢复,所以赛后两三天内的膳食,仍需维持较高的热量和营养素,恢复期要注意控制热量平衡,防止体重过度增长。

(二) 不同运动项目的营养配餐

1. 跑步的营养特点　短跑是以力量素质为基础,无氧代谢供能、工作时间短、强度大、要求有较好的爆发力。在膳食中要有丰富的运动性蛋白质,以增加肌肉体积,提高肌肉质量,蛋白质的摄入量每日可达3g/kg左右。膳食中增加磷和糖的含量,为脑组织提供营养,改善神经控制和增强神经传递;增加矿物质如钙、镁、铁及维生素B₁的含量,以改善肌肉收缩质量。

长跑是以有氧耐力素质为基础,以有氧代谢供能为特点,要求有较高的心肺功能及全身的抗疲劳工作能力。虽强度较小但时间较长,体力消耗较大。要求膳食中有丰富的营养成分,增加机体能源物质的储备,在丰富的维生素、矿物成分中,突出铁、钙、磷、钠、维生素C、维生素B₁和维生素E的摄入量,有利于提高有氧耐力。

2. 体操类项目营养特点　健美操、竞技体操、艺术体操等技巧动作复杂而多样,要求有较强的力量与速度素质以及良好的灵活性与协调性,对神经系统有较高的要求。其营养特点是:高蛋白质、高热量、低脂肪,丰富的维生素及矿物质,同时应突出铁、钙、磷的摄入量。需要注意的是,参加该类项目比赛,有时需要控制体重,这时不能过分控制饮食,避免造成营养不良,特别是不能影响身体的生长发育。

3. 球类项目营养特点　球类项目对力量、速度、耐力、灵敏、柔韧等素质有较高的要求,食物中要含丰富的蛋白质、糖以及维生素 B_1、维生素 C、维生素 E、维生素 A 等。球的体积越小,食物中维生素 A 的含量要求越高。足球活动时间较长且在室外活动,矿物质、水分丢失较多,注意及时补充。

4. 冰雪、游泳、棋类项目营养特点　由于长时间在冰雪上活动,加之周围环境温度较低,机体散热增加以维持体温。所以蛋白质和脂肪消耗较多,膳食中必须给予保证,同时增加糖类以提供能源。以 B 族维生素为主,同时增加维生素 A 的摄入以保护眼睛,适应冰雪场地的白色环境。

游泳项目在水中进行,使机体散热较多、较快,冬泳更是如此。游泳锻炼要求一定的力量与耐力素质,要求膳食中含有丰富的蛋白质、糖和适量的脂肪。老年人在水温较低时,出于抗寒冷的需要,可适当增加脂肪摄入。维生素以维生素 B_1、维生素 C、维生素 E 为主。矿物质增加碘的含量,以适应低温环境中甲状腺素分泌增多的需要。

棋牌类是以脑力活动为主的项目,脑细胞的能源物质完全依赖于血糖提供。当血糖降低时,脑耗氧量下降,工作能力降低,随之产生一系列不适症状。所以棋牌类项目对糖类有着特殊的需求,也可在下棋、打牌时随时补充。此外,膳食中应增加蛋白质和维生素 B_1、维生素 E、维生素 C、维生素 A 的供给,提高卵磷脂、钙、磷、铁的含量,减少脂肪的摄入,以降低机体耗氧,保证脑组织氧的供应。

第三节　运动过程中的疲劳与恢复

疲劳是工作能力及身体功能暂时降低的现象。疲劳是机体生理过程不能持续在特定水平上进行,或整个机体不能维持预定强度。

1982 年的第 5 届国际运动生物化学会议上,运动性疲劳定义为:"机体的生理过程不能持续其机能在一特定水平或不能维持预定的运动强度。"力竭是疲劳的一种特殊形式,是在疲劳时继续运动,直到肌肉或器官不能维持运动,即为力竭。肌肉运动能力下降是运动性疲劳的基本标志和本质特性。

我国运动生理学教材中将疲劳定义为:人体工作或运动到一定时候组织器官甚至整个机体工作能力暂时降低的现象。国际田径联合会主编的运动医学手册中将疲劳定义为机体不能维持原有的运动强度。

运动性疲劳是运动本身引起的机体工作能力暂时降低,经过适当休息和调整可以恢复的生理现象,是一个极其复杂的身体变化综合反应过程。疲劳时工作能力下降,经过一段时间休息,工作能力又会恢复,只要不是过度疲劳,并不损害人体的健康。所以,运动性疲劳是一种生理现象,对人体来说又是一种保护性机制。但是,如果人经常处于疲劳状态,前一次运动产生的疲劳还没来得及消除,而新的疲劳又产生了,疲劳就可能积累,久之就会产生过度疲劳,影响运动员的身体健康和运动能力。如果运动后能采取一些措施,就能及时消除疲劳,使体力很快得到恢复,消耗的能量物质得到及时的补充甚至达到超量恢复,就有助于训练水平的不断提高。

一、运动性疲劳产生的原因和表现

(一) 运动性疲劳产生的原因

发生疲劳的原因有能源物质的耗尽、代谢产物在肌肉内堆积、氧气不足、身体内部环境稳定性失调或破坏、体力或脑力的疲劳等不同的解释。下列几种情况也是产生运动疲劳的重要原因。

1. 大强度训练　持续进行无明显节奏的大运动量训练,并在进行了一段时间训练后没有进行必要的调整,或是在每一训练周期间缺乏必要的调整,当运动员出现不良症状时,仍然坚持原训练计划。大强度训练会加速体内蛋白质的分解,酸性代谢产物的堆积和血红蛋白的降解,同时体内自由基生成增加,使机体的功能状况下降,加速疲劳的发展。

2. **患病期间训练**　在运动员患病期间仍然参加大运动量练习,或病后未痊愈进行训练,也可导致运动疲劳,甚至是加重病情的主要因素。

3. **连续比赛**　比赛期间赛事繁多,由于没有足够的赛后休息,加之比赛旅途的劳累和精神的紧张,都易引起运动疲劳。

4. **训练不系统**　在训练中,缺乏系统的训练计划,运动员情况好时就猛练一阵,不好时就完全停止训练,或对运动年限、年龄、训练程度等不同方面的运动特点注意不够,对个别运动员的运动量增加过大,也能导致疲劳产生。

5. **精神状态不佳**　运动员在情绪低落、心理负担过大的情况下,参加运动量较大的训练和比赛也易于产生疲劳。

6. **赛前较长时间降体重**　此类运动项目常为举重、摔跤,运动员在赛前为达到降体重目的,一般进行近半个月的以饥渴为主要方式的降体重训练。

（二）运动性疲劳的表现

运动性疲劳的产生是由于人在进行重体力劳动、大运动量锻炼或比赛时,肌肉过度紧张,机体能量消耗过多,身体就会产生疲劳感。

主要表现在三个方面:

1. **肌肉疲劳**　肌肉力量下降,收缩速度放慢,肌肉出现僵硬、肿胀和疼痛,动作慢、不协调。

2. **神经疲劳**　反应迟钝,判断错误,注意力不集中。

3. **内脏疲劳**　呼吸变浅变快,心跳加快等。

运动后产生疲劳感是正常的,由于运动量不同,每个人情况不一样,产生的疲劳也有不同程度之分。一般将疲劳分成三个层次:轻度、中度和重度疲劳。轻度疲劳可以在短时间内消除。中度疲劳通过采取一系列手段也能很快消除,不会影响身体。但如果重度疲劳不能及时消除,就会影响学习和生活,损伤身体。研究证明,运动员提高成绩的两个关键因素是运动训练的科学性和恢复手段的有效性,由此可见消除疲劳、恢复体力的重要性。

二、运动性疲劳恢复过程的一般规律

运动疲劳的恢复过程是指人体在体育运动过程中和结束后,各种生理功能和能源物质逐渐恢复到运动前水平的变化过程。

运动中和运动后供能物质量的变化,是消耗和恢复保持平衡的结果。运动中以消耗过程为主,恢复过程跟不上消耗过程,表现为能源物质数量下降。运动后休息期,以恢复过程为主,消耗过程下降,能源物质逐渐恢复,达到或超过原来水平。

恢复过程和运动过程是提高机体功能的两个重要方面,运动中所消耗的营养物质,必须在运动后的恢复阶段才能得到补充,人体功能才能提高。如果在没有完全恢复的情况下继续运动,会使疲劳积累,不仅导致机体工作能力下降,还容易引起某些伤病的发生。

（一）能源物质消耗和恢复过程可分为三个阶段

第一阶段:运动中消耗多于恢复,能源物质逐渐减少,各器官系统工作能力逐渐下降。

第二阶段:运动后消耗减弱,恢复占优势,能源物质和各器官系统的功能逐渐恢复到原来水平。

第三阶段:运动中消耗的能源物质及各器官系统功能状态在运动后的这段时间内不仅恢复到原来水平,甚至超过原来水平,这种现象称为"超量恢复"或"超量代偿",随后又回到原来水平。

超量恢复是客观存在的规律。国外有人让两名实验对象分别站在一辆固定自行车的两侧同时蹬车,其中一人用右腿蹬车左腿休息,另一人用左腿蹬车右腿休息,当运动至精疲力尽时,测定运动腿股外肌的肌糖原含量接近于零。运动后连续 3 天食用高糖膳食不参加任何运动,结果运动腿股外肌肌糖原含量比安静腿多一倍。

超量恢复的程度和出现的时间与所从事的运动负荷有密切的关系,在一定范围内,肌肉活动量越大,消耗过程越剧烈,超量恢复越明显。如果活动量过大,超过了生理范围,恢复过程就会延缓。

超量恢复出现的原因,国外有人认为是因为运动时能量消耗大,肌肉中无氧代谢产物(如乳酸、酮体等)增多,使细胞内有氧代谢旺盛的线粒体处于抑制状态,运动后抑制线粒体的条件解除,引起过量能量的产生。这种过多的能量使用于合成磷酸肌酸、糖原,蛋白质等。这一研究仅是初步的,因为超量恢复与物质代谢的相互调节、神经和激素的调节,年龄、性别及营养等因素密切相关,还需进一步研究。

(二) 机体几种能量储备的恢复

1. 磷酸原的恢复　磷酸原的恢复很快,在剧烈运动后被消耗的磷酸原在 20～30 秒内合成一半,3～4 分钟可完全恢复。

2. 肌糖原储备的恢复　肌糖原是有氧氧化系统和乳酸能系统的供能物质,也是长时间运动延缓疲劳的一个因素。影响肌糖原恢复速度的主要因素有两个:①运动强度和运动持续时间;②膳食。长时间运动(连续 3 天长跑)致使肌糖原耗尽后,如用高脂肪与蛋白质膳食 5 天后肌糖原还未完全恢复,如用高糖膳食 48 小时即可完全恢复,而且前 10 小时恢复最快。短时间、高强度的间歇训练后,无论食用普通膳食还是高糖膳食,肌糖原的完全恢复都需要 24 小时,而且在前 5 小时恢复最快。

因此,在长时间运动后应安排数天的恢复时间,并食用高糖膳食,如不能保持数天高糖膳食,至少也要保持 10 小时。在大强度间歇训练后,至少要有 1 天的休息时间。

3. 氧合肌红蛋白的恢复　氧合肌红蛋白存在于肌肉中,每千克肌肉约含 11ml 氧,在肌肉工作中氧合肌红蛋白能迅速解离释放氧被利用,而运动后几秒钟可完全恢复。

4. 乳酸的消除　乳酸消除的速度与其产生的数量和恢复方式有关,工作时形成的乳酸越少消除的越快。在极量负荷后为了完全消除堆积的乳酸,采用平卧休息的方式需要 60～90 分钟,而采用轻微活动方式则消除速度大大加快。轻微活动的强度,未受过训练的人约为最大摄氧量的 30%～40%,受过良好训练的人为最大摄氧量的 50%～60%。消除乳酸的途径主要有:①氧化成 CO_2 和 H_2O:约占全部乳酸的 70%;②转化成糖原和葡萄糖:约占 20%;③从尿和汗中排出:占 1%～2%。

(三) 生理功能恢复过程的一般规律

1. 强度依赖性　大多数生理功能指标恢复的速度和持续时间直接取决于工作强度,工作强度越大功能变化也越大,相应的恢复速度就越快。例如,在极量无氧强度工作后,大多数功能的恢复时间为几秒钟。而长时间持续工作(如马拉松跑)后,则需几天。

2. 不同时性　各种生理功能的恢复以不同的速度进行。例如,血压和摄氧量比心率恢复快;摔跤运动员在比赛后呼吸节律恢复最快,其次是心率,肌力恢复最慢。另外,氢离子浓度和碱储备比白细胞和血小板数量恢复快。因此,整个恢复过程的完成不能根据一个或几个指标,而是根据最慢恢复到原来水平的指标及各指标恢复状况做全面判定。

三、运动性疲劳的恢复途径

(一) 对运动性疲劳恢复的研究

加速机体恢复是采用大运动量训练重要的前提,而运动性疲劳的恢复是一个复杂的过程,要做到全面、系统、科学。运动性疲劳的恢复已经成为人体运动科学研究重要内容。

1. 从运动医学角度看　用各种方法使肌肉放松,改善肌肉血液循环,加速代谢产物排出及营养物质的补充。如整理活动、水浴、蒸汽浴、桑拿浴、理疗、按摩等。

2. 从运动训练学角度看　为了加速运动员在运动过程中及运动后的恢复,应根据负荷的性质,决定间歇的时间、间隔方式。在训练课中穿插和采用一些轻松愉快、富有节奏性的训练手段有利于恢复。整理活动是运动训练不可缺少的内容,整理活动的质量直接影响恢复的效果。

3. 从运动心理学角度看　通过调节神经系统功能状态来消除疲劳。如睡眠、气功、心理恢复、放松练习、音乐疗法等。主要是利用自我暗示、放松训练、气功、生物反馈等手段,进行自我恢复。还可利用运动员的业余爱好丰富其文化生活来转移精神紧张。

4. 从运动营养学角度看　通过补充机体在运动中失去的大量物质,促进疲劳的消除。如吸氧、补充营养物质及利用某些中药来调节等。在采用运动营养因素促进恢复时要注意以下几个问题:①机体在承受不同负荷之后缺什么补什么,而绝非是吃得越多越好;②人们都在试图寻找既能提高运动能力又对身体无副作用的营养剂。

5. 从运动生理学角度看　人体的各种生理功能并不是在运动结束以后才开始恢复的。实际上,他们在运动时,随着能量物质分解后的再合成,恢复过程就已经开始了,但是分解过程超过了再合成过程时,能量物质不能完全恢复,而只有当运动结束之后,剧烈运动的消耗停止了,合成过程超过了分解过程,人体功能才逐步得到了完全的恢复。因而运动后的休息,实际上是恢复过程的一部分,而休息的方式又直接影响着恢复的速度。作为一个优秀教练,应根据各方面的情况,对运动员的身体状况及时作出正确的判断,调整运动量,加速其疲劳的恢复,促进其体能的提高。

（二）运动性疲劳的消除方法

1. 养成良好的生活习惯

（1）休息:休息是疲劳恢复的最重要的也是最有效的手段。只有休息得好才能学习得好,锻炼得好。休息包括睡眠和活动性休息(或称积极性休息)。

①睡眠是消除疲劳、恢复体力的好方式。睡眠时大脑皮质的兴奋过程降低,体内分解代谢处于最低水平,而合成代谢过程则相对较高,有利于体内能量的蓄积。成年运动员在平时训练期间,每天应有 8 ~ 9 小时的睡眠。在大运动量和比赛期间,睡眠时间应适当增加。青少年运动员的睡眠时间,应比成年运动员长,必须保证每天有 10 小时睡眠。如果上、下午都安排训练,中午应有适当时间午睡(1.5 ~ 2 小时)。为提高睡眠质量要做到就寝前应洗脚,尽量使精神状态趋于平静,避免外界刺激,室内空气保持新鲜。

②活动性休息就是指在休息时进行其他活动,也叫积极性休息。当局部肌肉疲劳后,可利用未疲劳的另一些肌肉进行一些适当活动,借以促进全身的代谢过程,加速疲劳的恢复。当全身疲劳时,也可通过一些轻的、兴趣高的体力活动,来达到加速消除肌肉乳酸堆积的目的。因此,我们在体育课中应多采用转换活动内容的方法作为休息的手段。

（2）每天有规律地进行各种活动,会在大脑皮质中形成动力定型,动力定型的建立使机体的活动自动化和节省化,可以减轻机体的生理负担,有利于身体的健康和工作效率的提高,有利于疲劳的消除。

（3）生活中克服吸烟和饮酒的不良嗜好,也是保持良好的生理功能、促进身体健康、防止疲劳的有效途径。

2. 整理活动　运动后的整理活动是消除疲劳、促进体力恢复的一种良好方法。剧烈运动后进行整理活动,可使心血管系统、呼吸系统仍保持在较高水平,有利于偿还运动时所欠的氧债。整理活动使肌肉放松,可避免由于局部循环障碍而影响代谢过程。运动后内脏器官需要高工作水平,以补偿运动时缺少的氧,如果由运动状态突然不动,身体的静止姿势妨碍强烈的呼吸动作,影响氧的补充,同时由于静止不动,影响了静脉回流,则心输出量骤然减少,血压急剧下降,会造成暂时的脑缺血,就会有一系列不舒适的感觉,严重时甚至休克,所以应注重运动后的整理活动。

整理活动要尽量选择一些使工作肌群放松的练习。应包括慢跑、呼吸体操及各肌群的伸展练习。运动后的伸展练习可消除肌肉痉挛,改善肌肉血液循环,减轻肌肉酸痛和僵硬程度,消除局部疲劳,对预防运动损伤发生也有良好作用。如剧烈奔跑后,逐渐转为慢跑和走,同时进行深呼吸,腿部屈伸,放松摆动,按摩等。进行负重练习后可以安排轻跳、慢跑等放松肌肉的练习。

3. 合理补充营养　大运动量的运动训练后要消耗运动员大量的能量,营养对运动员的训练水平、功能状态、承受负荷能力、恢复过程都有直接的影响。如果营养不良或缺乏营养必将影响运动员的健康,导致身体功能的下降,使疲劳过早产生,影响正常的训练和运动能力的发挥。因此运动营养膳食必须引起高度重视。

运动时消耗的物质需要靠饮食中的营养物质来补充,不同的运动项目需要不同的营养。速度性运动项目的膳食应含较多易吸收的糖、维生素 B 和维生素 C,还应多吃蔬菜、水果等碱性食物。耐力性运动项目要多供给糖、维生素 B、维生素 C 和磷。力量性运动需增加蛋白质和维生素 B_2 的供给量,此外,钠、钾、钙、镁的补充也很重要。灵敏性运动膳食热量不宜过多,要多供应蛋白质、维生素 B_2、维生素 C 和磷。根据不同运动项目的需要,在运动中适时的补充营养物质,既能提高身体抗疲劳能力,又能帮助消除运动后疲劳。

4. 采用物理恢复法　物理恢复法能促进疲劳肌肉的代谢过程,加速疲劳的消除。物理恢复的方法很多,其常用方法有以下几种:

(1) 温水浴:训练后进行温水淋浴是最简单易行的消除疲劳的方法。温水浴可促进全身的血液循环,调节血流,加强新陈代谢,有利于机体内营养物质的运输和疲劳物质的排除。水温以 42℃ 左右为宜,时间为 10~15 分钟,勿超过 20 分钟。训练结束半小时后,还可进行冷热水浴。冷水温为 15℃,热水温为 40℃。冷水淋浴 1 分钟,热水淋浴 2 分钟,交替 3 次。最长不超过 20 分钟,每天不要超过 2 次。另外,热敷也可以消除肌肉的疲劳。

(2) 按摩:按摩可促进毛细血管扩张,改善肌肉的血液循环,消除在肌肉内的代谢产物,对中枢神经系统起安抚和镇静作用,有助于大脑正常功能的恢复,有助于消除局部肌肉的疲劳,达到促进恢复的目的。

按摩的方法多种多样,可进行全身或局部肢体的按摩,有损伤的还可以兼做治疗,均有良好效果。有条件的还可以采用机械按摩,目前国内外使用的有气压按摩、振动按摩和水力按摩等,对放松肌肉、消除肌肉酸痛和恢复体力效果极佳。

按摩部位应根据运动项目的特点和疲劳的情况来选择,负荷量最大的部位是按摩的重点。肌肉部位以揉捏为主,交替使用按压、抖动、叩打等手法,在肌肉发达的部位也可用肘顶、脚踩。关节部位以擦摩为主,穿插使用按压、搓和运拉。在按摩肢体时,先按摩大肌肉群,后按摩小肌肉群。如按摩下肢,先按摩大腿肌肉,后按摩小腿肌肉,以提高肌肉韧带的工作能力,加速疲劳时的肌僵硬紧缩和酸胀痛代谢产物的排除,改善血液循环和心脏收缩功能。按摩开始和结束用推摩和擦摩手法。按摩一般在训练或比赛后进行,当运动员十分疲劳时,需让运动员休息 2~3 小时后再按摩。

(3) 负氧离子:这种方法是通过负氧离子发生器生成大量负氧离子,人将其吸入呼吸道后,通过神经,体液调节机制对机体产生影响。大量负氧离子进入体后能改善和提高肺的换气功能,增加氧吸收量,加快二氧化碳的排出速度,刺激造血功能,使红细胞、血红蛋白、血小板、嗜酸性粒细胞增加,心搏出量加大,血流速度加快,从而提高机体运动后的"氧债"偿还速度。

5. 心理恢复　心理恢复主要是意念活动,通过一定的套语暗示进行导引,使肌肉放松,心理平静。从而调节自主神经系统的机能,然后再运用带有一定愿望的套语进行自我动员。如暗示性的睡眠休息、肌肉松弛、心理调节训练。实践证明,采用上述方法能促进身体疲劳的尽快消除,加快身体的恢复过程。另外,舒适幽雅的环境、听音乐等也可以减弱田径训练的枯燥、单调刺激,消除疲劳。

6. 药物　为了尽快消除疲劳,可适当应用一些药物,如中药黄芪、刺五加、参三七等,都有调节中枢神经系统功能、扩张冠状动脉、壮气壮精补气壮筋等作用,对消除疲劳有一定效果,蜂王浆、人参、鹿茸等对养血补气效果较好,在赛前服用药物可延缓机体疲劳和迅速消除运动后疲劳。西药方面有维生素类,腺苷三磷酸(ATP)和某些无机盐类制剂,可调节中枢神经系统功能,扩张冠状动脉,促进血液循环,改善生物氧化过程和能量代谢,有利于消除疲劳恢复体力。

第四节　运动场地器材的卫生监督

一、体育场地的卫生检测

室外体育场地(包括球类、田径、游泳池等)应设在有树林的地区或公园附近。体育场地要远离泥潭、沼泽、垃圾场、污水沟和尘土飞扬的道路边或工厂附近,选择地势稍高、平坦、清洁、干燥的地方最为合适。在体育场地周围适当的地方,要有计划地栽种各种树木,可以改善体育场地的空气环境,这对从事锻炼者的身体健康有很大益处。体育场地必须有完善的排水和照明设备,室外篮球场、排球场和网球场以土质为宜,场地需结实平坦,不应有浮土,在夏季干燥季节,于训练或比赛前30~40分钟时,喷洒一次清水。足球场地最好是草坪球场,要求经常保持平整,地面上不应有垃圾、杂物和石子,夏季在比赛前30~40分钟时要喷洒清水。体育场地是保证运动员身体健康和顺利进行训练的重要条件。田径跑道应平整、结实而富有弹性,没有浮土,其表层坚固,不怕雨水冲洗,同时要有渗透性好的土质,平时要保持一定的湿度。在跳远沙坑里需垫上与锯末混合的干净沙子,使用前需将沙子掘松,用耙子理平。投掷标枪、链球、铁饼和手榴弹的地方,地面要平整,没有浮土和沙子。投掷链球的地方必须三面围绕铁丝网。游泳池的水不能被工业废水和粪便污染,池底最好垫碎石子,池底不应有坑穴、碎砖和水生植物,也不应有冷泉涌出漩涡,水质至少每月化验一次,确定是否符合卫生要求。

二、体育馆的卫生要求

任何一所体育馆都应有完善的通风和照明设备,如果没有机械通风设备,应经常开窗通风换气,体育馆内需经常保持清洁卫生;每一所体育馆内都应有清洁的更衣室、温水淋浴室和厕所;体操馆应有严格的卫生制度,只允许穿运动服和体操鞋的人进入;镁粉应放在有盖的盒子里。

三、游泳馆的卫生要求

游泳馆内除应有完善的通风、照明和供暖设备外,尚有下列一些特殊要求:放入池中的水,应与饮用水的要求相同。为了保证池水应有的净度和达到消毒的目的,过滤器和加氯器应经常不断地工作,池水中的含氯量应经常保持在0.1~0.2mg/L的水平上,含氯量应每2小时测1次,细菌分析每天不得少于1次。游泳池水温应保持在22~26℃。每个游泳馆均需有淋浴设备。游泳者在入池游泳前,首先进行淋浴,用热水和肥皂冲洗身上的汗污,然后经过洗脚池进入游泳池。只允许穿游泳衣的人进游泳池。

四、体育器械和服装的卫生要求

1. **体操**　体操用的各种器械,如单杠、双杠、鞍马和吊环等,应表面光滑,安装牢固,落地处应设置体操垫。在训练和比赛时,运动员都要穿合适的服装和体操鞋,要求不妨碍运动员身体各部位的血液循环,防止引起擦伤、鸡眼和其他损伤。训练时只能用镁粉擦手,不能用白粉或泥土擦手。

2. **田径**　对投掷用的各种器械,主要是检查器械的重量和大小,是否符合运动员年龄和性别的特点。投掷用的各种器械要求表面光滑,无破裂处,无泥土。禁止运动员推湿滑的铅球,特别要注意撑杆跳杆的质量。在晴天和起风天训练时,在训练的休息间隔时间,要把跑道、跳跃场地、投掷区的助跑道铲平,必要时用清水喷洒。

3. **球类**　运动进行训练或比赛时,使用的球必须符合规定标准。应充分利用保护装置,如:护腿、护膝、护肘、护踝及护身。特别是足球运动员，应穿能保护大小腿的短裤和袜套，袜套里面应加上护腿。足球鞋需轻便、结实，鞋尖和鞋底要硬一些，但不允许有金属和铁钉。

4. **重竞技运动**　举重台应干燥、清洁和不滑。杠铃等金属器械，每天都要用干布拭擦干净。摔跤馆内地面上要铺5～8cm厚的地毯，毯上的尘土要经常用吸尘器清除，摔跤用的练习袋和假人，每天都要用湿布拭擦或用吸尘器清理。

（王旭东）

第十章　常见运动损伤的预防与处理

学习要点:

体育锻炼虽然可以增进健康,延年益寿,但若方法不当,经常会引起运动损伤、运动性疾病等。因此,从某种意义上说,体育锻炼是一把双刃剑,运用得好,受益匪浅;运用不当,适得其反。本章介绍运动损伤、运动疾病的起因、预防和康复锻炼等诸多问题。

第一节　运动损伤的概述

一、简述运动损伤

运动损伤是指在运动过程中或在平时生活中由于身体状态、身体姿势不当以及冲撞、场地、器材等原因造成的身体损伤。因此,在体育运动中要注意运动损伤发生的各种因素,坚持以预防为主的原则,采取有效的安全措施,有许多运动损伤是可以避免发生的。

二、运动损伤原因

造成运动损伤的原因主要有:对运动损伤的认识不足;训练水平不够;缺乏保护与自我保护;身体功能和心理状态不良;没有做准备活动或准备活动不充分;新伤未愈,过早参加训练或比赛;比赛、教学或训练课组织不当;动作粗野或违反规则;场地、器材、保护用具、服装不合要求;不良的气候因素或突变的环境因素,光线不足等等,都能造成运动损伤。

三、运动损伤的性质及一般规律

1. **损伤的性质**　运动损伤从解剖角度可分为:肌肉损伤、关节损伤、骨质损伤等。在损伤中,肌肉损伤占第一位,关节损伤占第二位,骨质损伤占第三位。

在肌肉损伤中,肌肉拉伤占第一位,主要发生在腰骶、臀、大腿等肌肉较多的部位;肌腱损伤占第二位,主要发生在小腿、肩等部位;肌腱骨膜附着处损伤占第三位,主要发生在小腿、臀等部位;腱鞘损伤占第四位,主要发生在足踝、手腕等部位。

在关节损伤中,关节囊韧带损伤最多,主要发生在足踝关节、手腕关节、膝关节等部位。

骨膜损伤主要发生在足踝、腰骶等部位,骨折主要发生在手腕、足踝、肘关节等部位。

从损伤的部位看,下肢损伤最多,其次是躯干和上肢,最少的是头颈部。

2. **运动性损伤的一般规律**　不同的运动项目有不同的运动损伤,并有明显的规律性。如铁饼运动员易患髌骨软骨病;跳高运动员易患髌尖痛;射击运动员易患脊柱侧弯;自由体操运动员易患跟腱断裂等。这种规律性损伤由两个因素决定,即:①运动技术的特殊要求;②局部解剖的弱点(图 10-1-1)。

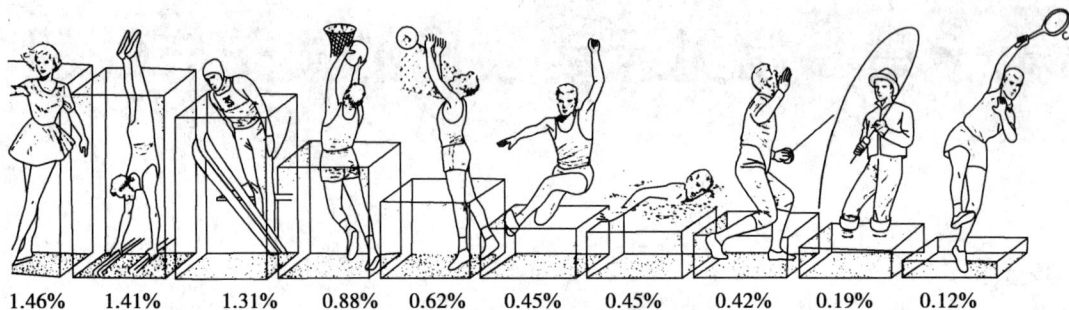

| 1.46% | 1.41% | 1.31% | 0.88% | 0.62% | 0.45% | 0.45% | 0.42% | 0.19% | 0.12% |

图10-1-1　各种运动损伤比例

第二节　常见运动损伤及防治

一、运动猝死及猝死的预防

"猝死"也叫急死,是指看似健康的人或病情经治疗后痊愈或正在好转的患者,在很短时间发生意想不到的非创伤性死亡,往往来不及救治,因此又称为急症。世界卫生组织(WHO)定为时间在6小时以内。而"猝死"的高峰则是在发病后1小时以内。因此一些心脏病学家认为发病后1小时内死亡可作为"猝死"的标准。"猝死"的主要原因是心脏病,其中又以冠心病最常见。多数人"猝死"前无明显预兆,或在正常活动中,或在安静睡眠中。以前有过心绞痛发作史的患者,如果心绞痛突然加剧,表现为面色灰白、大汗淋漓、血压下降,特别是出现频繁的室性期前收缩,常为"猝死"先兆。有的出现原来没有的症状,如显著疲乏感、心悸、呼吸困难、精神状态突变等。随后,由于心脏停搏,神志不清,高度发绀、痉挛、瞳孔固定而扩大,或出现几次喘息样呼吸而进入临床死亡。如果不及时进行心脏复苏抢救,患者可很快(约4~6分钟)进入不可逆的生物学死亡。随着信息的发达,让更多的人知道了"运动猝死"的概念。他们的死亡,被一些人认为只会发生在从事高强度的运动员中。实则不然,这个看似离我们遥远的杀手,也威胁着普通人。其实运动员在运动场上的猝死仅仅是特殊的个例,虽然他们的死亡是在运动过程中出现的,但不能代表运动本身就是猝死的主要原因,只能说当时的"运动",诱发了他们身体内隐藏的疾患。在参与运动的人群中,每年的运动猝死发生率约1/250 000。这其中,非运动员的发生率更高。据专门从事此项研究的国家体科所徐昕介绍,导致运动猝死最常见的原因是心脏猝死,包括心肌梗死、先天性心脏病、心肌炎等。脑出血、中暑、呼吸系统疾病等都有导致运动猝死的可能。运动猝死发生最多是在30岁以下,又以15~20岁年龄段更集中,男性猝死大大高于女性。

1. 猝死的抢救　一旦发生猝死,呼吸心跳停止,使血液循环中断、周身乏氧,必将造成体内重要器官的损害。一般情况下,大脑耐受缺氧的时间仅5分钟左右,如果超过这个时间就会有生命危险。所以,在患者猝死的现场应进行争分夺秒的抢救,这对患者的复苏起关键作用。具体方法是采用心脏按压术和口对口人工呼吸。

(1)心脏按压术:按压部位在胸骨的下2/3处。按压时用力要均匀。方法是一只手以掌根放在患者胸骨下段,另一只手压在那只手的手背上,上下起伏垂直按压。向下按压时,要稍停片刻再放松,这样有助于心脏腔内血液的排空。心脏按压是否有效,以能按到大动脉如股动脉搏动为准。成人每分钟按压至少100次。

(2)口对口人工呼吸:在用心脏按压术抢救猝死患者的同时,要进行口对口人工呼吸。具体方法是使患者平卧,清除患者口中的异物,如呕吐物或义齿等,解开患者领口和腰带,使患者头部尽量后仰,救护者一手托起患者下颌,另一只手捏紧患者双侧鼻孔,深吸一口气,以口唇与患者的口唇紧密接触后进行吹气。单人心脏按压时,按压与人工呼吸比为30:2,即做30次心脏按压做2次人工呼吸,每次吹气过程中可见患者胸部隆起。

2. **运动猝死的预防**　运动猝死虽然可怕，但不等于要停止运动，不应影响人群身体锻炼的积极性。相反，不参加活动，可能使心脏功能下降，这将加大发生问题的概率。所以，人们应该合理地参加运动，只要做到定期检查身体，注意科学锻炼，增强自我保护意识，加强现场医务监督与急救，就可以避免。患有心脑血管疾病或其他严重疾病的人群，在医生或运动专家的指导下也可以积极地从事体育锻炼，这对恢复健康大有好处。毕竟，生命在于运动。

二、软组织损伤

软组织损伤通常指皮下组织、筋膜、肌肉、肌腱、韧带、滑膜、关节囊等软组织及部分软骨、周围神经和血管的损伤。分闭合性软组织损伤和开放性软组织损伤两种，其中闭合性软组织损伤给组织细胞造成一定的损害，是运动中的主要伤害。

（一）**闭合性软组织损伤**

1. **原因与机制**　闭合性软组织损伤常见钝性暴力所致，受伤部位局部皮肤保持完整而无开放性伤口。如拉伤、扭伤、外力碰撞伤等。

2. **症状**　表现为局部疼痛、肿胀、皮肤青紫、皮下淤血或血肿，患肢或患部功能活动受限。

3. **处理**　较轻的挫伤一般不需特殊处理，若挫伤较重，早期可作局部冷敷，局部亦可用弹力绷带加压包扎，抬高伤肢，24 小时（重者 48 小时）后改为热敷、理疗、按摩，中药烫洗或红外线照射等，同时口服消炎止痛药。

4. **预防**　加强保护与自我保护，穿戴好保护装置，禁止粗野动作。

（二）**开放性软组织损伤**

1. **原因与机制**　开放性软组织损伤是指皮肤或黏膜的完整性受到破坏，伤口与外界相通的软组织损伤。运动中开放性软组织损伤一般可分为擦伤、刺伤、切伤和撕裂伤几种类型。

2. **症状**　擦伤仅损伤表皮，撕裂伤等较重的，不仅皮下组织撕裂，还可能该处的肌肉、肌腱、神经、血管等组织出现合并损伤。

3. **处理**　开放性损伤的伤口有出血和渗液，又与外界相通，容易造成感染，因此，开放性软组织损伤应以止血、清洁、保护伤口、预防和治疗感染为主。

4. **预防**　加强保护与自我保护，穿戴好保护装置，禁止粗野动作。

三、肌肉拉伤

1. **原因与机制**　体育训练中做各种动作时，肌肉主动猛烈地收缩，超过了肌肉本身的负荷，造成过度拉长，从而发生肌肉拉伤。

2. **症状**　①局部疼痛、压痛、肿胀；②肌肉紧张、发硬、痉挛；③功能障碍。

3. **处理**　①冷敷、加压包扎；②48 小时后按摩、理疗。

4. **预防**　①加强屈肌和易受伤部位肌肉的力量和柔韧性练习；②做好准备活动，纠正错误动作。

四、肩关节脱位

肩关节脱位占全身关节脱位的 40% 以上，在运动中占脱位的第二位。肩关节脱位分前脱位和后脱位两种，以前脱位较多见。

1. **原因与机制**

（1）直接或间接暴力均可引起，以间接暴力多见。当上臂外展跌倒时手掌先着地，暴力经手掌传至肱骨头，使其冲破关节囊前壁，致使肩关节前脱位。

（2）直接暴力所致的脱位，均为暴力在肱骨头外后部直接打击，使肱骨头向前脱位，这种脱位较少见。

2. 症状 ①患肩疼痛、肿胀及活动受限等功能障碍;②肩峰突出,呈方形肩,上臂呈明显的外展、内旋畸形;③患肢肘部贴近胸部时手掌不能摸到对侧肩部;④患侧肩峰至肱骨外上髁的长度较健侧长。

3. 处理 肩关节脱位要及时用手法复位。

(1)转复位法:患者仰卧位,患侧肘关节屈曲90°,如右肩脱位,术者右手握患侧肘上,左手握腕部,右手向下牵引患肢上臂,在持续牵引下,将患肢上臂外旋内收,肘部与前胸部接触,听到响声即证明已复位,再将上臂内旋。若患肢手掌能搭到对侧肩部,复位成功。操作中要注意手法轻柔,切忌用力过猛(图10-2-1)。

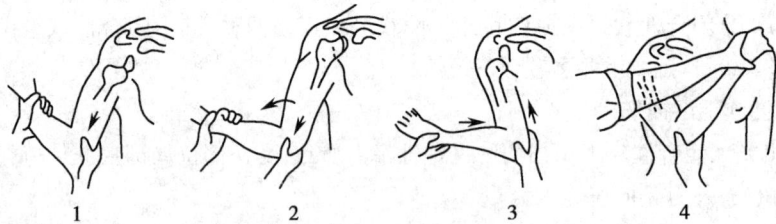

图10-2-1 前脱位的复位方法

(2)手牵脚蹬复位法:患者侧卧位,术者立于患侧,面向患者头部,两手握住患肢腕部外旋牵引,同时将自己靠近患者的足跟伸到患者腋窝部,渐渐用力蹬腋窝。术者手牵、足蹬同时用力,足跟挤压肱骨头,使其复位。操作中要避免牵引时过早内收,以防肱骨发生骨折。

五、肘关节后脱位

1. 原因与机制 跌倒时手着地,肘关节伸直位前臂旋后,来自地面的反作用力使肘关节过伸,造成尺骨鹰嘴向后移位,而肱骨下端向前移位形成肘关节后脱位。

2. 症状 ①肘关节痛,关节强直于半屈位状,伸屈活动受限;②肘关节变形,前臂缩短。

3. 处理 损伤发生后应先按脱位的急救方法进行紧急处理,随后送医院治疗。下面介绍一种肘关节脱位的复位方法。

复位:患者正坐靠墙,术者立于伤侧前面,用同侧膝部顶在肘窝内,一手握住并固定上臂,一手握住腕部向下牵引,先使鹰嘴离开肱骨下部,再逐渐屈曲肘部,鹰嘴与桡骨小头即渐渐滑回原位,听到复位声,伤肢手可触及同侧肩,即为复位成功(图10-2-2)。

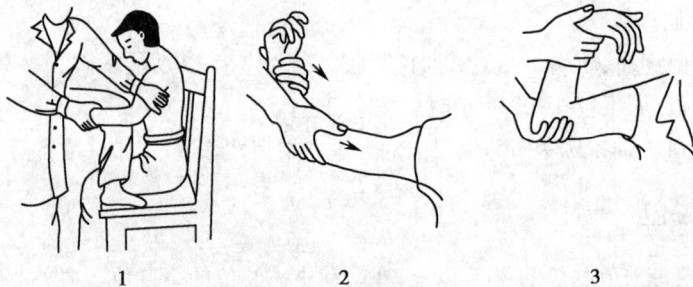

图10-2-2 肘膝复位

4. 预防 防止前臂肌肉疲劳积累,做好准备活动,提高肌肉的反应,正确掌握技术动作。

六、腰部扭伤

1. 原因与机制 腰部扭伤常见于负荷重量过大,强行用力,肌肉突然剧烈收缩引起关节韧带、肌肉附着区的损伤。其次见于脊柱过度前屈,突然转体,脊柱超常范围运动而扭伤。再者为技术动作错误。

2. 症状　①轻度扭伤,患处隐痛,随意运动受限,24~28 小时后疼痛达到最高峰;②棘上韧带与棘间韧带扭伤,受伤当时即感到局部突然撕裂样疼痛;③筋膜破裂,伤处有明显的压痛点,弯腰和腰扭转时疼痛较重;④小关节绞锁,受伤当时即有腰部剧烈疼痛,呈保护性强迫体位,不敢做任何动作。

3. 处理　①卧于有垫子的木板床短期休息;②按摩、理疗、局部泼尼松龙注射;③服活络止痛药,外贴活络止痛膏。

4. 预防　①运动时注意力集中,对所承担的负荷和动作要有思想准备,做好准备活动;②掌握正确技术动作;③加强腰腹肌的力量与伸展性训练;④必要时用宽腰带保护。

七、膝关节损伤

（一）膝关节侧副韧带损伤

1. 原因与机制　膝关节在半屈位因动作力量过大或暴力撞击,小腿突然外展和外旋或大腿突然内收内旋,可伤内侧副韧带。小腿突然内收或内旋或大腿突然外展外旋,可伤外侧副韧带。①部分纤维过度牵扯;②部分断裂;③完全断裂。各韧带位置见图 10-2-3。

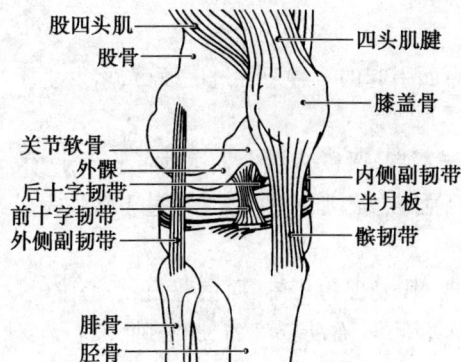

图 10-2-3　膝关节周围韧带

（股四头肌、股骨、关节软骨、外髁、后十字韧带、前十字韧带、外侧副韧带、腓骨、胫骨、四头肌腱、膝盖骨、内侧副韧带、半月板、髌韧带）

2. 症状　①局部疼痛(膝关节不敢伸直);②肿胀(伤侧明显);③功能障碍;④局部剧痛并见瘀斑。

3. 处理

（1）作内、外翻试验,确定内侧或外侧韧带损伤。

（2）韧带轻微撕裂,同急性软组织损伤处理。

（3）部分断裂可冷敷、局部固定(小夹板或弹力绷带),2~3 天后除去压迫材料,开始热敷、按摩、理疗、外敷创伤药、口服活血化瘀、消肿止痛药。

（4）完全断裂,及时送医院手术缝合。

4. 预防　加强膝部肌肉力量练习,掌握动作要领,加强保护,禁止粗野动作。

（二）半月板损伤

1. 原因与机制　由于摔倒、动作落地不稳或暴力,膝关节在屈曲位突然拧转挤压造成,膝关节猛力过伸如足球正脚背踢球时"漏脚"也可引起。在篮球、排球、足球、体操、铁饼、链球、举重等项目中多见。

2. 症状　①走路时,特别是在上下楼梯时,膝关节发软;②行走时,突然出现"绞锁"现象,即膝关节被卡住不能伸屈。

3. 处理

（1）症状轻微,理疗、按摩,泼尼松龙局部注射,并改变错误的技术动作。

（2）症状明显,应尽早手术治疗。

4. 预防　①加强膝部肌肉力量训练;②加强膝关节灵活性和协调性训练;③做好准备活动。

八、踝关节扭伤

踝关节扭伤在关节韧带损伤中占第一位,多在田径、球类、冰雪、体操运动中常见。

1. 原因与机制

（1）内翻型:因足部强力内翻而损伤踝部的外侧副韧带。在运动中身体失去重心或在运动中被踩、被绊等都可能产生内翻损伤踝部的韧带。

（2）外翻型:足部强力外翻而损伤踝部的内侧三角韧带。此损伤尽管比较少见,而一旦损伤常同时合并其他韧带损伤或骨折,伤情比较严重。

（3）外旋型:足部猛力外旋所致,常见于滑雪运动项目中。

2. 症状 ①疼痛、肿胀;②皮下淤血、压痛明显。

3. 处理

（1）用拇指指腹压迫痛点止血、局部冷敷、加压包扎。

（2）24 小时以后（重者 48 小时后）可外敷中药;每 24 小时换 1 次,并可口服消炎及跌打损伤药物。

（3）理疗、针灸、按摩。

（4）韧带断裂或骨折,经现场急救处理后及时送医院治疗。

4. 预防

（1）加强踝部周围肌肉力量和关节协调性训练,做好准备活动。

（2）保护关节,防止反复损伤导致足球踝。

（3）有扭伤病史者在运动时用弹力绷带作"8"字包扎保护。

第三节　过度紧张症和低血糖症

一、过度紧张症

过度紧张症是因一时运动量过大,超过了身体的负担能力而引起的一种急性过度疲劳,多发生于训练程度不够的中跑、中距离滑冰及自行车运动员。

1. 原因　主要原因是运动员的训练水平不够和生理状态不良,所以多发生于运动经验不足、锻炼基础差、长期中断训练或患有某种疾病的人。特别是患有高血压或心脏病的人,如果过于勉强完成剧烈的运动比赛,均有可能发生过度紧张症。

2. 征象　过度紧张症常在剧烈运动或比赛之后立即出现,其表现为头晕、面色苍白、恶心呕吐、急剧衰弱、脉搏快而弱、血压降低,严重者可出现嘴唇青紫、呼吸困难、右肋部疼痛、肝脏肿大、心前区痛、心脏扩大等急性心功能不全现象,有时甚至昏迷。

3. 急救　对轻度过度紧张症,应使运动员安静平卧,注意保暖,口服热糖水或镇静剂。对于严重的心力衰竭的病员,应保持安静,半卧位,针刺或用指点揉内关穴、足三里穴。有条件的可皮下注射安钠咖（或尼可刹米)1ml,并迅速送医院治疗。

4. 预防　加强身体素质训练,注意循序渐进。锻炼基础差的人应根据自己的身体状况参加比赛,不可勉强。赛前做好准备活动,参加体力负担较大的比赛,应在赛前做体格检查,若有高血压、心脏病等疾病,则不能参加比赛。即使患感冒、扁桃体炎,也不应参加剧烈比赛。伤病初愈或其他原因中断锻炼一个时期后,再开始锻炼时要逐渐增加运动量。

二、低血糖症

正常人的血糖维持在一定的水平（3.9 ~ 6.1mmol/L）。当血糖低于 2.8 ~ 3.5mmol/L 时,可出现一系列体征,称为低血糖症。运动时肌肉收缩要消耗能量,而能量主要来源于体内糖的氧化。长时间剧烈运动时,由于血内葡萄糖大量消耗可产生低血糖症。此病多发生于长跑、超长跑、长距离滑冰、滑雪和自行车等比赛过程中或结束后。

1. 原因　运动中发生的低血糖症,主要是由于长时间剧烈运动时体内血糖大量消耗和减少,调节糖代谢的机制紊乱所致。赛前饥饿、情绪过分紧张或身患某种疾病,都是引起本病的重要诱因。

2. 征象　病员感到非常饥饿,极度疲乏,表现为头晕、心悸、面色苍白、出冷汗;较重者可出现神志模糊,语言不清,四肢发抖,跳动不安或精神错乱（如赛跑者返身向相反方向跑）,甚至惊厥,昏迷。检查时,脉搏快而弱,血压可无明显变化,或昏倒前升高而昏倒后降低,呼吸短促,瞳孔扩大。血生化检查血糖明显降低(3.5mmol/L以下)。

3. 急救　使病员平卧、保暖。神志清醒者可给予浓糖水或姜糖水,以及少量食品,一般短时间内即可恢复。若昏迷,可针刺或用指掐人中、百会、涌泉、合谷等穴,同时立即静脉注射50%葡萄糖溶液50~100ml,提高血糖浓度,病情会迅速好转。

4. 预防　平时没有锻炼基础,或患病未愈,或空腹饥饿的时候,不宜参加长时间的剧烈运动(如万米跑、马拉松赛跑、长距离滑冰等)。马拉松赛跑时应准备一些含糖的饮料,供运动员途中饮用。

第四节　腹痛、晕厥、中暑及溺水

一、运动中腹痛

运动时,特别是中长跑、马拉松跑、竞走和自行车运动,有时会发生腹痛。

1. 原因

(1)胃肠痉挛:胃肠痉挛引起的腹痛,轻者钝痛、胀痛,重则阵发性绞痛。饭后过早参加运动,或运动前吃得过多、喝得多(特别是冷饮过多),以及空腹锻炼(胃酸或冷空气对胃的刺激)等,可能引起胃痉挛,表现为上腹部疼痛。运动前吃了产气或难消化的食物,如豆类、薯类、牛肉等,以及腹部着凉或蛔虫刺激,可引起肠痉挛,表现为脐周围部疼痛。宿便刺激也可引起肠痉挛,其疼痛部位多在左下腹部。

(2)肝脾淤血:肝脾淤血肿胀,增加肝脾被膜张力,产生牵扯性疼痛或胀痛。肝痛在右侧肋部,脾痛在左侧肋部。肝脾淤血的原因为:①准备活动不够,开始时速度过快:由于内脏器官功能没有提高到应有的活动水平即加大了运动强度,特别是心肌力量较差时,搏动无力,影响静脉血回流,下腔静脉压力上升,肝静脉回流受阻,从而引起肝脾淤血肿胀。②呼吸节律紊乱:剧烈运动时,破坏了均匀的、有节奏的呼吸,造成呼吸肌疲劳,膈肌疲劳后减弱了对肝脏的"按摩"作用;同时由于呼吸短浅,胸膜腔内压上升,下腔静脉血流受阻等,可使肝脾发生淤血肿胀。

(3)腹直肌痉挛:夏季进行剧烈运动,由于大量排汗丧失盐分,水盐代谢失调,加上疲劳,可引起腹直肌痉挛。这种腹痛多发生在运动后期,疼痛部位比较表浅。

(4)腹部慢性疾病:慢性肝炎、溃疡病或慢性阑尾炎患者参加剧烈运动,由于病变部位受到牵扯、振动等刺激,可产生疼痛。这种腹痛的部位,同病变部位一致。

2. 处理　运动中发生腹痛时,一般只要减低速度,加深呼吸,按压疼痛部位(或弯着腰跑一段),疼痛即可减轻,以至消失。如经处理疼痛仍不减轻,反而加重,即应停止运动。口服十滴水或丙胺太林(每次1片),针刺或用指点揉内关、足三里、大肠俞等穴,可帮助缓解。若为腹直肌痉挛,则可进行局部按摩,做背伸运动拉长腹肌。

3. 预防　合理安排膳食,饭后需1~2小时以后才可进行剧烈运动。要经常参加体育锻炼,提高身体的功能水平,运动前做好准备活动,运动中注意呼吸节律,夏季运动要适当补充盐分,对于各种慢性病引起的腹痛,应就医检查,彻底治疗。

二、晕厥

由于脑部突然血液供给不足而发生的暂时性知觉丧失的现象,叫做晕厥。

1. 原因　长时间站立,下蹲过久、骤然起立,精神过分激动或带病参加比赛等情况下,都可能发生晕厥。田径运动员赛跑后如果立即站立不动,由于下肢毛细血管和静脉失去肌肉收缩的挤压作用,加上血液本身的重力关系,大量血液积聚在下肢舒张的血管中,回心血量减少,因而心输出量减少,使脑部突然缺血,也可引起晕厥。这种晕厥常称为"重力休克"。

2. 症状和体征　晕厥时,病员失去知觉,突然昏倒。昏倒前,病员感到全身乏力,头昏,耳鸣,眼前发黑,面色灰白。昏倒后,面色苍白,手足发凉,脉搏慢而弱,血压降低,呼吸缓慢,瞳孔缩小。轻微晕厥,一般在昏倒片刻后,由于脑贫血消除,知觉立即恢复而清醒过来,但醒后精神不佳,仍有头昏。

3. **急救**　使病员平卧,足部略抬高,头部放低,松解衣领,注意保暖,用热毛巾擦脸,自小腿向大腿做重推摩和全手揉捏。如果不苏醒,可针刺或用手指掐点人中、百会、涌泉、合谷等穴位,或给氨水闻嗅。在知觉未恢复以前,不能给予任何饮料或服药;如有呕吐,应将病员的头歪向一侧;如停止呼吸,应进行人工呼吸。醒后可给予热茶,盖上被子休息。

晕厥是可以预防的,当有晕厥的前驱症状出现时,应立即蹲下或平卧,即可避免发生昏倒。轻微的晕厥,当在昏倒前搀扶行走一会儿,也可使症状消失。

4. **预防**　平时要坚持参加体育锻炼,增强体质,提高健康水平;久蹲后要慢慢起身,不要骤然起立,患病时不要参加剧烈运动和比赛;长跑后不要立即站立不动,而应继续慢跑,并做深呼吸。

三、中暑

中暑是高热环境中发生的一种急性病。

1. **原因**　在炎热的夏天进行长途行军或长时间体育锻炼时,都可能发生中暑。特别是在天气闷热、身体疲劳、缺乏饮水或头部缺乏保护而直接受到烈日照射等情况下,中暑就更容易发生。

2. **症状和体征**　中暑时,患者感到头昏头痛,全身无力,烦躁不安,恶心呕吐,口渴舌干,继而发高热,颜面发红,皮肤灼热,无汗,有时鼻出血,脉搏洪大而快,呼吸急促。严重的患者,昏迷不醒,面色苍白,出冷汗,体温不高,脉搏细弱,血压下降,呼吸表浅,瞳孔扩大,甚至死亡。此外,有的中暑患者体温不高,但头痛、呕吐强烈;也有的体温不高,但腹部及四肢肌肉痉挛,疼痛剧烈。

3. **急救**　轻度中暑,患者应迅速离开热环境,到阴凉处休息,给予凉开水,或服人丹、十滴水、藿香正气水等,很快即会恢复。高热的患者,应移到阴凉通风的地方,安静仰卧,头部垫高,松解衣服,用扇子扇风,额部做冷敷,用温水(水温可逐渐降低)或50%乙醇(白酒也可以)擦身,给予冷开水、冷茶、淡盐水或西瓜汁等。肌肉痉挛者,可服大量盐开水,用纱布蘸白酒或醋在抽筋处反复摩擦。如有昏迷,可针刺或用手指掐点人中、涌泉等急救穴,或用氨水闻嗅,并在四肢做重推摩和做全手揉捏。

4. **预防**　在炎热的夏季进行运动时,应穿浅色、单薄、宽松的衣服,并应准备解热消暑的冷饮料,如绿豆汤、0.1%~0.2%盐开水等。室内运动时要注意通风,烈日下锻炼要戴白色凉帽以保护头部。夏季运动训练的时间不宜太长,应安排适当的休息时间,运动量大的项目,如长跑等应安排在上午或傍晚进行。此外,平时要坚持在较热的环境中锻炼,逐步提高身体的耐热能力。

四、溺水

溺水时,水经口鼻进入肺内,造成呼吸道阻塞;或因吸水的刺激引起喉痉挛,使气体不能进出,引起窒息,时间稍久,即有生命危险。

溺水者被救上岸后,立即打开口腔,清除口腔中的分泌物和异物,同时马上进行人工呼吸及胸外心脏按压。

人工呼吸和胸外心脏按压是对溺水者进行现场抢救的重要手段,可以帮助溺水者重新恢复呼吸和血液循环。人工呼吸的方法很多,其中以口对口吹气法最简便易行,而且可同时进行胸外心脏按压。施行时,使溺水者仰卧,头部尽量后仰,把口腔打开,并盖上一层纱布。急救者一手托起溺水者下颌,另一只手捏住鼻孔,然后深吸一口气,对准口部吹入,吹完后松开捏鼻孔的手。如此反复进行,以30∶2进行心脏按压与人工呼吸。进行中不要间断,直至溺水者恢复呼吸时停止。

胸外心脏按压方法:急救者将两手掌相叠,放于病员胸骨体下段及剑突部,用力下压(将胸壁压下约4~5cm),随后将手放松,每分钟以至少100次的频率有节律地进行。注意用力不可过猛,以免造成肋骨骨折(图10-4-1)。

抢救溺水病员时,要注意判断真死和假死,真死者具有如下特征:

1. 呼吸停止,看不到或摸不到呼吸运动,绒毛测试为阳性。

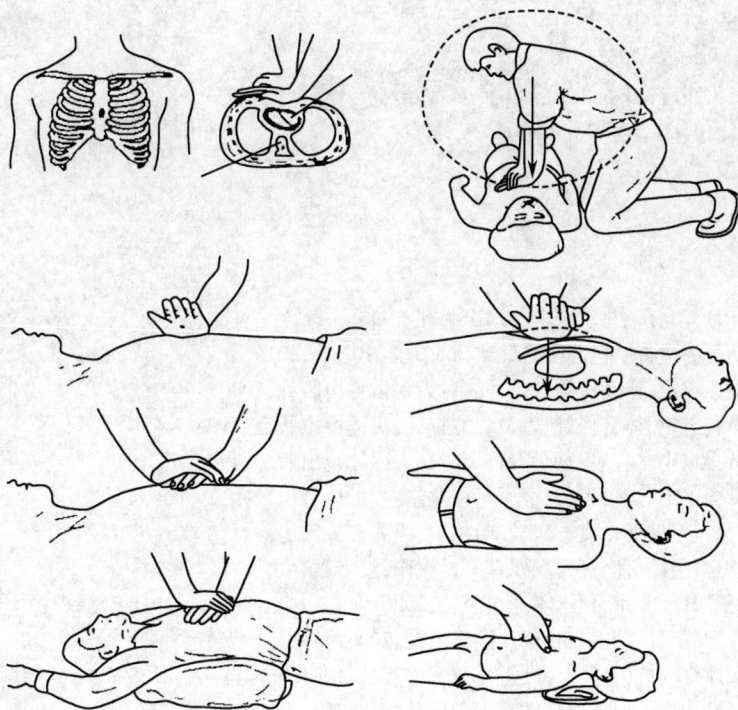

图 10-4-1　胸外心脏按压方法

2. 心搏骤停，脉搏消失。听诊器测试听不到心音。

3. 瞳孔对光反射消失。

4. 角膜反射消失。

溺水者若只出现上述 1~2 个体征，并非真死，称为假死。若 4 种体征齐备，即为真死。在溺水者尚未出现真死的体征之前，必须发扬"救死扶伤，实行革命人道主义"精神，坚持积极抢救。

（曾　霞）

参考文献

[1] 曲绵域.实用运动医学[M].北京:北京科学技术出版社,1996.

[2] 王琳,王安利.实用运动医务监督[M].北京:北京体育大学出版社,2016.

[3] 全国体育学院教材委员会审定.运动医学[M].北京:人民体育出版社,1990.

[4] 全国体育学院教材委员会审定.体育保健学[M].北京:人民体育出版社,1995.

[5] 全国体育学院教材委员会审定.运动生理学[M].北京:人民体育出版社,1990.

[6] 全国体育学院教材委员会审定.运动生物化学[M].北京:人民体育出版社,1990.

[7] 刘纪清,张锦明,陆明.自我保健运动良方[M].哈尔滨:黑龙江人民出版社,2000.

[8] 孙长林.东北地区教材编写组编.体育理论教程[M].沈阳:辽宁教育出版社,1993.

[9] 刘静波.青少年营养配餐[M].北京:化学工业出版社,2006.

[10] 刘静波.中老年人营养配餐[M].北京:化学工业出版社,2006.

[11] 体育词典编辑委员会.体育词典[M].上海:上海辞书出版社,1984.

[12] 邢文华.体育测量与评价[M].北京:北京体育大学出版社,1985.

[13] 崔乐泉.奥林匹克运动通史[M].青岛市:青岛出版社,2008.

[14] 杨静宜,徐峻华.运动处方[M].北京:高等教育出版社,2005.

[15] 张全成,陆雯.高级体适能与运动处方[M].北京:国防工业出版社,2013.

[16] 苏珊娜·施洛斯伯格,莉斯·内伯伦特(美).健身[M].3版.黄志斌,译.北京:机械工业出版社,2008.

[17] 沈剑威,阮伯仁.体适能基础理论[M].北京:人民体育出版社,2008.

[18] 刘清黎.体育教育学[M].北京:高等教育出版社.1994.